JEFFREY SATINOVER
Die verborgene Botschaft der Bibel

Buch

Was ist das: der Bibel-Code? Was genau verbirgt sich dahinter? Diese Frage hat das Interesse der Weltöffentlichkeit geweckt. In der Bibel, vor allem in den Fünf Büchern Mose, scheinen in den »normalen« Text kompliziert verschlüsselte Botschaften eingebettet zu sein. Diese jüngste Entdeckung einer Reihe von Wissenschaftlern ist so überraschend wie sensationell: entscheidende Ereignisse und Hinweise auf bedeutende Persönlichkeiten der Weltgeschichte sind bereits in der Bibel enthalten, finden sich offenbar im nachhinein dort bestätigt. Noch ist eine hitzige Debatte im Gange, wie dieser aufsehenerregende Fund zu bewerten ist. Kein menschliches Wesen, soviel ist zweifellos klar, kann über solches Wissen, bis hin zu Details aus dem Golfkrieg, verfügt haben, bevor das Beschriebene tatsächlich in die Geschichte einging.

Die vorliegende, für jeden nachvollziehbare Darstellung dieses Welträtsels gewährt überraschende Einblicke in die jüdische und christliche Geistesgeschichte sowie in die ungewöhnliche Wissenschaft von Geheimschriften. »Der Bibel-Code bestätigt nicht nur die göttliche Schöpfung, sondern auch die moderne Physik«, so das Fazit des Autors.

Autor

Dr. Jeffrey Satinover ist seit Jahren aufmerksamer Beobachter des »sensationellsten Forschungsunternehmens der ganzen Weltgeschichte«. Der amerikanische Arzt, Psychiater und Physiker führt die Diskussion um die Aussagekraft des Bibel-Codes auf der Basis außerordentlicher Sachkenntnis. Er studierte Religionswissenschaften und Psychologie in Harvard sowie Physik und Mathematik in Yale. Satinover lebt mit seiner Familie in Connecticut.

JEFFREY SATINOVER

Die verborgene Botschaft der Bibel

Der Code der Bibel entschlüsselt

Aus dem Amerikanischen
von W. M. Riegel

GOLDMANN

Umwelthinweis:
Alle bedruckten Materialien dieses Taschenbuches
sind chlorfrei und umweltschonend.

Vollständige Taschenbuchausgabe Dezember 1998
Wilhelm Goldmann Verlag, München
© 1997 der deutschsprachigen Ausgabe
Wilhelm Goldmann Verlag, München
in der Verlagsgruppe Bertelsmann GmbH
© 1997 der Originalausgabe Jeffrey Satinover
Originalverlag: William Morrow & Co., New York
Originaltitel: Cracking the Bible Code
Umschlaggestaltung: Design Team München
Druck: Presse-Druck Augsburg
Verlagsnummer: 15012
Redaktion: Dieter Löbbert
KF · Herstellung: Sebastian Strohmaier
Made in Germany
ISBN 3-442-15012-4

1 3 5 7 9 10 8 6 4 2

Für Julie, Sarah, Anne und Jenny:
ME SKB PB PS ...
meine vier strahlenden Herzen

Dank

Ich bin zahlreichen Personen, die mir dabei halfen, dieses Buch zu verfassen, zu enormem Dank verpflichtet. Jack und Esther Freedman haben mir nicht nur viele Türen in der orthodoxen Gemeinde geöffnet, sondern mir und meiner Frau auch ihr eigenes Haus für ein Wochenende, an das wir uns noch lange dankbar erinnern werden. Rabbi Yoel Weissmandl nahm sich dankenswerterweise trotz seiner vielen Aufgaben die Zeit, sich mit mir lange über seinen berühmten Großvater zu unterhalten, den Rabbi Michael Ber Weissmandl זצ״יל. Wenn es mir gelungen sein sollte, auch nur einen Bruchteil dessen, was ihm als bedeutendem, aber noch nicht gewürdigtem Weisen des 20. Jahrhunderts zukommt, hier zu vermitteln, wäre ich schon dankbar. Ebenso haben mir Mr. und Mrs. Romi Cohn ihr Haus und gleichermaßen ihr Herz voller Charme, Witz und Schönheit geöffnet, und Mr. Cohn hat mir manches von seinen Erlebnissen während des Holocaust als Student von Rabbi Weissmandl erzählt. Von Siegmund Forst erfuhr ich einige der bewegendsten Einzelheiten aus dem Leben des großen Weisen, sowohl aus der Zeit vor dem Holocaust, als sie beide noch in der Slowakei lebten und zusammenarbeiteten, als auch aus der Zeit danach in Amerika. Für seine Freundlichkeit und Hilfe bin ich ihm zu tiefstem Dank verpflichtet. Dank auch an Sie, Yisroel Stern, für die so ausführliche Schilderung Ihrer ungewöhnlichen Erlebnisse mit Rabbi Weissmandl während des Holocaust.

Rabbi Pinchas Kasnett war ein hingebungsvoller Thora-Lehrer, von dem ich, meine Frau und meine Kinder über die Jahre viel lernten. Er erwies sich als große Hilfe bei den Übersetzungen. Rabbi Daniel Lapin und sein enger Mitarbeiter Yarden Weidenfeld bei der Arbeit an *Toward Tradition* waren ständige Helfer und wiesen manchen Weg. Rabbi Lapins Spürsinn für mitunter versteckte Fallen in dem Thema dieses Buches ist besonderer Erwähnung wert. Er war einer der ersten, die die wissenschaftliche Überprüfung des hier behandelten Themas unterstützten. Auch mit Rabbi Moshe Zeldman und seiner liebenswerten Familie konnte ich in der Gemeinde Neeve Yaakov bei Jerusalem ein unvergeßliches Wochenende verbringen. Seine vielen Hinweise waren mir sehr nützlich. In gleicher Weise schulde ich Rabbi Eric Coopersmith, ebenfalls in Jerusalem, Dank. Sie beide waren entscheidend für den wohlverdienten Erfolg des Forschungsprogramms *Discovery* der Aish HaTorah. Rabbi Yehoshua Hecht von der Synagoge Beth Israel in Norwalk, Connecticut, war ein wunderbarer Lehrer für mich, meine Frau und meine Kinder und ein ebenso großartiges Vorbild. Er sah das ganze Manuskript sorgfältig durch, korrigierte und gab zahlreiche hilfreiche Hinweise. Dafür und für seine stets offene Tür und die bereitwillige Unterstützung danke ich ihm und seiner Frau Frieda.

Mein weiterer ganz besonderer Dank gilt Rabbi Daniel Mechanic, dem Leiter der amerikanischen *Discovery*-Programme. Es gibt wohl wenige Menschen auf der ganzen Welt, die besser als ich verstehen, wie sehr sein Herz, seine Seele und seine ganze Kraft der Liebe zur Thora und dem Wohlergehen des jüdischen Volkes gewidmet sind. Selbst vor anscheinend schier unüberwindlichen Widerständen und Hindernissen schreckte er nicht zurück, wenn es darum ging, mir so viele exakte Informationen zukommen zu lassen wie nur möglich. Ich weiß auch, daß er mir gerne noch mehr verschafft hätte, wenn er dafür freie Hand gehabt hätte.

Besonders herzlichen Dank möchte ich auch Professor Joseph Rotman von der mathematischen Fakultät der Universität von Illinois dafür aussprechen, daß er mir eine Anzahl nützlicher Richtungshinweise gab, ferner Professor Robert Kass von der Fakultät für Statistik an der Carnegie-Mellon-Universität in Pittsburgh für seine vielen nützlichen Anmerkungen und für seine hohe Professionalität, sowie Professor Eliyahu Rips vom Einstein-Institut für Mathematik an der Hebräischen Universität Jerusalem für seine Offenheit, Fairneß und seinen Mut. Mein Dank gilt des weiteren, Yochanan Spielberg für die frühe Hilfe bei der Abklärung von

Material, Matthew Berke bei *First Things* für die Übermittlung eines ersten Entwurfs eines Artikels über den Bibel-Code für *die Bible Review* sowie Herschel Shanks und Molly Dewsnap von der *Biblical Archaeology Society* für das Redigieren und Veröffentlichen. Und im übrigen versteht es sich natürlich von selbst, darauf hinzuweisen, wieviel wir alle (wie sich auf den folgenden Seiten noch erweisen wird) Doron Witztum verdanken.

Ich habe von den Wissenschaftlern und Mathematikern, die sich wie ich selbst darum bemühen, die nobelsten Ziele der jüdisch-christlichen Tradition mit den leidenschaftslosen Feststellungen der Wissenschaft zu vereinen, viel gelernt und grüße sie alle in aufrichtiger Dankbarkeit. Besonders erwähnen möchte ich dabei Dr. John Taylor von der mathematischen Fakultät der McGill University. Und meine spezielle Bewunderung gilt auch Harold Gans, jetzt im Ruhestand, früher bei der National Security Agency, dem ich ebenfalls zu danken habe, besonders weil er in seiner Position doch starken Restriktionen unterlag.

Janis Vallely und Martha Kaplan waren hervorragende Literaturagenten. Ich habe mehr von ihnen gelernt, als ich auch mit vielen Worten beschreiben könnte. Ich bedanke mich bei ihnen für alle Ermutigung, Aufklärung, Unterstützung und Anleitung. Joyce Ashley, langjährige Freundin, berufliche und Autoren-Kollegin (und seit 15 Jahren obendrein Schwiegermutter und hingebungsvolle Großmutter meiner Kinder) sei herzlich umarmt für alle ihre Bemühungen, diese Sache in Gang zu bringen. Und was meine Sekretärin Shirley Ciotti angeht, so kann ich ihr gar nicht oft genug sagen, wie sehr ich ihr für ihr Organisationsgenie, ihre Hingabe und ihren wundervollen Umgang mit den Leuten danke.

Die Zusammenarbeit mit meiner Lektorin Toni Sciarra bei William Morrow war schlicht das reine Vergnügen. Ihre Übersicht, Zielstrebigkeit und das Erfassen sowohl des Ganzen als auch ihr Spürsinn für die Nuancen waren für dieses Buch ganz ausschlaggebend, nicht minder ihre Entschlossenheit, ein so komplexes Projekt auch unter großem Zeitdruck zu bewältigen. Katharine Cluverius, Tom Nau, Sharyn Rosenblum, Karen Auerbach und Jennifer Brawer: Ihr Enthusiasmus war ansteckend und wurde dankbar angenommen. Brad Foltz gilt mein ganz spezieller Dank für seine zusätzlichen Bemühungen und der Ausdruck meiner echten Freude über seine künstlerischen Talente; Tom Nau für die großzügige Bereitschaft, sich um die ungewöhnlich große Zahl technischer Details zu kümmern.

Autoren scheinen routinemäßig auch immer ihren Familien zu danken. Da möchte ich nicht zurückstehen, obwohl da überhaupt keine Routine im Spiel ist. Nach diesem Buch werde ich ohnehin solche Danksagungen weitaus aufmerksamer und bewußter zur Kenntnis nehmen, weil ich nun weiß, was sich dahinter verbirgt. Tatsache ist, daß das Schreiben dieses Buches eine ganz gewaltige Unterstützung – und auch Opfer – von meiner Frau Julie und meinen drei wunderbaren elf-, neun- und sechsjährigen Töchtern Sarah, Anne und Jenny verlangte. Ich versprach ihnen allen, sie dafür voll zu entschädigen, und bekräftige dieses Versprechen hiermit vor aller Öffentlichkeit. Außer ihrer allgemeinen Unterstützung leisteten mir alle vier auch ganz konkrete Hilfe in der Bearbeitung der ersten Entwürfe sämtlicher Kapitel und in der Zusammenführung der ganzen komplexen Teile – ja, selbst Jenny, die jüngste. Und schließlich gebe ich hiermit auch jeglichen etwa noch vorhandenen territorialen Anspruch auf die »Kekse-Küche« und den Frühstückstisch auf.

Es gibt noch viele andere Leute – Wissenschaftler, jüdische und christliche Kleriker, Forscher –, mit denen ich sprach, allerdings nur unter der Bedingung, daß sie anonym blieben. Auch ihnen allen entbiete ich ein herzliches Dankeschön. Ich hoffe, ich werde irgendwann noch Gelegenheit haben, diese Dankbarkeit auch offen zu konstatieren.

Die Thematik der nachfolgenden Geschichte ist vielschichtig. Jede Schicht steht für eine andere Disziplin und ist in sich und in dieser schon komplex und subtil. Folglich sind die Möglichkeiten, daß sich Fehler einschleichen, zahlreich. Ich habe getan, was nur möglich war, sie zu vermeiden. Und viele der obengenannten Personen waren dabei bereits sehr hilfreich. Sollten mir dennoch irgendwelche Fehler und Irrtümer in den nachfolgenden Seiten unterlaufen sein, so gehen diese allein zu meinen Lasten in meiner eigenen Verantwortung.

Inhalt

Prolog 15

ERSTES KAPITEL
Die alte Legende 21

ZWEITES KAPITEL
Die Reise zum Zentrum 33

DRITTES KAPITEL
Der Schleier zerreißt 55

VIERTES KAPITEL
Blaupause vom Himmel 77

FÜNFTES KAPITEL
Das schwarze Feuer des Holocaust 97

SECHSTES KAPITEL
Das weiße Feuer des Schicksals 111

SIEBTES KAPITEL
Vom *Enigma* zum *Atbash* und zurück 139

ACHTES KAPITEL
Der Bibel-Code taucht auf 179

NEUNTES KAPITEL
Die Architektur des Gartens 195

ZEHNTES KAPITEL
Die Zeithelix 227

ELFTES KAPITEL
Die Flammen des Amalek 245

ZWÖLFTES KAPITEL
Die großen Weisen 273

DREIZEHNTES KAPITEL
Sind sie echt? Die Debatte entzündet sich 295

VIERZEHNTES KAPITEL
Das sechste Jahrtausend 323

EPILOG
Bericht von der Front 371

TECHNISCHER ANHANG A
Einzelheiten des Neumonds 375

TECHNISCHER ANHANG B
Transformationen von Raum und Zeit 395

TECHNISCHER ANHANG C
Das Experiment mit den »Großen Weisen« 415

Anmerkungen 443

Bibliographie 467

Hinweise auf weiterführende Studien 469

Register 471

Unsere Referenten waren baff. Ihre bisherigen Überzeugungen liefen darauf hinaus, daß das Buch Genesis natürlich nicht gut bedeutsame Hinweise auf bestimmte Menschen unserer Gegenwart geben konnte. Und doch blieb, als die Autoren ihre zusätzlichen Analysen und Gegenprüfungen durchführten, das Ergebnis unverändert. Die Arbeit wird deshalb hiermit Leserinnen und Lesern aus dem Fach *Statistische Wissenschaft* als Aufforderung zur Rätsellösung angeboten.

Robert Kass, Ph. D., Herausgeber
Vorsitzender der Fakultät Statistik
der Carnegie-Mellon-Universität

Prolog

April 1989, Washington, D. C.
National Security Agency (NSA)

Harold Gans ging nervös hin und her und strich sich immer wieder über seinen sorgfältig gestutzten Bart. Er warf einen Blick auf die Uhr an der Wand und fuhr sich mit der Hand über den Hinterkopf. Noch fünf Minuten, dachte er, oder zehn. Dann war der Computerlauf bei ihm zu Hause fertig. Die vielen Projekte, mit denen er hier an seinem Arbeitsplatz jonglierte, lagen alle auf Eis. Es spielte gar keine Rolle, daß seine Kollegen in Foggy Bottom bei jeder Gelegenheit zu versichern beliebten: »Von unserer Arbeit hängt das Schicksal von Menschen und Nationen ab.« Er hoffte nur, daß nicht ausgerechnet in der nächsten halben Stunde ein weiteres Problem auftauchte, das ihn von seinem privaten und nach seiner Ansicht weit darüber hinausreichenden Projekt abhielt.

Gans war leitender Kryptologie-Mathematiker im US-Verteidigungsministerium und gehörte damit zur langen Reihe brillanter Techniker im Hintergrund, die einst mit dem *Manhattan-Projekt* für die erste Atombombe begonnen hatten. Diesmal allerdings wartete er nicht auf eine Analyse eines der parallel geschalteten Cray-Supercomputer, von denen die NSA zahlreiche besaß. Er wartete vielmehr auf einen Anruf seiner Frau, die ihm lediglich eine Zahl durchgeben sollte – möglicherweise, wenn auch nicht sehr wahrscheinlich, eine sehr niedrige Zahl –, das Endprodukt einer 19 Tage langen Nonstop-Rechenoperation, mit der er seinen bescheidenen 386er Tisch-Lapklon bei sich zu Hause traktiert hatte. Wenn die Zahl tatsächlich klein genug war, würde sie die ungeheuerliche Behauptung bestätigen, daß in der zweiten Hälfte der achtziger Jahre ein Team israelischer Wissenschaftler einen ins Althebräische kodierten Text der Genesis-Stellen gefunden hatte, die mit dem Leben individueller moderner Menschen übereinstimmten. Kurz, er und die Israelis zuvor hätten bewiesen, und zwar mit den rigorosesten und schärfsten wissenschaftlichen Methoden, daß es in der Tat einen Gott gab und die Bibel von ihm selbst stammte. Denn es gab dann schlicht keine andere Erklärung. Nur würde dies natürlich nicht geschehen. Der Anspruch war Stoff für – bestenfalls – Legenden und Märchen, noch wahrscheinlicher waren es einfach Irrtümer, wie seine so sorgfältige Nachberechnung zweifellos ergeben mußte.

Die Versicherungen der israelischen Wissenschaftler waren lächerlich – »Hirngespinste«, wie sie ein Artikelschreiber einer religiös orientierten Zeitschrift bezeichnet hatte. Und er selbst, ein Experte höchsten Grades, hatte ebenfalls sein Experiment so angelegt, daß zu seiner und aller Welt Befriedigung die Absurdität der vorliegenden Resultate bestätigt würde. Diese beinhalteten, in detaillierteste Einzelheiten gehende zeitgenössische Ereignisse – weit in der Zukunft von der Bibelentstehung aus, selbst nach Einschätzung von Skeptikern – seien in der Genesis einkodiert. Bei aller Lächerlichkeit hatten die fraglichen »Entdeckungen« indessen mittlerweile in der wissenschaftlichen Welt für einiges Aufsehen gesorgt, bis hinauf zu den führenden mathematischen und statistischen Kreisen auf der ganzen Welt. Die Forschungsmethoden schienen immerhin von höchster Seriosität zu sein. Auch noch nach sechs Jahren intensiven Studiums der Unterlagen sah sich beispielsweise selbst ein so hochrangiger und angesehener Statistiker wie Persi Diaconis von der mathematischen Fakultät in Harvard nicht in der Lage, den oder die Fehler zu entdecken, die es da einfach geben mußte. Er hatte sogar über die konventionelleren Methoden hinaus einen außerordentlich eleganten Weg gefunden, die israelischen Forschungsdaten neu zu analysieren. Aber auch damit blieb das fest erwartete Auftauchen der Fehlerquellen aus.

Dies war der Stand der Dinge, als Gans nervös in den Räumen des aufwendigsten und effektivsten Nachrichtendienstes, den je eine Weltmacht installiert hatte, hin und her ging – auch er ein hervorragend qualifizierter Skeptiker, der fest entschlossen war, sein akademisches Feld in die gewohnte kühle Abgeklärtheit und Ruhe zurückzuführen: nämlich durch den definitiven Nachweis, daß der fragliche Forschungskomplex Mängel aufwies.

Er hatte seine Beweisführung völlig allein und unabhängig erarbeitet, nur mit seinen persönlichen Geräten und Programmen, wobei er seine Daten mit einem ganzen System zusätzlicher und einander gegenseitig überprüfender analytischer Methoden ergänzt hatte. Negative Ergebnisse waren seiner Ansicht nach deshalb von vornherein gesichert, und damit würde das Thema dann ein für allemal vom Tisch sein. Trotzdem begann, je zäher die Minuten verrannen, die Nervosität heftiger an ihm zu nagen, als er selbst es für nötig hielt.

Dann klingelte das Telefon. Er hob hastig ab. »Gans.« Es war seine Frau. Gans sagte nichts. Der Sekundenzeiger der Uhr an der Wand tickte in der Stille hörbar. Ein zufälliger Beobachter hätte keine besondere Reaktion an Gans feststellen können, aber in seinem Inneren lief ein Uhrwerk mit der Präzision, die ihm bei seinen nachrichtendienstlichen Aufgaben längst zur zweiten Natur geworden war.

Nachdem er sich liebevoll, aber knapp von seiner Frau verabschiedet hatte, hielt er den Hörer noch eine Weile in der Hand, ehe er auflegte. Er ging ans Fenster, von wo sich ihm ein Blick auf Washington bot. Die weiße Kuppel des Capitols war ihm schon immer als ungewöhnlich stabil erschienen, geradezu als ein Symbol für Macht, Größe und Kontinuität. Wie so viele andere junge, ehrgeizige Leute hatte auch er darin stets ein Versprechen erhöhter Bedeutung gesehen, eine Verkörperung von Idealen jenseits der eigenen erreichbaren Ziele. Als er es jetzt vor sich sah, erkannte er, was sich verändert hatte – oder vielmehr, wie er sich verändert hatte. Das schon zum Greifen Nahe hatte sich weiter entfernt und war kaum noch real. Es war, als hätte sich ein Vorhang gehoben, so daß er nun all die Seile und Flaschenzüge bemerkte, die die ganze Theaterkulisse vor ihm zusammenhielten. An deren Stelle war nun eben im Glanz ihrer Realität und Dauerhaftigkeit diese unerreichbare – unsichtbare, aber göttlich geschaffene – Bühne zu sehen, die er bisher nie recht wahrgenommen hatte. Und dazu stieg ein ganz unerwartetes Gefühl in ihm auf, das ihm so lange abhanden gekommen war, daß er sich erst jetzt, als es wiederkam, an seinen Verlust erinnerte – ohne daß er es genau benennen konnte.

Die Zahl war viel, viel kleiner, als er sich jemals auch nur hätte vorstellen können. Sie war lediglich eine Ziffer, sogar nur ein Bruchteil davon. Und das bedeutete, daß die Wahrscheinlichkeit, die israelischen Entdeckungen seien falsch und nicht mehr als Zufallskuriositäten, bereits äußerst bedeutungslos war. In all seinen Forschungsjahren und professionellen Aktivitäten war Gans kaum jemals ein so geringer p-Wert vorgekommen und, wie er wußte, auch keinem anderen seriösen Forscher. Sicherheit dieses Grades gab es normalerweise höchstens für völlig offensichtliche, also auch ganz uninteressante Dinge und Vorhersagen, die keiner besonderen oder ausgeklügelten Beweisführung und Bestätigung bedurften und die zu formalisieren sich niemand eigens die Mühe zu machen brauchte – etwa von der Art »Morgen geht die Sonne wieder auf«. Bei neuen oder unerwarteten Ergebnissen wissenschaftlicher Forschung galt nach allgemeiner Übereinstimmung das Urteil »wahr« bereits bei p-Werten von etwa 1 zu 20. Aber wenn er sogar 1 zu 62 500 betrug? Ja, doch: Das Gefühl, das da in ihm aufstieg, war schlicht und einfach *Freude*.

Und zu deinem Besten, o lebender Gott,
Schreibe uns ein in das Buch des Lebens

וכתבנו בספר החיים
למענך אלהים חיים

Erstes Kapitel

Die alte Legende

Dieses Buch ist die Geschichte dessen, was sich als die bedeutendste wissenschaftliche Forschung erweisen könnte, die jemals unternommen wurde. Die Forschungen begannen schon vor langer Zeit im Mystizismus, endeten aber als Wissenschaft nach höchsten Maßstäben. Die Realität, auf die sie zuführen, umschließen beide.

Die Geschichte beginnt mit einer alten und geheimnisvollen Tradition des Judentums und seiner Thora, der ersten fünf Bücher der Bibel. Sie stellen zudem das Kernstück des Judaismus dar. Christen und Moslems sind sie ebenfalls heilig. Diese Tradition nimmt für sich in Anspruch, daß im Gegensatz zu allen anderen Büchern der Heiligen Schrift und auch im Unterschied zu weiteren heiligen Texten irgendwo auf der Welt und zu irgendeiner Zeit die Thora allein nicht nur durch Gott inspiriert, sondern Moses von Gott selbst direkt diktiert wurde – Buchstabe für Buchstabe.

Diese merkwürdige Tradition, von der übrigen Welt praktisch vergessen, ist heute selbst den Juden nicht mehr sonderlich geläufig. Gleichwohl steht sie für viele, die Judaismus studiert haben und seinen Prinzipien treu geblieben sind, nicht im mindesten in Zweifel. Sie beharren bis auf diesen Tag darauf, daß die Legende von der buchstabengetreuen Weitergabe der Thora über die Jahrtausende in mündlicher Überlieferung geschah, und zwar vom Tag des tatsächlichen Ereignisses an: nämlich genau 50 Tage nach dem Exodus der Israeliten aus Ägypten. Erst sehr viel später erfolgte die Niederschrift.

Damit nicht genug. Es heißt auch, daß in der präzisen Abfolge der Buchstaben verschlüsselte Botschaften einer Art enthalten

21

seien, welche allein eine göttliche Hand darin verborgen haben könne. Genau deswegen sei die so ungewöhnliche Methode der Übermittlung erforderlich gewesen.

So abwegig oder gar absurd das sicherlich erscheinen muß, diese Tradition hat dennoch einen illustren und überraschenden Ursprung. Einer der bedeutendsten Lehrer und Denker der gesamten jüdischen Geschichte war im 18. Jahrhundert der litauische Rabbi Elijahu Solomon, ehrerbietig auch der »Große von Wilna« genannt – *Vilna Gaon*. Wie so viele berühmte Juden seit dem römischen Exil war der Gaon ein Talmud-Wunderkind, der jedes einzelne von dessen Millionen Wörtern auswendig gelernt hatte. Ähnlich bewandert war er aber auch in der Mathematik. Zudem war er ein Rationalist par excellence und ein entschiedener Gegner aller unreflektierten Mystizismen jeglicher Provenienz.

Nichtsdestoweniger stellte er in einem seiner vielen brillanten Bücher in ungewohnt kryptischer Form folgende verblüffende Behauptung auf: »Alles, was ist und bis zum Ende der Zeiten sein wird, ist in der Thora, den ersten fünf Büchern der Bibel, enthalten.«

Und das war nicht nur in jener überhöhten Form gemeint, wie sie in religiösen Schriften so verbreitet üblich ist. Sondern jener bedeutendste aller jüdischen Rationalisten meinte dies absolut wörtlich. Das machte er auch unmißverständlich klar: »… und dies nicht nur in einem allgemeinen Sinne, sondern unter Einschluß des individuellen Schicksals jedes einzelnen Menschen mit allen Geschehnissen und Ereignissen von der Geburt bis zum Tod, desgleichen aller existierenden Tiere und Kreaturen, aller Kräuter und Pflanzen und von allem, das wächst oder sich nicht bewegt«[1].

Daß diese Behauptungen in der Tradition ernst genommen wurden, wird aus den folgenden, vermutlich apokryphen Erzählungen verständlich. Eines Tages kam ein Gelehrter, der von den Thesen des Gaon gehört hatte, nach Wilna, ersuchte um eine Audienz bei ihm mit der Absicht, ihn dabei einer Probe zu unterziehen. Da der Gaon nicht wissen konnte, welche Fragen er ihm zu stellen gedachte (das heißt, er wollte den Gaon mit einer Aufgabe *a priori* konfrontieren – eine wichtige Konzeption, von der wir

22

später ausführlicher reden werden), verlangte er von ihm: »Wenn, wie du sagst, die Einzelheiten von jedermanns Leben in der Thora verschlüsselt sind, dann zeige mir doch, wo ich dort den *Rambam* finden kann.«

Rambam ist ein Akronym für R̲abbi M̲oses b̲en M̲aimom (Maimonides), des vermutlich größten jüdischen Weisen der nachbiblischen Zeit. Im 12. Jahrhundert war Maimonides nicht nur der führende Rabbiner seiner Generation, sondern auch Astronom, Mathematiker, aristotelischer Philosoph, und er kodifizierte das gesamte jüdische Recht. Zwei Sätze besonders werden in der jüdischen Überlieferung stets mit seinem Namen in Verbindung gebracht: »Von Moses bis Moses gibt es keinen wie Moses« und »Das Wunder der Generation«.

Der Gaon verwies seinen Besucher sogleich auf Exodus 11, 9-10[*] : »*Der Herr aber sprach zu Mose: Pharao hört euch nicht, auf daß viel Wunder geschehen in Ägyptenland.*« Auf hebräisch lauten die ersten Buchstaben dieser Stelle genau: R̲abot M̲oftai B̲'eretz M̲itzraim, wie nachstehend dargestellt[**] : Moses, Ägypten, Wunder, einst und jetzt.

ויאמר יהוה אל משה לא ישמע אליכם פרעה למען

רבת (מ)פתי (ב)ארץ (מ)צרים:

Eine ähnliche Geschichte wird vom *Ramban* – R̲abbi M̲oses b̲en N̲achman – erzählt, einem anderen herausragenden Weisen aus der gleichen Zeit. Eines Tages lehrte Nachmanides über das »Lied des Mose« in Deuteronomium 32 und stellte dabei die erstaunliche Behauptung auf, die gesamte Geschichte Israels finde sich in dieser Stelle. Ein brillanter, aber überheblicher junger Gelehrter mit Namen Rabbi Abner wollte darüber mit ihm disputieren, doch der Ramban weigerte sich, seine ungewöhnliche Aussage zurückzunehmen oder auch nur abzuschwächen. Rabbi Abner

---

[*] In dieser deutschen Ausgabe sind Bibel- bzw. Talmudzitate nach der Lutherbibel und nach Der babylonische Talmud, Goldmann Verlag, München 1978, wiedergegeben.

[**] Hebräisch wird von rechts nach links gelesen.

erklärte ihm: »Wenn Ihr nicht beweisen könnt, daß die gesamte Geschichte Israels im Lied des Mose enthalten ist, so will ich niemals wieder auch nur auf ein Wort von Euch hören. Darüber hinaus will ich die Thora und mit ihr den ganzen Judaismus als Unsinn verwerfen. Und zum Beweis dafür, daß es mir ernst damit ist, habe ich ein Schwein geschlachtet und gegessen, und zwar am Tag Jom Kippur selbst.«

»Ich bleibe aber dabei«, antwortete ihm der Ramban, »daß im Lied des Mose auf die gesamte Geschichte verwiesen ist. Du kannst mich gerne prüfen.«

»Gut, wo steht mein eigenes Schicksal in dieser Stelle?«

Der Ramban drehte sich kurz zur Wand um und sprach ein stilles Gebet. Dann wandte er sich wieder dem Abner zu. »Lies Deuteronomium 32, 26 und achte auf den dritten Buchstaben eines jeden Wortes davon. Dort findest du deine Antwort.«

Abner befolgte die Anweisung des Ramban und griff zuversichtlich nach der Thora. Dann aber legte sich ein eisiger Schauder um sein Herz, als er die Prophezeiung las: *»Ich wollte sagen: Wo sind sie? Ich werde ihr Gedächtnis aufheben unter den Menschen.«* Denn er entdeckte, daß sich sein eigener Name in den dritten Buchstaben der einzelnen Wörter verschlüsselt fand: *amaRti afAyhhem ashByta mayNosh zikRam*: R. Abner. (Aus dem Hebräischen übersetzt, schreibt sich der Name so wie oben: R. ABNR. Im Hebräischen gibt es keine Vokale; **א** ist ein Buchstabe, aber stumm, der jeden Vokallaut bedeuten kann.)

אמרתי אפאהם אשבתה מאנש זכרם:

Sein Hochmut brach zusammen, und er weinte: »Gibt es keine Heilung für mich?«

»Endlich verstehst du«, sagte der Ramban.

In der Folgezeit wurde Abner ein getreuer Schüler des Ramban und ein eifriger Thora-Gelehrter; nach einer anderen Version der Geschichte stach er ohne Steuermann oder Ruder in See und ward nie mehr gesehen.[2]

Unnötig zu sagen, daß diese einfachen Beispiele natürlich statistisch gesehen kaum von Bedeutung sind. Jedermann mit entsprechender Motivation kann gelegentliche scheinbar bedeutungsvolle Verbindungen in einem beliebigen Text und dessen ersten oder dritten oder sonst welchen Buchstaben der einzelnen Wörter entdecken – einfach aus purem Zufall. Allerdings vermitteln sie einen ersten Eindruck der Methode hinter der Entschlüsselung kryptischer Texte oder Codes – und dessen Stellenwert in der jüdischen Lehre.

Die Bibelgelehrten waren sogar schon über die Jahrtausende der Tatsache gewahr, daß die Thora eine überraschend geringe Anzahl von Buchstabenbedeutungsvariationen enthielt. Obwohl es nicht hundertprozentig zutrifft, ist die Genauigkeit der Überlieferung von so großer Zuverlässigkeit (und ganz besonders im Vergleich zu anderen alten Texten, einschließlich weiterer hebräischer Schriften), daß die Gelehrten lange schon daran herumrätselten.

Das Rätsel liegt nicht nur in der Methode, welche diese Art Präzision ermöglicht (das ist wohlbekannt), sondern in der Ursache einer derartigen Genauigkeit. Bis heute ist jegliche Thorarolle in jeder einzelnen Synagoge auf der Welt von Hand und von einer vorangegangenen kopiert, niedergeschrieben nach uralten, nie geänderten Regeln und von Schreibern, die sich dafür einer strengen und langen Schulung und Vorbereitung unterzogen haben. An jeden wurde diese Warnung über die Jahrhunderte weitergegeben – und wir sollten sie eher als eine poetische Metapher begreifen: »Solltest du zufällig auch nur einen Buchstaben der Thora auslassen oder hinzufügen, würdest du damit das gesamte Universum zerstören.«

In diesem Licht bekommt selbst eine der am häufigsten zitierten Stellen aus der christlichen Heiligen Schrift eine neue Bedeutung: »Denn ich sage euch wahrlich: Bis daß Himmel und Erde zergehe, wird nicht zergehen der kleinste Buchstabe noch ein Tüttel vom Gesetz [der Thora], bis daß es alles geschehe« (Matthäus 5, 18).

Kurz nachdem der Gaon von Wilna im 18. Jahrhundert seine erstaunliche Behauptung aufstellte, begann das Zeitalter der Aufklärung. Und die Überlieferung der Codes, ohnehin niemals besonders bekannt, verschwand praktisch aus der jüdischen Lehre.

Freilich nicht vollständig. Zu Beginn des 20. Jahrhunderts gab es einen anderen großen jüdischen Geist, in einem der großen Zentren jüdischer Kultur, der Slowakei, über die kurze Zeit später der Holocaust hereinbrechen sollte. Wie der Gaon von Wilna war auch Michael Dov Ber Weissmandl ein talmudisches Wunderkind. Wie jener galt er außerdem als ein mathematisches Genie. Schon in früher Jugend blieb er an einem Verweis auf die Codes in einem Kommentar eines anderen Weisen hängen: des Rabbenu Bachya, der im 13. Jahrhundert lebte. Er folgte den Hinweisen des Bachya und begann seine eigenen Untersuchungen des Phänomens. Dabei wurde er in seiner Überzeugung, daß sie echt seien, bestärkt. Er wurde selbst ein bekannter Rabbi und bewahrte zeit seines Lebens das Interesse an den Codes. Er schrieb die gesamte 304 805 Buchstaben umfassende Sequenz der Thora auf einem 10:10-Gitter aus. (Auf diese Weise hoben sich Wörter, die in gleichräumigen Buchstaben erscheinen, besser und sichtbarer ab.)

Rabbi Weissmandl setzte ebenfalls einen Prozeß in Gang, der 60 Jahre später schließlich die Codes ins volle Licht rücken sollte. Ende der achtziger Jahre hatten israelische Forscher Verschlüsselungen entdeckt, die weit über das hinausgingen, was Rabbi Weissmandl oder seine Vorgänger jemals herausfanden: nämlich Verweise auf Zusammenhänge in Verbindung mit dem Makkabäeraufstand, dessen im jüdischen Feiertag Chanukka gedacht wird, Einzelheiten des Sturms auf die Bastille zu Beginn der Französischen Revolution; Schlüsselvorgänge um die Entdeckung, Pathopsychologie, Folgen und Behandlung des Diabetes; eine auf ähnliche Weise detaillierte Beschreibung von Aids; und sogar bestimmte Ereignisse der gegenwärtigen Geschichte, wie sie stattgefunden haben.

Beispielsweise fiel der ägyptische Präsident Anwar as-Sadat am 6. Oktober 1981 einem Attentat verschwörerischer Armeeoffiziere zum Opfer. Ausgewähltem Publikum in aller Welt wurde eine Serie von Entschlüsselungen aus der Genesis mit Einzelheiten dieses Mordanschlags vorgeführt: der Name des Opfers, das Datum, die Planung, die Art des Anschlags und noch vieles mehr. Selbst der Vor- und Zuname des Attentäters selbst, Chaled Islambooli, fand sich exakt buchstabiert in der Genesis wieder, und dies in einer bemerkenswert knappen Bibelstelle:

Vergleichbare Stellen der Genesis mit Einzelheiten des Golfkriegs wurden in Israel kurz nach dem Ausbruch der Feindseligkeiten publik. Vergleichbare Hinweise lassen sich auch im Buch Exodus (2. Buch Mose) finden. Es gibt sogar eine weitverbreitete Geschichte, wonach das Datum des ersten irakischen SCUD-Raketenangriffs herausgefunden worden sei, noch bevor er stattfand – und daß dies in höchsten Militärkreisen Israels Diskussionsgegenstand war.

Die israelischen Forscher sahen sich einem wachsenden Druck ausgesetzt, ihre Ergebnisse auf eine solide wissenschaftliche Basis zu stellen. Das taten sie dann auch und legten hochseriösen und fachlich streng kontrollierten Statistikzeitschriften eine umfangreiche, genauestens überprüfte Liste ähnlicher Stellen vor. Diese Dokumentation schien jedoch leicht anfechtbar zu sein, so abenteuerlich klangen die in ihr aufgestellten Schlußfolgerungen. Doch dann wandten sich mehrere hochangesehene Mathematikprofessoren in Harvard, Yale und andernorts öffentlich gegen allzu voreilige Urteile. Infolgedessen wurde die Arbeit erst einmal Gegenstand sorgsamster kritischer Überprüfung, was für ein Thema dieser Art allein schon außergewöhnlich war. Die meisten diesbezüglichen »verblüffenden« Entdeckungen bringen es ja nie über den Boulevardjournalismus und das kommerzielle Sensationsfernsehen hinaus. Nun aber gingen seriöse Wissenschaftler, Mathematiker und Statistiker in Harvard, Yale und an den Carnegie-Mellon-Universitäten daran, dieses Papier auf seine Schwachstellen hin zu durchleuchten. Einer jener Skeptiker, Persi Diaconis in Harvard, ein hervorragender Statistiker, war ein so dezidierter Gegner der sogenannten Codes, daß er eine komplette neue mathematische Methode entwickelte, um sie damit zu widerlegen. Doch auch er scheiterte. Im Gegenteil benutzten die Israelis ebendiese Vorgehensweise zur Untermauerung ihrer Thesen. Was sie gefunden zu haben behaupteten – und nach allen anerkannten Standards auch aufgezeigt zu haben schienen –, war folgendes: daß ganz präzise Details nicht nur über großräumige Ereignisse kodiert im Buch Genesis zu finden waren, sondern auch solche ganzer Gruppen von Menschen, welche alle im 9. und 10. Jahrhundert lebten, also mehr als 14 Jahrhunderte nach der selbst von Skeptikern anerkannten ersten Niederschrift der Thora. Es ist sogar entfernt denkbar, daß die von dem Gaon und vor ihm von dem Ramban erzählten Geschichten Tatsache sein könnten.

Die Geschichte hinter den Codes ist auch die Geschichte der bemerkenswerten Persönlichkeiten, welche die Forschungen publik machten. Da ist in erster Linie Rabbi Weissmandl zu nennen, der weniger für sein kaum bekanntes Werk über die Codes bekannt und berühmt ist als vielmehr für seine dramatischen Aktivitäten während des Holocaust. Seine Rettungsbemühungen sind in dem vielgepriesenen Film *Schindlers Liste* von Steven Spielberg verewigt. Denn er, Weissmandl, war in der Tat der große Organisator hinter den geheimen Lösegeldaktionen jener schrecklichen Jahre.[*]

Nach Kriegsende emigrierte Weissmandl nach Amerika und widmete sich dort wieder seiner ursprünglichen Passion, den mysteriösen Codes in der Thora. Er umgab sich mit einer kleinen Gruppe engagierter Studenten und rekonstruierte mit ihr, was nur möglich war, bemühte sich aber auch um neue Entdeckungen. Selbstverständlich war für ihn die Suche nach kodierten Informationen nicht minder mühsam und strapaziös wie für alle seine

---

[*] Rabbi Weissmandl organisierte die Schindler-Rettungsunternehmungen nicht persönlich, aber er initiierte den gleichen Prozeß auch anderswo in Europa. Seine Vorstellungen gingen schließlich in den »Europa-Plan« ein, dessen Ziel die Rettung aller europäischen Juden war. Doch obwohl die Nazis einverstanden schienen, wurden Weissmandls Organisationsgruppe in der besetzten Slowakei die erforderlichen Mittel dafür nie zur Verfügung gestellt.

Vorgänger. Und außerdem bestand immer das Problem, wie man nachweisen sollte, daß etwas, worauf man gestoßen war und das bedeutsam aussah, sich nicht als ein reines Zufallsergebnis herausstellte. Dann aber lieferten in einer dramatischen Wendung dieselben Ereignisse, die den Holocaust heraufbeschworen hatten, eine mathematische Technologie, welche die Codes-Forschung auf eine ganz neue Ebene katapultierten.

In einem streng geheimen Projekt in London unter dem Namen *Ultra* war es gelungen, den vermeintlich nicht zu knackenden deutschen Kriegscode *Enigma* zu entschlüsseln, der bis dahin allen früheren Versuchen, ihn zu entziffern, widerstanden hatte. Aber mit dem Einsatz mathematischer, statistischer und früher Computertechnik, welche sich aus dem Atombombenprojekt in Los Alamos ergeben hatten, war es den Briten und ihren Verbündeten geglückt, den ständigen Änderungen des *Enigma*-Systems stets einen Schritt voraus zu sein. Zwei der stillen Helden dieses Unternehmens waren Alan Turing in London und John von Neumann in Los Alamos, beide brillante und weltweit renommierte Mathematiker. Unsere ganze Welt hat sich infolge ihrer Arbeit erheblich verändert. Denn aus ihr ging Turing schließlich als » Vater der Computersoftware« hervor und von Neumann als »Vater des (modernen) Computers« selbst.

Die Arbeitsgruppen der zwei Forscher standen unter unvorstellbarem Druck. Sie bastelten – im wesentlichen aus Schrott! – zwei Dinge, die sich als ausschlaggebend für den Erfolg von *Ultra* und damit letzten Endes der Alliierten als Ganzes erweisen sollten: Hochgeschwindigkeitscomputer und ein System hochentwickelter Statistiktechniken, die sich auf die Entschlüsselung komplexer Codes anwenden ließen. Ironischerweise also begannen unsere modernen Entwicklungen auf den drei Fachgebieten Kryptologie, Statistik und Computertechnik mit den uralten Kodierungstechniken der jüdischen Mystik, welche bereits in einer so weit zurückliegenden Zeit wie dem 1. Jahrhundert erstmals Codes in der Thora erwähnte.

Drei Jahrzehnte nach Weissmandls Tod, als Desktop-Computer schon tausendmal schneller waren als die noch häusergroßen Apparaturen von Neumann und Turing, ging man auch die Thora-

Codes mit Strategien ähnlich den damaligen alliierten Entschlüsselungsbemühungen an. So ungeheuerlich es auch erscheinen mag (und für frustrierte Kritiker tatsächlich bleibt!), wenn die auf diese Weise angetretenen Beweise unwiderlegt bleiben sollten – die Resultate werden nur auf eine Art erklärbar sein: Es ist unmöglich, daß Menschen vor 3000 Jahren die Thora schrieben, sowenig wie Menschen irgendeiner anderen Zeit, unsere eigene eingeschlossen. Aber wer sie auch schrieb, tat es offensichtlich auf genau die gleiche Weise, wie die jüdische Überlieferung daran festhält, daß Gott selbst es gewesen sei: mit akribisch genauer Festlegung der präzisen Abfolgen eines Buchstabens nach dem anderen.

Was aber würde nun ein solches erstaunliches Resultat bedeuten? In letzter Konsequenz muß das jeder einzelne für sich selbst entscheiden. Wie Professor David Kazhdan, Dekan der mathematischen Fakultät in Harvard in einem Zeitungsinterview sagte, »handelt es sich um rein reales Phänomen, aber was es bedeutet, bleibt dem individuellen Urteil überlassen«. Es gibt mehr als genug Berichte von Leuten, die angesichts der Gegenüberstellung mit diesen Codes zu religiösen Überzeugungen zurückfanden. (Tatsächlich ist dies eine der konkreten Methoden, mit denen versucht wird, an moderne, skeptische Juden heranzukommen, die sich von dem traditionellen orthodoxen Glauben ihrer Vorväter entfernt haben. Und sie wird innerhalb der jüdischen Gemeinde selbst hitzig diskutiert.) Eine Flut von Büchern, die sich allerdings nur auf vereinfachte Weise und aus christlicher Sicht mit den Codes beschäftigten, wurden auf Anhieb Bestseller in evangelischen Religionskreisen (ein Weg, der seine eigenen Skeptiker hat, und nicht nur jüdische). Ein solches Buch suggeriert seinen Lesern, die Forschungen der Israelis hätten bewiesen, daß Jesus der Messias war. In nur drei Monaten wurden davon über 100 000 Exemplare verkauft. Die Konsternation, die solche Publikationen besonders in Israel hervorriefen, kann man sich vorstellen. (Die Codes können nicht legitim für irgendwelche Ansprüche solcher Art herangezogen werden, und auch nicht für ähnliche, wie wir noch sehen werden. Und die qualifiziertesten Forscher betonen nachdrücklich, die Codes dürften auf keinen Fall dazu benutzt werden, andere in ihren Glaubensrichtungen zu bestärken.)

Aber werden diese Beweise auch wirklich unwiderlegt bleiben? Professor Kazhdan ist in Wahrheit sehr viel vorsichtiger, als das obige Zitat vermuten läßt, wenn er auch offen für alles bleibt. Während ich dies hier niederschreibe, ist ein halbgeheimes Projekt im Gange, das die Codes an einem der bedeutendsten akademischen Zentren der Welt unter die Lupe nimmt. Beteiligt daran sind einige der hervorragendsten Mathematiker, Computerwissenschaftler und Statistiker der Welt. Und die meisten von ihnen sind Skeptiker, deren Irritation – wenn nicht sogar Zorn – über das weltwelt und rapide wachsende Interesse an den Thora-Codes sich zunehmend steigerte. Ihre Absicht ist, all die absurden Behauptungen und Überzeugungen ein für allemal zu entkräften, indem sie nachweisen, daß schon im Ansatzpunkt der Forschungen Fehler lagen. Daß diese bisher nicht gefunden worden sind, beweist für sie erst einmal gar nichts: Die Irrealität der Codes erachten viele im Prinzip als eine Selbstverständlichkeit, selbst wenn sie bis jetzt ihrerseits nicht bewiesen ist. Doch es gibt auch einige dieser hervorragenden Fachleute bei dem Projekt, die nicht zu den Skeptikern zählen, und einige wenige sind nach umfassenden Studien sogar überzeugt davon, daß es sich bei den Codes wirklich um das handelt, was sie zu sein scheinen.

Die Entschlüsselung der Bibel-Codes ist die Geschichte dieser Codes und der Menschen dahinter, soviel davon bis heute bekannt ist. Und es ist auch die Geschichte der außergewöhnlichen Folgerungen, die sich aus diesen Codes ergeben.

Zweites Kapitel

Die Reise zum Zentrum

> Denn wie wir gelernt haben, ist Jerusalem der Mittelpunkt
> der Welt, und ein himmlischer Ort namens Zion befindet sich
> über ihm, und von diesem Ort aus ist es gesegnet und die bei-
> den sind untrennbar miteinander verbunden.
>
> *Zohar, Vayikra 3*

Jerusalem, Israel
Donnerstag, 7. November 1996

Die Notwendigkeit, nach Jerusalem zu kommen, hatte sich unerwartet dringend ergeben. Die Neuigkeiten über die Codes über-
schlugen sich allenthalben, und die Spannung über die Reaktio-
nen darauf wuchs rasch an. Nach Jahren sich vertiefender Beschäftigung mit dem Thema, das sich für mich immer mehr als die
möglicherweise folgenschwerste Entdeckung des 20. Jahrhunderts erwies, war ich nun auf dem Weg, mit jenen Leuten zu sprechen, welche die Welt darüber informiert hatten. Wenn die For-
schungsresultate, mit denen ich mich befaßte, sich auch weiterhin
als handfest und stichhaltig erwiesen, dann waren die Konsequenzen fast unvorstellbar. Die ganzen letzten vier Jahre meiner
Suche und Recherchen hatten sie standgehalten. Offenbar waren
in den hebräischen Text der Thora – den Pentateuch, die ersten
fünf Bücher der Bibel – Informationen über die moderne Zeit einkodiert, die da einfach nicht sein sollten, ja, gar nicht sein konnten. Weniges in meinem Leben hat mich so fasziniert wie die Entdeckung dieses sich allmählich immer mehr in den Vordergrund
schiebenden Phänomens. Und so kam ich der Aufforderung nach
und krempelte meinen Terminkalender völlig um. Ich buchte
meine Patienten um und für mich einen Flug nach Tel Aviv.

Der Kontrast zwischen Moderne und archaischer Welt ist nirgends so schroff und augenfällig wie in Jerusalem. Wie konnte dieses staubige, zurückgebliebene Relikt einer alten nahöstlichen Stadt ohne ersichtlichen Grund für eine bedeutsame Entwicklung der Brennpunkt von soviel internationaler Aufmerksamkeit (und Spannungen!) werden – und zwar genau, wie es die alten Schriften vorhersagten? Die Leute, die damit befaßt sind, die Codes ans Licht zu bringen, stellten ihrerseits eine recht ungewöhnliche Kombination von alt und modern dar, von religiös und technokratisch. Zu ihnen gehören:

- Doron Witztum, der herausragende Code-Forscher schlechthin, ein geheimnisumwitterter, verschlossener, ultraorthodoxer Jude. Er ist Thora-Gelehrter und wird als fast »heilig« beschrieben. Dabei war er anfangs Physikstudent, der sich auf allgemeine Relativität spezialisiert hatte, ein außerordentlich abstruses und schwieriges Gebiet. Vor elf Jahren hatte er nach der Einführung in die geheimen mathematischen Hintergründe der Thora die Physik aufgegeben und sich ganz den religiösen Studien gewidmet – und den Codes.

- Eliyahu Rips, ein Emigrant aus Litauen und Mathematiker von Weltrang. Er war in Israel als überzeugter Atheist angekommen (wie es ja die große Mehrheit der Mathematiker ist) und erlangte internationales Renommee als Experte in Gruppentheorie, einem Feld, das für Physiker von besonderer Bedeutung ist. Als er dann aber an verschiedene mathematische Strukturen der Thora geriet und an die darin verborgenen Codes, wurde er religiös und schließlich sogar orthodox. Er ist aber trotzdem hauptberuflicher Mathematiker geblieben, wenn auch seine Frömmigkeit und die Intensität, mit denen er sich den Codes widmet, bei vielen seiner konventionellen Kollegen weltweit auf Befremden stoßen.

- Gerald Schroeder, ebenfalls Physiker, der eine eindrucksvolle Karriere hinter sich hat. Er war lange am MIT *(Massachusetts Institute of Technology)*, danach im US-Verteidigungsministerium, bei der Atomenergiekommission und bei den Vereinten Nationen. Er war Mitglied der Gruppe, die an Entdeckungsverfahren unterirdischer geheimer Atomexplosionen arbeitete, und besaß ein persönliches Patent für ein Gerät zur Aufspürung und Messung der Intensität von Radioaktivität in der Luft. Nachdem er mehr als 70 wissenschaftliche Artikel veröffentlicht hatte, ließ er alles hinter sich und kam nach Jerusalem, wo er Vorträge für Zuhörer aus aller Welt über die Schnittstellen von Wissenschaft und Religion hielt.

● Professor Daniel Michaelson, ein weiterer Mathematiker im Kreis der Code-Forscher (er hat sogar dieses Feld mitbegründet). Er hatte Lehrstühle an den mathematischen Fakultäten der Universität Los Angeles (UCLA) und der Hebräischen Universität Jerusalem inne. Auch er begann als heftiger Skeptiker, um dann seinerseits immer überzeugter zu werden, daß die Codes Wirklichkeit sind. Wie Rips ließ er sein weltliches Leben hinter sich und widmete sich völlig der Erforschung alter Überlieferungen.

Dann gab es da noch die Rabbis. Viele von ihnen waren geborene Israelis, aber eine ungewöhnlich große Zahl war vor zehn oder fünfzehn Jahren auch aus den USA eingetroffen – eigentlich nur mit der Absicht, etwas ihrer Kultur in Jerusalem zu erschnuppern, um dann, völlig überwältigt von Wundern, von deren Existenz sie keine Ahnung gehabt hatten, zu bleiben und nun einen nicht unwesentlichen Teil der »Haredi« zu bilden, der ultraorthodoxen Gemeinde Jerusalems.

● Eric Coopersmith, der junge und charismatische »zweite Mann« einer der größten und einflußreichsten Rabbinerschulen Jerusalems, war vor einem Jahrzehnt ebenfalls und eigentlich nur besuchsweise nach Israel gekommen und hatte sich bei der Gelegenheit auch eine Vorlesung an dieser Jeschiwa angehört. Er war Mitte Zwanzig gewesen, ein Hockeyspieler mit langen Haaren und legerer amerikanischer Kleidung. Nun saß er in der heißen Sonne Jerusalems und starrte auf Rabbi Noah Weinberg, dessen weißer Bart, sein großer schwarzer Fedorahut und der lange Kaftan ihn wie einen orthodoxen Rabbi aus dem Kino aussehen ließen – und war gegen jeden Willen und jede Absicht völlig fasziniert. Und der alles entscheidende Punkt war dann, als Weinberg, trotz seiner Kleidung ohne einen Schweißtropfen, versicherte, daß sich das Thora-Studium hauptsächlich darum drehe, Spaß zu haben. Coopersmith wurde klar, daß, wie er es formulierte, »einer von uns nicht recht haben kann«.

Er wurde schließlich ordiniert und befaßte sich neben anderen Aufgaben hauptsächlich mit der Präsentation der Details der Codes für 40 000 Säkularisten, wie er selbst einmal einer war. Die Wirkung der Codes auf das Leben dieser Menschen aus aller Welt war enorm. Für viele erwiesen sich die Codes und ihre Erläuterer als eine Pforte zu der Erkenntnis, den Glauben ihrer Vorväter wieder ernst zu nehmen.

• Ein weiterer Rabbi, mit dem ich bereits korrespondiert hatte, war Moshe Zeldman, gebürtiger Kanadier und Student der Mathematik. Er war vermutlich mehr als irgendein anderer der Rabbis mit den Codes vertraut und mit Leuten, die an ihrer Entschlüsselung beteiligt waren und sie ins Bewußtsein der Weltöffentlichkeit brachten, befaßt. Auch er war vor etwa zehn Jahren mit seiner frisch angetrauten Frau in Jerusalem nur zu einem beabsichtigten Kurzaufenthalt angekommen und danach lediglich so lange nach Kanada zurückgekehrt, wie erforderlich war, um dort ihre Angelegenheiten zu regeln. Dann sagten sie ihren Familien Lebewohl und blickten nie mehr zurück. Ihre Geschichte gleicht der vieler anderer, die ihr Leben abrupt änderten, um sich dem Thora-Studium zu widmen. Die Mutter eines solchen Mannes, die nicht verstehen konnte, daß ihr Sohn sein schon abgeschlossenes Studium der Naturwissenschaften einfach hinter sich ließ, um sich mit religiösen Themen zu beschäftigen, reiste nach Israel und beschwerte sich persönlich beim Leiter der Rabbinerschule, in der er nun eingeschrieben war. »Machen Sie sich mal keine Sorgen«, beschied dieser sie, »wenn er das Studium der Schriften zu schwierig findet, kann er immer noch wieder zurück zur Atomphysik!« Auch Zeldman war Student der Mathematik gewesen.

• Rabbi Daniel Mechanic kannte ich bereits aus New York. Er war FFB (das ist ein jüdischer Kürzel für »*frum* from birth«,

36

fromm von Geburt an, mit der Bedeutung, daß er einer orthodoxen jüdischen Familie entstammte und eine entsprechende Erziehung genossen hatte). Er war der hauptsächlich für die Präsentation der Codes in Amerika Zuständige. Er wußte in den Fingerspitzen mehr von der Thematik als irgendwer sonst im Kopf und war zudem stolz auf seine Entdeckungen, mit denen er ausgesprochen behutsam umging. Unentwegt wuselig geschäftig, hätte der gute Danny jederzeit eine zweite oder dritte Karriere als Alleinunterhalter auf der Bühne machen können.

Die merkwürdige Kombination von Wissenschaft und Religion war mir nicht fremd. Ich hatte mich schon lange diesem Thema gewidmet – wobei ich allerdings nach wie vor eine starke Aversion gegen dessen »populäre« Versionen habe. Seit meiner Kindheit war ich fasziniert von den Mysterien Gottes und der Welt. Auch ich begann mit der Physik, um mich dann den »weicheren« Wissenschaften und letztlich der Psychiatrie zuzuwenden. Ich brachte Jahre mit dem Studium religiöser Fragen zu. Wann immer es mir möglich war, versenkte ich mich in die Welt der wahren Religionen – nicht nur der jüdischen. Ich war mir sicher, daß das Bindeglied zu Gott, nach welchem des Menschen Herz so begierig sucht, wirklich existiert und auch von unschätzbarem Wert ist. Erst vor kurzem war ich zum Studium der Mathematik und Physik zurückgekehrt, aus persönlicher Anschauung fest davon überzeugt, daß die Mysterien Gottes untrennbar mit denen seiner Schöpfung verbunden sind. Ich verschob sogar meine Reise nach Israel um einen Tag, um noch ein wichtiges mathematisches Examen in Yale ablegen zu können. (Warum ein Psychiater sich noch so spät mit dem Studium der Mathematik und Physik befaßt, ist Teil ebendieser Geschichte hier; davon später noch mehr.)

Der Zweck meiner Reise war, so viel wie möglich über die Anwendung ultramoderner Computer- und statistischer Technik bei der virtuosen Entschlüsselung von Codes im Text einer 3300 Jahre alten Schrift zu erfahren, womit sich eine Gruppe von Rabbis und Pietisten – zu einem außerordentlich hohen Anteil Mathematiker und Physiker – beschäftigte.

Daheim in Amerika übten diese Codes längst einen ständig wachsenden Einfluß auf eine immer größere Zahl von Menschen aus. Hitzige Kontroversen darüber wurden ausgefochten mit der Folge, daß sich allmählich auch die allgemeine Öffentlichkeit dafür zu interessieren begann. Ich hegte keinen Zweifel, daß dieses Interesse sich schon binnen eines weiteren Jahres vervielfachen würde – und damit aber auch die Kontroverse. Erst kürzlich hatte ich unterderhand erfahren, daß sich, vermutlich auf Initiative von Harvard, eine Gruppe von Spitzenmathematikern darangemacht habe, die Glaubwürdigkeit der Codes zu erschüttern. Dies nahm ich mit gemischten Gefühlen zur Kenntnis. Einerseits wünsche ich mir persönlich sehr, daß die Codes sich als echt erweisen – teils aus schierem, fast kindlichem Verwundern und Staunen, teils aber auch im festen Glauben, daß unsere Welt in dieser Spätzeit dringend einer eindeutigen Botschaft aus der einen unmißverständlichen göttlichen Weisung bedarf. Gleichwohl komme auch ich andererseits oft nicht damit zurecht, daß ich glauben soll, in den alten hebräischen Schriften seien Informationen über die moderne Welt verschlüsselt. Auch mir erscheint das zuweilen lächerlich – aus hundert verschiedenen Gründen.

Doch es gibt noch einen anderen drängenden Grund für mein Interesse an diesen Codes. Die Notwendigkeit schneller und seriöser Prüfung erwuchs direkt aus der verblüffenden Wirkung, welche sie bereits verursacht hatten, indem sie das Leben so vieler Menschen einschneidend veränderten. Es wäre geradezu eine Tragödie, würde sich dies auf etwas Falsches gründen – schon prinzipiell, aber vor allem wegen der Desillusionierung, die darauf folgen würde.

Die Codes haben ganz unbeabsichtigt so etwas wie eine Krise hervorgerufen. Außerordentlich fähige Kritiker hatten in Jahren konzertierter Bemühungen laut den kürzlich in der seriösen und hochangesehenen Wissenschaftszeitschrift *Statistical Science* von Witztum, Rips und Yoav Rosenberg, einem exzellenten jungen Computerwissenschaftler, veröffentlichten maßgeblichen Code-Forschungsergebnissen keine angreifbaren Schwachstellen finden können. Für viele bedeutete dieser Erfolg angesichts einer von renommierten Kapazitäten versuchten Kritik zweierlei: eine unabsichtliche Manipulation der Daten hinter den Kulissen, um die Methode zum Erfolg zu führen (oder auch umgekehrt beziehungsweise beides) oder aber eine direkte und beabsichtigte Manipulation. Die Sache wurde noch dadurch komplizierter – und dies nicht nur für Wissenschaflter, sondern auch für religiöse Kreise –, als bereits buchstäblich Tausende von Menschen ganz profund tangiert waren, nachdem sie von maßgeblichen Persönlichkeiten über die Codes informiert und belehrt wurden. Harold Gans, der Kryptologie-Mathematiker im US-Verteidigungsministerium, war bereits ein weithin bekannter Fall in dieser Sache. Die Codes hatten bei seiner Rückkehr zum orthodoxen Judaismus eine entscheidende Rolle gespielt, und seine ausführlichen Vorträge darüber hatten auch schon auf viele andere Einfluß gehabt.

Für die moderne Welt außerhalb der wissenschaftlichen und religiösen Kreise wurde die vollständige Überprüfung der Codes schlicht zu einer unabdingbaren Notwendigkeit. Wenn die Codes nämlich echt waren, dann gehörte eine diesbezügliche Forschungsarbeit ohne Übertreibung zu den erstaunlichsten wissenschaftlichen Leistungen aller Zeiten – es mag absurd klingen, dies so ohne Umschweife zu benennen, aber es führt kein Weg daran vorbei. Wenn vorbehaltlose Forschungstätigkeit, mit der die bedeutendsten Praktiker unter der Auflage strengster Beweisführungsstandards betraut sind, unleugbar aufzeigt, daß Tatsachen der gegenwärtigen Geschichte nach einem beschreib- und entschlüsselbaren Schema in der Thora kryptisch enthalten sind, und zwar genau so, wie die alte jüdische Überlieferung es immer behauptete, dann muß man einfach die grundsätzliche Anschauung über die Natur der Welt, wie sie in der Thora wiedergegeben ist, sehr ernst nehmen – so ungeheuerlich das auch erscheinen mag. Und das lief somit gleichbedeutend darauf hinaus, zu beweisen, daß es Gott gibt, daß er außerdem der in der Thora beschriebene Gott ist und daß das jüdische Volk mit genau der darin beschriebenen Aufgabe betraut ist (ob das uns Juden nun – ebenso wie sonst jemandem – gefällt oder nicht).

Und was waren die Schlußfolgerungen daraus für die anderen Religionen? (Die eigene Antwort des traditionellen Judaismus auf diese Frage ist erheblich großzügiger, als man annehmen könnte, aber es ist natürlich völlig verständlich für andere, sich darüber hinaus Sorgen zu machen.) Was wären die Konsequenzen für den modernen Glauben an Toleranz und Unparteilichkeit gegenüber differierenden Glaubenssystemen und für den Glauben an die moralische Gleichwertigkeit aller Gesichtspunkte dabei? Was würde aus der von vielen geteilten Überzeugung, daß es außer dem physikalischen Universum nichts gibt; daß unser Schicksal nach unserem eigenen Willen zu formen allein uns selbst obliegt? Die Mehrheit der Juden hatte längst den Glauben an die wörtliche Auslegung der Schriften über Bord geworfen. Für sie stellte die Bibel bestenfalls eine Sammlung von Gleichnissen und Bildern über die Konflikte des Lebens dar und bot auf keinen Fall praktikable Lösungen für die moderne Welt. Würden die Codes also zwingen, solche Ansichten zu revidieren? Die Geschichte zeigt, daß alle diese Besorgnisse so aktuell sind, daß sie allein schon Blutvergießen verursachen – auch ohne Beweise auf diese oder jene Art.

Allein in den letzten drei Monaten ist eine wahre Flut von hastig zusammengeschriebenen populären Büchern über die Buchhandlungen hinweggeschwappt – und alle nahmen für sich in Anspruch, anhand der jüdischen Codes nachweisen zu können, daß Jesus der Messias gewesen sei. Die geschilderten Methoden, die diesen Beweis angeblich erbringen sollten, wiesen indes nur eine oberflächliche Ähnlichkeit mit jenen rigorosen Verfahrensweisen auf, dank denen die Lawine überhaupt ins Rollen gebracht worden war. Immerhin, das bloße Vorhandensein der Buchschwemme war schon symptomatisch für das große Unbehagen, welches sich ausbreitete, als sich die Nachrichten über die Codes ausbreiteten. Die am engsten mit den Codes Befaßten debattierten, ob es nützlich sei, darauf zu reagieren und die Codes zum Gegenbeweis zu verwenden, nämlich: daß Jesus *nicht* der Messias war. Dieser Vorschlag (angesichts der Natur der Codes, wie sich noch erweisen wird, ohnehin zweifelhaft) wurde von den konsultierten Rabbinaten gar entsetzt zurückgewiesen.

Es gab viele Leute jeder (oder auch keiner) Glaubensrichtung, die es schlichtweg für unzulässig hielten, auch nur die Möglichkeit zu erwägen, diesbezügliche wissenschaftliche Beweise könnten eventuell erbracht werden. Mein Schwiegervater Joseph Leff, ein geachtetes führendes Mitglied der jüdischen Gemeinde New Yorks, war geradezu fassungslos darüber, daß behauptet werden sollte, Gott sei mit präziser mathematischer Logik nachweisbar. »Wozu dann noch der Glaube?« fragte er mich, als ich ihm nach meiner Rückkehr aus Israel Bericht erstattete.

Was würde es in einer Zeit, in der das weltweite Phänomen mörderischer religiöser Intoleranz gerade – wenn auch nur geringfügig – nachließ, bedeuten, wenn die radikalsten, »fundamentalistischsten« religiösen Aussagen, offenbar aufs engste nur an *eine* Glaubensrichtung gebunden, unter Zuhilfenahme rigorosester wissenschaftlicher Methodik als zutreffend beurteilt würden? Ich hatte in der Tat schon die Meinungen einer Anzahl Rabbis gehört, welche dazu rieten, daß man, falls die Codes sich als wahr erwiesen – und sogar speziell dann! –, dieses Wissen am besten geheimhielt.

Aber dazu war es längst zu spät.

Nicht, daß Juden in dieser Hinsicht allgemein objektiver gewesen wären als die christlichen »Pop-Autoren«. Es gab auch ein, allerdings vergleichsweise nur dünnes, Rinnsal von Büchern mit rein jüdischer und israelischer Optik von Leuten, die mit seriöser Recherche wenig vertraut waren. Und einige davon mißbrauchten die Codes ganz offen für den angeblichen Beweis, daß Jesus *nicht* der Messias sei. Solch negative »Beweisführung« war qualitativ ebenso minderwertig wie die positiven »Erkenntnisse« von christlicher Seite. Die Sorge war also berechtigt, daß der ganze Wust an Pseudo-/Ersatzliteratur über die Codes die Thematik ihrer Seriosität berauben könnte und bald vollends von den Blendern und Scharlatanen vereinnahmt und beherrscht würde.

Um fair zu sein, muß ich sagen, daß ich mir selbst der Resultate nicht hundertprozentig sicher sein kann. Ich gebe zu, daß ich wünsche, die Codes seien tatsächlich das, was sie zu sein vorgeben. Ich gehöre zu denen, die sich wünschen, daß es einen Gott gibt, weil ich mich mit der Alternative ebenfalls nicht recht anfreunden kann. Ich bin des weiteren sehr viel weniger besorgt darüber, ob Er nun meinen – oder irgend jemandes – persönlichen

Ansichten darüber entspricht, wer genau Er ist, als über die Annahme, es gebe Ihn überhaupt nicht. Es zählt allein die Wahrheit – wie immer sie aussehen mag. Von einem religiösen und einflußreichen Christen hörte ich einmal, sein Glaube an Jesus Christus verleihe ihm die Kraft, vor allem die Wahrheit zu erfahren – auch auf die Gefahr hin, daß sich das Christentum als Irrweg herausstellen könnte. Innerlich spendete ich diesem nun wirklich seltenen Beispiel mutigen Glaubens starken Beifall. In ebendiesem Geist war auch ich davon überzeugt, daß selbst dann, wenn die Codes sich als falsch erwiesen, diese Tatsache schnellstens offengelegt werden müsse. Und solchermaßen äußerte ich mich in einem Artikel in der *Bible Review*, der großen überkonfessionellen Wissenschaftszeitschrift zu biblischen Fragen: »Wenn sich die Arbeit als Irrtum erweist, dann wäre es das beste, darüber nicht nur rasch, sondern auch ausführlich zu berichten.«

Es schien sich auch tatsächlich ein Konsens darüber anzubahnen, daß die Zeit reif sei, die Sache so oder so endgültig zu Ende zu bringen. Lange Zeit unterstützte David Kazhdan, ordentlicher Professor an der mathematischen Fakultät der Harvard-Universität, Witztum und die Codes. Zusammen mit anderen hervorragenden Mathematikern hatte er das Vorwort zu einer von Witztums hebräischen Publikationen unterzeichnet und damit für die Seriosität der Forschungen gebürgt. Erst letztes Jahr noch hatte er einem Zeitungsreporter gegenüber erklärt, daß er das »Code-Phänomen« für »real« erachte. Allerdings hatte er schon zuvor mir persönlich gesagt, er wolle zur intensiveren Überprüfung der Codes, als bisher geschehen, ein Team organisieren. Doch kürzlich beteuerte er mir gegenüber, seine Aussage sei von dem Reporter nicht ganz exakt wiedergegeben worden. Er habe nur die Qualität der Forschung kommentiert, nicht aber deren Schlußfolgerungen. Jedenfalls war er jetzt an den sich verstärkenden Bemühungen interessierter Experten beteiligt, der Angelegenheit wirklich ganz bis auf den Grund zu gehen.

Das Phänomen hatte sich nur langsam bemerkbar gemacht, und bis zu diesem Zeitpunkt war es überhaupt schwierig, alle Details zusammenzufassen. Die ernsthafte Arbeit begann schon vor acht Jahren, als das israelische Team einen kleinen Teil seiner Arbeit in dem hochangesehenen *Journal of the Royal Statistical Society* zu veröffentlichen begann. Dies geschah in der Form einer Einladung zu einer Antwort auf einen langen Aufsatz eines der großen alten Männer der Statistik, in welchem ungewöhnliche Themen der Statistik und Theologie erörtert wurden. Die Antwort war kurz – an sich eigentlich nur ein Lagebericht über den Stand der Dinge –, und nur allein daraus ein Urteil über die angewandte Methode zu fällen, wäre schwierig gewesen. Aber das Thema der Codes verursachte derart viel Aufmerksamkeit und Interesse, daß das Echo weit über das hinausging, was man von dem trockenen Beweissujet erwarten konnte. Zusätzlicher Diskussionsgegenstand wurde die Tatsache, daß zwar zahlreiche Forscher an der Entwicklung des Themas beteiligt gewesen waren, die Sache zu dieser Zeit aber so gut wie ausschließlich von einem einzigen Mann vorangetrieben wurde: von Doron Witztum, der zudem überzeugt davon war, daß niemand wirklich völlig seine Variante der Dechiffrierungsmethode verstand.

Rabbi Coopersmith persönlich befragte mich nach meiner Meinung über diese Behauptung Witztums, daß er allein imstande sei, die Code-Forschung auf die richtige und angemessene Weise zu betreiben – nicht, weil er gegenüber anderen Methoden skeptisch gewesen wäre. Ganz im Gegenteil war Coopersmith, nachdem er ihn eingehend überprüft hatte, ein zuverlässiger Bewunderer Witztums geworden, was sowohl seine Person als auch seine Arbeit betraf. Aber Coopersmith hatte eine führende Stellung. In seiner Verantwortung lag das spirituelle Wohl vieler Seelen, die schon nachdrücklich von dem von ihm geleiteten Programm der *Aish HaTorah*-Erläuterung beeinflußt waren. (Aish HaTorah ist eine Rabbinerschule. Sie fördert und finanziert unter anderem ein weithin anerkanntes Informationsprogramm für säkularisierte Juden über den traditionellen Judaismus.) Coopersmith sprach zwar nie direkt darüber, aber ich hatte von ihm immer den Eindruck, daß er sich dieser großen Verantwortung stets voll bewußt war. Eine berühmte Stelle aus dem Buch Jeremia (17,9) kam mir dazu in den Sinn: »Es ist das Herz ein trotzig und verzagt Ding ...« Wer dies kühl im Sinn bewahrt, ist weise, vor allem wenn seine Neigungen besonders stark sind.

Ich verstand einen bestimmten Teil des Entschlüsselungsprozesses, welcher Witztums Anspruch auf Exklusivität auch ohne den Zusatz erklärte, daß dabei noch etwas fehlte. Ebenso fand ich, daß ich etwas Gutes bewirken könnte, wenn ich erläuterte, wie und warum die Menschen verständlicherweise mißtrauisch und skeptisch waren. Es gibt ja wirklich gewisse Nuancen in den Codes, die es schon sehr schwer machen würden, sie zu kopieren, selbst wenn man den rein technischen Aspekt außer acht läßt. Dies wird ebenfalls noch Gegenstand weiterer Erörterungen in diesem Buch hier sein und soll sowohl gleichermaßen voreilige Skeptiker wie allzu übereifrige Enthusiasten zügeln. Die Codes sind gewaltig, aber auch subtil und nicht so ganz einfach zu verifizieren.

Ich kam nach einem langen und ermüdenden Flug spätabends in Jerusalem an. Die Rabbis von der Aish HaTorah empfingen und begrüßten mich herzlich und brachten mich in einer hübschen Privatwohnung inmitten des jüdischen Arbeiterviertels unter. In Connecticut war es kalt und feucht gewesen, hier in Jerusalem war es trotz der fortgeschrittenen Tageszeit lediglich angenehm kühl. Noch immer lag der Duft eines sonnigen Novembertags in der Luft.

Freitag, 8. November 1996

Zum letztenmal war ich vor fast drei Jahrzehnten in Jerusalem gewesen – kurz nach dem Sechstagekrieg, im Alter von 19 Jahren. Ich erinnerte mich aber sehr intensiv an diese Tage und meine damalige israelische Freundin Hava. Es war ein zauberhafter Sommer für mich gewesen. Israel erschien mir als mystischer und riesiger Ort, und alles hatte gestimmt. Ich arbeitete als physikalischer Laborant im Nuklearbeschleunigerlabor des Weizman-Instituts in Rehovoth. An den Wochenenden und abends nach der Arbeit zeigte Hava mir ihr Land und machte es dabei zu meinem. Ich erinnerte mich an die chaotischen, gewundenen engen Straßen Jerusalems und an das Gefühl von Gefahr sowie die Empfindung, wie schockierend weltlich doch diese heiligste Stadt der Welt sei.

In der Zwischenzeit hatte sich vieles verändert. Jerusalem präsentierte sich jetzt weitaus moderner – aber auch erheblich orthodoxer. Attraktive Luxuswohnhäuser waren rund um den Stadtkern entstanden. Ihre Fenster öffneten sich hin zu den gewaltigen Steinmauern der Altstadt. Ihre direkte Umgebung war mit Bäumen und Bepflanzungen verschönert und die ganze Nacht über beleuchtet – ein pittoresker Anblick.

Die ultraorthodoxen »Haredim« waren überall, nicht nur in dem übervölkerten weltbekannten Viertel Mea Shearim. Ganze geschlossene Wohndörferkomplexe waren überall auf dem blanken Fels der Hügel Judäas emporgewachsen. In ihnen wohnen Tausende geschäftiger ultraorthodoxer Familien, alle mit zahlreichen Kindern, die Knaben mit den langen *Pejes*-Ohrlöckchen, die Männer im schwarzen Kaftan und mit schwarzem Hut, die Frauen in langen Kleidern und mit eleganten Perücken. Die kleinen Mädchen plapperten mit hohen Stimmen Hebräisch mit israelischem Akzent.

Und wie schon bisher über die Generationen war auch jetzt der Mittelpunkt ihres Lebens das Thora-Studium. »Wo ist der und der?« – »Ach, er lernt.« Dies hörte ich immer wieder, wobei mit »lernen« ausdrücklich nur eines gemeint war: die völlige und meditative Einverleibung der Mysterien der Thora, der fünf Bücher Mose, des Pentateuch, sowie dazu des wahrhaftigen Ozeans hebräischer Kommentare der großen jüdischen Weisen aus dreieinhalb Jahrtausenden religiöser Hingabe.

Die hypnotische Anziehungskraft dieses Thora-Studierens wird manchem Außenstehendem, gleich ob jüdisch oder nicht, rätselhaft bleiben. Doch ich begegnete in dieser ultraorthodoxen Gemeinschaft vielen, welche die Annehmlichkeiten eines privilegierten Wohlstandslebens in Amerika einfach hinter sich gelassen und gegen eine Existenz an der Armutsgrenze in bescheidenen Miethauswohnungen in den Siedlungen um die kahlen Felsen und angesichts der permanenten Kriegsbedrohung eingetauscht hatten. Viele haben für ihre religiösen Überzeugung auch ihr Leben gelassen. Zu diesen ultraorthodoxen zählten neben einstigen weltlichen Juden auch etliche, die andere Religionen ausübten. Ihre Lebensänderung konnte radikaler nicht sein. Sie läßt sich nur ungefähr so vergleichen, als hätte ich meinen suburbanen Haushalt im schönen Connecticut aufgelöst, um mich samt meiner ganzen Familie mit einer Gruppe radikaler und modernitätsfeindlicher Amish in der, sagen wir, afghanischen Wüste anzusiedeln, wo wir nicht nur den fruchtbaren Boden Pennsylvanias entbehren, sondern uns auch noch marodierender Banden erwehren müßten. Die Ernsthaftigkeit der wachsenden ultraorthodoxen Gemeinde Jerusalems ist atemraubend.

In dieser Umgebung nun begann ich mit einer ganzen Reihe von Zusammenkünften.

Vieles von dem, was folgte, war sehr überraschend. Ohne daß ich es so richtig wahrnahm, hatte ich mich in eine Arena begeben, deren Dimensionen weit über mein bisheriges Verständnis der Dinge hinausgingen. Die Fragen nach der wissenschaftlichen Genauigkeit der Codes und die sich daraus ergebenden religiösen Konsequenzen schwebten über einer wabernden unterirdischen Schicht völlig verschiedener und sehr stark im ständigen Fluß befindlichen Masse von Belangen und Interessen, die sich nun plötzlich ineinander verwoben – von einer umfangreicheren internationalen Finanzmanipulation bis hin zum Risiko der persönlichen Reputation, und selbst indirekt und mittelbar bis hin zum nahöstlichen Terrorismus und Gegenterror, gar nicht zu reden von großen Geldsummen, die auf dem Spiel standen. Was fehlte, war jenes Element, das noch zu einem klassischen Thriller gehört hätte: nämlich ein Sexskandal. Ich erinnerte mich, daß mich – wenn auch lachend – Yehoshua Hecht, ein Freund aus Connecticut, selbst orthodoxer Rabbi mit engen Kontakten nach Israel, davor gewarnt hatte, daß in Israel wie überhaupt im Nahen Osten alles, aber auch alles byzantinische Gewohnheiten annehme: Überall greife ein Rad in das andere.

Er hätte es nicht besser definieren können. Bestimmte Dinge kommen angesichts der »Spieler« nie voll ans Tageslicht. Andere wieder werden ausgebreitet, wenn der Zeitpunkt dazu günstig ist. Viel von dem, was ich hier nicht auszusprechen vermag und deshalb aus diesem Buch weglasse, wird aller Wahrscheinlichkeit bald irgendwo in gedruckter Form erscheinen. Aber was ich hier und jetzt diskutieren kann, ist auch schon erstaunlich genug.

Hierzu gehört die simple Tatsache, daß die Skala der bevorstehenden Auseinandersetzungen bei weitem größer war und weit schneller anschwoll, als irgend jemand geahnt hatte. Niemand konnte mehr wirklich mit dem Tempo Schritt halten, das vom Ablauf der Ereignisse diktiert wurde, und außerdem bestand weitgehende Uneinigkeit darüber, wie man am besten weitermachte. Die Spannungen waren enorm. (Und dies alles war auch Teil der Dringlichkeit meiner Reise nach Israel.) Ich hatte bereits zwei Jahre lang höflich immer wieder davor gewarnt, daß sich ein solcher Vulkanausbruch unweigerlich am Horizont abzeichne. Das Tempo, mit dem dies dann tatsächlich eintrat, erstaunte mich selbst dann doch. Die Code-Forscher, die sich in gleichsam klösterlicher Abgeschiedenheit in ihre Thora-Studien vergraben hatten, waren völlig unvorbereitet; desto heftigere Verwirrung machte sich nun unter ihnen breit.

Das *Wall Street Journal* hatte einen ausführlichen Artikel über die Codes geplant, und niemand konnte sagen, ob darin nicht schwere Geschütze gegen die Codes aufgefahren würden. Er erschien genau an dem Tag meiner Rückkehr aus Israel und war verhältnismäßig moderat abgefaßt, aber auch wenig substantiell. Allgemeines Aufatmen war die Folge. Doch mit diesem Artikel stieg auch das Risiko beträchtlich, daß von einflußreicher, aber schlecht informierter Seite irgendwann irgendwo eine negative Attacke folgen konnte. Mir war bereits bekannt, daß eine der angesehensten Wissenschaftsautorinnen der *New York Times* von ihrem Redakteur trotz ihres Widerstrebens ebenfalls den Auftrag zu einem Artikel über die Codes erhalten hatte. Angesichts ihrer Qualität und ihrer professionellen Einstellung sowie der Tatsache, daß sie bekannt dafür war, über Wissenschaftsthemen nur in strikt seriöser Manier zu berichten, konnte man erwarten, daß ihr Artikel überaus kritisch ausfallen und überdies eine sehr viel größere Breitenwirkung als der im *Journal* haben würde. (Zudem war von ihr bereits vor einiger Zeit ein sehr lobender Artikel über den Hauptkritiker der Codes, Persi Diaconis in Harvard, erschienen.) Ironischerweise redete ihr nun ein anderer, ebenfalls dem Code kritisch gegenüberstehender prominenter Mathematiker den Artikel aus, indem er sie davon überzeugte, es sei angesichts ihrer gemeinsamen skeptischen Weltsicht totale Zeitvergeudung, sich damit zu befassen.

Ein weiteres, bedeutsameres Problem drohte. Es ging die Rede, nach einer vierjährigen Pause sei drei Wochen zuvor ein offensichtlich Witztum und der Aish HaTorah nicht wohlgesonnener Mann wieder auf der israelischen Szene erschienen, habe eine private Zusammenkunft mit dem Vater des israelischen Ministerpräsidenten Benjamin Netanyahu erwirkt und dränge nun auf ein Treffen mit diesem selbst, um ihm vorzutragen, worüber er bereits dem Geheimdienst Mossad berichtet hatte: daß die Codes eine baldige atomare Auseinandersetzung im Nahen Osten vorhersagten.

Die Vorstellung allein, daß der Mossad sich derartigen Unsinn angehört hatte, hätte man eigentlich für jenseits aller Glaubwürdigkeit halten müssen, wäre da nicht der Umstand gewesen, daß einem weitverbreiteten Gerücht zufolge von ebendem Mossad bereits im Golfkrieg ausgiebiger supergeheimer Gebrauch von den Codes gemacht worden sei. Es war deshalb nicht verwunderlich, daß man diesen Mann als eine im Hintergrund tickende Zeitbombe ansah und sich seinetwegen allgemeine Nervosität breitmachte.

Aber noch unmittelbarere Besorgnis verursachten die seit kurzem koordinierten Anstrengungen einer wachsenden Gruppe vorzüglich gewappneter akademischer Kritiker, deren Ziel es war, die Glaubwürdigkeit der Codes zu erschüttern und zwangsläufig damit auch den Ruf ihrer Erforscher zu ruinieren. Tatsächlich hatte eine anonyme Gruppe oder auch eine Einzelperson dieser Gruppe von Mathematikern und Statistikern eine beträchtliche Summe für den ausschließlichen Zweck zur Verfügung gestellt, ein für allemal nachzuweisen, daß die Codes völlig bedeutungslos seien und die ganze Geschichte nur darauf abziele, lediglich sorgfältig ausgesuchte und präparierte Daten vorzulegen, die über viele Jahre hinweg aus Unmengen geheimgehaltener Fehlschläge herausdestilliert worden seien.

Alle auf der »Anti«-Seite, mit denen ich sprechen konnte (und von denen viele ungenannt bleiben möchten, bis sie ihre eigenen Ermittlungen abgeschlossen und publiziert haben), räumen ein, es sei möglich und denkbar, daß sich solche geheimgehaltenen Fehlschläge ganz unabsichtlich angehäuft haben könnten – eher als Resultate von Wunschdenken und selektiven Aktionen denn absichtlichen Verbergens. Doch im Hintergrund dieser professionellen Zugeständnisse entdeckt man dennoch zuweilen eine Nuance von Mißtrauen und Verdacht.

Nach dem Abschluß meiner sich über einige Tage hinziehenden Gespräche, in deren Folge ich mich angesichts ihrer Komplexität leicht schwindlig fühlte, begab ich mich zur Aish HaTorah und schickte einige Faxe los. Ich erwartete die Resultate meines Examens in Yale in linearer Algebra und Vektorberechung unmittelbar vor meinem Abflug. Dann ging ich hinaus, um etwas Sonne zu tanken, und war überrascht von der Entdeckung, daß die Schule einen der ehrwürdigsten Standorte der Welt hatte. Ich befand mich direkt vor der Westmauer des Tempelbergs.

Der Platz unterhalb davon wimmelte von Menschen aller Hautfarben und Nationalitäten. Juden und Nichtjuden standen vor der Mauer und beteten, wie es in den hebräischen Schriften steht: »Dies soll sein ein Gebetshaus für alle Völker.« Ich konnte eine Stimme heraushören, die auf englisch laut zu einer Touristengruppe sprach: »Wir gehen nun hinab zu der Mauer, wo Sie zu Gott beten können.« Und dieser jüdische Führer betonte: »Dieser Ort gehört Ihnen genauso wie uns.«

Ich wandte mich zu ihm um. Er war von einer Gruppe schwarzer Christen umringt, die meisten in afrikanischen Gewändern. Mein Herz tat einen kleinen Sprung, und ich beschloß, seinem Hinweis ebenfalls zu folgen.

Ich ging hinunter auf den weiten Platz vor der Mauer, vorbei an den zahlreichen Wachtposten, die mit betont lässig wirkenden jungen Männern und Frauen der israelischen Armee besetzt waren, alle bewaffnet mit geladenen Uzi-MPs, und blieb dann stehen. Da war die Mauer, einen oder zwei Meter vor mir, alt und massiv. Ihre riesigen Steinquader, aus denen sie gebaut war, waren von den Berührungen von Generationen meines Volkes, die schon vor ihr gestanden waren und ihr ihr Herz ausgeschüttet, sie angefaßt und sanft geküßt hatten, glatt und glänzend geworden. Ich trat noch näher heran und legte meine Hand an die Mauer, als wollte ich sie trösten, so wie sie mich tröstete: *Tröste dich, tröste dich, mein Volk.*

Und wie ich so dastand und nachdachte, füllten sich meine Augen wie von selbst mit Tränen, die sich mit dem breiten Strom der Geschichte jahrtausendealten, unendlichen Leids meines Volkes vermischten. Ich sagte für mich 18 alte Segnungen aus dem *Shemoneh-Esrai* oder *Amidah* auf, jenem langen Gebet, das man stets im Stehen spricht und das den Kern fast jedes Gottesdienstes bildet. Vor mir blickte ich auf buchstäblich Tausende Zettel, die Menschen aus der ganzen Welt hier hinterlassen, und auf die sie ihre Hoffnungen, Träume und auch ihren Kummer geschrieben hatten. Auch ich hatte einen vorbereitet, um ihn in eine der Mauerspalten zu stecken, aber ich wartete damit, bis ich mein Gebet beendet hatte. Nachdem auch ich den Stein, vor dem ich mich befand, leicht mit den Lippen berührt und meinen Zettel angebracht hatte, wandte ich mich zum Gehen.

Ich dachte nach über die vielen Gemeinsamkeiten derer, deren Leben durch die Codes verändert und geprägt worden war, mich selbst eingeschlossen. Auch ich hatte seit langem nach einer seriösen und unangreifbaren Schnittstelle von Wissenschaft und Religion gesucht. Ich dankte Gott für die seltsamen Windungen und Biegungen, die mein Leben genommen hatte, mochten sie mitunter auch noch so schmerzlich und enttäuschend gewesen sein. Denn so wie Witztum und viele andere, die sich dieser seltsamen Thematik verschrieben hatten, war auch ich selbst schon als Kind völlig von der Physik fasziniert und gefangen gewesen, speziell von der Relativität. Ich war gerade erst vier Jahre alt, als mein Entschluß feststand, Physiker zu werden. Kaum in der dritten Schulklasse, betrachtete ich Einstein bereits als mein großes Vorbild, und ich erachtete es als selbstverständlich, daß ich später das berühmte MIT, das *Massachusetts Institute of Technology*, besuchen würde (wie ich es dann auch wirklich tat). Im vierten und fünften Schuljahr ließen mich meine Lehrer bereits der Klasse Vorträge über Atomphysik halten und Prüfungsthemen dazu entwerfen. In der siebten Klasse strapazierte ich die Geduld meiner Freunde, indem ich an der Straßenecke die spezielle Relativität mit ihnen diskutieren wollte. Meine Eltern hatten meinem Spleen schon lange nichts mehr entgegenzusetzen. Schließlich rangen sie sich, als ich fünfzehn war, dazu durch, mein Verständnis der Physik durch den bedeutenden Physiker Richard Feynman vom Cal-Tech *(California Institute of Technology)* vertiefen zu lassen.

Ich erinnere mich noch heute an jede Einzelheit des Tages, an dem wir aus dem San Fernando Valley nach Pasadena hinabfuhren, speziell an mein Gespräch mit Feynman selbst, während meine Eltern draußen warteten. Wir diskutierten die relativistische Dynamik rotierender Körper (zu diesem Thema hatte ich ihm zuvor einen Brief geschrieben), und er erklärte mir, wo ich mich geirrt und etwas falsch verstanden hatte, aber auf eine Weise, die sich an die Überlegungen des Physikers Ernst Mach anlehnte. Und wir sprachen auch über einige der erstaunlichen Konsequenzen der Relativität, insbesondere über das »Bezugssystem«. Wie seltsam, daß genau diese Themen sich über drei Jahrzehnte später als wesentlich für meine Ermittlungen über die Thora-Codes erweisen sollten!

Feynman sagte anschließend meinen Eltern, daß er von allen jungen Leuten, mit denen er auf diese Weise zusammenkäme, bei mir am sichersten sei, daß ich wirklich Physiker werden würde. Diese Prophezeiung war mir sehr lieb und teuer, genauso wie unsere spätere Korrespondenz (die ich noch immer besitze). Als ich aber später in den sechziger Jahren und nach deren Ende, sehr geprägt von dieser Zeit, dann doch desertierte und statt dessen Psychoanalyse, Medizin und Psychiatrie studierte – und außerdem, was Feynman nun vollends unmöglich fand, Religionsgeschichte –, wurde mir klar, daß mein Mentor in überhaupt nichts recht behalten hatte. Oder vielleicht doch ... Denn nun, nach einer langen Unterbrechung, bin ich doch wieder bei der formellen Physik angelangt und auf den Weg zurückgekommen, den ich vor so vielen Jahren verlassen hatte. Sicherlich hätte ihn amüsiert zu erfahren, wie diese Entscheidung und die Freiheit, sie zu treffen, zustande gekommen und mir schließlich doch noch möglich geworden war: nämlich in einer außergewöhnlich langen Gebetsperiode.

Ich dankte Gott dafür, daß ich trotz meiner ausgedehnten Wanderungen außerhalb der härtesten aller Wissenschaften ungeheuer viel gelernt hatte – obwohl mich diese Wanderungen sehr teuer zu stehen gekommen waren: nämlich im Hinblick darauf, was ich zu meiner Wissenschaft bis zu diesem späten Zeitpunkt meines Lebens noch hätte beitragen können (»spät« für die Physik, die ja weithin als »Spielwiese junger Männer« gilt). Aber ich wäre zweifellos viel zu eindimensional geblieben, wäre ich lediglich dem geraden und schmalen vorgezeichneten Pfad gefolgt. (Es ist mir ganz unvorstellbar, daß die großartige Frau, die mich geheiratet hat, sich je für mich interessiert haben könnte, wäre ich lediglich eine Erwachsenenversion des Knaben geblieben, der ich gewesen war.)

Trost war mir auch, in meinen Gebeten neu die Wahrheit zu erkennen, daß es nicht die kleinen Fehler und Schwächen eines Menschen sind, was zählt. Dies sind in Wirklichkeit die uninteressantesten Bereiche des Daseins. Worauf es hingegen hier und jetzt ankam und was mich hierher nach Israel reisen ließ, war der außergewöhnliche Aspekt, daß eine lange Reihe von Schriftgelehrten und Wissenschaftlern bis zurück in die ferne Vergangenheit tatsächlich das Geheimnis ergründet haben könnte, dessen unsere aus den Fugen geratene Welt dringender denn je bedurfte. Wenn das zutraf, dann wollte ich das Wissen darum auf die mir möglichst genaueste und sensibelste Weise publik machen. Und sollte das Gegenteil der Fall sein – ich würde auch in diesem Fall nichts verschweigen.

Was die Einzelheiten angeht, die bislang noch geheim bleiben müssen – ich kann damit leben. Was aber jetzt schon berichtet werden kann, was auch bereits in kleinen Happen und stückweise da und dort offengelegt wurde, sei es in privaten Zusammenkünften oder auch öffentlich in Rabbischulen und Universitäten auf der ganzen Welt, war ohnehin bereits mehr als erstaunlich.

Ich verbrachte ein wundervolles, ruhiges Sabbat-Wochenende mit Moshe Zeldman, seiner Frau und ihren beiden kleinen Töchtern. Danach verließ ich Israel, froh, meine Familie wiederzusehen. Mit Dank an *HaShem* – den Namen – bereitete ich mich darauf vor, die erstaunliche Geschichte des biblischen Codes mitzuteilen.

Wie der sagenhafte Fluß Erethusa, der an einer Stelle auftaucht und sich in der Ferne wieder im Untergrund verflüchtigt, erscheint und verschwindet der mysteriöse Bibel-Code in über drei Jahrtausenden Geschichte. Er beginnt vor langer Zeit in der Wüste am Fuße des Berges Sinai und gerät dann 13 Jahrhunderte lang außer Sicht, bevor er, jedoch nur sehr kurz und in bruchstückhaften Hinweisen, wieder erscheint: nämlich in der mysteriösen Zeit, da das zweitausendjährige Exil der Juden beginnt und das Christentum entsteht. Erst ein Jahrtausend später, im europäischen Mittelalter, meldet er sich erneut mit schwachen Lebenszeichen, als sich die europäischen Herrscher den jüdischen Kabbalisten zuwenden, um von ihnen die »geheimen Künste« der Kryptologie, des Kodierens und Dekodierens, zu lernen. Und wieder verschwindet er für fast ein weiteres Jahrtausend in der Versenkung, aber immerhin wenigstens nicht vollständig. Sein Wiedererscheinen in unserer Zeit – ein sehr deutliches Signal für das, was noch kommen sollte – vollzog sich dann zu Beginn der achtziger Jahre in Israel in der überraschend religiösen wissenschaftlichen Gemeinde Jerusalems. Die neugeborene jüdische Nation war noch keine 40 Jahre alt. Deren Anfängen wenden wir uns als erstes zu.

Drittes Kapitel

Der Schleier zerreißt

Wenn die Buchstaben der Zehn Aufforderungen, mit denen die Erde in den sechs Schöpfungstagen erschaffen wurden, daraus, Gott behüte, entfernt würden, ginge alles zurück zum Ungeschehenen und zum absoluten Nichts, genau so, wie es vor den sechs Schöpfungstagen war.

Rabbi Shneur Zalman von Liadi (1745-1812),
Der »Alte Rebbe«,
Das Tor zum Verständnis von Gottes Einheit

Israel, Anfang der achtziger Jahre

Die indirekten Auswirkungen der Wissenschaft, die sich in und nach den Holocaustjahren des Zweiten Weltkriegs entwickelte, lassen sich unmöglich in Gänze erfassen. Die Umwandlung von Materie in Energie, die Atombombe, war gigantisch – und sichtbar. Kein Wunder, daß die Zeit, in der wir leben, danach benannt wurde. Dennoch ist das »Atomzeitalter« ein irreführender Begriff. Weitaus bedeutsamer in seinen Auswirkungen war die in diesen Jahren erfolgte *Umwandlung des Wissens selbst*. Sie vollzog sich subtiler und unsichtbar, machte indessen die Bombe aber überhaupt erst möglich. Und mit der Entwicklung des Computers veränderten diese kriegsbezogenen Anstrengungen nicht nur ein bestimmtes Wissensgebiet oder konkrete Erfahrungen, sondern auch das schiere Fundament allen menschlichen Wissenserwerbs selbst – und damit sämtliche Wissensgebiete. Diese Entwicklung geschah weltweit. Es ist nicht sehr bekannt, daß die Kryptologie, die Wissenschaft des Kodierens und Dekodierens, bei diesen Veränderungen die einigende Kraft war, einfach wegen der ihr definitionsmäßig innewohnenden geheimen Natur und der zusätzlichen Geheimnisverstärkung, welche ihr im Verlauf ihrer sich steigernden Bedeutung und Macht zuwuchs. Die schlichte Wahrheit ist jedenfalls, daß aus dieser »Geheimkunst« das moderne Zeitalter wuchs, mit allen seinen Wundern und Schrecken.

Was so heranreifte und sowohl den Sieg über den Nazismus ermöglichte als auch die Juden vor ihrer geplanten völligen Vernichtung bewahrte, machte außerdem schicksalhaft das Entschleiern einiger der tiefsten Geheimnisse möglich, welche sich in dem bedeutendsten Geschenk dieses Volkes an die Welt – der Thora – verbergen. Und so ging dies vor sich:

Nach der Gründung des Staates Israel wurde dieses Land eine neue Heimat für eine stetig zunehmende Zahl von Thora-Gelehrten. Ebenso begann die Orthodoxie selbst plötzlich wieder anzuwachsen und erholte sich schnell von ihrer nahezu völligen Ausrottung nur wenige Jahre zuvor. Allerdings waren diese Orthodoxen nun von ungewöhnlicher Art. Zwar lebten manche in fast klösterlicher Abgeschiedenheit, von Säkularisten als »mittelalterlich« gemieden. Überraschend viele von ihnen waren aber alles andere als das und wandten sich Berufen wie Chemiker, Physiker, Mathematiker, Arzt zu. Mit allen wissenschaftlichen Methoden, welche sich die Juden über die Jahre des Exils angeeignet hatten, waren sie eingehend vertraut. Und trotzdem blieben viele der Thora verbunden und verpflichtet und machten die weitere Erkundung ihrer mysteriösen Tiefen zu ihrer wichtigsten Aufgabe.

So konnte es nur eine Frage der Zeit sein, bis der erste daranging, mit wissenschaftlichen Methoden die alten Codes zu ergründen. Die Bewahrung der Erinnerung an sie war das Verdienst des großen Holocaust-Helden Rabbi Weissmandl. Und es begann 1982 mit einem gewissen Abraham Oren, einem Lehrer für Computerprogrammierung im Kibbuz Sde Eliyahu. Wie zuvor schon Rabbi Weissmandl hatte ihm jahrelange Versenkung in die Thora und ihre Überlieferungen eine intuitive Ahnung ihrer Struktur vermittelt. Wenn etwas Erwartetes sich doch nicht ergab, dann war dies ebenso bedeutsam wie das Gegenteil: wenn etwas Unerwartetes aufschien. Sowohl aufgrund seiner wissenschaftlichen Ausbildung als auch in Befolgung eines uralten Prinzips jüdischer

Schriftdeutung begann Oren, sich auf diese scheinbaren Anomalien zu konzentrieren und daraus zunächst nur abzuleiten, daß es sich dabei nicht um Fehler oder bedeutungslose »literarische« Variationen, sondern um ganz bestimmte Hinweise handeln konnte.

Auf der Basis dieser Anfangserkenntnisse erwartete Oren (nennen wir es einmal eine *A-priori*-Hypothese: eine Vermutung, bevor die Beweise dafür überprüft sind), daß beispielsweise in den Anfangspassagen des Buchs Leviticus (das dritte Buch Mose), die sich mit den Regeln für das Priestertum und das Opfersystem beschäftigen (die fragliche Stelle ist eine sogenannte »offene *Parsche*«, nämlich eine natürliche, nicht exakt identische Abweichung in einschlägigen Übersetzungen), der Bruder von Moses, Aaron, nachdrücklich oder jedenfalls, um seine Bedeutung deutlich zu machen, mehrmals erwähnt sein müßte. Aaron war ja immerhin der Begründer der Priesterkaste, und deshalb müßten auch seine direkten Nachkommen Priester – Kójhanim – sein.[*]

Oren war darum sehr überrascht zu entdecken, daß Aaron indes in diesen Passagen überhaupt nicht erwähnt wurde, kein einziges Mal. Gut, sein *Name* stand da, aber seltsamerweise immer nur mit Bezug auf andere: »die Söhne Aarons« zum Beispiel, obwohl er selbst zu der beschriebenen Zeit sich eines noch aktiven Lebens erfreut hatte. Konnte es sein, daß eine so winzige Abweichung vom Erwartbaren bereits ein *remez* war, ein Hinweis auf etwas Hintergründigeres, und nicht lediglich eine zufällige statistische Variation? Oren ging diesem Gedanken nach und stellte dazu folgende Überlegung an: Da ist eine Stelle, an der Aaron eigentlich mehrmals und nachdrücklich erwähnt sein müßte. Er ist es aber nicht, jedenfalls nicht offen. Es besteht also Anlaß zu der Vermutung, daß sein Name vielleicht nur in versteckter Form vorkommt. Eben seine völlige Nichterwähnung ist ein Hinweis auf diese Möglichkeit.

---

[*] In einer neueren Ausgabe von *Nature (385/1996),* einer der führenden Wissenschaftszeitschriften der Welt, wurde von Wissenschaftlern eine fortdauernde genetische Verschiedenheit zwischen Kójhanim und allen anderen Juden konstatiert. Die Resultate lassen den Schluß zu, daß alle heutigen Kójhanim von einem einzigen Vorfahren abstammen.

Rabbi Weissmandl und vor ihm schon andere glaubten auf ähnliche Weise an anderen Thora-Stellen derartige verborgene Strukturen erkannt zu haben.

Wie konnte Oren nun an diese Dinge herangehen? Betrachten wir dazu zunächst ein einfaches Beispiel, wie es Rabbi Weissmandl in der Genesis fand.

Der Name Abrahams
und der Gottesname in Genesis 1, 22-26

Genesis 1, 22-26 beschreibt die Erschaffung des Menschen und der Tiere und enthält die Segnung der Fische und Vögel: »Seid fruchtbar und mehret euch!« Die Schriftgelehrten sahen traditionell den gleichartigen Segen Abrahams als identisch mit diesem ersten Gebot in der Thora an – weshalb dies das allererste Gebot ist, das ausdrücklich dem jüdischen Volk als Ganzem und den von ihm abstammenden nahöstlichen Völkern erteilt wurde. Eben aus diesem Grunde wird Abraham auch »Vater vieler Völker« genannt.

Vor der an ihn ergangenen »Weisung« – »Seid fruchtbar und mehret euch« – hieß Abraham noch Abram. In dem Augenblick, in dem er Gottes Segen erhielt (also zu dem Zeitpunkt, da er als Erwachsener beschnitten wird), änderte Gott seinen Namen in Abraham, nämlich durch Einfügen des göttlichen Namens in den menschlichen. Dies bewirkt Gott mit dem Buchstaben ה (H), dem zweiten des Tetragrammatons יהוה (YHWH = Jawe, Jehova, der Name Gottes), der in Abrams Namen hineingesetzt wird (hier schon zu beachten die Bedeutung und Macht von Buchstaben!). »Siehe, ich bin's und habe meinen Bund mit dir, und du sollst ein Vater vieler Völker werden. Darum sollst du nicht mehr Abram heißen, sondern Abraham soll dein Name sein« (Genesis 17, 4-5). Und so wird אברמ (ABRM) zu אברהמ (ABRHM).

Viele alte Texte heben dieses Thema stark hervor. Als ein hervorragender Gelehrter war auch Rabbi Weissmandl damit sehr eingehend vertraut. Ein ganz einfaches Beispiel über die Genesis findet sich in der *Midrash Rabbah,* einem Kommentar zu den

Thora-Büchern in Parabelform. Dort steht: »R. Nehemiah sagte: Der Geheiligte, gesegnet sei Er, vereinigte Seinen Namen mit dem Abrahams.« (Im *Zohar,* dem Quellenbuch der Kabbala, dessen Wurzeln bis in das erste Jahrhundert der allgemeinen Zeitrechnung zurückgeht, steht eine sehr viel detailliertere Erklärung, wie genau Gott das vollbrachte: nämlich mit der Abfolge komplexer Buchstabenversetzungen mittels einer alten Methode namens *Atbash.* Auch darauf kommen wir später noch näher zurück.) Unter Zuhilfenahme dieser alten, mündlich überlieferten Hinweise (einschließlich ausführlicherer Ausarbeitungen dazu) rechnete Rabbi Weissmandl mit einem im Text der Genesis selbst verborgenen Hinweis über diese Einfügung. (Eine weitere Grundregel besagt: Auf alles in der genuinen mündlichen Überlieferung Enthaltene gibt es Hinweise in der geschriebenen Thora.[*])

Und er fand folgendes heraus: In ebendieser Stelle der Genesis war Abrahams Name zusammen mit 49 Buchstaben dazwischen niedergeschrieben (ein Intervall, über das es umfangreiche Schriften zur Namensüberlieferung gibt.)[**] Und zwischen jedem Buchstaben von Abrahams Namen erschien *Elohim,* der Gottesname. Auf diese Weise war Gottes Name auch »buchstabengetreu« in jenen Abrahams eingefügt. Die Thora liefert damit einen Hinweis, der die mündliche Überlieferung bestätigt.

Legt man den hebräischen Text in einem regelmäßigen Gitter aus und eliminiert Zwischenräume oder Satzzeichen, so sieht das, was Rabbi Weissmandl in der Genesis 1, 22-26 (1 Mose 17, 5-6 nach der Lutherbibel) entdeckte, in der Gott Abraham segnet und ihm aufträgt, der Vater vieler Völker zu werden, und seinen Namen ändert, wie folgt aus:

---

[*] Nach dem traditionellen Judaismus erfolgte die Übermittlung der Thora an Moses in zwei Teilen: in einer geschriebenen Thora (die fünf Bücher Mose = Pentateuch) und einer »mündlichen« Thora, die auch nur mündlich weiterzugeben ist. Die mündliche Thora sollte nur in äußerster Not auch niedergeschrieben werden: dann, wenn das jüdische Volk sich so zerstückelt sehe, daß unmittelbare Gefahr des Verlusts wesentlichen und einheitlichen Wissens ihres Inhalts bestehe. Dies galt als der Fall im Jahr 190, 45 Jahre nach der endgültigen Zerstörung Jerusalems durch die Römer.

[**] Dies stellte ein abstandstreues Buchstabe-zu-Buchstabe-Intervall von 50 dar.

In der Transkription des Hebräischen für Abraham und Gott (Elohim) sowie unter Berücksichtigung der Tatsache, daß das Hebräische von rechts nach links gelesen wird und keine Konsonanten (beziehungsweise nur als stille Buchstaben) kennt, ergibt sich dieses Bild:

אברהם ■ = AbRaHaM = »Abraham«[*]

אלהימ □ = AeLoHYM = »Elohim« (Gott)

---

[*] Der Einfachheit halber sind hier nicht die letzten Formen hebräischer Buchstaben verwendet. Diese Formen haben keine Verbindlichkeit für den Text, sondern sind einfache Lesehilfen für die Silbentrennungen, wenn der Text auf übliche Weise gelesen wird. So ist der letzte m-Laut (der Buchstabe *mem)* sowohl in »Abraham« als auch in »Elohim« eigentlich als ם zu schreiben statt als מ. Auf die gleiche Weise benutzen wir hier die lateinisch geschriebenen Wörter oder Namen nur zu Transskriptionszwecken.

Sind aber nun solche »verborgenen Strukturen« auch Tatsache?

Rabbi Weissmandl ist nicht der einzige, der verschiedene Arten verborgener Strukturen in der Bibel gefunden hat, speziell numerische Muster. Wie er neigen auch die meisten anderen zu der Ablehnung der sogenannten »Dokumentarhypothese«, des Anspruchs der »höheren Kritik«, daß die biblischen Texte nicht ein geschlossenes Ganzes seien, sondern eine Sammlung von Texten vieler Autoren, die von den Herausgebern über die Jahrhunderte zusammengefügt wurden. Wie das Wasserzeichen in Geldscheinen würde ein numerisch konsistentes Muster von Textumstellungen eine solche Absicht eines Autors nahelegen. Man müßte stark annehmen, daß jeder Text, der ein Muster enthält, aus einer einzigen Quelle stammt, wie ohne Kontinuität der Text auch bei nur oberflächlicher Ansicht erschiene. Je unwahrscheinlicher, daß das Muster zufällig aufscheinen könnte – je sorgfältiger also das Schema –, desto wahrscheinlicher, daß die »Markierung« Absicht ist.

Viele christliche und jüdische Gelehrte des 19. Jahrhunderts verteidigten die Einheit der Bibel, indem sie solche numerischen Muster suchten und auch fanden – meistens auf der Ebene der ganzen Wörter (beispielsweise ein Schlüsselwort, das in einer ausgewählten bestimmten Textstelle siebenmal aufschien). In jüngerer Zeit hat man versucht, mit Hilfe von Computern Buchstabenmuster zu entdecken. Aber keines solcher »Wasserzeichen«, wie ausgeklügelt auch immer, hat mathematisch orientierte Kritiker bisher davon überzeugen können, daß mehr als zufällige Treffer zustande gekommen seien.

Wenn wir fragen, ob es »Tatsache« sei, daß irgendwelche verborgenen Strukturen existieren, dann lautet die konkretere Frage hierzu, ob »Abraham« und »Elohim« mit Absicht an die Stellen gesetzt wurden, an denen sie stehen, oder ob sie dort rein zufällig aufscheinen, wenngleich völlig geordnet. Wie läßt sich also feststellen, ob eine scheinbar verborgene Struktur echter Code ist, also Absicht? Dies ist die entscheidende, die Schlüsselfrage bei aller Kryptologie. Und sie kann im Laufe des Dekodierungsprozesses selbst nur schrittweise sowohl gestellt als auch beantwortet werden. Wenn man das unterläßt, ist die »Rekonstruktion« der verborgenen Botschaft einfach nur wieder eine »Neukonstruktion«, ein Produkt reiner Fiktion und Wunschdenkens. Wie wir noch sehen werden, wenn wir uns kurz mit der faszinierenden Geschichte der Kryptologie beschäftigen, deren Wurzeln in der Kabbala liegen, führt der einzig mögliche Weg der Beantwortung der Frage über die Wahrscheinlichkeitsrechnung – mit anderen Worten: über die Statistik. Bevor wir uns also wieder Abraham Orens Überlegungen über Aaron im Buch Leviticus (Drittes Buch Mose) zuwenden, wollen wir uns mit einigen grundlegenden Prinzipien der Statistik befassen, die hilfreich sein könnten.

Die statistische Erkundung der Codes

Wenn man bestimmen kann, wie unwahrscheinlich es ist, daß sich bestimmte Muster rein zufällig ergeben, hat man damit zugleich die Antwort darauf, wie wahrscheinlich es ist, daß die Struktur willentlich erzeugt wurde.

Dazu ein einfaches Beispiel. Angenommen, Sie finden ein Geldstück auf der Straße. Ohne auch nur länger darüber nachzudenken, gehen Sie davon aus, daß es jemand verloren hat, es hier also »zufällig« liegt. Dies unterstellen Sie, weil sich eine solche Vermutung im allgemeinen als richtig erweist. Denn die Alternative, daß jemand das Geldstück absichtlich dorthin legte, ist selbstverständlich zwar durchaus möglich, aber nach all Ihrer persönlichen Erfahrung doch höchst unwahrscheinlich. Denn wie oft in Ihrem Leben haben Sie eine Münze auf dem Bürgersteig abgelegt und sind dann davongegangen? Andererseits, wie oft haben Sie schon auf der Straße nach Kleingeld in Ihren Taschen gesucht und es ist Ihnen dabei eine Münze zu Boden gefallen, ohne daß Sie es überhaupt bemerkten? Es ist sehr wahrscheinlich, daß es solche Fälle gab.

Also ist aufgrund früherer Erfahrungen die Wahrscheinlichkeit anzunehmen, das Geldstück sei mit Absicht auf der Straße niedergelegt worden, überaus gering. Weitaus wahrscheinlicher ist der pure Zufall.

Jetzt aber nehmen wir an, Sie finden drei Geldstücke, alle nahe beieinander. Immer noch dürfte die Vermutung naheliegender sein, daß sie jemandem, der vielleicht eine ganze Handvoll Münzen aus der Tasche kramte, hinuntergefallen sind, als daß sie absichtlich hingelegt worden wären. (Immerhin könnten Sie vermuten, daß das nun durchaus möglich sei.) Teil dieser Überlegung (die weniger schlüssig ist als die erste oben) ist ein zusätzlicher Umstand: nämlich eine nicht völlig von der Hand zu weisende Annahme, daß jemand, der so etwas tut, vermutlich auch ein Motiv dafür hat. Es fällt freilich schwer zu glauben, daß jemand mit voller Absicht drei Münzen auf die Straße legt.

Gehen wir noch einen Schritt weiter. Noch einmal angenommen, Sie finden diese drei Münzen, aber diesmal liegen sie so eng beieinander, daß sie sich gegenseitig berühren und sogar ein erkennbares Dreieck bilden. Ist dies nun mit Absicht arrangiert oder wieder nur reiner Zufall? Letzterer kann natürlich auch jetzt nicht ausgeschlossen werden, aber diesmal sieht die Sache doch schon erheblich »verdächtiger« aus. Nun ist bereits möglich, daß Sie Ihre Ansicht ändern und glauben, daß dies in der Tat jemand »mit Absicht« getan hat, auch wenn das dahinterstehende Motiv schwer vorstellbar ist.

Und was ist, wenn Sie nun sogar zehn Geldstücke auf der Straße finden, und zwar säuberlich aufeinandergestapelt? Obwohl Sie immer noch nicht »beweisen« können, daß es nicht »einfach passiert« ist, stehen die Wahrscheinlichkeitschancen dagegen doch so hoch (»ist doch seltsam genug«, denken Sie), daß Sie sich nun sicher sind, dieser Münzenstapel könne nicht einfach so vom Himmel gefallen sein, sondern müsse selbstverständlich – aus welchen Gründen auch immer – absichtlich dorthin plaziert worden sein.[*]

Hier ist eine über den Daumen gepeilte Tabelle über die Wahrscheinlichkeit jedes unserer vier Fälle. (Die exakten Zahlen sind unwichtig, es kommt auf die relativen Bezüge unter ihnen an. Wenn Sie wollen, können sie ja Ihre eigenen Zahlen berechnen):

---

[*] Ich bedanke mich bei Rabbi Yehoshua Hecht für den Hinweis, daß ebendieses Beispiel sich im Talmud findet: als Hilfe zur Klärung der Besitzverhältnisse gefundener Gegenstände (*Bawa Mezia* 21a)

Ereignis	Wahrscheinlich-keitschancen	Absichts-chancen	n
1 Geldstück	9999/10000	1/10000	<0,9999
3 Geldstücke	9950/10000	50/10 000	<0,9950
3 Geldstücke im Dreieck	5000/10000	5000/10 000	<0,5000
10 Geldstücke als Stapel	1/1000000	999999/1000000	<0,000001

Beachten Sie die letzte Spalte. Sie benennt die Wahrscheinlich-keitschancen des Ereignisses als Zufall mit n (für Wahrscheinlich-keit der Null-Hypothese, was im Statistiker-Fachjargon »hat überhaupt keine Bedeutung« heißt) und sagt folgendes aus: »Die Wahrscheinlichkeit, daß dies sich rein zufällig ergibt, ist weniger als ...« (< bedeutet »kleiner als«). Für Ereignisse, bei denen sehr wahrscheinlich ist, daß sie zufällig geschahen, wird die Feststel-lung gleich gespreizter: »Die Wahrscheinlichkeit, daß das Geld-stück, welches Sie fanden, zufällig dorthin gefallen ist, beträgt weniger als 0,9999 (nämlich 9999 zu 10 000).

Wenn die Wahrscheinlichkeit nur gering ist, daß etwas zufällig passierte, dann ist die Definition davon schon leichter zu verste-hen: »Die Wahrscheinlichkeit, daß zehn Geldmünzen sich ganz zufällig auf der Straße finden und obendrein sauber gestapelt, ist geringer als 0,000001 (nämlich eins zu einer Million).

Noch einen anderen Punkt sollten wir uns ansehen. Daß etwas sich *nicht* aus Zufall ereignet hat, bedeutet nicht notwendiger-weise, daß es auf jeden Fall mit Absicht geschehen sein muß. Es besteht immer noch die Möglichkeit einer Art unpersönlicher mechanischer Ordnung. Wenn beispielsweise in diesem Absatz so viele »e« vorkommen, dann steckte keine ausdrückliche Absicht dahinter. Es spiegelt lediglich die ganz »unpersönliche« Tatsache wider, daß dieser Buchstabe zu den weitaus am häufigsten be-nutzten zählt.

Wie aber ist es mit diesem Absatz?

Im Nachtzug nach Lyon, (so das Frontispiz für das noto-
risch' Buch, das als Vorbild für Sprachkonstruktion mit
Buchstab-Auslassung Ruhm in Walhall hat), war Knall auf
Fall Anton Voyls Fortgang Diskussionspunkt, und das zog
sich lang hin, bis man Ursula Buntschild, voll von Schnaps
und Marzipan, sich abtun sah mit Albrig-Ballhorn-Unsinn:
»Warum nur sang Barbara auf Kilomandscharos Grat so'n
Madrigal von Aragon?« »Unsinn ist das«, sprach Zugkon-
duktor Pflümli aus Schwyz: »Sinnvoll ist das nicht.«[*]

In diesem Text gibt es kein einziges e. Die Wahrscheinlichkeit, daß
dies sich »zufällig« ergab, ist natürlich verschwindend gering. Die
Sätze sind vielmehr mit Überlegung und Anstrengung konstruiert. Versuchen Sie einmal selbst, einen Absatz nur dieser Länge
ohne ein e zu formulieren, der wenigstens noch einigermaßen
logisch und sinnvoll klingt, und Sie werden schnell merken, wie
schwierig das tatsächlich ist.[*]/2

Wenn wir nun außerdem noch entdecken würden, daß dieser
eine Absatz (siehe Fußnote) aus einem 300 Seiten dicken Buch
stammte, welches kein einziges e enthält – wie klein würde da erst
die Chance, daß sich dies »einfach so ergeben« habe? Kurzum,
wir können mit gutem Gewissen unsere Hypothese bekräftigen,
daß dies »mit an Sicherheit grenzender Wahrscheinlichkeit« beabsichtigt war.

Und was aber, wenn unser Absatz oben nun doch ein oder zwei
e enthielte, sagen wir, 0,01 Prozent? Wie zuversichtlich könnten
wir da sein, daß auch dies Absicht sei? Oder wenn die e-Quote sogar zwei Prozent betrüge? Oder sieben? Diese Art Fragen sind es,
die man sich stellen muß, wenn man einen Text untersucht, der eigenartige statistische Muster aufweist. Und auch die Autorschaft
steht dann zur Debatte.

---

[*] In dem obigen Beispiel ist der berühmte literarische Spaß eines (deutschsprachigen) ganzen Romans *Anton Voyls Fortgang* ohne jedes e zitiert, dem weitere
folgten, so einer mit dem ebenfalls oben verwendeten Titel *Knall auf Fall im
Nachtzug nach Lyon*, auch ein französischer *La Disparition*. Es gibt auch
mindestens einen Roman ganz ohne r. *(Anmerkung des Übersetzers)*

Eliyahu Rips:
Von der religiösen Intuition zur statistischen Analyse

Auf den Spuren von Rabbi Weissmandl begann Oren, die Stelle im Buch Leviticus nach verborgenen Erwähnungen des Wortes »Aaron« zu durchforsten, das auf genau dieselbe Weise eingeschrieben ist wie »Abraham« im zuvor geschilderten Beispiel. Er hoffte, es im Vergleich mit anderen Wörtern in Form verschieden buchstabierter abstandstreuer Intervalle auffinden zu können. Und tatsächlich entdeckte er nicht nur einmal »Aaron« in diesem Passus auf diese Weise geschrieben, sondern sogar gleich zehnmal. Sein Verfahren war einfach: Er schrieb den Text in wechselnden Zeilenlängen aus und überprüfte das so entstandene Gitter visuell auf vertikale Wörter mit gleichen Intervallabständen. Obwohl er selbst nicht Statistiker ist, folgte er doch modernen wissenschaftlichen Methoden in der Auswertung dessen, was er *statistisch* auffand. Es war ihm klar, daß ein einziges Aufscheinen von »Aaron« noch überhaupt nichts zu bedeuten brauchte. Das war rein nach dem Zufallsprinzip an vielen Stellen zu erwarten. Aber was, wenn es sich um zehn Fälle in einem einzigen Passus handelte? Konnte das vielleicht auch noch eine unerwartete Häufung von Zufällen sein?

Diese Frage vermochte Oren nicht zu beantworten, doch er begriff, daß es die entscheidende war. Und in der Tat stellt die Frage an sich bereits den Übergang von wissenschaftlichem zu vorwissenschaftlichem Herangehen an eine Untersuchung, gleich welcher, dar. Er ging also mit seinem Problem zu Professor Eliyahu Rips vom Institut für Mathematik der Hebräischen Universität, mit dem er befreundet war.

Rips ist eine allseits bekannte und beliebte Figur in der Welt der Mathematiker und hochangesehen dazu. Er hat Weltrang als Experte in Gruppentheorie (das ist eine esoterische Domäne an der Nahtstelle von reiner Mathematik und theoretischer Physik) und wird allgemein als warmherzig, mitfühlend und freundlich beschrieben. Er verließ das zwangsweise der UdSSR eingegliederte Litauen, noch bevor das Land seine Unabhängigkeit wiedererlangte, und kam als strikter Atheist nach Israel. Einige der eminentesten Mathematiker der Welt, so etwa Professor Joseph Rotman an der Universität Illinois in Champagne-Urbana oder Professor Ilya Piateski-Shapiro in Yale, rühmen seine Fähigkeiten in den höchsten Tönen. »Wenn Rips beteiligt ist, kann man sicher sein, daß es zumindest mit der Mathematik keine Schwierigkeiten gibt«, sagt Rotman, selbst Autor hochgeachteter Arbeiten über Gruppentheorie und algebraische Topologie.

Rips nahm sich also die fragliche Stelle vor und ließ sie von einem Kollegen computerisieren, zusammen mit einem Programm, das sämtliche Schreibweisen von »Aaron« in abstandstreuen Intervallen in der Textpassage aufsuchen sollte, um so völlig sicherzugehen, daß Orens Entdeckungen stimmten und zudem eventuell übersehene Stellen aufzuspüren. Aaron wird auf hebräisch Aleph-Hay-Reysh-Nun buchstabiert (natürlich wieder von rechts nach links), also AHRN (אהרן =NRHA beziehungsweise, weil hebräische Endbuchstabenformen ignoriert werden, אהרנ). Man begann ganz am Anfang des Buchs Leviticus mit den Stellen, in denen es keine Erwähnung von Aaron gibt. Rips programmierte die Suche nach den Buchstaben AHRN in direkt benachbarter Position, alle zwei, alle drei, alle vier Buchstaben und so weiter, vorwärts wie rückwärts, beginnend mit dem ersten A (א) des Textes überhaupt. (Ein Vorwärtsintervall ist eine positive Zahl, ein Rückwärtsintervall eine negative.) Nachdem alle AHRN- Buchstabenfolgen, beginnend mit A (א), soweit überhaupt vorhanden, identifiziert waren, ging es weiter mit dem zweiten A (א), dann mit dem dritten, und wieder so weiter, bis sämtliche Möglichkeiten erschöpft waren. Auf diese Weise wurden sämtliche Buchstabenfolgen AHRN, die in abstandstreuen Intervallen (ELS)* aufschienen, geortet.

Professor Daniel Michaelson, Dozent für Mathematik an der Hebräischen Universität und an der University of California in Los Angeles (UCLA) beschreibt das Ergebnis des Unternehmens:

---

* Aus Systematikgründen wird für den Begriff »abstandstreues Intervall« in der Übersetzung das englischsprachige Kürzel dafür verwendet: ELS (equidistant letter sequence).(Anmerkung des Übersetzers)

»Als Rips die Resultate sah, war er überwältigt von der großen Zahl der Gesamtaufscheinungen [von »Aaron«]: 25[*]. In dem 716 Buchstaben langen Abschnitt gibt es 55 א (A), 91 ה (H), 55 ר (R) und 47 נ (oder ן, N). Bei einer Zufallsverteilung dieser Buchstaben könnte man statistisch nur acht Aufscheinungen der Buchstabenfolge »Aaron« erwarten ... Die Wahrscheinlichkeit, 25 aufzufinden, ... beträgt etwa 1 zu 400 000.«[3]

Die exakt zu erwartende Zahl der AHRN-Aufscheinungen war 8,3. Ein paar Jahre später berechnete ein Kryptologe diese ersten Resultate neu und kam auf ein Wahrscheinlichkeitsverhältnis von 25 bei 1 zu 2 166 818.[**]

Die einfachste Art darzustellen, was Rips herausfand, ist, die Buchstaben in einem rechteckigen Gitter aufzureihen, wobei alle Endformen zu rechteckigen gemacht und Zwischenräume, der Methode von Rabbi Weissmandl folgend, eliminiert werden. (Dies ist auch eine typische Prozedur in der Kryptographie, und wie sich zeigt, stimmt sie auch damit überein, wie die Überlieferung sich die Übermittlung der Thora an Moses vorstellt, was im nächsten Kapitel näher besprochen werden soll. Als junger Mann hatte Rabbi Weissmandl die gesamte Thora in Zehn-zu-zehn-Gittern auf diese Weise niedergeschrieben.)

Je nach der Reihenbreite des Gitters (also der Anzahl der Kolonnen) kann »Aaron« darin (oder auch nicht) horizontal, vertikal oder diagonal in jeder Richtung auftauchen. Zwei Beispiele dazu:

---

[*] Dies schließt selbstverständlich die »ganz normalen«, »offenen« Aufscheinungen des Wortes »Aaron« aus, wo sie im Zusammenhang mit »die Söhne Aarons« etc. vorkommen. Das kürzeste abstandstreue Intervall war -4, das längste +180.

[**] Der australische Statistiker Brendan McKay, der dem Phänomen kritisch gegenübersteht, hat den Forschern öffentlich unterstellt, nach der optimalen Textlänge gesucht und dies aber nicht bekanntgegeben zu haben: »Das Segment 1-13 ragt als das beste für Michaelson heraus, was natürlich genau der Grund ist, warum er es (oder Avraham Owen [sic!], dem Michaelson die Entdeckung gutschreibt) ausgewählt hat. (Erklärung gegenüber tcode newsgroup vom Sonntag, 27. April 1997.) Die Beschuldigung verschwiegener Vorauswahl ist das beliebteste Argument der Kritiker geworden, die sonst keine Erklärung für die gefundenen Ergebnisse haben, wie wir noch sehen werden. Rips antwortet: »Ich stelle als Tatsache fest, daß weder von mir noch von irgend jemandem, den ich kenne, eine Optimierung der beschriebenen Art vorgenommen wurde« (Private Mitteilung).

אהרן (AHRN) in abstandstreuen Intervallen von -64 Buchstaben in Leviticus 1, 1-13.

אהרן (AHRN) in abstandstreuen Intervallen von +78 Buchstaben in Leviticus 1, 1-13

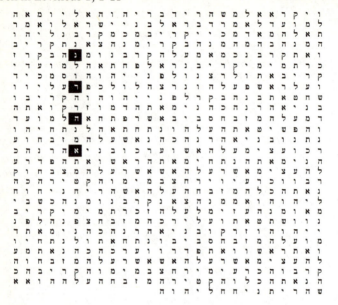

Plötzlich hatte die alte Vorstellung von verborgenen Codes in der Thora eine völlig neue Dimension angenommen. Nie zuvor waren ermittelte Resultate wie diese einer statistischen Bedeutsamkeit so nahe gekommen. Rips und einige seiner engen Mitarbeiter begannen weitere Untersuchungen des Phänomens, wobei sie sorgsam darauf achteten, alle nur zufälligen oder mechanischen »verwirrenden Variablen«, die zu dem erstaunlichen Resultat vielleicht hätten beitragen können, auszuschließen.

Mit Michaelsons Worten: »Ein Linguist könnte argumentieren, daß die Buchstaben des biblischen Hebräisch so korrelieren, daß die Sprache die Buchstabenfolge אהרן (AHRN) ›lieber mag‹, als es zu erwarten wäre. Aber zwölf אהרן laufen rückwärts, und da ist nicht mehr so recht schlüssig, warum die Vorwärtssprache auch das noch ›mögen‹ sollte. Und wenn schon, dann müßte sie andere Kombinationen von ן, ר, ה, genauso א ›mögen‹.«

Diese Überlegung führte zu einem weiteren Experiment, in dem alle 24 möglichen Umstellungen der vier Buchstaben als ELS identifiziert und gezählt wurden (AHRN, ARHN, ANRH ...). Wieder ergaben sich verblüffende Resultate. Während Aarons Name in normaler Schreibung 25mal auftauchte, erschienen die anderen Buchstabenfolgen zwischen fünfmal und elfmal – quasi innerhalb dessen, was Zufallserwartungen entspricht.

Wie unwahrscheinlich ist nun das, was sich da ergab? Grob gesagt, müßte man, wenn man lediglich mit Zufallssuche eine andere Stelle vergleichbarer Länge zu der von Leviticus 1,1-13 mit 25 Aufscheinungen eines (statistisch) achtmal zu findenden Wortes aufspüren wollte, rund 400 000 Seiten Text durchsuchen (und sogar mehr als zwei Millionen Seiten, wenn die höhere Chancenschätzung zutrifft). Genauer gesagt: Nachdem der zur Debatte stehende Leviticus-Text 714 Buchstaben lang ist und die größtmögliche ELS ein Intervall von 714 zu 3 = 238 Buchstaben beträgt (andernfalls ein Vier-Buchstaben-Wort sich über den Anfang und/oder das Ende der Stelle erstrecken würde), müßte man jedes mögliche Aufscheinen sowohl von AHRN als auch von NRHA in jedem möglichen abstandstreuen Intervall von -238 bis +238 auf jeder einzelnen Seite jedes 300-Seiten-Buchs in einer Bibliothek von etwa 800 einschlägigen Büchern (oder vielleicht sogar 4000 Büchern) überprüfen.

Oren mußte jedoch in der Hoffnung, eine solche Rarität zu finden, gar keine 400 000 Seiten durchforsten. Seine intuitive Vertrautheit mit der Thora leitete ihn auf der Suche nach einer solchen – in einer Passage, die für einen Thora-Schriftgelehrten »leicht anomal« erschien (»Aaron« war nicht direkt erwähnt).

Rips und Michaelson gingen nun daran, noch subtilere, noch kompliziertere, noch verfeinertere – und noch eindrucksvollere Tests zu entwickeln. Sie nahmen alle 22 Buchstaben des hebräischen Alphabets und ordneten sie zu allen möglichen Variationen von jeweils Vier-Buchstaben-»Wörtern«. Das ergab 117 128 Buchstabenkombinationen einschließlich Vorwärts- und Rückwärtsvariationen. (Die meisten davon bildeten natürlich keine echten hebräischen Wörter. So lassen sich beispielsweise auch in der englischen Sprache vier Buchstaben zu einigen echten und einer Menge Nichtwörtern zusammensetzen. Echte Wörter sind OPTS, POST, POTS, SPOT und TOPS, Nichtwörter OPST, OSPT, OSTP, OTPS, OTSP, PSOT, PSTO, PTOS, PTSO und dergleichen.) Anschließend suchte Rips im selben Levicitus-Text nach jedem Vorkommen solcher Umstellungen, gleich, ob es sich um echte Wörter handelte oder nicht.

Natürlich bediente sich Rips dabei eines Computers, um alle diese Vorkommen aufzuzeigen. Er und die anderen hatten mittlerweile ihre Forschungen und die Entwicklung spezieller und hierfür hilfreicher Computerprogramme intensiviert. In normaler Handarbeit hätte diese Aufgabe menschliches Ausdauervermögen weit überschritten, mit Ausnahme allenfalls der ungewöhnlichsten Gründe: Das Ausmaß einer solchen Herausforderung ist nur vergleichbar den frühen »numerischen« Berechnungen des Assistententeams in Los Alamos beim Bau der ersten Atombombe, bevor John von Neumann – von dem später noch die Rede sein wird – die Automatisierung der Prozedur durch die faktische *Erfindung* des Computers gelang.

Rips ließ also den Computer eine Liste erstellen, wie häufig die Wahrscheinlichkeit war, daß jede Buchstabenumstellung auch als ELS erschien, und verglich dies mit der Liste der tatsächlichen Aufscheinungen.

Verschiedene »Wörter« (Vier-Buchstaben-Kombinationen, gleich ob sie sinnvolle echte Wörter bilden oder nicht) können in dieser Leviticus-Stelle rein zufällig in weit variierender Anzahl aufscheinen, manche sogar oft wegen der sprachlichen Häufigkeit einzelner Buchstaben (genauso, wie man auf englisch – oder auch deutsch – mehr Vier-Buchstaben-Wörter mit einem e erwarten kann als mit einem x), während andere nicht so oft auftauchen.

Entscheidend jedoch ist nicht, wie oft eine Buchstabenfolge tatsächlich aufscheint, und auch nicht, daß und wie oft man sie aufgrund theoretischer Maßstäbe erwarten kann (als sogenannten »Erwartungswert«). Es kommt vielmehr auf die Kombination dieser beiden Umstände an. (Der gleiche Grundsatz liegt auch der Quotenerrechnung eines Buchmachers zugrunde, bei der nicht so sehr entscheidend ist, welches Pferd nun gewinnt, sondern auch, wie unwahrscheinlich es ist, daß es gewinnt.) Wenn man dieser Logik folgt, ist es noch nicht übermäßig beeindruckend, daß ein zu erwartendes Wort auch tatsächlich auftaucht, ebensowenig, daß ein Wort, welches selten oder gar nicht zu erwarten ist, auch tatsächlich selten oder gar nicht erscheint.

So war es auch nicht überraschend, daß es etliche Buchstaben-folgen mit einem »Erwartungswert« gab, der kleiner war als der von AHRN, und daß viele öfter als AHRN erschienen. Das von Rips ermittelte eindrucksvolle Resultat bestand darin, daß keine einzige Buchstabenfolge von allen 117 128 irgendwo so oft auf-schien wie AHRN in bezug auf die Erwartungswahrscheinlich-keit.

AHRN siegte in diesem Quasi-Wettbewerb nicht nur, sondern hatte einen Vorsprung, der sich mit einem 25er-Handicap unter Spitzengolfern vergleichen läßt. Oder, um es noch etwas anders auszudrücken, die Wahrscheinlichkeit, daß ein Durchschnitts-Golfspieler (weder Profi noch krasser Anfänger) ein *hole-in-one* erzielt, also an einer Bahn mit einem einzigen Schlag einlocht, steht in einem ungefähren Verhältnis von 1 zu 80 000 oder be-trägt 4444 Runden eines 18-Loch-Platzes. Mit der Annahme, daß ein durchschnittlicher Golfspieler das Glück hätte, in einem Jahr 40 18-Loch-Partien zu spielen, kommt er auf eine statistische Chance für ein *hole-in-one* von einmal in 111 Jahren. Wäre das Erzielen eines *hole-in-one* aber so schwierig wie die Unterneh-mungen von Rips und Michaelson, dann könnte unser Golfspie-ler sogar nur alle fünfeinhalb Jahrhunderte damit rechnen – mit anderen Worten: nicht einmal viermal in den zurückliegenden 2000 Jahren.

Als nächstes untersuchte Rips auf identische Weise, wie oft alle seine 117 128 Buchstabenkombinationen nicht nur im Leviticus, sondern auch in einem willkürlich ausgewählten anderen hebräi-schen Text erschienen. Und dieses Ergebnis in seinem zweigeteil-ten »Kontrolltext« war nicht minder verblüffend:

● Die Verteilung von »Gewinn«- und »Verlust«-Kombinationen war im wesentlichen identisch mit jener im Leviticus-Text. Das heißt, zu erwartende Buchstabenfolgen schienen auch immer wieder auf, nicht zu erwartende nicht. Im Kontrolltext tauchte die »Aaron« bedeutende Buchstabenkombination nicht häufiger auf als erwartbar. Das Ergebnis glich praktisch der Zufallserwartung – so wie die zu erwartende Häufigkeit des Buchstabens e in unseren Sprachen.

- Keine andere Folge von vier Buchstaben, ob »echtes« Wort oder nicht, erreichte auch nur annähernd jene Häufigkeit, mit der »Aaron« im Leviticus vertreten war.

Schließlich gab Rips auch noch die *samaritanische* Version dieser Levicitus-Stelle in seinen Computer ein und wiederholte den Suchlauf. Die Samaritanische Thora (in der Schrift einer Sekte verfaßt, die sich schon vor langer Zeit vom Hauptstrom des Judaismus abgesondert hatte) hat denselben Inhalt wie die jüdische, benutzt aber unterschiedliche Schreibweisen (etwa so wie die heutigen Unterschiede von Schreibweisen im britischen und im amerikanischen Englisch).[*] Und wieder war das Ergebnis erstaunlich. 22 der 25 »Aaron« der jüdischen Thora verschwanden, dafür nahmen sieben neue deren Platz unter insgesamt zehn Aufscheinungen ein. Diese Zahl entspricht der »Standardabweichung« der im Mittel erwartbaren; mit anderen Worten der Zufallserwartung. Der »Code« ist verschwunden.

Die Forschung nimmt Gestalt an

Für Rips festigte sich die Überzeugung immer mehr, daß da etwas im Busch war. Sein enger Freund Professor Joseph Rotman von der Universität Illinois besucht ihn jedes Jahr, wenn er mit seiner Frau nach Israel kommt. Angesichts ihres engen Verhältnisses zueinander hielt ihm Rips nie große Vorträge, sondern ließ nur dann und wann bestimmte Bemerkungen fallen, mit einem kleinen Lächeln dazu, als nehme er das alles gar nicht so ernst, schon wegen des so häufigen Mißbrauchs der Statistik, gerade wenn es um

---

[*] Tatsächlich enthält die fragliche Stelle der Samaritanischen Thora sogar einen zusätzlichen Satz, der für den Testzweck hier jedoch ausgelassen wurde.

religiöse Themen geht. Er erwähnte Rotman gegenüber lediglich, daß bestimmte Wörter offenbar öfter auftauchten, als zu erwarten war.[4] Doch insgeheim hatte er bereits damit begonnen, dem Phänomen systematisch zu Leibe zu rücken – wie eben ein Statistiker.

Anders als zuvor Rabbi Weissmandl und dessen Vorgängern aus alter Zeit standen Rips hochleistungsfähige und leicht zu benutzende statistische Methoden zur Verfügung, schnelle Computer und am Ende auch eine Anzahl fehlerfreier elektronischer Texte – alles zusammen das Ergebnis von Generationen wissenschaftlichen Fortschritts – und der Holocaustjahre. Es war offensichtlich: Sollte das Phänomen tatsächlich ein solches sein (und er setzte, um dies zu vertreten, nun auch seine weltweite Reputation ein), mußte es bereits in früheren Jahren von Genies mit enormen geistigen Fähigkeiten erahnt worden sein, obwohl es nicht bewiesen werden konnte. Dazu schien sich aber jetzt die Möglichkeit zu bieten. Die Suche nach dem Bibel-Code nahm ernsthafte Dimensionen an.

Und so begann sich aus alten Legenden, welche die meisten Schriftgelehrten kaum jemals besonders ernst genommen hatten, ein Sinn herauszuschälen. Dazu gehörte dann auch der alte Glaube, Gott selbst habe Moses die Thora diktiert, und zwar in einer Form – Buchstabe für Buchstabe und ohne Zwischenräume –, die sich immer mehr wie ein chiffrierter Text las.

Viertes Kapitel

Blaupause vom Himmel

> Die frühesten Bestätigungen des Konsonantenrahmens des Masoretischen Textes ... [von] Qumran ... datieren um ca. 250 v. Chr. Ihre Ähnlichkeit zur mittelalterlichen Form des Masoretischen Textes ist auffallend und zeigt, wie akkurat die Übertragung ... über die Zeiten war ... [Allerdings] waren in den alten biblischen Schriftrollen die Wörter vermutlich nicht durch Zwischenräume getrennt.
>
> Eldon Jay Epp, »*Textkritik*«[1]

> Dies ist ein Werk, das selbst der Zahn der Zeit nicht zernagen und das deshalb auch nicht untergehen kann.
>
> Thomas Browne, »*Religio Medici*«

Stets hatten die Juden das Gefühl, daß ihre Existenz und ihr Überleben ganz wesentlich davon abhinge, wie streng sie sich an die Gesetze der Thora hielten. »Die Thora ist unser Leben und die Länge unserer Tage«, heißt es schon bei Rabbi Akiba unter der römischen Besatzung Judäas. »Wir mögen in großer Gefahr sein, wenn wir die Thora studieren, aber wir würden untergehen und nicht mehr vorhanden sein, wenn wir dies aufgeben würden.«[2]

Fast tausend Jahre lang, nachdem sie unter den Königen David und Salomon eines der großen klassischen Reiche aufgebaut hatten, waren die Juden eine Weltmacht. In den sieben Jahrhunderten vor dem Aufkommen des Christentums wurde dann zunächst die nördliche und danach die südliche Hälfte des jüdischen Reichs erobert und die Bevölkerung ins Exil geschickt: die aus Israel nach Assyrien, jene aus Juda nach Babylonien. Bei der zweiten Eroberung durch die Babylonier 586 v. Chr. wurde der große Tempel in Jerusalem zerstört. Ohne Tempel und Land bedurfte die

Aufrechterhaltung der jüdischen Lebensweise eines weitaus stärkeren Bindeglieds als jenes, das bis dahin für den Zusammenhalt des Volkes gesorgt hatte: Die Juden besannen sich auf ihre Literatur und ihr Wertsystem. Wie alle alten Religionen wurzelte der Judaismus in seinem heimatlichen Boden. Nun wurde er verpflanzt, nicht sosehr in fremde Erde als viel mehr in ein Umfeld fremden Geistes. Mehr denn je waren die Juden nun »das Volk der Schrift«.

Es sind indes nicht allein die Wörter der Thora, in denen diese bewahrende Kraft eingeschlossen ist. Vielmehr verkörpern bereits die einzelnen Buchstaben eine Quelle eigenartiger Faszination für diejenigen, die sich tief in das Studium der Schrift versenken.

600 Jahre später, nach der Rückkehr aus der babylonischen Gefangenschaft und ihrer Wiedererstarkung – diesmal jedoch als geschlossene Einheit innerhalb eines noch größeren Reiches, nämlich des Römischen –, wurden die Juden erneut ins Exil geschickt. Und dort entwickelten sie dann eine weitere historische Ungewöhnlichkeit. Im Gegensatz zu anderen Völkern, die der Vernichtung und Vertreibung anheimfielen und trotz des immensen Drucks, dem sie sich in der Diaspora seitens anderer Kulturen ausgesetzt sahen, paßten sie sich diesen nie völlig an. Über fast zwei Jahrtausende Exil, Verfolgung, Unterdrückung, Bedrängnis und Vertreibung hinweg bewahrten sie sich erstaunlicherweise ihre Identität, ihr Selbstbewußtsein und ihre Überzeugung, einen Auftrag erfüllen zu müssen.

Was sie in dieser ganzen Zeit zusammenhielt, war die Thora. In sie flossen all ihre Energie und Konzentration ein. Die größte Ehrerbietung genossen nicht diejenigen, die in die höchsten weltlichen Machtpositionen gelangten, sondern jene, die am tiefsten in die Mysterien der Thora eindrangen.

Viele Schriftgelehrte, und nicht nur jüdische, haben auf dieses erstaunliche Phänomen jüdischer Existenz hingewiesen. Doch eine weitaus seltener gestellte Frage ist, was es denn mit der Thora selbst auf sich habe – einem »bloßen Buch« von Texten mit nicht einmal einer halben Million Buchstaben, vieles davon außerdem historisch, mit langen Passagen von Zensusdaten und phantastischen Genealogien sowie zum größten Teil Gesetzesvorschriften, von denen ohne Tempel, »*welcher Jahrtausend über Jahrtausend eine solche erstaunliche Beachtung bewirken würde*«, die meisten nicht einmal befolgt werden können.

Dazu muß man dann auch die zahlreichen Berichte aus dem Holocaust erwähnen, denen zufolge weise Rabbis sich über die Thora warfen, als wollten sie mit ihrem Körper die Schriftrollen selbst vor der Schändung bewahren, und dabei sogar ihr Leben opferten. Geschichten von solcher Devotion finden sich aber auch schon in so früher Zeit wie der römischen Zerstörung.

Jahrhunderte brachen über Rabbi Chanina ben Tradjon herein und sahen ihn beim Thora-Studium wie eh und je. Sie nahmen ihm die verbotenen Thorarollen weg und fesselten auch ihn. Als sie dies taten, begann seine Tochter zu weinen, und er fragte sie, warum sie Tränen vergoß. Sie antwortete: »Ich weine, weil man dich gewiß zusammen mit der Thora verbrennen wird.« Er aber antwortete: »Die Thora ist das Feuer und kein Feuer kann anderes Feuer verbrennen.« Als sie am Scheiterhaufen ankamen, packten sie ihn grob, schichteten Reisig um ihn herum, wickelten ihn in eine der Thorarollen und entzündeten an ihr das Feuer. Dann holten sie wollene Lappen, tauchten sie in Wasser und legten sie auf sein Herz, auf daß seine Seele nicht so schnell entweiche. Mitten in seiner Agonie sahen seine Schüler ihn den Blick nach oben heben. Sie riefen ihm zu: »Rabbi, Rabbi, was siehst du?« Er sagte zu ihnen: »*Die Pergamente verbrennen, und die Buchstaben fliegen hoch [zum Himmel].*«[3] (Kursive Hervorhebung durch den Autor)

Was hat es mit der Thora auf sich, daß sie solche außergewöhnliche Aufopferung erzeugen kann?

Legen wir unseren rationalen Unglauben einmal einen Augenblick lang ab und hören wir, was über die Jahrhunderte alles für die Thora in Anspruch genommen wurde. Wir kommen später auf diese Punkte noch eingehender zurück:

Die Thora ist die präexistente Blaupause der Schöpfung.[4]

Die Thora wurde schon vor der Welt geschaffen, so wie es geschrieben steht: »*Der Herr hat mich am Anfang seines Weges erworben.*«[5] (Kursive Hervorhebung durch den Autor)

Die Thora wurde nicht schon vor der Welt geschaffen, sondern Moses auf dem Berg Sinai gegeben.[6]

Als der Geheiligte, gesegnet sei Er, die Welt erschuf, erschuf er sie nach den Lettern der Thora, nachdem sich alle Buchstaben des Alphabets Ihm gezeigt hatten und am Ende der Buchstabe Beth als Anfang ausgewählt war. Außerdem boten sich *die verschiedenen Kombinationen der Buchstaben in allen ihren Abfolgen* zur Teilnahme an der Schöpfung an.[7] (Kursive Hervorhebung durch den Autor)

Als der Geheiligte, gesegnet sei Er, die Welt erschuf, tat er es mit Hilfe der geheimen Kräfte der Buchstaben.[8]

Es steht geschrieben: »Aller Vollendung sehe ich eine Grenze, überaus weit ist dein Gebot.« Dies Wort sagte David, aber erklärte es nicht.[*] Hiob machte eine ähnliche Feststellung und erklärte es nicht, nämlich »sein Maß ist länger als die Erde und breiter als das Meer«. Auch Ezechiel (Hesekiel) machte eine ähnliche Feststellung und erklärte sie nicht. Die genaue Breite der Gebote bleibt in der Tat unbekannt, bis Zacharias (Secharja), der Sohn des Iddo, kam und erläuterte, daß *das gesamte Universum identisch zu einem Zweiunddreißighundertstel der Thora ist.*[9] (Kursive Hervorhebung durch den Autor)

Die Thora ist von den Juden immer als ein Plan aller Existenz durch Zeit und Raum angesehen worden, außerhalb davon und darüber. Die materielle Welt ist ein Abkömmling der Thora, nicht umgekehrt. Und es sind ganz besonders die Buchstaben der Thora, die auf mysteriöse Weise Gottes Mittel für die Erschaffung der Welt darstellen. Mit dem Auftrag, die Thora so genau wie nur möglich zu bewahren, indem man jeden einzelnen Buchstaben

---

[*] Auch Psalm 119

schützt und ehrt, ist es deshalb Israels historische Aufgabe, auch die Blaupause aller Existenz zu bewahren und zu beschützen.

Selbst Pilo, der hellenisierte jüdische Philosoph, der von 20 v. Chr. bis 50 n. Chr. lebte, setzte die Thora mit dem Logos selbst gleich und mit dem »Wort Gottes«. Christen erkennen diese Formulierung natürlich sofort, indem sie die alte »Midrash« (Lehre), der Messias werde aufs vollkommenste die Gebote der Thora »verkörpern«, konkreter nehmen als die Juden. Und so kann man in den Anfangsworten des Johannesevangeliums im Neuen Testament ein Echo dieses alten jüdischen Mystizismus erkennen, als der entfremdete Tochterglauben des Judaismus, das Christentum, seinen Aufstieg begann: »Im Anfang war das Wort [Logos] und das Wort war bei Gott und Gott war das Wort. Dasselbe war im Anfang bei Gott. Alle Dinge sind durch dasselbe [Version des Königs Jakob : …durch ihn] gemacht, und ohne dasselbe ist nichts gemacht, was gemacht ist« (Johannes 1, 1).

Sind aber nun alle diese Formulierungen nicht lediglich poetische Metaphern als Ausdruck der Intensität von Hingabe und Bewunderung? Die Überlieferung indessen geht weit über Metaphern hinaus und wird sehr spezifisch. Im 1. Kapitel habe ich den Gaon aus Wilna, den Rationalisten des 18. Jahrhunderts, zitiert: »Alles, was war, ist und sein wird bis zum Ende der Zeiten, ist in der Thora, den ersten fünf Büchern der Bibel, enthalten.«

Zwei Jahrhunderte vor dem Gaon lebte ein anderer, der zu den großen Namen der jüdischen Geschichte gehört: Rabbi Moses Cordevaro, seinerzeit Haupt des damals höchsten rabbinischen Gerichts der Welt, der bis auf diesen Tag eine überragende Gestalt geblieben ist. Auch von ihm gibt es eine ähnliche Aussage, mit einer interessanten Ergänzung, auf die bereits die Mystik hingewiesen hatte.

»Für die Anzahl der Dinge, die man in der Thora mit Hilfe bestimmter Methoden entdecken kann, gibt es keine Beschränkung; es sind unzählige. Dergleichen ist von enormer Macht und tief verborgen. Wegen der Art, wie sie verborgen sind, ist es nicht möglich, sie voll zu verstehen, sondern nur teilweise. Die Heilige Schrift sagt selbst dazu:

Ihr Maß ist länger als die Erde und breiter als das Meer.[*]
Die Geheimnisse der Thora enthüllen sich *in den Auslassungen der Buchstaben.*« (Kursive Hervorhebung durch den Autor)

Buchstabenauslassungscodes sind in der Kryptographie wohlbekannt. Sie sind eine Form des Verschlüsselns, welche einen Text erfordert, der so unverändert wie möglich bleiben muß, und zwar nicht nur an der »Oberfläche«, in der Wort-Wort-Struktur, sondern auch ganz präzise in der darunterliegenden Struktur der Buchstabenfolge. Wird beispielsweise »Foto« als »Photo« geschrieben, dann verschiebt sich alles, was noch nachfolgt, bereits um einen Buchstaben der Sequenz.

Die Schriftüberlieferung: Leidenschaft für Perfektion

In unserer modernen Zeit der mannigfachen Vervielfältigungsmöglichkeiten kann man leicht den Blick dafür verlieren, mit welchen enormen Schwierigkeiten die Menschen in den alten Zeiten fertig werden mußten, um genaue Kopien von Schriften anzufertigen und aufzubewahren. Für ein Volk, das seine ganze Existenz und seinen ganzen Daseinszweck von einem Buch ableitet und auf ihm aufbaut, wie es eben bei den Juden der Fall war, bedeutet das, mit einem einzigen Kopierfehler schlicht alles von Wert zu riskieren. Daher rührt denn auch die große und mit Ehren verbundene Rolle, welche in der jüdischen Geschichte dem »Schreiber« zukommt.

In diesem alten spirituellen Beruf hat sich überraschend wenig geändert. Überall auf der ganzen Welt, wo fromme Juden leben, gibt es auch Schreiber. Selbst noch in kleinen ländlichen Gemeinden, beispielsweise in den Hügeln und Bergen nördlich von New York unter Farmern und Schäfern kann man bis auf diesen Tag eine Handvoll Männer finden, die ihre üblicherweise großen Familien nicht mit einem der Gewerbe ernähren, wie sie in ländli-

---

[*] Hiob hier und auch weiter oben schon zitiert nach Talmud u. a.

chen Regionen der USA auch heute noch existieren, sondern mit einer heiligen religiösen Beschäftigung, die bis zum Berg Sinai vor 33 Jahrhunderten zurückgeht.

Wie die Amish laufen sie und alle ihre männlichen Familienangehörigen mit ungestutzten Bärten herum. Selbst in der Sommerhitze tragen sie dunkle Anzüge und gehen buchstäblich niemals ohne Hut; sogar im Haus haben sie das kleine Käppchen, die *Jarmulke,* auf. Sie leben einfach und bescheiden, und ihre ganze Hingabe gilt vor allem anderen dem Wort Gottes. Sechs Tage in der Woche kann man sie im Haus auf ihren Bänken und an ihren Arbeitstischen finden, wo sie ebenso unermüdlich fleißig wie mit unendlicher Geduld ihrem Broterwerb nachgehen. Am siebten Tag lassen sie zusammen mit ihrer Familie die Arbeit ruhen, preisen die Güte Gottes, und die Einhaltung des Sabbats ist ihnen heilig und unverletzlich.

Die Thorarollen, welche sie von Hand sorgfältigst abgeschrieben haben, finden sich überall auf der Welt in der Bundeslade am Eingang jeder Synagoge. Es handelt sich aber um mehr als simple Kopien der Schrift, wie man sie in jedem Haus und in jedem Studiersaal findet. Diese Kunstwerke sind in mehrfach mysteriöser Weise gewissermaßen lebendige Dokumente. Tatsächlich muß auch jede Thorarolle in allen ihren Teilen von lebendigen Kreaturen kommen: vom Pergament aus Schafshaut[*] für jede Seite über die rituell vorgeschriebenen und geheiligten Sehnen, mit denen die Seiten gebunden sind, bis hin zu den Pflanzen, die für die Erzeugung der Tinte Verwendung finden. Die Übertragung einer Seite von einer anderen Rolle – die von den Schreibern ausnahmslos Buchstabe für Buchstabe kopiert wird – ist für sich allein ein heiliges Ritual, das als kaum weniger bedeutsam gilt wie eine Amtsübergabe oder die Weihe eines Mannes zum Rabbi. Und auf die gleiche Weise, wie eine Kette ungebrochener spiritueller Führerschaft zurückgeht von einer Generation zur anderen – bis zu Moses –, ist auch jede Thorarolle die spirituelle Nachfolgerin einer ganz bestimmten Vorgängerin, ebenfalls mit Moses als

---

[*] Auch die Haut einiger anderer Tiere, vorausgesetzt sie sind koscher, kann verwendet werden.

Urheber. (Auch die apostolische Nachfolge bei den römischen Katholiken, den Ostorthodoxen und in der anglikanischen Kirche basiert auf diesem Ur-Modell.)

Es gibt mehr als 20 strikte Bedingungen, die ein Schreiber beachten muß, um sicherzugehen, daß eine neue Thorarolle bis in die letzte Einzelheit ihrer Vorläuferin entspricht. Es kann Jahre dauern, bis ein Schreiber eine einzige Rolle abgeschrieben hat. Fehlt auch nur ein einziger Buchstabe oder ist dieser nicht perfekt ausgeführt, muß seine Tinte sorgfältig vom Pergament entfernt werden. Ist dies nicht möglich und kann der Makel nicht vollends behoben werden, so ist der ganze Abschnitt des Pergaments wertlos, und die Seite muß abgetrennt und durch eine andere ersetzt werden.

Weitere Regeln sind beispielsweise: Nur ungegerbte Tierhaut darf als Pergament verwendet werden, und auch davon nur eine Seite; die Tinte muß unentfernbar sein; kein einziger Buchstabe darf einen benachbarten berühren oder verschmiert sein. Selbst der geistige Zustand des Schreibers für die Arbeit ist streng vorgeschrieben: Sollte er auch nur um Haaresbreite von der ordentlichen *Kabana* (frommen Absicht) abweichen, so gilt die derart nicht im richtigen Geist geschriebene Rolle als ungültig. Sie müßte wieder aufgetrennt und auf ein neues Pergament geschrieben werden. (Wie läßt sich aber feststellen, ob ein Schreiber in der richtigen »frommen Absicht« arbeitete? Gar nicht. Aber es gibt genug Geschichten von Schreibern, die sich hinterher an einen Mangel an Konzentration erinnerten, jedoch nicht mehr rekonstruieren konnten, an welcher Stelle die betreffende Seite »beeinträchtigt« wurde, und von sich aus von vorne begannen, obwohl niemand irgendeinen äußerlichen Unterschied hätte feststellen können.)

Der Schreiber Rabbi Yishmael mahnte seinen Sohn: »Sei achtsam in deiner Arbeit als Schreiber, denn es ist eine heilige Aufgabe. Vielleicht vergißt du einen einzigen Buchstaben oder fügst einen einzigen hinzu und zerstörst damit die ganze Welt.«[10]

Und Rabbi Solomon Yitzhaki (Rashi), der große Kommentator des 13. Jahrhunderts, warnte ebenfalls: »Der Herr dein Gott ist Emet, die wahre Wirklichkeit. Wenn du Emet ohne den ersten Buchstaben schreibst, so zerstörst du die Welt.« Und Rashi sagte weiter: »Und Gott sprach [Singular]. Wenn du jedoch schreibst: Und Gott sprach [Plural], so zerstörst du die Welt.«

Sind diese Mahnungen lediglich poetische Überhöhung, dazu gedacht, einen Schreiber möglichst nachdrücklich auf die große Ernsthaftigkeit hinzuweisen, mit der er seine Aufgabe bewältigen muß?

Die Antwort lautet, daß im Judaismus die fünf Bücher Mose anders bewertet werden als die übrigen Bücher der hebräischen Schriften. Dies gilt nicht nur im Hinblick auf ihre zentrale Bedeutung für die Bibel (die sowohl bei Juden als auch Christen bekannt und akzeptiert ist), sondern ganz speziell bezüglich der Präzision ihrer prophetischen Inspiration. Der einzigartige Status der göttlichen Offenbarungen an Moses (und damit an das ganze Volk Israel) spiegelt wider, daß es nirgendwo unter den Juden einen Propheten gab, der Moses an Größe gleichkam. Teilweise beruht diese Einzigartigkeit auch darauf, daß Gott zu Moses allein so genau sprach und ihm seine Botschaft sogar Buchstabe für Buchstabe übermittelte.

Uns Heutigen und Modernen kann der Sinn für die große Bedeutung der geschriebenen Tradition leicht entgehen. Für uns ist es die einfachste Sache der Welt, einen Text buchstäblich millionenmal ohne den kleinsten Fehler zu kopieren, ihn auf verschiedene Weise ohne Zeitbeschränkung aufzubewahren und so zu sichern, daß künftige Generationen womöglich noch in Tausenden Jahren Zugang zu exakt den gleichen Wörtern und Buchstaben haben. Wir vergraben »Zeitkapseln« in den Boden mit Dokumenten aus unserer Zeit, die zehn Jahrtausende überdauern können. Wir haben vor Jahren einmal eine Goldplakette mit den Basisinformationen über uns und unseren Planeten ins Weltall geschickt, damit etwaige Angehörige fernster Zivilisationen anderer Galaxien auch noch in vielleicht 15 und mehr Millionen Jahren sie lesen können.

Aber all dies ist ja erst in allerjüngster Zeit möglich geworden. Für den größten Teil unserer Geschichte hingegen waren geschriebene Aufzeichnungen – die Essenz einer Zivilisation schlechthin – in hohem Maße zerstörungsanfällig, sofern sie nicht mühsam in Stein gemeißelt wurden. (Eines der großen Wunder

der Archäologie des 20. Jahrhunderts war das Auffinden der Schriftrollen vom Toten Meer: Schriften auf Tierhautpergament hatten, bisher einzigartig, fast zwei Jahrtausende überdauert. Das war nur möglich dank der äußerst unzugänglichen Lage der Höhlen in der Wüste Judäas, wo sie sich außerdem infolge des fast völligen Fehlens jeglicher menschlichen Besiedlung dort nach der Vertreibung der Juden in alle Welt durch die Römer unbeeinträchtigt erhalten konnten.)

Vor dem Zeitalter der modernen Technik mußten Texte, die von einer Generation zur anderen überliefert werden sollten, viele Male von Hand kopiert werden, und in gleicher Weise, wenn eine solche Abschrift an einem anderen Ort benötigt wurde. Dies änderte sich erst mit Gutenberg und seiner Erfindung beweglicher Buchstaben im 16. Jahrhundert, und selbst aus dieser Zeit sind heute nur noch so wenige seiner Bibeln erhalten, daß jede davon unschätzbaren Wert hat. Dieses Beispiel allein mag die außerordentliche Bedeutung der Bibliotheken in der Alten Welt unterstreichen, besonders der wenigen, die imstande waren, Hunderttausende Texte zu sammeln. Und es mag uns damit ebenso das Ausmaß der Katastrophe anschaulicher werden, als im 3. Jahrhundert unserer Zeitrechnung die berühmte Bibliothek von Alexandria verbrannte.

Zur Blütezeit des Römischen Reiches produzierten ganze Akademien von Schreibern Kopien der damals populären Bücher, manchmal in Tausenden von Exemplaren. Wenn man nur einen Augenblick lang darüber nachdenkt, kann man sich vorstellen, welche Anzahl individueller Fehler dabei angesichts der mühsamen Abschreibens ganz unausweichlich in diese Texte eingeflossen sein müssen, zumal es keinerlei spezielle Maßnahmen gab, perfekteste Genauigkeit zu gewährleisten.

Alte säkulare Dokumente gibt es in hunderterlei Varianten. Für deren Schreiber stellte ihre Arbeit einfach die Übermittlung von Sinn und Bedeutung eines Vorgangs oder von Gedanken dar. Kleinere Stilabweichungen wurden dabei als nicht so schwerwiegend erachtet. In präziseren Transkriptionen mochten immerhin die Wörter exakt kopiert worden sein, sie waren dafür in der Schreibweise großzügiger und variabler. (Wie auf Seite 82 schon erwähnt, wäre dazu vergleichbar das Beispiel der heutigen Schreibweise »Foto« oder »Photo«.) Selbst gedruckte Shakespeare-Texte sind vor dieser Abweichung nicht gefeit. Solche Ungenauigkeiten nahm man in der Alten Welt einfach in Kauf, weil sie immerhin ermöglichten, was andernfalls praktisch ein unmögliches Unterfangen gewesen wäre.

Doch dies alles war anders bei den Juden. Sie erachteten ihre alten Schriften, die später als »Bibel« kanonisiert wurden, als die bei weitem bedeutungsvollsten Texte. Sie in haargenauer Form weiterzuverbreiten war deshalb ein enormes – und äußerst wichtiges – Unterfangen. Außerdem verstanden die Juden ihre Thora nicht nur in ihrer beabsichtigten Bedeutung als göttlich inspiriert, sondern glaubten darüber hinaus, *daß Gott mit gutem Grund jeden einzelnen Buchstaben davon so diktiert hatte.* Alle Grenzen, die jüdische Schreiber zu beachten hatten, kann man auch als »*Fail-safe*«-Techniken zur Sicherung absoluter Korrektheit von Buchstabe zu Buchstabe sehen, die überdies in ihren Ursprüngen auf eine Zeit zurückgehen, aus der die Wissenschaft noch gar keine Daten zur Verfügung hat.

Zwei historische Beispiele illustrieren den Grad dieser Präzision der schriftlichen Überlieferung. Das erste ist ein Gegenbeispiel, das in unseren späteren Erörterungen noch eine wichtige Rolle spielen wird.

Die Samaritanische Thora

Eine typische Praxis von Eroberern in der alten Welt des Nahen Ostens war es, besiegte und unterworfene Völkerschaften in weit entfernte Gegenden zu verschleppen (wo sie keine Bedrohung mehr darstellten) und das eroberte Land entweder mit Angehörigen ihres eigenen Volkes neu zu besiedeln oder aber mit anderen besiegten Stämmen. Die Assyrer unterwarfen einige hundert Jahre vor Beginn unserer Zeitrechnung das Nordreich Israels und schickten den größten Teil der dort ansässigen Stämme in ein Exil, aus dem offenbar nur sehr wenige zurückkehrten (der Ursprung der Legende von den »Verlorenen Zehn Stämmen Israels«).

Auf dem Territorium der Israeliten siedelten die Assyrer eine Mischung aus verschiedenen, ursprünglich weiter östlich beheimateten Völkerschaften an. Die meisten davon hingen der alten babylonischen, sexuell orientieren »Geheimnis-Religion« an, welche über die Jahrhunderte auch zu »synkretisieren« gelernt hatte, das heißt sich mit ihren eigenen Praktiken und Glaubensüberzeugen anderen Religionen anzuschließen. (Dies ist der Grund, warum in der Bibel die sexuellen Riten der Kanaaniten erwähnt werden, jene gnostischen Praktiken, die um 190 von Irenäus verboten wurden; und Teile tantrischer Yoga-Sekten Indiens praktizieren bis auf den heutigen Tag verblüffend ähnliche Rituale »sexueller Magie«, mit der, um im heutigen Sprachgebrauch zu reden, »alternative Bewußtseinssphären« erreicht werden sollen.)

In den Jahren, in denen sie in Israel lebten, vermischten sich die Neuankömmlinge allmählich mit den wenigen verbliebenen Israeliten, wobei sie diese und jene Aspekte jüdischer Praktiken übernahmen[*]. Obwohl sie darauf bestanden, sich selbst auch Juden zu nennen, behielten sie ihre babylonischen religiösen Formen bei und synkretisierten sie lediglich mit denjenigen sekundären Aspekten des Judentums, die nicht mit ihren gewohnten Praktiken kollidierten. Ihre Rituale leiteten sich hauptsächlich von der Baal- und Aschtoreth-Verehrung ab, gegen welche die Propheten so vehement predigten. Für den gläubigen Juden, welcher der Thora treu bleiben wollte, konnte nichts schlimmer sein als ein heidnisch-babylonischer Kult, der sich als jüdisch ausgab.[11]

Die Samaritaner allerdings akzeptierten die Thora. Bis heute gibt es Samaritaner in Israel (nämlich in Samaria auf dem Westufer des Jordan) und sie haben sich ihre eigene Thora bewahrt. (Jedoch sind die meisten von ihnen schon vor langer Zeit zu einer Variante des Christentums konvertiert.)

Aber im Hebräischen der Samaritanischen Thora gibt es zahllose Abweichungen – zusätzliche Wörter da und dort, ausgelassene

---

[*] Der Einfachheit halber verwende ich für alle Israeliten der alten Zeit das Wort »Juden«. Exakt im engeren Sinne versteht man unter »Juden« nur die Bewohner Judäas oder Judas, also den Stamm, der die große Mehrheit des noch verbliebenen Südreichs ausmachte und der erst später der Vertreibung durch die Römer anheimfiel.

Wörter, variierende Schreibweise –, von denen freilich kaum welche die direkte Textbedeutung beeinträchtigen. Deshalb liest sich eine Übersetzung der Samaritanischen Thora etwa ins Englische im Grunde genommen wie die Moses-Thora. Die Unterschiede flossen in den Text ein, weil die Samaritaner keine so rigorose Schriftentradition hatten wie die Juden. Nachdem sie vom Kern des Judaismus ohnehin getrennt waren, wandten sie sich bald der insoweit ganz vernünftigen Ansicht zu, daß die genauen »Buchstaben des Gesetzes« (der Thora) gegenüber dem »Geist«, der Bedeutung sehr viel weniger wichtig seien. Dazu ein kleines Beispiel:

ויקרא אל משה וידבר יהוה אליו מאהל מועד לאמר: דבר אל בני ישראל
ואמרת אליהם אדם כי יקריב מכם קרבן ליהוה מן הבהמה מן הבקר ומן
הצאן תקריבו את קרבניכם: אם עלה קרבנו מן הבקר זכר תמים יקריבנו
אל פתח אהל מועד יקריב אתו לרצונו לפני יהוה: וסמך את ידו על ראש
העלה ונרצה לו לכפר עליו: ושחט את בן הבקר לפני יהוה והקריבו בני
אהרן הכהנים את הדם וזרקו את הדם על המזבח סביב אשר פתח אהל
מועד: והפשיטו את העלה ונתחו אתה לנתחיה:

Leviticus 1, 1-18 der Samaritanischen Thora

ויקרא אל משה וידבר יהוה אליו מאהל מועד לאמר: דבר אל בני ישראל
ואמרת אלהם אדם כי יקריב מכם קרבן ליהוה מן הבהמה מן הבקר ומן
הצאן תקריבו את קרבנכם: אם עלה קרבנו מן הבקר זכר תמים יקריבנו
אל פתח אהל מועד יקריב אתו לרצנו לפני יהוה: וסמך ידו על ראש
העלה ונרצה לו לכפר עליו: ושחט את בן הבקר לפני יהוה והקריבו בני
אהרן הכהנים את הדם וזרקו את הדם על המזבח סביב אשר פתח אהל
מועד: והפשיט את העלה ונתח אתה לנתחיה:

Leviticus 1, 1-18 der Jüdischen Thora

Die folgende Tabelle zählt die Unterschiede auf:

Samaritanisch		Jüdisch		Nicht vorhanden
אליהם	ALYHM	אלהם	ALOHM	Y
קרבניכם	KRBNYChM	קרבנכם	KRBNOChM	Y
לרצונו	LRTZONO	לרצנו	LRTZONO	O
את	(ET)	—	O	(ET)
והפשיטו	VHFShYTO	והפשיט	VHFShYTO	O
ונתחו	VNTChO	ונתח	VNTChO	O

89

Anhand der nachfolgenden Punkte läßt sich folgendes feststellen:

1. Das Textbeispiel besteht aus 244 Zeichen. Zwischen der jüdischen und der samaritanischen Version gibt es sieben Variationen von Buchstaben in sechs Wörtern. Diese Variationen repräsentieren alle unterschiedliche Schreibweisen, die keinen Einfluß auf die Sinnbedeutung haben. (Das Zwei-Buchstaben-Wort ET hat allein für sich keine Bedeutung. Es wird in bestimmten Fällen vor einem direkten Objekt verwendet.) Etwas weniger als drei Prozent der Buchstaben in dieser Passage unterscheiden sich. Insgesamt gibt es an die 6000 Abweichungen zwischen Samaritanischer und Jüdischer Thora. (Vom Neuen Testament sind in allen Büchern grob geschätzt 15 000 bis 20 000 Buchstabenvariationen bekannt.)

2. Der Text besteht aus 85 Wörtern. Sechs haben differierende Schreibweisen, das heißt sieben Prozent der Wörter unterscheiden sich voneinander durch die Schreibweise ohne Rückwirkung auf die Sinnbedeutung.

3. Der dritte Punkt ist im Moment noch nicht von Bedeutung und Interesse. Wir kommen später auf ihn zurück. Jetzt dazu nur soviel zur späteren Erörterung: In den drei weltweit gebräuchlichen jüdischen Thora-Varianten – der Askenasischen (in den mittel- und osteuropäischen Ländern), der Sephardischen (in den romanisch-europäischen und einigen nordafrikanischen Ländern) sowie der Jemenitischen (in moslemischen Ländern) gibt es im gesamten Text mit seinen 300 000 Buchstaben ganze neun Buchstabenabweichungen, mit anderen Worten eine Variation von 0,002 Prozent. Die Teilung in diese drei Gruppen geht mindestens bis zur Vertreibung durch die Römer zurück, höchstwahrscheinlich sogar noch weiter, weil rund um das Mittelmeer jüdische Gemeinden auch schon vor der Zerstörung Jerusalems existierten.

Das kurze samaritanische Gegenbeispiel soll als prägnanter Hinweis darauf dienen, wie leicht es möglich ist, daß in einem Text Buchstaben wandern, und es ist auch ein Schlaglicht darauf, welche große Sorgfalt den Thorarollen über die Zeiten gewidmet wurde.

Das Buch Jesaia

Jüdische kanonische Bücher außerhalb der eigentlichen Thora werden ebenfalls immer schon von Schreibern vervielfältigt, aber obwohl auch dabei rigorose Grundsätze beachtet werden, sind sie nicht ganz so streng wie bei den Thorarollen selbst. Ein glücklicher Zufall der Geschichte ermöglicht einen Einblick, wie präzise auch dabei vorgegangen wird; und dies wiederum macht dann auch gleich wieder klar, um noch wieviel exakter Thora-Übertragungen vor sich gehen müssen.

Bis vor kurzem datierte man das älteste bekannte hebräische Exemplar des Buchs Jesaia ungefähr auf das Jahr 600 unserer Zeitrechnung. Doch unter den Entdeckungen am Toten Meer gab es auch zwei komplette Jesaia-Schriftrollen. Diese sind auf ungefähr 200 vor der Zeitwende zu datieren, wären also an die 800 Jahre älter. Angesichts der üblichen Kopiermethoden der Alten Welt sollte man annehmen, daß es geradezu zahllose Unterschiede zwischen beiden Rollentypen geben müsse, darunter eine beträchtliche Anzahl völlig verschiedener oder auch fehlender Passagen.

Warum man von einer solchen Erwartung ausgehen kann? Gerade haben wir vom Neuen Testament gesprochen (für das nie in Anspruch genommen wurde, es sei von inspirierter Natur bis hin zur Buchstabenebene; ebensowenig reklamiert dies der Judaismus für hebräische Schriften außerhalb der Thora). Allein von den Evangelien gibt es in den alten Texten an die 2000 bedeutsame Unterschiede – und eine noch viel größere Anzahl unwichtiger ohne Auswirkung auf Sinn und Bedeutung. Einige der bekanntesten Stellen der Evangelien werden heute sogar selbst von gläubigen Christen als spätere Ergänzungen anerkannt, wie etwa die berühmte Geschichte bei Johannes, wenn Jesus einer Menge gegenübertritt, die eine Prostituierte steinigen will (»Wer unter euch ohne Sünde ist, der werfe den ersten Stein auf sie«).

Aber beim Vergleich der Jesaia-Texte von 200 vor und von 600 nach der Zeitenwende fand man lediglich eine kleinere Anzahl Unterschiede einzelner Buchstaben oder Satzzeichen. Und wie gesagt, es handelt sich dabei um ein Abschriftverfahren, das weniger rigoros ist als das für die Thorarollen, und um einen Zeitunterschied von 800 Jahren, also fast schon einem Jahrtausend!

Die König-Jakob-Bibel

Sehen wir uns schließlich noch eine der berühmtesten und verehrtesten Bibelübersetzungen an: die (englischsprachige) König-Jakob-Version. Sie blieb – auf der Wörterebene – fast 500 Jahre lang unverändert. (Vor kurzem gab es einige alternative Übersetzungen auf ihrer Basis, aber dies ist ein sehr neues Phänomen.) Betrachten wir uns nun, wie viele Veränderungen auf der Buchstabenebene es zu jener Zeit in einem typischen Passus gab.

> Comfort ye, comfort ye my people, sa*y*th your God. Speak*e* ye comfortably to *J*erusalem, and cry *v*nto her, that her war*r*fare is accomplished, that her iniqui*tie* is pardoned: for she*e* hath recie*u*ed of the LORDS hand double for all her sin*ne*s. [Jesaia 40, 1-2, König-Jakob-Version, erste Auflage, 1611]
>
> Comfort ye, comfort ye my people, sa*i*th your God. Speak*e* ye comfortably to *J*erusalem, and cry *u*nto her, that her warfare is accomplished, that her iniquit*y* is pardoned: for she hath recie*v*ed of the LORD'*s* hand double for all her sins. [Jesaia 40, 1-2, König-Jakob-Version, 1912]

Die Statistiken sind aufschlußreich. Beide Versionen bestehen aus exakt 41 Wörtern. Aber für das Original wurden 199 Buchstaben verwendet, für die neuere Version 195: zwei Prozent weniger. Zwischen den beiden Versionen gibt es zwölf Variationen auf der Buchstabenebene (Ergänzungen und Ersetzungen), was sechs Prozent der Buchstaben ausmacht. Diese variieren in der Schreibweise von zehn Wörtern, was einem vollen Viertel (25 Prozent) der Passage entspricht. Eine bemerkenswert große Zahl von Veränderungen auf der Buchstabenebene ist zugelassen worden, jedoch hat keine davon irgendwelche Auswirkungen auf die Sinnbedeutung der Stelle. Die beiden Texte wird der »gesunde

Menschenverstand« in jeder Hinsicht als »identisch« ansehen.
Und der Grund für diese Flexibilität hinsichtlich des »gesunden
Menschenverstands« ist auch völlig verständlich. Wenn »Foto«
und »Photo« exakt das gleiche bedeuten, dann gibt es keinen
ernstlichen Grund, mit rigidem Nachdruck auf der einen oder
der anderen Schreibweise unter Ablehnung der anderen zu bestehen.

Angesichts dieser Feststellung könnten wir unsere Frage wieder
auf die Thora beziehen. Warum diese Obsession bezüglich der absoluten Perfektion auch auf der Buchstabenebene? Genügt es
denn nicht, darauf hinzuweisen, daß dies eben nicht irgendein
Buch ist, sondern Gottes Wort, nachdem, wie wir gesehen haben,
eine religiöse Botschaft nicht unbedingt auch buchstabengetreu
fixiert sein muß, um ihre Sinngenauigkeit zu bewahren? Und wie
das samaritanische Beispiel beweist, stellt solche Präzision auch
eine große Ausnahme in den herrschenden Standards der Übertragung und Überlieferung religiöser Texte jener Zeit und selbst
noch späterer Zeiten dar (der Fall der vielen Variationen in den
Evangelien-Texten!).

Der verstorbene Rabbi Aryeh Kaplan, ein Physiker, der die
Welt der säkularen Wissenschaft verließ, um einer der geachtet-
sten modernen Rabbis zu werden, faßte die jüdische Betrach-
tungsweise der Thora so zusammen:

Weil die Thora den Menschen Gottes Willen übermittelt,
wurde sie zur Vermeidung aller Mißdeutungen Buchstabe
für Buchstabe niedergeschrieben. Deshalb sind auch die
scheinbar trivialsten Variationen … geeignet, denen, die
willens sind, ihre Tiefen zu ergründen, manche Lehre zu
erteilen…
Gott schrieb die Thora auf komplexe Weise, damit sie eine
immerwährende Quelle der Inspiration und der Studien
sein konnte. So wie neue wissenschaftliche Konzepte sich
aus scheinbaren Widersprüchen in der Natur ergeben, so
kann das Wissen von Gottes Absichten und Gesetzen aus
den scheinbaren … Widersprüchen in der Thora abgeleitet
werden …

> Es wird gelehrt, daß Gott, als König Salomon, das größte
> Genie aller Zeiten, bestimmte Gebote für irrelevant er-
> klärte, sprach: »Tausend Salomons werden vergehen, aber
> kein Jota der Thora wird sich ändern.«[12]

Angesichts allem bisher Gesagten sind wir nun in der Lage, besser
einzuschätzen, mit welch höchster Genauigkeit und Präzision die
Abschriften der Thorarollen durchgeführt wurden und werden –
und wie an sich unüblich und auch unerklärlich dies ist.

Schließlich sollten wir auch noch einen anderen rätselhaften
Punkt bei bestimmten alten hebräischen Textfragmenten unter
die Lupe nehmen: nämlich den Gebrauch der sogenannten *scripta
continua*, eine kontinuierliche Sequenz von Buchstaben ohne
Trennung für Satzzeichen oder Wortzwischenräume.[13] Der alten
Überlieferung zufolge war dies auch die Form, in der Moses die
Thora übermittelt bekam. Archäologen haben auf solche Weise
beschriebene Pergamente ebenfalls entdeckt. (Die Bedeutung all
dessen wird in Kürze klarwerden.) Die korrekten Worttrennungen, die in einer Sprache ohne Vokale nicht stets sehr offensichtlich sind[14], waren Teil der mündlichen Überlieferungen. Seltsam
ist nur, daß ein Satz von 64 Marmortafeln mit dem gesamten
Buch Ezechiel, gemeißelt in erhabenen Lettern und in Form eines
quadratischen Kastengitters, aber ebenfalls in *Scripta-continua*-
Variante, während des israelischen Unabhängigkeitskriegs im
Irak gefunden wurde. Die Tafeln blieben bis kurz vor seinem Tod
im Besitz von Isaac Ben Zwi, dem zweiten Präsidenten Israels.
Heute sind sie in einem kaum bekannten Raum in Israel ausge-
stellt. Niemand weiß genau, wer sich die außerordentliche Mühe
machte, sie auf diese Art in – oder besser: aus – Stein herauszumeißeln und warum. Ein Forscher, der nichts vom Bibel-Code
wußte, teilte mit, der Kurator der Tafeln habe ihm erzählt, es
seien »… in der Art, wie die Buchstaben auf dem Stein angeordnet sind, verborgene Botschaften in den Platten enthalten«.

Können wir inzwischen sagen, daß der Text der Thora, wie er
in der jüdischen Praxis weltweit in Gebrauch ist, der originale
Text ist? Nein, das können wir nicht. Auf welche Überlieferung
wir uns auch berufen mögen, die Beweislage ist, daß sich über die

Jahre in den Text einige Abweichungen eingeschlichen haben. Keine Überlieferung solcher Art, von Menschen und über so lange Zeit weitergegeben, kann nach allem menschlichen Ermessen perfekt sein. Dennoch bleibt frappant, wie gering die bislang bekannte Quote der Fehler ist, die sich eingeschlichen haben. Von allen Texten ist die Thora am qualifiziertesten für den Nachweis, Informationen zu enthalten, die über die einfache Wörterbedeutung hinausgehen und die in die Sequenzen der einzelnen Buchstaben eingeschlossen sind. Würde es aber auch möglich sein, diese verborgenen Informationen zu entschlüsseln?

Rabbi Michael Ber Weissmandl aus der kleinen Stadt Nitra in der Slowakei, nicht weit von Preßburg, wurde sich immer sicherer, daß dies möglich sei. Und so widmete er dieser Aufgabe jede nur mögliche Zeit.

Doch dann kamen die Nazis.

Fünftes Kapitel

Das schwarze Feuer
des Holocaust

Wer hat je von solcher Tragödie gehört? Solche Vorfälle gesehen? Einmal wurde die ganze Welt durch das einfache Opfer
Isaaks verändert. Hier ist er an einem einzigen Tag tausendmal
geopfert worden. Die Engel schrien auf, und die heiligen himm-
lischen Heerscharen weinten. Doch jetzt leuchtet der Himmel
am Tag, und die Sterne erleuchten die Nacht. Muß das Licht
nicht dunkeln, wenn Säuglinge und unschuldige Kinder – o ja,
Tausende auf einen Streich – und die Armen und Schwachen
mutwillig und böse getötet werden? Hältst du, o Gott, selbst
jetzt noch deinen Frieden?

Rabbi Eleazar ben Nosson von Ravan (1090-1170), »Elegie
auf den Ersten Kreuzzug«

Oktober 1944
In der Nähe von Zlate Moravcé, Slowakei

Die meisten der 1800 Männer, Frauen und Kinder, die in Viehwa-
gen gepfercht wurden, schleppten Bündel und Koffer mit sich –
soviel sie nur tragen konnten – in Erwartung ihrer »Neuansiedlung« weit weg. Viele sprachen wehmütig von den vielen jüdischen Exilen, die diesem schon vorausgegangen waren, angefangen mit der Umsiedlung ihres Volkes aus dem Nordreich, dem
Königreich Israel vor so vielen Jahrhunderten.

Rabbi Michael Ber Weissmandl indessen nahm fast nichts
mit, nur einen Laib Brot und drei Bücher: einen von ihm hochgeschätzten Thora-Kommentar von einem Schriftgelehrten des

13. Jahrhunderts, den er zu seiner Bar-Mizwa-Feier geschenkt bekommen hatte, sowie zwei ausgesuchte Bände des Talmud.

Der Thora-Kommentar enthielt eine mysteriöse Passage, die eine brennende Leidenschaft in seinem Herzen entfacht hatte. In dieser Textstelle war von geheimnisvollen Codes, die in den Buchstaben der Thora verborgen seien, die Rede – alte Codes von ganz außerordentlicher Bedeutung, die er schon bestätigt gefunden, und neue, die er selbst entdeckt hatte. Doch die Nationalsozialisten hatten ihn von seinen geliebten Studien fortgerissen. Sein Leben gipfelte in einer langen, schmerzvollen Bemühung, so viele Menschen seines Volkes zu retten, wie es ihm nur möglich war. Aber auch diese Anstrengungen wurden nun gnadenlos und systematisch zunichte gemacht. Wenn es nach den Nazis ging, dann war seine geliebte Thora mit allen darin verborgenen Geheimnissen (die Codes selbst waren nur eine von vielen Facetten dieses Juwels mit seinen jedes Menschenverständnis überschreitenden Tiefen) für alle Zeit verloren, zusammen mit dem jüdischen Volk selbst. Weissmandl und einige andere wußten inzwischen, daß von einer »Neuansiedlung« keine Rede sein konnte und deshalb auch keine Notwendigkeit bestand, irgendwelche Besitztümer mitzuschleppen. Sie hatten erfahren, daß der Viehtransportzug im Königreich des Todes endete und nicht einmal eine Legende übrigbliebe, sollten die Nazis aus ihrem vom Zaun gebrochenen grauenvollen Krieg als Sieger hervorgehen.

Niemand, der Rabbi Weissmandl zum erstenmal sah, konnte sich wirklich eine genaue Meinung über ihn bilden. Einer seiner Kollegen, der diese schreckliche Zeit überlebte, erinnerte sich an ihn so:

> Sein Gesicht war nicht, was man gutaussehend nennt. Sein schwarzer Bart war nicht gepflegt und seine Kleidung nicht sauber und ordentlich ... Sein unübersehbar jüdisches Aussehen allein war wie ein Magnet für den niedrigen Instinkt der Brutalität ... [Er] wurde viele Male körperlich angegriffen und beleidigt, aber nichts brachte ihn dazu, sein Aussehen zu verändern oder vor der offenen Gefahr zurückzuweichen. Nichts in seiner Erscheinung ließ auf

seine echte Demut und Scheu schließen, aber auch nicht auf seine kämpferische Seele, seinen scharfen Intellekt, auf die Weisheit und praktische Philosophie seines funkelnden Geistes und auf sein im innersten Kern heiteres und fröhliches Temperament.[1]

Er war wirklich die schiere Verkörperung des leidenden Dieners Gottes, wie er im Buch Jesaia beschrieben ist: »Aber wer glaubt unsrer Predigt, und wem wird der Arm des Herrn offenbart? Denn er schoß auf vor ihm wie ein Reis und wie eine Wurzel aus dünnem Erdreich. Er hatte keine Gestalt noch Schöne; wir sahen ihn, aber da war keine Gestalt, die uns gefallen hätte. Er war der Allerverachtetste und Unwerteste voller Schmerzen und Krankheit. Er war so verachtet, daß man das Angesicht vor ihm verbarg; darum haben wir ihn nichts geachtet ... Da er gestraft und gemartert ward, tat er seinen Mund nicht auf ...« (Jesaja, 53, 2-7).

Aber Weissmandl hatte ein Löwenherz. In den schrecklichen Jahren des kulminierenden Holocaust war er die treibende Kraft hinter einem gewagten Spiel mit Lösegeldern, dem Tausende ihr Leben verdankten. Und fast wäre es ihm gelungen, noch weitere zwei Millionen zu erretten. Mehr als zwei Jahre lang hatte er mit unvorstellbarer Beherrschung sowohl persönlich als auch durch Vermittler mit den Schlächtern selbst verhandelt, jonglierend und taktierend mit dem kleinsten Vorteil, den er nur entdecken konnte, gegen die oft miteinander konkurrierenden Interessen von Dieter Wisliceny und Alois Brunner, den beiden Zuständigen für die »Lösung der Judenfrage« in Osteuropa, samt deren Chef Adolf Eichmann, Heinrich Himmler und Hitler selbst. Zwei Jahre lang gelang es diesem bescheidenen slowakischen Rabbi, die Deportierung der slowakischen Juden in die Todeslager zu verzögern. Bald folgten andere seinem Beispiel und organisierten eine Serie von Lösegeldzahlungen, womit sie erreichten, daß die Reste des polnischen Judentums in Fabriken arbeiten konnten, deren Besitzer sympathisierende Nichtjuden waren – unter ihnen ein gewisser Oskar Schindler.

Nachdem Weissmandl erkannt hatte, daß nahezu sämtliche Nazis bestechlich waren, selbst Himmler, entwickelte er einen gewagten Plan, der zum Ziel hatte, das gesamte europäische Judentum zu retten: den Europa-Plan. Leider scheiterte er letztlich an Ermangelung der erforderlichen Mittel. Niemand wollte die Summe amerikanischer Dollar bereitstellen, die zwei Millionen Menschenleben gerettet hätten – gerade zwei Dollar pro Kopf angesichts der Billionen und Billiarden, die für ein Jahrzehnt der Aufrüstung und Kriegführung ausgegeben worden waren. Wieviel bei dieser Weigerung Skepsis war, ob sich ein solcher Plan überhaupt realisieren ließ, und wieviel einfach Desinteresse und Gleichgültigkeit, sei dahingestellt und bis heute Anlaß heftiger Diskussionen. Jedenfalls schloß sich die tödliche Umarmung, aus der Weissmandl zuvor viele Male im letzten Moment entkommen war, am Ende auch um ihn, seine Frau, seinen Sohn und seine vier jungen Töchter. Alle saßen sie nun verzweifelt in dem Zug, der Himmlers und Eichmanns Meisterschöpfung entgegenfuhr: dem Todeslager Auschwitz.

Rabbi Weissmandl war tief entmutigt. Die Lage in der Slowakei war nach Beendigung seiner zweijährigen Hinhaltetaktik an einem kritischen Punkt angelangt. Quasi über Nacht war die Mehrzahl aller Juden in die Lager deportiert worden. Die Nazis wollten die Zeit aufholen, die sie durch Weissmandls Verzögerungsbestechungen verloren hatten. Diejenigen Juden, die doch noch übrig waren, wußten gleichwohl das Damoklesschwert auch über sich und lebten in Furcht und Schrecken. Jeden Augenblick konnte es auch sie treffen.

Außer seinen anderen Tätigkeiten in diesen schlimmen zwei Jahren drängte Rabbi Weissmandl ständig alle, mit denen er in Berührung kam, sich auf Flucht vorzubereiten. Er wußte ja, welches Schicksal jeden von ihnen erwartete. Er ermutigte die Leute, zu lernen, wie man von fahrenden Straßenbahnen abspringt und von den rollenden Zügen, in denen sie bald fortgekarrt werden würden. Um ihre Opfer zu täuschen und mit falschen Hoffnungen einzulullen, wiesen die Nazis die verschreckten Deportierten an, Essen und Kleidung mitzunehmen, da sie ja schließlich nur »umgesiedelt« würden. Rabbi Weissmandl aber forderte sie auf, Feilen und Sägen in ihr Brot einzubacken und damit später die Vorhängeschlösser ihrer Viehwaggons durchzusägen. Seine Untergrundorganisation hatte sich die Fahrpläne und Bestimmungsorte der Transporte beschafft, und er verteilte Abschriften und Durchschläge davon an alle, die sie haben wollten.[2] Er wußte, daß auch nur die geringste Chance auf Freiheit weitaus mehr wert war, als sich in die tödliche Nazifalle zu begeben.

Einige hatten den Mut, seinem Rat zu folgen. Romi Cohn, der jetzt im Borough Park in Brooklyn lebt, war ein junger Mann und Student an der Jeschiwa von Nitra, deren beliebter Leiter Rabbi Weissmandls Schwiegervater Rabbi Samuel David Ungar war. Cohns Mutter gehörte zu denen, die genau begriffen hatten, was ihnen bevorstand, und entsprechend reagierte. »Jetzt werden wir alle sterben«, sagte sie zu ihrem Sohn. »Aber wenigstens einer von uns muß überleben, um den Kaddisch zu sprechen.«[*] Cohn war der älteste Sohn und wurde auserwählt, die Flamme weiterzutragen.

»Ich übte in Preßburg [Bratislava, der größten Stadt der Slowakei] das Abspringen von der Straßenbahn«, erinnert sich Cohn, »so wie uns Rabbi Weissmandl instruierte. Es gibt eine bestimmte Technik dafür. Beim Abspringen mußten wir uns gleichzeitig rückwärts fallen lassen sowie in dem Moment, wo wir den Boden berühren, vorwärts zu laufen beginnen, so schnell wir konnten. Andernfalls wären wir voll auf die Nase gefallen.«

»Einmal«, fuhr er fort, »folgte mir einer von der Gestapo. Ich rannte ihm davon, und er lief mir nach. Also sprang ich auf eine Straßenbahn auf, aber er ebenfalls. Sobald die Bahn wieder fuhr, sprang ich ab, und da konnte er mir nicht mehr folgen. Ein anderes Mal allerdings hatte ich nicht soviel Glück ...«[3]

Cohn ist ein sehr kräftiger Mann, der heute zusammen mit seiner Frau in einer behaglich eingerichteten Wohnung lebt, umge-

---

[*] Der Kaddisch ist das große Gebet für die Toten, eine der heiligsten Traditionen des Judentums. Es drückt nicht nur den Glauben und die feste Zuversicht in die göttliche Vorsehung aus, wie unerklärlich sie unserem schwachen menschlichen Geist und Herzen auch erscheinen mag, sondern auch die ungebrochene Kontinuität der Familie über die Generationen hinweg. Zu sterben, ohne daß jemand den Kaddisch spricht, bedeutet die schmerzliche Erkenntnis, daß dieser Zweig des menschlichen Baumes eines Volkes untergegangen ist. Wenn aber jemand da ist, den Kaddisch zu sagen, dann bleibt dieser Zweig am Leben, auch wenn ein Individuum gegangen ist.

ben von Freunden und Bewunderern. Er wurde ein erfolgreicher Geschäftsmann und ist hoch angesehen in seiner Gemeinde wegen seiner Freundlichkeit den Menschen gegenüber. Er fliegt auf eigene Kosten in der ganzen Welt herum, um den Ritus des *brissmile*, der religiösen Beschneidung, zu vollziehen. Trotz seiner schlimmen Erlebnisse ist er ein Mann von lebhaftem Humor und großer Gastfreundschaft geblieben. Er ist Autor und Gelehrter und dazu ein begeisterter Skifahrer und Sportsmann, mit dem ganzen realistischen und erdverhafteten Geist und der Umgänglichkeit, der Sportler mitunter kennzeichnet. Aber auch heute noch erinnert er sich gut daran, wie er damals einmal »nicht soviel Glück« hatte, und seine Augen füllen sich mit Tränen. Bis auf seinen Vater verlor er seine ganze Familie.

Teil des Fluchtplans, den seine Familie ausdachte, war, daß man ihn mit falschen Papieren versorgte, die ihn als Christ auswiesen. Allerdings brachte er es einfach nicht über sich, sich auch von seiner *tallis-kotn* zu trennen, dem jüdischen Untergewand mit den vier typischen Zipfeln mit Fransen, den *ziziss*. Das Tragen dieses wollenen, viereckigen Kleidungsstücks wird den jüdischen Männern von der Thora vorgeschrieben. Bis heute befolgen Orthodoxe dieses Gebot, üblicherweise in Verbindung mit einem normalen Unterwäscheteil, zuweilen in der Form, daß die Fransen sichtbar sind. Die *ziziss* sollen an die Gebote für ein geheiligtes Leben erinnern, das sich mehr als nur den »Wünschen des eigenen Herzens« widmet.

Eines Tages glaubte Rabbi Weissmandl entdeckt zu haben, daß der junge Mann seine *tallis-kotn* immer noch trug, wenn auch wenigstens die *ziziss* weggesteckt und nicht sichtbar waren. Er eilte zu ihm, öffnete sein Hemd und fand seine Befürchtung bestätigt. »Bist du denn von allen guten Geistern verlassen?« rief er und riß es ihm weg. Denn das höchste Gebot ist immer noch die Rettung des Lebens.

Cohn folgte nun dem Rat Rabbi Weissmandls und seiner Mutter und überlebte dadurch. Die meisten anderen leider nicht. Die Realität, um die Weissmandl wußte, und der sich Romi Cohns Mutter beugte, befand sich für die meisten jenseits ihres Begriffsvermögens. Wer vermochte sich das wirklich alles vorzustellen?

Riesige Kammern, die angeblich Duschhallen waren, und in welche die kultiviertesten Europäer skrupellos Frauen und Kinder, alle nackt, trieben, damit sie dort in Massen durch Zyangas umkamen? Eisenbahnzug um Eisenbahnzug, Tag und Nacht, Monat für Monat ... Das konnten doch nur die Phantasien von Gehirnen sein, die den Belastungen des Krieges nicht mehr standgehalten hatten! Die meisten Leute glaubten das einfach nicht, ignorierten die Landkarten und nahmen keine Feilen und Sägen mit. Einige taten es, aber ihnen fehlte der Wagemut eines Cohn oder Weissmandl; andere hatten den Mut, jedoch nicht die nötige körperliche Verfassung; und von denen, die wirklich von den Zügen sprangen, kamen etliche dabei um oder brachen sich die Beine, was ihre anschließenden Leiden nur noch vergrößerte, als sie ihren Häschern erneut in die Hände fielen.

Die Realität war genau so, wie Rabbi Weissmandl vor ihr gewarnt hatte. Mit auf dem Todeszug waren Amtsbrüder, welche die originalen Dokumente von zwei Flüchtigen gesehen hatten. Diese hatten sich zu Rabbi Weissmandls »Arbeitsgruppe« durchgeschlagen, deren Hauptquartier sich in der Jeschiwa seines Schwiegervaters in Nitra befand. Nachdem sich der wahre Zweck von Auschwitz endlich herumgesprochen hatte – daß es keineswegs ein Zwangsarbeitslager war, sondern eine Fabrik des Todes –, bemühten sich Rabbi Weissmandl und seine Mitarbeiter unablässig, die Alliierten darüber zu informieren. Buchstäblich Tausende Briefe und Telegramme gingen tagtäglich aus Nitra ab. (Alle seine Mitarbeiter in jenen Tagen lasen, was an spärlichen oder ausweichenden Antworten zurückkam und ihnen bestätigte, daß man es zur Kenntnis genommen oder sogar schon gewußt habe. Keine Frage, daß die Alliierten genauestens über Auschwitz im Bilde waren. Ihre späteren gegenteiligen Beteuerungen waren glatte Lügen, wie sich erst 1996 anhand von Dokumenten herausstellte.)

Diese Amtsbrüder also saßen nun zusammen mit dem Rabbi und seiner Familie in dem Zug und beschworen ihn zu tun, was für ihn selbst als Notwendigkeit feststand und wozu es ihn persönlich auch drängte. Sie redeten auf ihn ein, daß, wenn auch nur einer im ganzen Zug floh, er dieser eine sein mußte. Kein anderer konnte von solcher Hilfe sein wie er.

Nur, es war völlig ausgeschlossen, daß seine Flucht gelingen würde, wenn er seine Familie bei sich hatte. Sollte, mußte er also seine Frau und seine fünf Kinder ohne ihn weiter nach Auschwitz fahren lassen? Es war eine kaum erträgliche Qual. Er hatte ohnehin bereits einen Herzinfarkt hinter sich und spürte, wie auch jetzt seine Brust eng wurde und sein Herz zu schlagen aufzuhören drohte. Wie konnte er denn seine geliebte Familie im Stich lassen? Es war ihm aber auch klar, daß er zuviel wußte, um auf die verzweifelten Schreie seines kranken Herzens hören zu dürfen. Er wußte, daß die Männer unmittelbar nach der Ankunft im Lager auf jeden Fall von den Frauen und Kindern getrennt wurden; daß er und sie allenfalls am Leben blieben, um sich dann zu Tode zu arbeiten oder vom Lagerarzt Josef Mengele zu Tode gequält zu werden – wenn sie nicht sogar sofort von ihm für die Gaskammern »selektiert« wurden, die Kinder sowieso ohne jeden Zweifel. Und daß er sie also ohnehin nie wiedersehen würde.

Alois Brunner war einer der brutalsten und sadistischsten Nazibonzen. Ihm machte die sogenannte Endlösung persönliches Vergnügen. Deren Einzelheiten hatte er direkt von seinem unmittelbaren Vorgesetzten Adolf Eichmann erfahren. Er wurde als relativer Neuling mit den slowakischen Operationen betraut. Er war als Nachfolger für Dieter Wisliceny gekommen, der in den Augen der Nazis zu »weich« war und den Weissmandl über Jahre hin hatte manipulieren können – mit einem aus der Sicht der Nazis katastrophalen Ergebnis.

Als weitaus schlimmer stellte sich eine »Partisanenrevolte« heraus, die in der Slowakei ausgebrochen war. Die einheimische slawische Bevölkerung war ohne Zweifel durch den Mißerfolg der Nazis ermutigt worden, das Land nun selbst »judenfrei« zu machen, zumal die Slawen die Juden oft mindestens ebenso zu hassen schienen wie die Deutschen. Der Fehlschlag der Nazis aber war auch das direkte Resultat der Bemühungen von Rabbi Weissmandl bei Wisliceny. Himmler und Eichmann hatten Wutanfälle bekommen, als sie von der »Revolte« erfuhren. Schluß mit Verhandlungen, lautete der Befehl, Schluß mit Lösegeldplänen. Die Deportationen aus Preßburg und seinem Umland, also jene, die Rabbi Weissmandl zwei Jahre lang erfolgreich hatte blockieren können, waren auf der Stelle wieder aufzunehmen; die gesamte jüdische Bevölkerung sollte unverzüglich ausgerottet werden.

Es kam der Tag, an dem Romi Cohn wußte, daß die Deportation unmittelbar bevorstand.

»Die Arbeitsgruppe um Rabbi Weissmandl versammelte sich jeden Nachmittag im Haus meines Vaters. Wir warteten immer bis drei Uhr nachmittags, bis Rabbi Weissmandl von seinen Verhandlungen mit den Nazis zurückkam und uns versicherte: Nein, heute nacht wird es nicht passieren, und wir dann also wußten, daß wir mindestens noch einen Abend zu Hause verbringen konnten. Aber dann wurde es eines Tages drei Uhr und Rabbi Weissmandl kam nicht. Da wußten wir, es war soweit.«[4]

Am 7. September 1944 wurden Rabbi Weissmandl und seine Familie zusammen mit Tausenden anderen in ein Durchgangslager in Sered gebracht, wo Brunner seinen Amtssitz hatte. Von dort aus ging es dann nach Auschwitz.

Während des Aufenthalts in Sered besaß Rabbi Weissmandl die Kühnheit, auch mit Brunner Verhandlungen zu versuchen. Er argumentierte damit, daß der Krieg bald sowieso zu Ende sein werde, und zwar mit der deutschen Niederlage, wie Brunner doch zweifellos selbst sehen könne und wisse. Und Brunner könne sich doch ein gutes Alibi verschaffen, eine humanitäre Tarnung, wenn er sich der Ausweisung der slowakischen Juden widersetze. »Ferdinand Roth« – Rabbi Weissmandls erfundener, angeblich steinreicher »Repräsentant des Weltjudentums«, der in einem Schweizer Luxushotel residieren sollte – werde auch für eine Menge Geld sorgen, das ihm, Brunner, auf einem Nummernkonto in der Schweiz zur Verfügung stünde. Und Rabbi Weissmandl redete sich in seinem Eifer, seine Landsleute und Glaubensbrüder zu retten, sogar derart in Hitze, daß er es wagte, mit der Faust auf Brunners Schreibtisch zu schlagen.[5]

Brunner zeigte keine sichtbare Reaktion. Aber er hatte keinerlei Absicht, sich von den gleichen Argumenten düpieren zu lassen, mit denen dieser Jude schon Wisliceny um den Finger gewickelt hatte, selbst wenn er es damit ernst meinte, für die Rettung seiner Juden teuer zu bezahlen.[*] Es war ein Handel, den auszuschlagen Eichmann und sogar Himmler selbst zuvor keinen Grund gesehen hatten. Sollte der Krieg mit der Niederlage enden, so stünden sie in einem günstigen Licht, wenn sie »Gnade« gezeigt hätten. Sollten sie aber siegen, so konnten sie mit dem Gewürm, das immer noch entkommen war, auch anderswo aufräumen. Die Situation hatte sich freilich mittlerweile zuungunsten der Juden geklärt. Rabbi Weissmandl war ganz offensichtlich nicht in der Lage, das versprochene Geld zu beschaffen, wie verlockend die in Aussicht gestellten Summen auch sein mochten. Wer immer auch dieser ominöse »Ferdinand Roth« war, es schien offenkundig, daß der Rabbi in niemandes Namen und Auftrag sprach. Niemand zeigte sich bereit, für ein jüdisches Leben auch nur einen Pfifferling zu bezahlen.

Kurz, es war aus und vorbei mit Verhandlungen. Brunner ließ den Rabbi und seine Familie sofort mit dem nächsten Tagestransport nach Auschwitz schicken. Bevor sie einstiegen, ließ er noch 22 Fotos des elenden Juden machen, damit er auch wirklich sofort identifiziert werden konnte, falls er wider alles Erwarten zu entfliehen versuchen sollte. Außerdem gab er spezielle Anweisung, wie mit Rabbi Weissmandl nach der Ankunft im Todeslager zu verfahren sei. Der arrogante Narr sollte seinetwegen dem Eichmann persönlich die Faust auf den Schreibtisch schlagen.

Der Todeszug ratterte ostwärts an Weissmandls Haus in Nitra vorbei in Richtung Krakau und von dort weiter nach dem nahe gelegenen Auschwitz. Preßburg, das große Zentrum jüdischen Lebens in Mitteleuropa, blieb weiter und weiter zurück. Mit einer Effizienz sondergleichen und ungeachtet der immensen Kosten eines Krieges, bei dem die Niederlage schon abzusehen war, versuchten die Nazis die Jahre wettzumachen, in denen sie die Preßburger Juden unbehelligt gelassen hatten.

Rabbi Weissmandl war vor allem anderen ein Schriftgelehrter, ein Mann von profunder Bildung und geistiger Tiefe. Er war sich

---

[*] Himmler wurde über all dies informiert und schien Weissmandls Vorschläge tatsächlich zu erwägen. Kurz danach erklärte er nämlich die »jüdische Frage« für gelöst und begann mit dem Abbau der Gaskammern, in dem Versuch, den Holocaust und seine Rolle dabei vor den Augen der Welt zu verbergen.

voll und ganz im klaren über die düstere Prophetie, die sich jetzt bewahrheitete. 1931 hatte ihm sein Lehrer und späterer Schwiegervater Rabbi Samuel David Ungar eine merkwürdige Geschichte erzählt. Ihm war die Leitung der Jeschiwa in Nitra angeboten worden. Weissmandl versuchte ihm das auszureden, weil Ungar sicherlich noch entsprechende Angebote für weitaus bedeutendere Schulen bekommen würde. Doch Rabbi Ungar bestand darauf, den Posten in Nitra anzunehmen und begründete ihm seinen Entschluß mit folgenden Worten: »Mein Herz sagt mir, daß eine Zeit kommen wird, in der es nirgends mehr eine Jeschiwa gibt, außer in Nitra. Und dann möchte ich dort sein.«[6]

Diese Art Erklärung konnte man leicht als absurd ansehen angesichts der Tatsache, daß das Judentum in Mittel- und Osteuropa auf eine jahrhundertealte Tradition zurückblicken konnte. Daß es ganz plötzlich verschwinden sollte und obendrein innerhalb eines halben Menschenlebens, wie Rabbi Ungars Kommentar suggerierte, erschien völlig unglaubhaft. Aber mit dem Fortschreiten der dreißiger Jahre stellte sich bald heraus, daß Rabbi Ungars Vision Realität zu werden begann. Nicht nur er, sondern auch sein Schwiegersohn begriff, daß den rapiden und schier unglaublichen Abläufen der geschichtlichen Ereignisse, die zum Holocaust führen sollten, tiefere Bedeutungsschichten innewohnten. Die Vision, die Weissmandl von Rabbi Ungar anvertraut worden war, war mehr als eine Vorahnung. Zwei Jahre lang sollte nun tatsächlich die Jeschiwa in Nitra die einzig verbliebene Bastion des großen und alten Sammelbeckens jüdischer Lebensweise und Kultur in Osteuropa seit den ersten Ansiedlungen der Römer im Donauraum sein. Dann wurde auch sie ausgelöscht.

Mitten in der Nacht in dem dunklen Viehwaggon traf Weissmandl seine Entscheidung. Sein Kummer wollte ihn zwar schier überwältigen, dennoch holte er die eingebackene Säge aus seinem Brotlaib. Er durchtrennte das Vorhängeschloß an einem der hochgelegenen Fenster des Waggons. Das Geräusch des Sägens wurde vom Rattern der Räder auf den Schienen und auch vom endlosen Weinen der Kinder übertönt. In einer Schmerzensagonie, die niemand je voll nachempfinden kann, sagte er dann seiner Familie das letzte Lebewohl. Als der Zug langsamer wurde, sprang er hinaus und ließ sich, genau wie er es die Jungen gelehrt hatte, rückwärts fallen.

Doch er war nicht mehr in jener körperlichen Verfassung wie beispielsweise Romi Cohn. Er stolperte heftig, schlug mit dem Kopf auf und verlor das Bewußtsein. Er lag neben dem Gleiskörper in tiefer Bewußtlosigkeit, niemand weiß genau, wie lange.

Was sich dann begab, bleibt mysteriös. Offenbar fand ihn ein Nichtjude, der Mitleid hatte und ihn versteckte. Und trotz der von Alois Brunner angeordneten intensiven Fahndungsbemühungen schaffte Weissmandl es bis in ein Dorf nahe Preßburg, ohne aufgegriffen zu werden. Mit Hilfe vorvereinbarter Codes nahm er Kontakt mit einem anderen rechtschaffenen Nichtjuden namens Natali auf, der schon den ganzen Krieg über Juden geholfen hatte und sie in seiner Buchdruckerei versteckte. Er war deutscher Herkunft und einer seiner Söhne war sogar in der Gestapo. Dessen blinder Fanatismus war eine gewaltige Gefahr, sogar für seinen Vater selbst, nicht nur für die Juden, denen er half.[7] Trotz alledem eilte Natali, unmittelbar nachdem er sich vergewissert hatte, daß der Mann, der zu ihm Verbindung aufgenommen hatte, wirklich Rabbi Weissmandl war und seine verschlüsselte Botschaft an ihn keine Falle, persönlich zu ihm und brachte ihn in einen geheimen Bunker in Preßburg.

Diejenigen, die sich heute noch an Rabbi Weissmandls Ankunft in diesem schon überfüllten Bunker erinnern, finden keine Worte für seine Pein. Er weinte ohne Unterlaß – Tag und Nacht. Seine Frau, seine Kinder, seine Freunde, Lehrer, Studenten, Nachbarn – alle vergast und verbrannt. Über seine persönliche Tragödie hinaus glaubte er, daß das Allerschlimmste die Erfolglosigkeit seines Bemühens um die Rettung aller sei. »Seine ganze Seele war in Aufruhr und ließ ihm keine Ruhe mehr. Tatenlos zuschauen zu müssen, wie andere Juden ihrem Tod entgegenfuhren, erschien ihm unerträglich.«[8]

In der Zeit im Bunker versuchte er Natali zu überreden, ihm zu helfen, Österreich zu durchqueren, um in die Schweiz zu gelangen, wo er seine Aktivitäten wieder aufnehmen zu können hoffte. Aber ein solches Unterfangen erschien denn doch so aberwitzig und aussichtslos gefährlich, daß er sich schließlich von dessen Unmöglichkeit überzeugen ließ. Einzig der Umstand, daß kurz vor *Jom Kippur* ein anderer chassidischer Rabbi von großem Ruf, Menachem Mendel Halberstam, der Rebbe von Stropkow, ebenfalls in dem Bunker Zuflucht suchte, bewahrte Rabbi Weissmandl vor dem völligen seelischen Zusammenbruch angesichts seiner totalen Verzweiflung.

Als [die Insassen des Bunkers] das heiligmäßige Verhalten des Rebbe sahen, überkam auch sie ein Gefühl der Sicherheit und der Zuversicht, und sie befolgten willig, was er ihnen sagte. Rabbi Halberstam beklagte sich niemals und teilte in seiner Gottesliebe und seinem Gottvertrauen alle Leiden mit ihnen. Er widmete seine ganze Zeit dem Gottesdienst und der Ermutigung der anderen. An Jom Kippur predigte er im Bunker mit einem Enthusiasmus, als spräche er zu Tausenden ... Die bloße Anwesenheit des Rebbe in dem Bunker und seine täglichen Wortes des Trostes verbreiteten Hoffnung auf Freiheit und Errettung. Rabbi Weissmandl begegnete dem Rebbe mit großem Respekt und akzeptierte auch jeden Rat von ihm. Er verhielt sich ihm gegenüber wie ein Schüler zu seinem Lehrer.[9]

Rabbi Weissmandl sah sich gezwungen, seine ganze Kraft wieder dem einen Thema zuzuwenden, das über allem Horror jeglicher momentanen Hilflosigkeit stand: der ewigen Thora und ihren mysteriösen Geheimnissen.

Sechstes Kapitel

Das weiße Feuer
des Schicksals

Siehe, ich habe euch gelehrt Gebote und Rechte, wie mir der
Herr mein Gott geboten hat, daß ihr also tun sollt in dem
Lande, darein ihr kommen werdet ... So behaltet's nun und tut
es. Denn das wird eure Weisheit und euer Verstand sein bei allen Völkern, wenn sie hören werden alle diese Gebote, daß sie
müssen sagen: Ei, welch weise und verständige Leute sind das
und ein herrlich Volk!«

Deuteronomium (Fünftes Buch Mose) 4, 5-6

Der einzige Besitz, den Rabbi Weissmandl noch mit in den Bunker
gerettet hatte, waren seine drei Bücher: die beiden Talmud-Bände
und der Thora-Kommentar. Einer der Talmud-Bände mit dem Titel *Makkot* sagt viel über den Zustand von Weissmandls geschun-
dener Seele aus. Er ist der fein nuancierten Diskussion der Strafen
für verschiedene Vergehen gewidmet. Diesen Band studierte er besonders eingehend unter vielen Tränen, denn er hielt sich persönlich für mitschuldig an seinem Volk, weil er nicht mehr getan habe,
um es – und seine Familie – zu retten. Er als ein Mann absoluter
Aufrichtigkeit, Ehrlichkeit und Integrität hatte sein Lebensblut gegeben, um mit Dieben und Mördern zu verhandeln, und sie skrupellos belogen, wenn er damit auch nur ein weiteres Leben retten
konnte. Als er einmal einen Termin mit einem Nazibeamten gerade mal um einen Tag versäumt hatte, suchte dieser seinen
Schwager auf, wickelte ihn in seinen Gebetsschal und erschoß ihn.

Und doch waren letztlich sämtliche Anstrengungen, alle seine
Rettungspläne gescheitert und zu nichts zerfallen. Er war nicht

einmal imstande gewesen, seine eigene Frau und seine Kinder zu retten.

Und doch schöpfte er einen Rest von Freude aus dem einzigen Gegenstand, von dem er wußte, daß er ewig sei: die Thora, »die Thora der Freude«, wie er später eine Sammlung seiner eigenen Kommentare nennen sollte, die nach seinem Tod von seinen Schülern herausgegeben wurde. Wahrscheinlich sagt dieser Besitz, der einzige, den er in sein eigenes, persönliches Exil mitbrachte – die Interpretation einer 1291 geschriebenen Thora-Version –, sogar noch mehr über ihn und über das Feuer aus, das in seiner Seele brannte.

Wie die meisten jüdischen Knaben hatte der junge Michael Ber Weissmandl seine erste Thora-Lesung mit 13 bei seiner Bar-Mizwa in der Synagoge erlebt. In der Vorbereitung dazu hatte er einen Aufsatz geschrieben, den er bei dieser Gelegenheit vortragen sollte, wie es auch heute immer noch der Brauch ist. Doch unmittelbar vor dem großen Ereignis hielt ihn sein Großvater aus Preßburg, Rabbi Menachem Meir Berthauer, mit einem verlockenden Angebot zurück: Er bekomme zehn Goldkronen, wenn er darauf verzichte, seinen Aufsatz vorzulesen.

Schon als Knabe hatte Rabbi Weissmandl den Ruf eines Wunderkinds, und zwar nicht nur, was seine religiösen Studien betraf, sondern auch seine Kenntnisse in Mathematik und Astronomie. Sein Großvater hatte Gelegenheit gehabt, seinen Bar-Mizwa-Aufsatz zu lesen, auf den hin er ihm sein seltsames Angebot machte. An dem Aufsatz war nichts falsch – im Gegenteil: Er war brillant. Aber Rabbi Berthauer fürchtete, die Bewunderung, die seinem Enkel dafür zweifellos zuteil würde, könnte schädliche Folgen für seinen Charakter haben. (36 Jahre später sollte der inzwischen fünfzigjährige Rabbi Weissmandl ebendiesen Aufatz zum erstenmal öffentlich seinen Studenten in der von ihm nach dem Krieg gegründeten Jeschiwa in Amerika vortragen. Selbst jetzt noch »waren die Zuhörer von dessen Brillanz und Gelehrsamkeit tief beeindruckt«[1].)

Der Knabe nahm das Angebot des Großvaters an und kaufte mit dem Geld den Thora-Kommentar, der ihn sein ganzes Leben lang begleiten sollte.[2] Dieses Buch übte ebenfalls einen starken

Einfluß auf ihn aus, zumal er die Mathematik und Astronomie so liebte. Autor des Kommentars war ein Weiser des 13. Jahrhunderts, der Rabbenu (Unser Rabbi*) Bachya Ben Asher aus Saragossa in Spanien.

Rabbenu Bachyas allgemeinere Schriften werden heute noch weithin gelehrt, besonders wegen der Klarheit und Einfachheit seines Stils. Zu seiner Zeit war vor allem seine Lehre über die Kabbala, die jüdische mystische Überlieferung, die kontemplatives Beten mit einer Vielfalt mathematisch beeinflußter Methoden zum Thora-Studium verbindet, besonders geachtet – und ist es bis heute. Und doch enthalten seine Kommentare einige ungewöhnliche und kryptische Marginalien.

Beispielsweise stehen gleich am Anfang seines Hauptwerks (also dessen, was Weissmandl mit dem Gold seines Großvaters erworben hatte) einige Sätze, die Weissmandl schon als Knaben, als er erstmals darauf stieß, elektrisiert haben müssen. Er kam lebenslang immer wieder auf die darin angedeuteten Prinzipien zurück. Ganz besonders beschäftigten sie ihn dann in seiner Zeit im Bunker. Bachya führte sein Thema auf folgende Weise ein:

> Du solltest eine Entkryptisierung [wörtlich: Kabbala] von diesem zweiten Abschnitt der Genesis kennen, die uns, beginnend mit dem Vers »Im Anfang ...« bis zum Buchstaben כ (beyt), dem zweiundvierzigsten Buchstaben der Genesis, überliefert wurde. Er besteht aus 42 Buchstaben, die auf Gottes Tun vor der Schöpfung verweisen, allerdings nur mittels Umstellungen.«

Bachya bezog sich dabei auf eine wenig bekannte Beobachtung, die zwei Jahrhunderte zuvor ein anderer Schriftgelehrter gemacht hatte, der Rabbenu Tam (und noch früher auch schon ein gewisser Nechunya Ben HaKanah, von dem etwas später die Rede sein wird). Tam war aufgefallen, daß in den Eröffnungspassagen der Genesis ein 42 Buchstaben umfassender Name Gottes verborgen

---

* Der Ausdruck wird üblicherweise nur für einen besonders hochgeschätzten Lehrer verwendet.

war.[3] Außerdem erklärte Bachya, enthielt dieser Bereich auch die nötigen Hinweise für die Berechnung der »Tage und Jahreszeiten«, beginnend mit dem Augenblick der Schöpfung der Sonne und des Mondes und allem Nachfolgenden; der alten Überlieferung zufolge, daß »die Himmelskörper am vierten Tag geschaffen wurden und sich von da an die Jahre der Welt zählen«[4]. Tam teilte allerdings nicht die Einzelheiten dieser Berechnungen mit.

Zwei Jahrhunderte später tat dies jedoch Rabbenu Bachya, indem er in einem seiner Bücher darlegte, was er »das Datum« nannte, »welches der echte Anfangspunkt aller Berechnungen der Astronomen ist« (daher das Datum, das auch für »prophetische« Berechnungen benutzt wird). Er erläuterte dies wie folgt:

> … wenn die Augen deines Herzens zu leuchten beginnen, wirst du das in dem Text verborgene Datum erkennen, in der Weise, daß *zwischen jedem seiner Ziffern** 42 Buchstaben stehen. Der Kluge wird begreifen, daß dies kein Zufall ist, sondern ein deutlicher Hinweis auf die Geburt der Welt. (Kursive Hervorhebung durch den Autor)

Die Berechnungen, von denen Bachya sprach, sind äußerst kompliziert. Aber schon als Knabe hatte Rabbi Weissmandl sie gemeistert und für sich selbst erkannt, daß die entscheidende Zahl in der Tat so präzise in den Text einkodiert war wie von Bachya angegeben. Später, als Student, wurde Rabbi Weissmandl ein Experte für die gleichermaßen komplizierten Regeln, welche die Struktur des *mikwe* beherrschen, des rituellen Bades. Und 1931 veröffentlichte er sein erstes Buch, dessen Inhalt auf seine frühesten Entdeckungen in den Texten des Bachya zurückging: *Hilchot HaChodesh* (Das Gesetz zur Festlegung des Neumonds).

Sein Leben lang blieb Rabbi Weissmandl der Überzeugung, daß in der Thora laut Bachyas Beschreibung der Entnahme gleicher Buchstabenintervalle göttlich gegebene Information verborgen

---

* Zahlen werden in der Thora mit ihren Buchstabenäquivalenten geschrieben.

א	ב	ג	ד	ה	ו	ז	ח	ט	י	כ	ל	מ	נ	ס	ע	פ	צ	ק	ר	ש	ת
1	2	3	4	5	6	7	8	9	10	20	30	40	50	60	70	80	90	100	200	300	400

seien. Dabei war Bachya aber keineswegs der erste, der die Existenz kryptischer Informationen in der Thora erwähnte. Solche Hinweise finden sich in der gesamten jüdischen Literatur verstreut immer wieder. Der alte Glaube, daß Gott die Welt sogar mittels der Kombination von Buchstaben erschaffen habe, hing direkt mit den mysteriösen Vermutungen über die verschiedenen »Namen Gottes« zusammen. So war etwa davon die Rede, daß die Thora vollständig aus Variationen der Gottesnamen bestehe.[5] Und von Bezalel, dem Handwerksmann, der in der Wüste den tragbaren Tabernakel baute, in dem nach dem Auszug aus Ägypten die Bundeslade mit den Gesetzestafeln und den originalen Thora-Rollen mitgeführt wurden, hieß es, daß »er wußte, wie man die Buchstaben der göttlichen Namen, mit denen Himmel und Erde erschaffen wurden, zusammenfügen muß«[6].

Nachdem seine Phantasie erst einmal beflügelt war, tat Rabbi Weissmandl einen für einen Jugendlichen außerordentlichen Schritt. Er schrieb Zehn-zu-Zehn-Gitterkästen auf weiße Karten und übertrug in sie sämtliche 304 805 Buchstaben des Thora-Textes. Damit formalisierte er die Methode, die Bachyas Feststellung angedeutet hatte. Und dies erleichterte die Entdeckung zumindest jener Codes, die in Intervallen und Vielfachen von je zehn Buchstaben standen, von denen es, wie er glaubte, eine Menge gab. So begann seine lebenslange Suche, sein Bemühen, aus den Tiefen der Geschichte und der Zerstreuung in alle Welt einen weiteren schon lange verlorengegangenen Strom jüdischen Verständnisses wiederzuentdecken.[7]

Rabbi Weissmandl war sich bewußt, daß einige erlauchte Geister aus jüngerer Zeit – Rabbi Moses Cordevaro und Rabbi Elijahu Solomon (der Gaon von Wilna, dem wir schon in früheren Kapiteln begegnet sind) – von den Codes wußten und sich auf sie bezogen hatten. Aber die Hauptphase dieser Spekulationen schien sich doch zur Blütezeit der spanischen Kabbala im Mittelalter während einer Periode zunehmender Verfolgung abgespielt zu haben. Rabbenu Bachyas wichtigster Lehrer, der Rabbi Solomon ben Abraham Adret (1235-1310), gehörte zu jenem Gelehrtenkreis in Spanien. Von ihm hieß es, er habe Manuskripte besessen, die sogar bis zur Babylonischen Gefangenschaft im ersten vorchristlichen

Jahrhundert zurückdatierten. Seine Gelehrsamkeit und seine umfangreiche Bibliothek zogen Schüler aus ganz Europa an.

Die mysteriösesten dieser Erkenntnisse wurden mit Absicht nur in Andeutungen niedergeschrieben, weil die Verfasser davor zurückschreckten, sich kabbalistischen Themen zu widmen. Deren Wiederentdeckung wurde noch zusätzlich erschwert durch die Tatsache, daß solche Manuskripte im Verlauf der Belästigungen und offenen Attacken, denen sich die jüdischen Gemeinden regelmäßig ausgesetzt sahen, immer wieder Schaden nahmen; und auch durch die allgegenwärtige Gefahr der Ausweisung. (Von 1182 bis 1495 fanden 16 größere Judenvertreibungen aus ihren wichtigsten Zentren auf europäischem Boden statt.) Adrets Bibliothek gibt es schon lange nicht mehr. Aber der junge Weissmandl war fest entschlossen aufzuspüren, was nur über die mysteriösen Verbindungen dieser Andeutungen, die ihm nicht aus dem Kopf gehen wollten, zu finden war.

Die Goldene Kette der Weisen

Die Codes in der Thora haben eine lange und mysteriöse Geschichte. Andeutungen, daß nach ihnen gesucht wurde – und sie auch gefunden wurden –, gab es schon, seit überhaupt schriftliche Dokumente existieren. Rabbi Weissmandl war wohl einer der sehr wenigen, die diese Manuskripte und die darin enthaltenen Hinweise (oder auch mehr), zu Gesicht bekamen. Denn die größte Sammlung davon war in die berühmte Bodlean Library der Universität Oxford gelangt. Vor dem Krieg reiste Weissmandl mit dem festen Vorsatz, sie sich anzuschauen, mehrmals dorthin. Es gab eine ziemliche Anzahl davon als handgeschriebene Kopien, viele galten jahrhundertelang als verschollen. Und obwohl die Herkunft dieser Manuskripte zum größten Teil ungeklärt bleibt (entweder absichtlich oder weil diesbezügliche Informationen verlorengingen), ist es möglich, zumindest die Geschichten einiger großer damit verbundener Namen nachfolgend wiederzugeben. In einem sehr bezeichnenden Beispiel der historischen Spiralen mit scheinbar immer wiederkehrenden Mustern haben offenbar auch schon Weissmandls Vorläufer ihre Studien nur unter dem Druck gnadenloser Verfolgung ausführen können.

Rabbi Eleazar ben Judah

Dieser Weise von Worms, der von 1165 bis 1230 lebte, war einer der großen Rabbis des Mittelalters, und sein Werk deutete bereits in jene Richtung, die Rabbi Weissmandl später verfolgte. Sein noch vorhandenes Hauptwerk *Sodei Razayya (Das Geheimnis der Geheimnisse)* beschäftigt sich mit der Erschaffung der Welt, speziell der Himmelskörper, mittels der 22 Buchstaben des hebräischen Alphabets. Seine Analyse der Dinge weist ein Verständnis auf, das sich beträchtlich von der üblichen Erklärungsvielfalt der Schöpfung in den Kulturen der ganzen Welt unterscheidet.

Da ist schon einmal die Tatsache, daß jüdische Weise bereits seit langem auf »moderne« Art die Ansicht vertraten, daß Kindern und Leuten, die lediglich zu einfacherem Verständnis fähig seien, die wortwörtliche Auslegung der Genesis über die Schöpfung zu vermitteln sei: sechs Tage zu 24 Stunden und so weiter. Kluge und Weise aber sollten dem Verständnis zugeführt werden, daß der Bericht tiefe Strukturen des Mystizismus ausdrückt, göttlich angeordnete Vorgänge. Diese sind nun aber tatsächlich durch physische Realität übermittelt, wenn auch nicht auf so simplifizierte Art, wie es Wortklauber sehen.

Ein Beispiel: Die Erschaffung des »Menschen« durch göttliche Tat (hebräisch *adam*[*]), dessen Lebensprinzip sich im Blut findet (hebräisch *dam*, aus dem »Staub der Erde« ist in der jüdischen Überlieferung schon lange so verstanden worden, daß dies kein Vorgang war, bei dem eine Macht, die ihren Einfluß »in« oder »über« den Naturprozeß ausübt (Staub der Erde), eine abrupte, magische Umwandlung eines Klumpens Siliziumpartikel in ein bestimmtes einziges Individuum vornahm. Diejenigen unter uns, die tieferes Verständnis suchen, sind vielmehr gehalten, einiges

---

[*] Hebräisch אדם = *adam*, was sowohl »Mensch« bedeutet als auch »Menschheit«, »ein Mensch« und den Eigennamen des ersten (oder, genauer, uranfänglichen) Menschen: Adam

vom Wesen dieses Vorgangs zu erfassen. Gelingt uns dies, so entdecken wir einen verblüffenden Zusammenhang zwischen den Strukturen der physikalischen Welt und den Formen der Ideen, aus denen ihre Erschaffung hervorging.[8] Mit dem Begreifen dieser Ideen eröffnet sich uns auch das Begreifen eines – wenn auch kleinen – Teils des Wesens des göttlichen Geistes selbst. Und dieses Verständnis inspiriert uns dann auch, unseren eigenen Geist, unsere Persönlichkeit und unsere Handlungen immer besser in Einklang mit ihrer unsterblichen Quelle zu bringen.[9] Prophetie und moralische Bildung, nämlich profundes »Verstehen« in diesem ganz klaren und göttlich informierten Sinne sowie die Ausbildung eines Charakters, der den Standards göttlicher Heiligkeit entspricht, sind in dieser Sicht untrennbar miteinander verbunden.

Und überdies (und hier unterscheidet sich nun die jüdische Mystik radikal sowohl von wörtlichem als auch symbolischem Verständnis) ereignete sich die Erschaffung der Welt und von allem in und auf ihr mittels der spezifischen Aktion der Wörter des Schöpfungsberichts selbst, speziell sogar mittels der einzelnen Buchstaben dieses Berichts. Kurz: Die Genesis ist nicht einfach eine Beschreibung, sondern das Instrument des Schöpfungsaktes selbst, eine Blaupause des göttlichen Geistes Gottes[10], der sich solchermaßen in materieller Form manifestiert.

Hellenisierte Versionen dieses Thema fanden ihren Weg in die christliche Theologie, wo sie, gewissen Konzeptionen vom Messias zugeordnet, schließlich in der Vorstellung der Dreieinigkeit zum Ausdruck kamen: Gott als Vater schuf Fleisch in der Person des Sohnes/Messias mit der Macht des Heiligen Geistes: Das »Wort« schuf das Fleisch (»Und das Wort ist Fleisch geworden«).

Im Judaismus ist »das Wort ward Fleisch« nur in dem Umwandlungseffekt zu verstehen, den Gottes Wort – die Thora – auf den menschlichen Charakter ausübt. Fehlt dieser Effekt, weil ihm widerstanden wird, dann ist Gott nicht. Es gibt keine umfassendere Bedeutung, sie ist nicht erforderlich, und es kann auch kein erhöhtes oder bedeutsameres Verständnis der »Inkarnation« als dieses geben. Und wenn auch die äußerlichen Formen der Buchstaben in der Thora sich verändern mögen (und es tatsächlich taten) – was sie in ihrer präzise Abfolge repräsentieren, darf es nicht. Daher die alte »Midrasch« (Forschung: homilektische Interpretation = Predigtlehre), daß jede bei der Übermittlung der Thora anwesende Person einer ihrer Buchstaben war.

Daß Rabbi Eleazar und andere Gelehrte über ihre kabbalistischen »Geheimnisse« nur zögerlich und oft auch insgeheim schrieben, lag zumindest teilweise auch an der Befürchtung, daß ihre Erkenntnisse von zelotischen Missionaren aufgegriffen und gegen die Juden verwendet würden – wegen der Analogien, die man daraus zur christlichen Theologie ableiten konnte (was auch oft genug geschah). (Die Juden waren nicht in der Position, die Rücknahme solcher Interpretationen durch ihre Verfolger zu erzwingen.) Wie wir im nächsten Kapitel noch sehen werden, brachten Mittelalter und Renaissance ein ganz kurioses Phänomen dazu hervor: den sogenannten christlichen Kabbalisten. Meist handelte es sich dabei um Personen, die schlicht daran interessiert waren, möglichst viel über den jüdischen Mystizismus zu erfahren. Freilich, dann und wann lagen ihren Bemühungen keine edlen Absichten zugrunde.

Dem Abgrund entgegen

Am Ende des 12. und zu Beginn des 13. Jahrhunderts waren die jüdischen Gemeinden Mitteleuropas einer neuen Verfolgungswelle durch die Kreuzzügler ausgesetzt. Rabbi Eleazar ben Judah selbst erlitt schwere Verletzungen, seine Frau, seine Tochter und sein Sohn wurden vor seinen Augen ermordet. In Gedichten und Geschichten beklagte er sein persönliches und das Leid über die Dezimierung der jüdischen Gemeinde in Deutschland und Mitteleuropa. Ebenso betrauerte er den absehbaren Verlust der Thora in diesen Ländern des Exils und war überzeugt davon, daß der Tod so vieler Weiser bald das Erlöschen auch der mündlichen Überlieferung nach sich ziehen werde. Und so legte er viele seiner Geheimnisse in schriftlicher Form nieder, in der Hoffnung, daß zumindest einiges davon überdauern werde.

Bedauerlicherweise gingen die meisten Schriften des Rabbi Eleazar verloren. Die erhalten gebliebenen existieren nur in Manuskriptform und werden von Bibliotheken in Wien und Oxford aufbewahrt. Bevor nahezu 650 Jahre später die Nazis dem europäischen Judentum den Garaus machten, reiste Rabbi Weissmandl selbst nach Oxford, um in diesen und ähnlichen Raritäten zu lesen. Die Bandbreite seiner Gelehrsamkeit war eindrucksvoll:

> Bei einer Gelegenheit wurde während seiner Anwesenheit ein altes Manuskript in die Bibliothek gebracht und die anwesenden Gelehrten irrten sich über seinen Autor. Rabbi Weissmandl wies den Hauptbibliothekar auf den richtigen Autor hin. Von da an wurde er mit großer Hochachtung behandelt. Man räumte ihm das seltene Privileg ein, die Bibliothek auch dann zu benutzen, wenn sie für die Öffentlichkeit geschlossen war.[11]

Die Geschichte geht noch weiter. Der Hauptbibliothekar, selbst ein renommierter Historiker und Gelehrter, fühlte sich wegen seines Irrtums ziemlich beschämt. Rabbi Weissmandl tat der Mann leid. Er beeilte sich, ihm zu versichern, daß er ihn mit seinem Hinweis nicht im entferntesten habe in peinliche Verlegenheit bringen wollen und daß es auch keineswegs seine Art sei, sich solchermaßen hervorzutun. Da er allein an der Wahrheit und an nichts sonst interessiert sei, sei er völlig damit einverstanden, wenn die Bibliothek den Irrtum einfach »von sich aus« korrigiere, ohne ihn, Weissmandl, auch nur zu erwähnen. Diese Bescheidenheit und Demut vor allem waren es, die den Bibliothekar schließlich zu seinem höchst respektvollen Umgang mit Rabbi Weissmandl veranlaßten.

Von da an durfte der Rabbi auch nach der abendlichen Schließung der Bibliothek nach Belieben bleiben, und er las und studierte tatsächlich viele Nächte hindurch. Seine Fähigkeit, Informationen zu absorbieren, war erstaunlich. So konnte er den Inhalt zahlreicher dieser Manuskripte auswendig hersagen und schrieb auch mit eigener Hand die wichtigsten ab, ganz in der Art der alten Schreiber (damals gab es noch keine Fotokopierer). Für ihn war dies alles Teil seines Plans, sämtliche verlorengegangenen Wissensschätze des Exils aufzuspüren. Der Ausbruch des Krieges und die Schrecken des Holocaust bereiteten seinem Vorhaben jedoch ein abruptes Ende.

Das alte Schema: Abulafia

Eine Generation nach dem Rabbi Eleazar von Worms machte einer der größten und geheimnisvollsten aller jüdischen Mystiker des Mittelalters von sich reden: der 1240 geborene Rabbi Abraham ben Samuel Abulafia. Er erweiterte die Lehren des Rabbi Eleazar und konzentrierte sich dabei besonders auf die Kombinationen und Umstellungen von Buchstaben sowie die Beziehungen zwischen Buchstaben, welche Wörter bilden, und den ersten Buchstaben eines jeden Wortes innerhalb einer bestimmten Sequenz (wie in dem Beispiel RMBM – Rambam –, von dem schon im ersten Kapitel die Rede war). Er sah diese Methode als Tor zur Prophetik an, welche dem Menschen ermöglichte, mit Gott zu kommunizieren, indem er sich des göttlichen und unsterblichen Wissens des Schöpfers versichert und bedient. Dies nannte er »Das Wesen des göttlichen Namens« und die »Wissenschaft des Austauschs«. Eine seiner Abhandlungen befaßt sich hauptsächlich mit dem 72 Buchstaben langen Gottesnamen. Mögen seine Formulierungen dem heutigen modernen und skeptischen Verständnis auch abstrus anmuten, Abulafia war nichtsdestotrotz ein entschiedener Gegner der wilden Phantasien und des hemmungslosen Mißbrauchs, zu denen die Kabbala unweigerlich Raum gab. Am Ende war sein Ziel nicht »Aufklärung«, sondern das Enthüllen des unnennbaren Geheimnisses des Wesens, das gelehrt werden solle.

Im Sommer 1280 reiste er angesichts der endlosen Leiden seines Volkes nach Rom. Dort wollte er mit Papst Nikolaus III. zusammentreffen und ihm über die Judenverfolgungen »Bericht erstatten«[12]. Es ist schwer erklärlich, wieso er glaubte, dergleichen sei möglich. Erst zwei Jahre zuvor hatte Nikolaus in einer päpstlichen Bulle angeordnet, durch regelmäßiges Predigen sei in den Synagogen die Konvertierung zum Christentum zu propagieren. Die Teilnahme daran war Pflicht, und »Excitatoren« müßten die

Anwesenden überprüfen, ob sie sich auch keine Watte in die Ohren gestopft hatten, und außerdem darauf achten, daß sie während der ausführlichen, manchmal zwei Stunden dauernden Darlegung der Wahrheit des Christentums und der Irrigkeit des jüdischen Glaubens nicht einnickten.[13]

Der Papst ließ denn auch Abulafia unverzüglich ins Gefängnis werfen und verurteilte ihn zum Tod auf dem Scheiterhaufen. Die Vorsehung wollte es allerdings anders. Am 22. August 1280 starb Nikolaus III. selbst ganz plötzlich, noch bevor das Urteil vollstreckt war. Sein Nachfolger Martin IV. war von anderem Temperament. Er war auf den Papststuhl aufgrund der Bemühungen König Karls von Frankreich aus dem Hause Anjou gelangt, dem Todfeinde des Hauses Habsburg, dem der Mentor von Nikolaus, Rudolf, angehörte. Nach einem Monat Kerkerhaft wurde Abulafia freigelassen. Die Verfolgungen freilich, für deren Beendigung er sich einsetzen wollte, wurden in den nächsten drei Jahrzehnten nur noch stärker.

Die Geschichte sollte sich später ein ganz ähnliches Lehrstück erlauben. Während der Deportation der Juden aus der Slowakei 1942 nahmen Rabbi Weissmandl und sein Schwiegervater Rabbi Ungar Kontakt mit Bischof Karl Kmetko, der damals in Nitra residierte, auf, um zu klären, ob er bereit sei, zugunsten der gepeinigten Juden zu intervenieren. Kmetko hatte bereits einmal nach Berlin geschrieben, um zumindest gegen die Vertreibung einiger Juden zu protestieren, die sich in einem verzweifelten Versuch, sich und ihre Familien zu schützen, hatten taufen lassen.

Aber ihr Appell an die Rationalität des 20. Jahrhunderts blieb genauso erfolglos wie der des Rabbi Abulafia in der hohen Zeit des mittelalterlichen Aberglaubens. Bischof Kmetkos Antwort ließ an Deutlichkeit nichts zu wünschen übrig.

> Es handelt sich nicht um Vertreibung! Ihr werdet [in den deutschen Lagern] weder an Hunger noch Plagen sterben, sondern sie werden euch alle zusammen abschlachten, von den Alten bis zu den kleinen Kindern! Und ihr verdient diese Strafe auch. Der einzige Rat, den ich euch geben kann, ist, euch zu unserer Religion zu bekehren. Dann

werde ich auch tun, was ich kann, um dieses Dekret zu annullieren.[14]

Zwei Jahre danach wurde Weissmandl während seiner Internierung im Lager Sered von Alois Brunner ein kurzer Urlaub gewährt. (Seine verspätete Rückkehr von diesem Urlaub hatte die Hinrichtung seines Schwagers durch Brunner zur Folge.) Während dieses Urlaubs bat er Monsignore Giuseppe Burzio, den päpstlichen Nuntius in Preßburg, zugunsten der bereits in Sered allein zusammengefaßten 20 000 Juden, die auf ihren Abtransport in den Tod warteten, zu intervenieren. Burzio erwiderte zunächst nur lakonisch, daß er sich, da es Sonntag sei, natürlich nicht mit säkularen Angelegenheiten befassen könne. Weissmandl erwiderte fassungslos, es stehe schließlich »das unschuldige Blut Tausender Kinder« auf dem Spiel. Daraufhin wurde der Nuntius sehr ungnädig:

Bei jüdischen Kindern kann von »unschuldigem Blut« keine Rede sein! Alles jüdische Blut ist schuldig, und die Juden müssen sterben, weil dies ihre Strafe für diese Sünde ist.«[15]

Es ist sicherlich kein Wunder, daß bessere Kirchenmänner wie zum Beispiel Karol Woityla, der Erzbischof von Krakau und spätere Papst Johannes Paul II., als er Jahre danach von solchen Episoden erfuhr, in einem Buch, dessen Auflage auf über zwei Millionen stieg, bescheiden und demütig von den Juden als »unseren älteren Brüdern im Glauben« sprach. Der päpstliche Nuntius in Istanbul in jenen Jahren, Angelo Roncalli, später Papst Johannes XXIII., der damals jeden einzelnen an ihn herangetragenen jüdischen Appell penibel dem Vatikan übermittelte, schrieb seinerseits voll Schmerz:

Wir erkennen jetzt, daß Jahrhunderte der Blindheit unseren Blick getrübt haben, so daß wir die Schönheit Deines auserwählten Volkes gar nicht mehr sehen und in ihren Gesichtern nicht mehr die unserer erstgeborenen Brüder erkennen. Wir sehen, daß unsere Stirn das Kainsmal trägt. Jahrhundertelang lag Abel in Blut und Tränen, weil wir Deine Liebe vergessen hatten. Vergib uns den Fluch, mit dem wir den Namen der Juden belegten. Vergib uns, daß wir Dich mit diesem unserem Fluch ein zweites Mal kreuzigten.[16]

Die zunehmende Barbarei gegen die Juden durch all die Jahrhunderte war aber auch wie eine läuternde Flamme. Sie trieb jüdische Lehre und den jüdischen Geist noch stärker nach innen denn je, weg von den brutalen äußeren Realitäten, die sie zu ertragen gezwungen waren, und führten sie dem innersten Kern der absoluten Wahrheit selbst zu.

Rabbi Gikatilla:
Verse auf den Namen der 42 Buchstaben

Die Linie der Weisen, die schließlich bis zu Weissmandl führen sollte, setzte sich mit Joseph ben Abraham Gikatilla aus Kastilien und Segovia, dem hervorragendsten Schüler Abulafias, fort. Im Gegensatz zu seinem Lehrer hatte Gikatilla ein wesentlich nüchterneres Temperament und neigte mehr der Rationalität zu. 1274 veröffentlichte er mit 26 Jahren sein erstes Buch, eine Zusammenfassung der Methoden zum Aufspüren verborgener Einsichten in der Thora mittels der »Gematrie« (numerische Auswertung der Buchstaben), des »Notarikon« (Anfangsbuchstaben von Sätzen, wie oben erwähnt) und der »Temura« (Austausch von Buchstaben). Ein weiteres Buch von ihm, *Verse auf den Namen der 42 Buchstaben*, verweist auf die von Bachya diskutierten einkodierten Informationen. Wie vor ihm Abulafia bekannte auch Gikatilla, daß viele seiner Methoden den eher geheimen Aspekten der Lehren des Maimonides (des Rambam) selbst entlehnt seien. Zusammen mit den Schriften des Eleazar aus Worms standen Weissmandl in Oxford etliche Abhandlungen Gikatillas in ihrer originalen Form zur Verfügung.

Rabbi Moses ben Nachman:
Der große Verteidiger

Alle Weisen finden indes ihren Meister in einem der größten jüdischen Gelehrten aller Zeiten, der allenfalls allein durch Maimonides übertroffen wurde: Rabbi Moses ben Nachman (Nachmanides) aus Gerona in Katalonien. Geboren 1194, war der *Ramban*, wie er genannt wird (RMBN), Philosoph, Poet, Bibelgelehrter und Kabbalist. Jahrhundertelang wurde sein Werk ebenso hoch (wenn nicht noch höher) geschätzt wie das *Zohar* selbst, die Zusammenfassung des jüdischen mystischen Denkens, dessen Wurzeln tief in den gleichen Boden reichen, der auch die frühe Christenheit nährte.

Und doch verharrte auch er, der Ramban, mit seinen mystischen Interpretationen in einer Art Schwebezustand. Für eine frühe Version seines später vielgelesenen Kommentars zur Thora war Nachmanides offenbar darauf vorbereitet, seine kabbalistischen Einsichten detailliert zu diskutieren. Doch dann »wurde er krank und empfing eine Traumbotschaft, daß er davon lassen sollte«[17]. Immerhin wurden zumindest noch einige seiner mündlich überlieferten Gedanken von seinen Schülern niedergeschrieben – darunter auch das, was Bachya über das Überspringen von Buchstaben in der Thora gesagt hatte.

Die Vision des Nachmanides von der Thora ist erhaben und himmelstrebend. Die große Klarheit und Schönheit, mit der er dies ausdrückte, genießen hohe Wertschätzung. Für ihn ist die Thora die Quintessenz des Ausdrucks von Gottes unermeßlichem Wissen. Ihre historischen Berichte sind nicht nur einfache Mitteilungen vergangener Ereignisse, sondern Porträts der Formen, in welche sich alle Geschichte fügt. Die Erzählungen von den Patriarchen beispielsweise sind eine Vorahnung der gesamten Geschichte des jüdischen Volkes. Die Schilderung der Schöpfung in der Genesis etabliert das große Feld der Entfaltung der nächsten sechs Jahrtausende, und dies bedeutete, daß am Vorabend des siebten, des Sabbat-Jahrtausends und etwa tausend Jahre nach der Zeit des Nachmanides, der Tag des Herrn zum Abschluß gebracht wird.

Die Zeit-Helix

Nachmanides sagte es ganz direkt: Wenn die Erzählungen der Thora tatsächlich Schablonen sind, innerhalb deren sich Geschichte stets wiederholt, dann gleicht das Fortschreiten der Zeit nicht sosehr dem geraden Flug eines Pfeils, sondern einer Serie sich wiederholender Orte auf einer aufsteigenden Helixschraube. Wieder und wieder geschehen die gleichen Ereignisse. Die Schale verändert sich, aber der Kern bleibt derselbe. Die Details variieren: Niemals wiederholt sich eine Konfiguration völlig identisch. Die konkrete Realität ist ungenau, unvorhersehbar, »fuzzy«, um mit einem modernen Ausdruck der Physik zu reden (sie »franst aus«), und sie ist unterworfen – doch wem oder was? Dem Willen? Dem »Schicksal«? Und dennoch ist ihre Form ewig. Ein träger Falke läßt sich endlos von der Thermik über der heißen Wüste in Kreisen hochtragen, ohne sich selbst zu bewegen. Sein Auge ist unverwandt auf das sich nicht verändernde Zentrum gerichtet. Das Schema begreifen bedeutet, Vergangenheit und Zukunft zugleich gegenwärtig zu machen. Die geheiligte Historie zu studieren heißt, das Ewige im Alltäglichen, Irdischen zu sehen. Was einst geschehen ist, wird wieder geschehen. Aber um es zu erkennen, muß man hinsehen. Was Weissmandl widerfahren war, hatte sich schon viele Male zuvor ereignet. Was vor langer Zeit am Ende einer Ära geschehen ist, hat das Fundament für die nächste Drehung der Zeithelix gelegt.

Auf diese Weise wurde auch Nachmanides ein Opfer von Verfolgung, wenn auch nicht in Form physischer Gewalt. Jakob I. von Aragon befahl ihm 1263, nachdem er den Ramban mehr als 30 Jahre lang in sein königliches Vertrauen gezogen hatte, öffentlich über die kontroversen Ansprüche des Christentums und des Judaismus zu diskutieren. Diese Debatte war dem König von einem zu den Dominikanern konvertierten Juden vorgeschlagen worden, der den Namen Pablo Christiani (Paul, der Christ) angenommen hatte. Nachmanides zeigte wenig Neigung dazu, weil solche Debatten fast immer auf die Niederlage für die Juden angelegt waren. Aber er konnte sich dem königlichen Druck nicht entziehen und fügte sich – allerdings nur, nachdem er sich vom

König hatte garantieren lassen, daß ihm volle Freiheit der Rede gewährt werde.

Die Disputation fand am 20., 23., 26. und 27. Juli 1263 in Barcelona statt. Der König selbst präsidierte den meisten Sitzungen und beteiligte sich auch an der Debatte, meistens auf der christlichen Seite. Außer Pablo Christiani war die christliche Seite durch Peter de Janua, den General des Franziskanerordens von Aragon, sowie die prominenten Dominikaner Arnold de Segarra, Raymond de Penaforte und Raymond Martini vertreten. Nachmanides hingegen war der einzige Repräsentant der Juden.

Ein Kirchenhistoriker faßte später das Ergebnis so zusammen:

> Nachman wurde von einigen für den Gewinner der Debatte gehalten und bekam auch tatsächlich einen Preis vom König. Er mußte später jedoch für die Publikation eines Berichts über die Disputation zwei Jahre lang ins Exil. Überdies denunzierte Christiani den Talmud bei Clemens IV. (1265-68) und erreichte außerdem, daß alle jüdischen Bücher auf christenfeindliche Stellen durchsucht wurden.[18]

Jakob I. sagte hinterher zu Nachmanides: »Ich habe noch niemanden eine falsche Sache so gut vertreten sehen.« Er selbst besuchte am folgenden Sabbat in vollem Staatsornat die Synagoge von Barcelona und richtete das Wort an die Gemeinde mit dem Tagessermon für die Missionierung – in jenen Tagen ein einzigartiger Vorgang. Er erlaubte Nachmanides sogar, ihm zu erwidern, und auch das hatte man bei solchen Gelegenheiten noch nie erlebt. Nachmanides kehrte am nächsten Tag, beschenkt mit 300 Gold-Solidos des Königs für seine Jeschiwa in Gerona, dorthin heim.

Allerdings waren dann die Nachwirkungen der Disputation nicht mehr ganz so edler Natur. Raymond Martini und der Bischof von Gerona leiteten 1265 ein Verfahren gegen Nachmanides vor der Inquisition ein. König Jakob, der um das Leben seines Freundes fürchtete, bot diesem an, ihn für zwei Jahre in die Verbannung zu schicken und seinen Bericht von der Disputation zu verbrennen, zusammen mit der *Mishne Torah*, seinem bedeutendsten Werk (weil das Kapitel über die jüdischen Gesetze zum Königtum eine kritische Stelle hinsichtlich der Qualifikation Jesu in dieser Hinsicht enthielt).

Die Dominikaner gaben sich damit jedoch nicht zufrieden. Daraufhin verlangte der König, in diesem Fall selbst zu entscheiden, mit der Absicht, ihn auf die lange Bank zu schieben, »bis sich der Fanatismus etwas beruhigt hat«. Doch bevor er etwas unternehmen konnte, bedrängten die Dominikaner und Franziskaner Clemens IV., die päpstliche Bulle *Turbato Cordo* zu erlassen. Diese bildete in der Folgezeit dann für die Inquisition die Legitimation zur Massenverfolgung und Verbrennung der sogenannten »Marranos«, spanischer jüdischer Konvertiten, die verdächtigt wurden, insgeheim weiter ihren jüdischen Riten anzuhängen – auch dies eine direkte Konsequenz der Disputation von Barcelona. Als er von der Bulle erfuhr, floh Nachmanides 1267 mit seiner Familie nach Israel, wo er starb.

Der Terror gegen die Juden sollte noch zwei Jahrhunderte andauern. Er kulminierte am 31. März 1492. An diesem Tag proklamierte König Ferdinand von Iberien, daß nach dem 2. August die Sonne über keinem Juden in Spanien mehr aufgehen solle, bei Todesstrafe. Am letzten Tag, an dem sie noch im Land geduldet wurden, begab sich die gesamte jüdische Gemeinde Spaniens, 180 000 Seelen, ins Exil.[*]

Nach dem hebräischen Kalender war dieser letzte Tag der Tishah b'Ab, der neunte Tag des Monats Ab: das Datum der Zerstörung des ersten Tempels 586 v. Chr. vor der Gefangenschaft durch die Babylonier und auch des zweiten Tempels im Jahre 70 mit dem Beginn der Vertreibung durch die Römer mehr als fünf Jahrhunderte später. Und außerdem war es auch der Tag der mas-

---

[*] Eine halbe Stunde vor dem Termin stach Christoph Kolumbus mit seinem jüdischen Sekretär Luis Torres an Bord in See, um in die Neue Welt zu segeln. Er selbst schrieb seinen eigenen Namen immer »Colon«, und das war ein typischer Name unter den Marranos von Genua, seiner Heimatstadt. Diese und andere Details gaben Spekulationen Nahrung, daß er selbst ein Marrano sei. In seinen Schriften finden sich prophetische Spekulationen, die das Ende des Exils der Juden mit der Entdeckung der Neuen Welt in Verbindung bringen.

siven Vertreibung aus England 1290 (18. Juli). Die Helix, die Zeitschraube, hatte sich abermals gedreht, das Schicksal hakte sich wieder ein, in eine andere Linie zwar, aber trotzdem immer wieder mit gleichartigen Ereignissen.

Für Rabbi Weissmandl war es fast, als wäre der neunte Ab ein Dauerdatum. Yisroel Stern befand sich in jenem Zug nach Auschwitz, der auf den mit Rabbi Weissmandl folgte. Er überlebte das Todeslager und sprach mit dem großen Mann nach dem Krieg, der ihm von seinem Sprung aus dem Viehwaggon erzählte:

»Warum habe ich nicht versucht, zumindest eines meiner Kinder mit mir zu nehmen?« Er wußte doch, daß sie alle getötet würden, und hatte folglich nichts zu verlieren. »Selbst wenn ich sie einfach aus dem fahrenden Zug geworfen und damit selbst getötet hätte, wäre es nicht schlimmer gewesen, als was ohnehin geschehen würde, wie ich genau wußte. Und vielleicht, nur vielleicht, hätten sie es ja überlebt! O mein Gott, warum habe ich es nicht getan? Warum nicht?«

Weissmandls Qual, die Qual des Lebenden, sollte anders als die der Toten niemals enden. Asher Forst, ein Freund aus jenen Tagen, der ebenfalls dem Grauen entkommen war und wie Weissmandl nach dem Krieg in die USA auswanderte, beschreibt, wie er im Jahr 1952 eines Tages von Weissmandl angerufen wurde:

»Rabbi Weissmandl war in New York. Er hatte ein kleines Hotelzimmer gemietet und hielt sich schon einige Tage darin auf. Ich verstand kaum, was er sagte, so hektisch waren seine Klagerufe. Also ging ich zu ihm. Einen ganzen Tag lang, von morgens bis abends, klagte und weinte er, warf sich auf den Boden und schlug die Fäuste an die Wände und Möbel. Ich dachte wirklich, er würde sterben, zumal er ohnehin schon mehrere Herzattacken erlitten hatte. Seine Pein überstieg jedes Fassungsvermögen. ›Warum habe ich nicht versucht, wenigstens eines meiner Kinder zu retten?‹ rief er immer wieder. Es hätte nicht viel gefehlt, und ich wäre ebenfalls völlig zusammengebrochen. Bis auf diesen Tag verfolgt mich seine unermeßliche Seelenpein. Er glaubte, niemand, der es nicht selbst durchgemacht habe, könne den Holocaust verstehen oder seine Lehre daraus ziehen, denn *au fond* sei es letztlich ein *spirituelles* Ereignis gewesen. Was er über die menschliche Seele – und über die erschütternde Ignoranz der menschlichen Natur – gelernt habe, schuf einen nicht mehr überbrückbaren Abgrund zwischen ihm und der großen Mehrheit der anderen. Selbst ich kann nicht ertragen, was er sah.« Forst ist inzwischen 96 Jahre alt.[19]

Das hebräische Wort für Hölle ist *Gehinnom*, in der germanisierten/jiddischen Form *genem*. Im Judaismus ist *genem* kein Ort, an dem eine unsterbliche Seele für alle Ewigkeit ihr Nachleben verbringt, sondern ein Ort, wohin die Seele in *diesem* Leben wandert: eine Ewigkeit eingeschlossen in die Zeit. Weissmandl versank in dem Bunker in die *genem*. Doch nach Monaten dieser realen Hölle zwang er sich, das Buch der Strafen beiseite zu legen und sich wieder Bachyas Kommentar zuzuwenden. Er wollte weitermachen, auch wenn für den Rest seines Lebens Himmel und Hölle für immer nebeneinander existierten. Die Genossen im Bunker beschrieben, wie er seine Tage verbrachte:

> Die meiste Zeit saß Rabbi Weissmandl allein, tief in Gedanken, mit einer Bibel in der Hand. Er verbrachte viel Zeit mit komplizierten Berechnungen auf der Basis der Buchstaben der verschiedenen Bibelkapitel und -verse und suchte nach verborgenen Bedeutungen. An den Rand der Seiten schrieb er seine Anmerkungen.[20]

Die eigentliche Inspiration in Bachyas Kommentar war der Verweis auf die Datierung der Neumondphasen, worüber Weissmandl in den siebziger Jahren sein erstes Buch geschrieben hatte. Die von Bachya entwickelte Kodierung erschien bei oberflächlicher Betrachtung nicht schwierig zu sein, doch sie hatte erstaunliche Implikationen hinsichtlich der Details, die in der Thora »mittels Überspringen der Buchstaben« zu entdecken seien. Der Code, den Bachya beschrieb, bestand aus vier Buchstaben im Abstand von 42 Buchstaben, beginnend mit dem ersten Buchstaben der Anfangspassage der Genesis: »Im Anfang schuf Gott Himmel und Erde.« Eine alte Überlieferung von Kabbalisten besagte, daß in dieser Textstelle nicht nur die Schöpfung im Überblick beschrieben war, sondern, angemessen »dekodiert«, auch im einzelnen Auskunft gegeben wurde über die Schöpfung, speziell über die genaue Dauer entscheidender astronomischer Ereignisse und Zyklen.

Diese Passage sollte den »42 Buchstaben langen Gottesnamen« kodiert enthalten, und der Überlieferung zufolge bezog sich dieser Name auf Gottes Tun während – und sogar schon vor – der Schöpfung bei der Erschaffung der »Zeiten und Jahreszeiten«.

Der spezifische Code, den Bachya zitierte, bestand also aus vier Buchstaben: ב (B), ה (H), ר (R) und ד (D), jeder in Intervallen von 42 Buchstaben. (Darüber hinaus waren die ersten 42 Buchstaben der Genesis durch »multiple Permutationen« auch in den 42 Buchstaben langen Namen selbst konvertierbar, ein Kodierungsprozeß, den wir in einem späteren Kapitel noch erörtern werden.)

▨ בהרד = BHRD mit Intervallen von 42 Buchstaben, enthüllt den Mondzyklus

□ = Die ersten 42 Buchstaben der Genesis, konvertierbar in den 42 Buchstaben langen Namen

Diese vier Buchstaben repräsentierten eine Zahl, auf deren Basis sich die Länge eines Mondmonats berechnen ließ, wichtig für die uralten monatlichen religiösen Riten, die von den orthodoxen Juden bis heute befolgt werden. Die Länge des Lunarmonats nach seiner Verschlüsselung und jahrtausendelang von den Juden benutzt, weicht leicht von allen astronomischen Berechnungen der bis in die Babylonische Gefangenschaft zurückreichenden umgebenden Kulturen ab (siehe Tabelle). Es gibt auch keinen Nachweis konkurrierender astronomischer Methoden in der jüdischen Geschichte. Woher also hatten die Juden ihre Zahlen und warum hielten sie so konsequent an ihnen fest?[*]

		Dauer der Mondmonate				
Quelle	Jh.	Tage	Std.	Min.	Sek.	Tage insges.
Meton (griechisch)	5. v. Chr.	29	12	42	45,22	29,52969
Kidinnu (babylonisch)	4. v. Chr.	29	12	44	05,05	29,53061 (14)
Hipparch (griechisch)	2. v. Chr.	29	12	43	56,06	29,53051
Ah-buruni (arabisch)	11. n. Chr.	29	12	44	02,29	29,53058 (82)
Rambam (jüdisch)	12. n. Chr.	29	12	44	02,69	29,53059 (86)
Kopernikus (Europa)	16. n. Chr.	29	12	44	03,17	29,53059 (92)

Der jüdischen Tradition zufolge gab Gott dem Moses, als er ihm die geschriebene Thora übermittelte, auch zusätzliche, nicht niederzuschreibende Informationen, welche zur ordnungsgemäßen Befolgung der Gebote erforderlich waren. Diese zusätzlichen Informationen formen den Kern der mündlichen Überlieferung. Gott erklärte auch, daß in der geschriebenen Thora jeweils auch

---

[*] »Im 4. Jahrhundert jedoch, als Unterdrückung und Verfolgung die Weiterexistenz des Sanhedrin [hebräische Schreibweise für Synedrion, Hoher Rat der Juden] bedrohten, unternahm der Patriarch Hillel I. einen ungewöhnlichen Schritt, die Einheit Israels zu bewahren. Um zu verhindern, daß die in alle Himmelsrichtungen zerstreuten Juden ihre Neumonde, Feste und Feiertage zu verschiedenen Zeiten feierten, machte er das System der Kalenderberechnung, das bis dahin ein streng gehütetes Geheimnis gewesen war, öffentlich. In der Vergangenheit war es lediglich zur Überprüfung der Aussagen und Beobachtungen von Zeugen und zur Bestimmung des Frühlingsanfangs verwendet worden.« (Arthur Spier, *The Comprehensive Hebrew Calendar, Twentieth to Twenty-second Century, 5600-5860, 1900-2100,* 3. neubearb. Aufl. Jerusalem, New York, Feldheim 1989.)

die bestätigenden Hinweise für alle mündlichen Mitteilungen zu
finden seien. Die Länge des Mondzyklus war Teil dieser Zusatz-
informationen:

> Und der Herr sprach zu Moses und Aaron: »...dieser Mo-
> nat soll für euch der Anfang der Monate sein ...« Und in
> dem Augenblick, da unser Lehrer Moses dieses Gebot er-
> hielt, übermittelte ihm der Geheiligte, gesegnet sei Er, auch
> die genauen Regeln für die Einfügung des Neumonds. So
> ließ er Moses die Methode für die Festlegung der Zeiten
> und der Jahreszeiten wissen. *(Midrash Sod HaIbbur* über
> das Geheimnis des Neumonds)

Die »Hineinverschlüsselung« von BHRD, welche die alte Legende vom Mondzyklus enthielt, war für den Kabbalisten die ver-
heißene kodierte Information.

Natürlich könnte diese »bestätigende« Zahl – und daß sie genau an dieser Stelle in der Genesis einkodiert ist – auch leicht als
eine Zufälligkeit angesehen werden. Seltsamer ist da aber schon,
daß diese Länge des Lunarzyklus von allen anderen Berechnungen nur geringfügig differiert und sogar identisch ist mit modernen wissenschaftlichen Schätzungen und mit einer Abweichung
von gerade zwei Millionstel zu Werten, die nur durch Satelliten zu
ermitteln sind:

Lunarmonat[21]: Methode	Monatslänge (Tage)	Differenz in Tagen zu NASA-Zahlen
Satellit (1996)	29,530588	—
Numerische Satellitenvorgänger (1968)	29,53059	0,000000-0,000002
Jüdischer Monat	29,53059	0,000000-0,000002

So wie Weissmandl seine Anregungen von Bachya bezogen hatte,
so schrieb dieser die meisten seiner Kenntnisse dem noch früheren
Kabbalisten Nechunya ben HaKanah zu, der während des 1.

Jahrhunderts in Judäa lebte, nach der Zerstörung Jerusalems durch die Römer. Außer daß er auf vielen Gebieten bewandert war, stammte von Nechunya (sein Name wird uns bei der Beschäftigung mit der Kryptologie im nächsten Kapitel wieder begegnen) auch die Aussage, daß die Genesis, wenn man wisse, wie der 42 Buchstaben lange Name als Schlüssel zu den »Zeiten und Jahreszeiten« zu benutzen sei, auch eine längere Zeitperiode zwischen dem Ursprung des Universums und der Erschaffung des Menschen enthülle.[22] In seiner Sicht ist so das Universum nicht nur einige tausend Jahre alt, wie der Text oberflächlich auszusagen scheint, sondern 15,3 Milliarden Jahre – genau das Alter, das in jüngster Zeit astrophysikalische Schätzungen über den »Urknall« *(Big Bang)* ergaben.

Wie die Länge des Lunarzyklus, die in der Genesis angedeutet ist, fordert dieses vor nahezu 2000 Jahren ermittelte Resultat, das bis in unsere Zeit im krassen Gegensatz zu den Überzeugungen sowohl der Wissenschaft als auch der Religionsgelehrten stand, die Frage heraus: Bezog Nechunya diese Zahlen aus einer anderen Quelle und fügte er sie dann zurück in die komplizierten »Permutationen« der Genesis ein? Er lebte im 1. Jahrhundert unserer Zeitrechnung: Woher konnte er da wohl solche Information haben? Und: Konnte das wirklich in die Genesis eingebettet worden sein von einem Autor, der Zugang zu solchen Informationen hatte?

Aus den Flammen heraus

Mit Hilfe der Mysterien der Überlieferung, die seine gepeinigte Seele stärkten, klammerte sich Weissmandl an das Leben, während sich die Tage in dem Bunker zu Wochen dehnten. Er begann mit der mühsamen Arbeit, die vielen Codes zu rekonstruieren – von denen einem Freund jener Tage[23] zufolge »Kästen auf Kästen« jener großen Feuersbrunst zum Opfer fielen, die die Reste des europäischen Judentums verzehrte.

Als der Krieg zu Ende war, war Weissmandls Geist fast gebrochen. Er hatte seine gesamte Familie verloren, aus Europa war die große und alte jüdische Kultur nahezu vollständig verschwunden, ein volles Drittel der Juden der ganzen Welt war brutal ermordet worden – eine Katastrophe ohnegleichen. Mit Hilfe einiger enger Freunde konnte Weissmandl in die USA auswandern, wo er versuchen wollte, die Scherben seines Lebens noch einmal zu kitten. Die Jeschiwa in Nitra war für immer vernichtet, wie es sein Schwiegervater prophezeit hatte. Europa war ein gigantischer jüdischer Friedhof. Die wichtigste Aufgabe sollte nun die Gründung einer neuen Schule als Ersatz für die in Nitra sein, noch weiter im Westen, nämlich in den Vereinigten Staaten. Weissmandls großer Traum, die alten Manuskripte aus dem Exil wiederaufzufinden, mußte warten und möglicherweise von anderen fortgeführt werden.

Nach und nach versammelte er eine Schar ergebener Schüler um sich und begann wieder die Thora zu lehren und zu studieren. Ihm verblieben nur noch wenige Jahre. Die meiste freie Zeit in dieser ersten Nachkriegsphase verbrachte er mit dem Aufbau der neuen Jeschiwa und den Auseinandersetzungen mit der Einwohnerschaft der Schlafstadt Mount Kisco im Nordosten von New York.

Jemand, dem die Persönlichkeit des Rabbi imponierte, hatte von einem prominenten Industriellen ein Grundstück gekauft und es Weissmandl für seine Jeschiwa zur Verfügung gestellt. Ungeachtet der gerade erst voll bekannt gewordenen Greuel des Holocaust waren nicht wenige der durchaus gebildeten Bewohner der Gegend – Nichtjuden und Juden gleichermaßen! – aufgebracht darüber, daß inmitten ihrer wohlhabenden Gemeinde eine Jeschiwa entstehen sollte, voll von armen, merkwürdig gekleideten osteuropäischen Juden, die Bärte und Schläfenlocken trugen. Der Mann, der sich in Europa von Angesicht zu Angesicht mit den Nazibonzen in zähen Verhandlungen herumgeschlagen hatte, sah sich nun gezwungen, sich und seine Schüler – von denen die allermeisten, wie auch er selbst, die einzigen Überlebenden ihrer großen, ausgerotteten Familien waren – zu verteidigen und zu rechtfertigen: gegenüber den Bürokraten der Planungs- und Zonenkommissionen, deren Einwände immer im sanftesten und höflichsten Tonfall erfolgten. Der Bau der Jeschiwa wurde erst durch eine unerwartete Verbündete möglich: eine wohlhabende Dame der nichtjüdischen Gesellschaft. »Sie konnte den tiefen Haß auf die frommen Juden einfach nicht verstehen«, vertraute Weissmandl später einem seiner engsten Freunde in Amerika an. »Wie sollte sie auch? Es ist ein spirituelles Phänomen, kein psychologisches oder soziales.«[24]

Die Rekonstruktion der verlorenen Codes konnte bis auf weiteres nur noch eine Nebenbeschäftigung sein. Gelegentlich erwähnte er in seinen Vorlesungen den einen oder anderen Code. Und einmal zeigte er einem besonders illustren rabbinischen Gelehrten unauffällig eine seiner Entdeckungen. Der Mann war starr vor Staunen und weinte sogar. Viele andere hochgeachtete Rabbis baten Weissmandl, seine Erkenntnisse niederzuschreiben und zu veröffentlichen. Doch lehnte er dieses Ansinnen stets ab, aus Bescheidenheit und auch deswegen, weil er trotz aller Bedeutung der Codes einfach die Arbeit in der Jeschiwa für vordringlich hielt. Er überließ die Abfassung seinen Schülern, wenn sie es wünschten. Einige Aufsätze wurden später in einem Sammelband zusammengefaßt, der erst posthum erschien, allerdings nicht auf englisch. In einigen der Versionen der Studenten finden sich Fehler, und das meiste der ursprünglichen Funde Weissmandls ging sowieso verloren.

Zu dem wenigen, was erhalten ist, zählt auch eine Weiterführung des alten Codes, den der Gaon von Wilna (siehe Seite 22f.) herausfand und der Maimonides (Rambam) betraf. Der Gaon hatte den Namen »Rambam« als erste Buchstaben der Wörter einer Genesis-Stelle entdeckt, die sich direkt auf die Höhepunkte des Lebens und der Reputation des Maimonides bezog. Weissmandls Erkenntnisse gingen noch weiter. In einer Verschlüsselung mit abstandstreuen Intervallen in der gleichen Passage (von der Art in der Genesis, wie sie Bachya beschrieb), befand sich auch der kodierte Titel des bedeutendsten Werks des Rambam, *Mishne Torah*. Wie bereits erwähnt, handelt es sich dabei um das Werk, welches das jüdische Recht in einer präzisen Aufstellung von 613 Geboten, die gläubige Juden bis heute befolgen, kodifizierte und fest etablierte. Die fragliche Stelle ist zugleich auch diejenige, die mit dem »ersten Gebot für ganz Israel« am Vorabend des Passahfestes beginnt, das den Anfang der Monate darstellt. Mit 613 Buchstaben zwischen dem Anfang und den beiden Wörtern waren sowohl »Mishne« als auch »Torah« in Intervallen von 50 Buchstaben einkodiert. (Zwischen dem Erlaß dieses ersten Gebotes in Ägypten und dem 613. in Sinai lagen genau 50 Tage, ein Intervall, dessen in dem Fest namens »Wochen« oder Pfingsten, gedacht wird, das sowohl Juden als auch Christen begehen.[25]

Viele der anderen Codes, die Weissmandl fand und mit seinen Schülern diskutierte (einige von ihnen versuchten sie niederzuschreiben) waren subtiler und komplexer als dieser, und außerdem bei weitem abhängiger von den Nuancen und Details jüdischen Kultguts. Die Kombinationen, die ihnen Sinn verliehen, waren dunkel, verschlungen und oft mathematischer Natur – wie Bachyas Verbindungen, von denen er annahm, sie seien seinen Lesern vertraut. So schwer selbst bei einfachen Codes der Nachweis erbracht werden kann, daß sie eben nicht pure Zufälle sind und so normal, daß sie überall zu finden sind, wenn man nur ausgiebig nach ihnen sucht, so weitaus schwieriger ist es, die Statistiken dieser anderen zu eruieren. Doch Weissmandl sagte einem Freund, unter den »Kästen«, die im Krieg verlorengegangen seien, habe sich auch seine Sammlung relativ deutlich erkennbarer Codes ähnlich denen des Rambam und der *Mishne Torah* des Ramban befunden. Zu dieser Sammlung gehörten des weiteren Codes für die Geschichte buchstäblich Hunderter der größten Weisen Israels. Erstaunlicherweise war es ihm gelungen, Verschlüsselungen für die bedeutendsten dieser Gelehrten zu finden. Und obwohl die Codes selbst nun verloren waren, war schon ihre ledigliche Erwähnung ein Hinweis, der sich noch als außerordentlich bedeutsam erweisen sollte.

Freilich konnte diesem Hinweis nicht nachgegangen werden, solange nicht drei Strömungen intellektueller Geschichte zusammenkamen und ein vollständig neues Instrumentarium schufen, das die Kraft menschlichen Intellekts erheblich vergrößerte: Die Kabbala mußte sich erst mit der mathematischen Kryptologie vereinen und diese mit dem Computer. Es war der Holocaust, der diese letzte Konsolidierung mit sich brachte, aber die Resultate der Vereinigung zeigten sich erst in den letzten Lebensjahren

Weissmandls; er starb 1957. Es sollten noch drei Jahrzehnte vergehen, bis seine geliebten Codes, dramatisch transformiert, wiedererschienen. Doch diesem Ereignis wohnte nun eine intellektuelle Kraft inne, welche sich in zwei Jahrtausenden aufgebaut hatte, beginnend mit dem ersten Jahrhundert unserer Zeitrechnung, wenn nicht schon früher. In der Bibel finden sich nur Andeutungen von alledem, an Stellen, die sich mit Israels Kampf mit seinem ersten oder – genauer – uranfänglichen Gegner beschäftigen: Babylon.

Siebtes Kapitel

Vom *Enigma* zum *Atbash* und zurück

Es ist traurig zu beobachten, daß es stets eines Krieges bedarf, um Entwicklungen wie den Computer anzuregen und voranzutreiben. Das ist ja nicht das einzige Beispiel. Ein anderes ist bekanntlich die Atomenergie; es gab sogar eine synergetische Beziehung zwischen den beiden Disziplinen. Wir wollen versuchen, diese Entwicklung aus der Sicht von Los Alamos zu beschreiben.

Norman Metropolis, »Schüler« von Richard Feynan und John von Neumann bei den Projekten Manhattan und Differentialrechnung in Los Alamos; gegenwärtig dort Fakultätsvorstand.

Der Krieg ist der Vater aller Dinge.
Heraklit, ca. 500 v. Chr.

1946: Der geheime Sieg

Monate nach der endgültigen Kapitulation der Achsenmächte beeilten sich die Alliierten, ihre Budgets wieder auf Friedensverhältnisse zu stutzen. Tausende streng geheime Projekte wurden eingestellt, weil der Kongreß ihnen nun keinen Wert mehr beimaß. Ein ganz ungewöhnliches High-Tech-Projekt speziell schien sich besonders zum Abbau anzubieten: das Knacken von Codes mittels eines Apparats, das Computer oder so ähnlich hieß. Der dafür zuständige Ausschuß stellte sich auf eine rasche Routineabwicklung ein.

Ein Irrtum. Für Politiker, die sich in den eher traditionellen militärischen Bereichen auskannten, war die Erklärung des Kongreßabgeordneten Clarence B. Hancock eher eine gelinde Überraschung: »Krypto-Analysten trugen mehr als irgendeine andere Gruppe Menschen dazu bei, den Krieg zu gewinnen – und so bald.« Der Abschlußbericht des Kongresses stellte ebenfalls fest:

Der erzielte Erfolg ... verdient die höchste Anerkennung, und alle, die mit den Dingen vertraut sind, haben versichert, daß [dies] beträchtlich dazu beitrug, den Feind zu besiegen, den Krieg erheblich zu verkürzen und viele tausend Menschenleben zu retten.[1]

Vizeadmiral Walter S. Anderson, der ganz besonders mit den immer noch geheimgehaltenen Einzelheiten vertraut war, brachte es noch klarer auf den Punkt: »Es gewann den Krieg.« Sein Urteil wurde auch von keinem Geringeren als General George C. Marshall schriftlich bestätigt.[2]

Die immense Bedeutung der Kryptologie wurde nirgends offenkundiger als im Fall des Generalfeldmarschalls Rommel. Dessen einzigartiges Geschick, hieß es, jede Bewegung der Alliierten vorauszuahnen, sei der Grund dafür gewesen, daß sein strategisches Genie zur Legende heranreifte. Tatsächlich aber verdankte er dies fast ausschließlich dem Umstand, daß die deutschen Kryptologen den britischen Militärcode geknackt hatten. Er war schlicht über jede strategische Maßnahme der Alliierten vorausinformiert; bis zum Herbst 1942, als man entdeckte, daß der Code geknackt war.

Im harten Wüstenmondschein des 23. Oktober jenes Jahres gingen dann aber seine ganze Brillanz und die Hälfte seines berühmten Afrikakorps im britischen Überraschungsangriff auf El Alamein unter. Binnen weniger Monate wurden Rommels »Wüstenfüchse« in einem nicht mehr zu stoppenden Rückzug 2000 Kilometer durch Nordafrika gejagt. Mitte 1943 war das Afrikakorps am Ende und kapitulierte.

Das abrupte Verschwinden der deutschen U-Boote aus dem Nordatlantik, die verblüffende Abfangaktion in der Luft, bei der im April 1943 der japanische General Yamamoto umkam (er hatte den Überfall auf Pearl Harbor geplant), die Zerstörung des

Kerns der japanischen Flugzeugträgerflotte und der Verlust ihrer besten Marinepiloten in der Schlacht von Midway im Juni – alle diese »Wunder« waren letztlich das Werk der Kryptologie. Selbst noch die Ablenkungsfinte, welche die Invasion in der Normandie tarnte, war nur möglich durch das Entwickeln und die Dekodierung von Codes – und deren Geheimhaltung. »Vor El Alamein«, sagte Winston Churchill, »konnten wir keinen Sieg verbuchen. Nach El Alamein verloren wir nie wieder.« Was Churchill damit wirklich meinte, als er das Jahr 1942 die Schicksalswende nannte, wurde erst viele Jahre nach dem Krieg offenbar, nach Rommels erzwungenem Selbstmord und der endgültigen Kapitulation der Achsenmächte.

Angesichts all dieser Feststellungen wurde nun die Kryptologie eilends wieder unter Geheimhaltung gestellt, sogar noch mehr denn je. Beim Ausbruch des Zweiten Weltkriegs hatte der damalige SIS *(Signal Intelligence Service)* in seinem Hauptquartier in Washington und im Feld 231 Offiziere, Mannschaften und Zivilangestellte in Dienst. Ihr Chef hatte die US-Regierung vor der japanischen Attacke auf Pearl Harbor bis auf Tag und Stunde vorgewarnt, aber diese Warnung fand keine Beachtung. Der Kongreß sorgte nun dafür, daß sich ein solcher Fehler nicht mit den Russen wiederholen sollte.[3] Im Zweiten Weltkrieg war der SIS auf 10 609 Beschäftigte angewachsen. 1968 standen im Sold seiner Nachfolgeorganisation, der NSA *(National Security Agency)* schon über 20 000 Personen, zweimal so viele wie bei der CIA. (Die genaue Anzahl unterliegt der Geheimhaltung, und die hier genannte Zahl ist 30 Jahre alt.) Der Kalte Krieg war weniger kalt als vielmehr kalkuliert und geheim.

Nachdem der Schleier der Geheimhaltung um die Kryptologie immer enger gezogen wurde, blieb auch eine riesige Wissensexplosion vor der Öffentlichkeit verborgen. Codes zu entschlüsseln war nun keine Domäne von eleganten Herren und Generälen mehr. Die Kryptologie brachte vielmehr die brillantesten Mathematiker, Statistiker, Linguisten und Computerfachleute zusammen. Tatsächlich kann man sagen, sie begründete die Computerwissenschaft, die heute die ganze Welt beherrscht. Die NSA selbst wurde rasch der größte Arbeitgeber der Welt für Mathematiker.

Die allgemeine – und selbst die akademische – Öffentlichkeit jedoch bekam nur einen winzigen Bruchteil all dessen zu sehen, was die NSA hinter ihren Mauern alles auf die Beine stellte.

Die alte Quelle

Die Kette des geheimen Wissens, die mit dem Sieg der Alliierten im Zweiten Weltkrieg endete, beginnt weit zurück in der Geschichte der Juden als enge Konsequenz aus deren zielstrebigem und scheinbar rätselhaftem Umgang mit der Heiligen Schrift. Denn seit es geschriebene Quellen gibt, waren »Entschlüsselungen« und das ständige Kombinieren sich wechselseitig durchdringender Bedeutungen entscheidender Teil der Lehre von der mündlichen Überlieferung. Praktizierende Juden lernen diese Methoden bis heute von Kindheit an und in vier Stufen, von leicht bis zum höchsten Schwierigkeitsgrad.

Das Aufsteigen in diesen vier Stufen wird dem Betreten eines geheimen Gartens verglichen. Das hebräische Wort für Garten ist *pardes* (PaRDeS) und jeder seiner vier Buchstaben steht für eine der vier Stufen: P für *p'shat*, die einfache direkte Textbedeutung, R für *remez*, mit Andeutungen, die sich aus der Variation der Vokalisierung oder Worttrennungen ergeben, D für *d'rasha,* mit Parabeln, die nicht sogleich als wahr erkennbar sind, aber auch nicht wörtlich genommen werden dürfen (wie in der direkten Lesart der Genesis zum Alter der Schöpfung nach Nechunya), sowie S für die mysteriöseste Bedeutungsschicht überhaupt (*sod* = verborgen).

Sod, die vierte Stufe der Interpretation, wurde am höchsten von den Kabbalisten entwickelt. Sie waren die Begründer der frühesten Stadien der Kunst des Kodierens und Dekodierens. Schließlich begann die Kryptologie ihr Eigenleben als eine der Staatskünste und entfernte sich als solche immer weiter von ihren religiösen Ursprüngen. Doch jenes Feuer, das den Holocaust entzündete, brachte auch die raffinierten Methoden zuwege, die nötig waren, um – zum erstenmal ganz zielstrebig – die Codes der Thora zu ergründen, aus denen die Kryptologie vor langer Zeit überhaupt erst erwachsen war, um sich dann von ihr zu trennen.

Die Sprache der Geheimnisse

Der früheste ausdrückliche Gebrauch der zweiten Schicht einer Bedeutung, die auch absichtlich und willentlich in einen Text eingebettet wurde, der sich an der Oberfläche normal und sinnvoll liest (ein sogenannter »Schlüsseltext«), kann vermutlich auf die alten Israeliten zurückgeführt werden. Jedenfalls stammen die ältesten bekannten Texte dieser Art von ihnen. Sie kommen beispielsweise vor bei Jeremia (25, 26 und 51, 42), wo das eigenartige Wort »Sheshech« (Sesach) offen für »Babylon« substituiert ist: »Wie ist Sesach so gewonnen und die Berühmte in der Welt so eingenommen! Wie ist Babel so zum Wunder geworden unter den Heiden!«[*]

Dies ist ein Beispiel eines Buchstaben-Substitutions-Codes, der *atbash* genannt wird (אתבש = ATBaSh); der erste Buchstabe des hebräischen Alphabets, *aleph*, (A = א) wird durch den letzten ersetzt: *tav* (T = ת), der zweite, *beth*, (B = ב) durch den vorletzten *shin* (Sh = ש) und so fort. Kabbalistische Weise des Mittelalters bezeichneten diese Substitution als »Permutation« von Buchstaben.[**]

Kuriere der Geheimkunst in Europa

David Kahn, der bekannte Kryptologe, schrieb über die frühesten hebräischen Chiffren:

Drei Substitute werden in den hebräischen Schriften da und dort immer wieder verwendet, speziell das Atbash als das verbreitetste. Seine Bedeutung besteht indessen darin, daß der Gebrauch des Atbash in der Bibel die Mönche und Schreiber im Mittelalter auf die Idee der Buchstabensubstitution brachte. Von da

---

[*] Zitiert nach der Lutherbibel, in der die Stelle nicht 51, 42 ist, sondern 51, 41 (während 25, 26 auch in der Lutherbibel 25, 26 entspricht: »... *und der König von Sechach soll nach diesen trinken ...)*(Anmerkung des Übersetzers)

[**] Einen Anklang an diese jüdische kryptographische Praxis kann man auch bei den Synoptikern finden, wo sie parabelhaft Individuen zugeordnet wird; etwa: »*Und siehe, es sind Letzte, die werden die Ersten sein, und sind Erste, die werden die Letzten sein.*« (Lukas 13, 30)

an dann begann der Strom des modernen Chiffren-Gebrauchs ...
als Mittel geheimer Kommunikation.[4]

Viele Nationen verwendeten in den alten Zeiten eine ganze
Anzahl Codes. Die meisten waren relativ simpel: als Buchstaben-
austausch von einem Schritt. Solche »Substitutionsziffern« ließen
sich ziemlich leicht dekodieren, wie auch die Atbash-Permutation
(falls denn dies alles darin war). Erst in der frühen Renaissance
nahm die Kryptologie einen steilen Aufschwung zu einer komplexen Kunst und Wissenschaft. Das beruhte darauf, daß die Mönche zu dieser Zeit die alten kabbalistischen Ideen (ein Teil der
mündlichen Überlieferung wurde von der Kirchentheologie abge-
lehnt) hinter den einfach Atbash-Chiffren in der Heiligen Schrift
selbst genauer unter die Lupe zu nehmen begannen. Der Einfluß
des Atbash auf die Kryptologie erwies sich als sehr viel weiter rei-
chend, als selbst Kahn klar war, weil das verborgene kabbalistische Verständnis und der Gebrauch der Kryptologie erheblich ex-
tensiver waren, als die Beispiele bei Jeremia vermuten lassen.

Ein Hauptbeispiel alter kryptologischer Verfeinerung (und ihrer innigen Verflechtung mit der Kabbala) ist das Werk des Nechunya ben HaKanah aus Emmaus in Judäa, von dem im vorigen
Kapitel schon die Rede war. Er war einer der herausragendsten
Schüler des Simeon ben Yochai, des geheimnisumwitterten Ver-
fassers des *Zohar*, des Schmelzkerns der Kabbala selbst.[5] Wie bereits erwähnt war er es, der in dem 42 Buchstaben langen Namen
Gottes die Länge des Mondzyklus und das Alter des Universums
entdeckt hatte. Ihm selbst zufolge tat er dies mit Hilfe des Atbash
(und ließ damit anklingen, daß diese Methode komplexer sein
muß als nur eine einfache Chiffrierung mit einer Buchstabenstel-
lenverschiebung), wenn er auch nur teilweise preisgab, wie er dabei vorgegangen war.

Nechunyas Buch *Sefer HaBahir* war eine der Hauptquellen für
die mittelalterlichen Kabbalisten, und viele schrieben auch Kommentare dazu. Rabbenu Bachya zitierte Nechunya ausgiebig.
Theoretisch hätte zu seinen Lebzeiten jedermann seine Methode
erlernen können – und wahrscheinlich auch schon früher, da es
unwahrscheinlich ist, daß er sie selbst erfand. Aber er lebte am
Beginn des großen zweitausendjährigen jüdischen Exils. Seine

Methoden waren vergraben in den mystischen Bergen einer religiösen Tradition, die angesichts einer aufkommenden dominanten Kultur zum Untergang verurteilt und in einer Sprache geschrieben war, die bald als »tot« angesehen wurde. Und so blieben seine Methoden der Welt so unbekannt wie die Schriftrollen, die um etwa die gleiche Zeit in Höhlen rund um das Tote Meer versteckt wurden. Und wenngleich gelehrte Kirchenmänner des Mittelalters von Zeit zu Zeit Rabbis konsultierten (und auch außerbiblische hebräische Texte), so dauerte es doch bis zur Renaissance, daß der Reichtum jüdischer Lehre und ihre selbständig entwickelte Gelehrsamkeit von Nichtjuden ernst genommen wurde. Erst jetzt begann eine hochentwickelte und den alten Kabbalisten vergleichbare Kryptologie an den Höfen der westlichen Mächte zu erscheinen.[*]

Als die Renaissance sich dann immer mehr an den alten »klassischen« Ideen des vorchristlichen Europa (und anderer) begeisterte, wuchs das ursprüngliche Tröpfeln kabbalistischer Ideen zu einem breiten Strom von Beachtung und Einfluß an. Weil dieser Einfluß sich aber selten gut interpretierte und oft auch mißbraucht wurde, hatten die Rabbis kein großes Interesse daran, ihr Wissen weiter zu kultivieren. Das kontemplative und theologische System des *Ten Sefiroth* beispielsweise (eines eigenen, zu den kabbalistischen Kodierungssystemen komplementären Ideenbündels) wurde rasch durch den okkulten Gebrauch der Tarotkarten korrumpiert. Im jüdischen Kultus, welchem diese Ideen entstammten, blieben (und bleiben) Versuche, mit Mitteln dieser Art »die Zukunft vorherzusagen«, strikt verboten.

Der Einfluß der Kabbala auf die westliche Kultur erfolgte hauptsächlich über das absichtlich mystifizierende Geheimkonzept der *Alchimie*, die als Vehikel für ein breites Spektrum se-

---

[*] Es scheint Hinweise zu geben, daß sich Ähnliches schon zuvor während der Babylonischen Gefangenschaft ereignet haben könnte, als nämlich Daniel aufgefordert wurde, die geheimnisvollen »Handschriften an der Wand« zu entziffern, die unvermittelt im Königspalast erschienen. Alte Überlieferungen sind der Ansicht, der Grund, warum sie entziffert werden mußten, habe darin bestanden, daß sie in Atbash erschienen. Der wörtliche Text der Bibel ist im übrigen etwas rätselhaft, weil nach den Berichten die erschienene Botschaft gar keiner Entzifferung bedurfte.

mihäretischer Spekulationen über Geist und Materie zugleich diente. Bemerkenswert oft jedoch und hartnäckig übersehen von den Historikern waren *die großen Kryptologen der Renaissance zugleich auch die prominenten Alchimisten.* Um es mit anderen Worten auszudrücken: Die Renaissance empfing von den alten Kabbalisten zwar nicht das Geheimnis des Goldmachens aus Blei in der materiellen Welt, aber dafür das, wie man in der Welt des Geistes Unsinn zu Sinn verwandelt.

Räder in Rädern

Seit der römischen Zeit bis ins 15. Jahrhundert waren in Europa einfache Ein-Schritt-Ziffernsubstitutionen in der Kryptologie die übliche Methode gewesen. Dann gab es rasch eine Serie von Verbesserungen, die nicht nur die Kryptologie veränderten, sondern auch das Fundament für die Entwicklung der Statistik und ebenfalls des Computers legten. Diese Verbesserungen basierten alle auf dem plötzlichen Auftauchen der »Zifferntafel«, die dem ersten der »großen Männer der Renaissance«, Leon Battista Alberti (1404-72), zugeschrieben wird und der deshalb als der »Vater der Krypotologie« gilt. »Mit seiner Erfindung«, schreibt Kahn, »übernahm der Westen, der bis dahin dem Osten in der Kryptologie zwar gleichgekommen, ihn aber noch nicht überflügelt hatte, nun die Führung, die er seitdem nie wieder abgab.«[6]

Alberti war Architekt, Athlet, Mathematiker, Moralist, Musiker, Dichter, Maler, Bildhauer, Satiriker und noch manches andere, aber vor allem ein Mönch, dessen Schriften gleichwohl bemerkenswert frei von theologischen Inhalten sind. »Ich mache zwei Scheiben aus einer Kupferplatte«, schrieb er. »Eine, die größere, ist fest, die andere beweglich.« Auf jede Scheibe schrieb er zwei verschiedene kreisförmige Sequenzen von 24 Buchstaben und Zahlen. Die beiden Scheiben können so aufeinandergelegt werden, daß ihre Beschriftungen sich ergänzen, und zwar auf jeweils alle von 24 möglichen Variationen. Der Betrachter sieht ein sich gegenüberstehendes Buchstabenpaar (einen »Index«) und kann danach seine eigene identische Stellung von Ziffernscheiben einstellen. Das Resultat ist nicht mehr als eine simple Ziffernsubstitution, ein bequemer Weg, die Alphabetordnung »durcheinanderzubringen« (zu permutieren) und eine Chiffre zu erzeugen, indem man jedem Buchstaben die Signifikanz seiner neuen Position zuweist. Die Ziffernscheibe war mechanisch zwar äußerst raffiniert, ermöglichte aber dennoch nur eine Ein-Schritt-Substitution. Alberti ging nun noch einen Schritt weiter. »Wenn ich drei oder vier Wörter geschrieben habe, verändere ich die Position des Index in unserer Formel, indem ich die Scheibe drehe ..., und alle anderen nicht beweglichen Buchstaben erhalten damit eine neue Bedeutung.«[7]

Mittels der nicht ein-, sondern auch vielmaligen Buchstaben-Permutierung des Alphabets wurde das Resultat eine moderne »polyalphabetische« Chiffre von weitaus größerer Komplexität als bis dahin gebräuchlich. Das (englische) Wort *the* zum Beispiel konnte sich nun beim ersten Aufscheinen *yjr* lesen, beim zweiten *ukt*, *ily* beim dritten und so fort.[*] Albertis Rad im Rad sah wie folgt aus:

---

[*] Die Buchstaben t, h und e wurden zuerst eine Stelle nach rechts auf dem Standardkreis permutiert, dann zwei, dann drei.

Interessanterweise erläuterte Alberti zwar, wie er zu seinen vielen anderen Erfindungen kam. Doch über den Gedankenprozeß hinter der Ziffernscheibe und den multiplen Substitutionen schwieg er sich aus.

Die Renaissance-Männer

Alberti war der erste einer Anzahl rasch aufeinanderfolgender brillanter Universalgelehrter der Renaissance, denen die Kryptologie ihre plötzlichen Fortschritte in dieser Zeit verdankte. Einer der herausragendsten war Trithemius aus Spannheim in Deutschland, der an der Wende vom 15. zum 16. Jahrhundert lebte. Trithemius trat in die Benediktinerabtei von Sankt Martin ein und wurde bereits kurze Zeit später zu deren Abt gewählt – im Alter von gerade 22 Jahren. Er verfaßte zahlreiche Schriften über schier jedes denkbare Thema, seriöse ebenso wie weniger ernst zu nehmende. Obwohl er in erster Linie ein einflußreicher Kirchenmann wurde, war er doch der Lehrer der beiden berühmtesten ketzerischen Okkultisten und Alchimisten der Zeit, Cornelius Agrippa und Paracelsus. Reuchlin, der Urheber des »christlichen Kabbalismus«, begann in der renommierten Bibliothek von Trithemius. Am Ende wurden die Schriften des Trithemius sogar auf den Index der verbotenen Schriften gesetzt.

Im Jahr 1499 begann Trithemius, seine kryptographischen Abhandlungen zu publizieren. Wie Alberti wich er allen Erörterungen über seine Quellen aus und behauptete, die Kunst der Codes in einem Traum erlernt zu haben. Er folgte kabbalistischen Methoden, mit denen er, wie seine Schriften bekunden, vertraut war, und beschrieb Methoden mit dem Überspringen von Buchstaben, etwa das Herausgreifen des zweiten Buchstabens jedes zweiten Wortes, beginnend mit dem zweiten Wort, mit dem eine Chiffre geschaffen (oder dekodiert) werden soll. Er adaptierte kabbalistische Methoden für das Zählen numerischer Werte für Namen (Gematrie) zum Erstellen einer Hierarchie der Engel. Wie auch andere Alchimisten und Okkultisten hielt er Moses nicht so sehr für einen Propheten als vielmehr für einen besonders fähigen Magier. Diese Idee war das besondere Steckenpferd nichtjüdischer

»Kabbalisten« und wie das Tarot ihren jüdischen Quellen völlig fremd.

Das bekannteste Werk des Trithemius ist seine Variation des großen katholischen Gebets, des Ave-Maria, das er neufaßte und geschickt »modularisierte«, damit es bei den Variationen seiner Einzelphrasen als Code dienen konnte. Kahn zufolge:

Jedes Wort repräsentiert den offenen Textbuchstaben, der ihm gegenübersteht. Trithemius wählte auf diese Weise die Wörter so, daß sie als Äquivalente für die Buchstaben, die aufeinanderfolgenden Tafeln entnommen werden, einen zusammenhängenden Sinn ergeben und nur ein unschuldiges Gebet zu sein scheinen.[8]

Die Methode des Trithemius basierte direkt auf einem Gebet, das niemand anderer als Nechunya ben HaKanah unter dem Titel Ana BeKoach (אנא בכח) verfaßt hatte und das sich bis auf diesen Tag im Oxforder Gebetbuch findet. Es besteht aus 42 Wörtern, deren erste Buchstaben den geheiligten »42 Buchstaben langen Namen Gottes« bilden. Wie schon erwähnt, leitet sich dieser Name seinerseits von den ersten 42 Buchstaben der Genesis via Atbash ab, erfordert allerdings dazu »viele Permutationen«. Wie wir noch sehen werden, bedeutet »viele Permutationen« nichts anderes als Albertis »polyalphabetische Chiffren«, einschließlich »Rad im Rad«.

Eine weitere schillernde Figur des 16. Jahrhunderts war Girolamo Cardano aus Pavia. Wie bei Trithemius scheint auch seine Bekanntschaft mit den Ideen der Kabbalisten aus deren Adoption durch nichtjüdische okkulte Zirkel herzurühren, aller Wahrscheinlichkeit nach in der wissenschaftlich-okkulten Schule, die Leonardo da Vinci nahestand. (Cardanos Vater Fazio war ein enger Freund Leonardos.) Cardano war ein außerordentlicher ikonoklastischer und glänzender Arzt. 1522 reiste er nach Schottland, um dort den Erzbischof John Hamilton von seinem Asthma zu heilen, was in einer Zeit, in der erfolgreiche Behandlungen noch die Ausnahmen von der Regel waren, ein riskantes und weithin beachtetes Unternehmen darstellte. Sein Erfolg aber brachte ihm weltweiten Ruhm und Anerkennung ein. Er war auch der erste Arzt, der eine genaue klinische Beschreibung des Typhus lieferte; er entwickelte einigermaßen wirksame Syphilisbehandlungen und erfand außerdem eine frühe Art Braille-Blindenschrift.

Als Mathematiker war er womöglich noch hervorragender. Er veröffentlichte die ersten Lösungen kubischer und quartärer Gleichungen. Ein Jahrhundert vor Pascal und Fermat publizierte er die ersten systematischen (wenn auch oft ungenauen) Wahrscheinlichkeitsberechnungen und entwickelte eine integrierte Theorie statistischer Ergebnisse in Form eines Wahrscheinlichkeitsrahmens.

Unsterblichkeit jedoch brachten ihm erst seine herausragenden Beiträge zur Kryptologie. Er nahm Albertis »Chiffrenscheiben« als Basis. Seine erste Erfindung war der sogenannte Autoschlüssel, bei dem die Anfangsbuchstaben des »eigentlichen« Textes (also der versteckten, beabsichtigten Botschaft) dem Empfänger einer polyalphabetischen Chiffre mitteilen, wie weit und wie oft er das innere Rad gegen das äußere drehen muß.

Von Albertis »Chiffrenscheiben« und Cardanos »Autoschlüssel« leiteten sich in der Folgezeit sämtliche hochentwickelten Kodierungsmaschinen ab, wie sie die Achsenmächte im Zweiten Weltkrieg verwendeten. Statt der Verschiebungen von zwei Scheiben gegeneinander zur Ersetzung eines Buchstabens durch einen anderen konnten nun auch drei oder sogar mehr Scheiben verwendet werden. Von der Mechanik her bestand die einzige zusätzliche Modifizierung darin, die Scheiben nebeneinander zu plazieren statt ineinander. (Mit der Verwendung von Elektromotoren waren damit die Prototypen dessen geboren, was auf deutscher Seite die »Enigma«-Geräte werden sollten.)

Diese Geräte konnten noch etwas anderes. Sie legten in einer einzigen Operation multiple mathematische Eingaben aus. Es dauerte allerdings fast noch ein Jahrhundert nach Cardano, bis die Kryptologen begriffen, daß die mechanischen Chiffrierscheiben im Effekt Computerarbeit leisteten.

Cardanos zweiter Beitrag zur Kryptologie nutzte eine weitere Form kabbalistischen Kodierens und Dekodierens: Buchstaben durch andere plausible Chiffrentexte zu ersetzen beziehungsweise zu durchsetzen. Dies wurde später eine Schlüsselkomponente in der mechanischen und elektronischen Daten- und Befehlsverarbeitung. Es handelt sich um ein Kartonblatt mit eingestanzten Löchern. Sie können von gleicher Größe und Abstandsbeschaffenheit sein oder in ein- oder mehrfacher Form variieren. Der Kodierer schreibt seine Botschaft in die Löcher, entfernt das Gitter, und füllt die verbleibenden Räume mit Blindtext, am besten einem, der einen Sinn zu ergeben scheint.

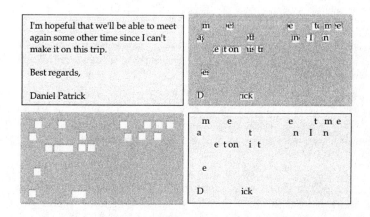

Cardano-Gitter: »Meet me at nine tonite. Dick« – Wir treffen uns heute abend um neun, Dick

Zur Dechiffrierung einer Nachricht wie dieser braucht der Empfänger ein identisches Kartongitter wie der Absender, oder er muß zumindest die zugrundeliegende Abstandsfolge kennen – falls diese einer Regel folgt. Eine abstandstreue Intervall-Chiffre wie im Bibel-Code ist das Äquivalent zu einem »einfachen« Cardano-Gitter. Beachten wir aber, daß trotz der einfachen Regel der Kodierungsprozeß sehr viel schwieriger ist, weil der Chiffrierer zwischen den Buchstaben der Botschaft einen Text einfügen muß, der dann zusammen mit den Chiffre-Buchstaben, deren Stand ja nicht verändert werden darf, auch sinnvoll zu sein scheint – bei einer längeren und komplizierten Nachricht bereits eine knifflige Aufgabe.

Kahn merkt denn auch ganz richtig an, der Hauptfehler dieser Methode sei natürlich, »daß in der zwangsläufigen Ungewöhnlichkeit des ›aufgefüllten‹ Textes meistens bereits erkennbar ist, daß dieser eine Tarnung darstellt und eine geheime Botschaft in ihn verschlüsselt sein muß«.[9] Auch den Kabbalisten dienen die »Ungewöhnlichkeit der Phrasierung« und andere scheinbare »Defekte« oder Unstimmigkeiten als Hinweise darauf, daß da mehr in einem Text steckt, als auf den ersten Blick erkennbar ist. Oft genug ist »der Stein, den die Bauleute verworfen haben, zum Eckstein geworden« (Psalm 118, 22).

Selbst heute noch beginnt die Ausbildung in der Kryptologie mit dem Studium der tabularisierten Chiffrierscheiben, deren Kodierungen sich nur mit statistischen Methoden lösen lassen. Sie sind allgemein als die Vigenère-Tafeln bekannt, nach dem französischen Diplomaten, der sie erdachte. Aber Blaise Vigenère (1523-96) war auch ein profund von der Kabbala beeinflußter Alchimist. In seinen alchimistischen Abhandlungen zitiert er direkt aus der *Zorah* das alte Verständnis der Thora als der »Blaupause«, die Gott zur Erschaffung der Welt benutzte: »Das Wort ist nach der Ähnlichkeit zu seinem Archetyp gestaltet«, schrieb er (»*Ad archetypi sui similitudinem fatus*«[10]), wobei der »Archetyp« die Konfiguration der Buchstaben ist – der »Schlüssel« oder, in alchimistischer Sprache, der »Stein der Weisen«, der sich letztlich ergibt aus den Namen Gottes selbst –, der jedem Element der Welt seine wesentliche Natur verleiht.

Der Kreis schließt sich

Nachdem Alberti seine Methode der polyalphabetischen Substitution und der Chiffrierscheiben zur Mechanisierung dieses Prozesses erst einmal eingeführt hatte, trennte sich die Kryptologie von ihr nie mehr, wie die folgende Illustration zeigt:

Kryptographische Verschlüsselungsräder nach Alberti.
Links: Giovanni Battista Porta (16. Jh.).
Rechts: Charles Wheatstone (19.Jh.), verwendet
von den Konföderierten im amerikanischen Bürgerkrieg.

Die Kabbalisten leiteten ausdrückliche Diagramme von solchen Ideen nicht oft ab. Aber im 18. Jahrhundert veröffentlichte ein ansonsten wenig bekannter Kabbalist namens Rabbi Abraham ben Jechiel Michal HaKohen eine Abhandlung auf hebräisch, in der er im Detail die alte Atbash-Methode beschrieb. Dazu lieferte er ein Diagramm dessen, was Nechunya mit »vielen Permutationen« gemeint habe. Es sah im Original so aus[11]:

Zur besseren Ansicht und zum Vergleich nachgezeichnet
sind hier die ursprüngliche hebräische Version und eine vergleichbare mit
lateinischen Buchstaben:

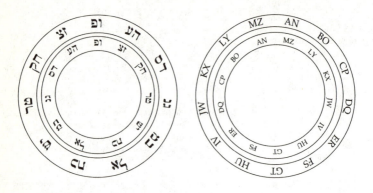

Folgt man der Sequenz der ersten Buchstaben in einem der Paare
rund um die Scheibe, so zeigt sich, daß nur die Hälfte der Buchstaben nötig ist, um eine ganze Umrundung zu vollziehen. Die
zweite Hälfte des Alphabets bildet dann die zweite Hälfte jedes
Paars. Das Resultat ist ein kompakteres Instrument, das auch
zwei mögliche »Indices« für jede Permutation anbietet (direkt
über die Paare oder auch kreuzweise). Die Paare auf dem inneren
Rad sind identisch zu denen auf dem äußeren, und auch ihre Anordnung ist die gleiche. Die Abfolge verläuft aber in entgegengesetzter Richtung (entgegen dem Uhrzeigersinn, auf dem äußeren
Ring dagegen im Uhrzeigersinn). Die hebräischen Räder sind in
der ursprünglichen Atbash-Ordnung dargestellt, die der Methode
den Namen gibt, mit den äußeren Buchstaben (א) A, (ת) T, (ב) B
und (ש)Sh unten rechts. Das äußere (große) א (A) »kreuzt« das
innere (kleine) ת (T) und das äußere ב (B) das innere ש (Sh). Das
äußere ל (L) kreuzt das innere כ (Ch) und so fort. Je nachdem,
wie die Räder (Scheiben) gedreht sind, werden die Buchstaben
verschieden permutiert. Die Räder illustrieren, daß der alte Verweis auf »viele Permutationen« identisch ist mit Albertis Methode der »Polyalphabetik«.

In der Atbash-Transformation der ersten 42 Buchstaben der Genesis erweisen sich die drei Anfangsbuchstaben als auch die ersten drei des hebräischen Alphabets – ein sehr nachdrücklicher Hinweis darauf, daß die »vielen Permutationen« die ersten drei Buchstaben des 42 Buchstaben langen Namen Gottes als »Autoschlüssel« verwenden, genau nach der Methode, wie sie Cardano später wiedererfand.

Erinnern wir uns, daß sich in der Bibel selbst, nämlich im Buch Jeremia, Hinweise auf das Atbash-System finden (es ist sogar ein kleines Beispiel erwähnt). Und selbst die skeptischste »höhere Kritik«, die jede göttliche Übermittlung oder Inspiration der Heiligen Schrift bestreitet, datiert Jeremias Autorenschaft auf Jahrhunderte vor dem Beginn unserer Zeitrechnung. Eine weitere Andeutung, auf welcher Spur die Alten waren, läßt sich in der Tatsache finden, daß es gleich zwei Bibelstellen gibt, die als Fundament der Kabbala dienen können. Die eine ist die Eröffnungspassage der Genesis, die andere stammt vom Propheten Hesekiel (Ezechiel): »Als ich die Tiere so sah, siehe, da [waren sie anzusehen], *als wäre ein Rad im andern*« (Hesekiel/Ezechiel 1, 15-16; kursive Hervorhebung durch den Autor).

Kurz, die Methoden, welche die Kryptologie in der Renaissance in Mode brachten, waren nicht nur mindestens 1400 Jahre älter als bereits die mysteriöse mündliche jüdische Überlieferung des 1. Jahrhunderts, sondern scheinen sich sogar noch weitere vier bis fünf Jahrhunderte zurückverfolgen zu lassen. Sie repräsentieren mithin eine Kontinuität von Wissen, die sich gelegentlich, doch meistens im verborgenen, aus der größeren Welt um sie herum nährt.[*/12]

---

[*] Die enge Verbindung des kabbalistischen Atbash mit dem hebräischen Kalender, eine der Hauptbestrebungen Nechunyas, zeigt sich in diesem alten Mnemnon für die Wochentage, auf die die Festtage in jedem beliebigen Jahr fallen: *Alef, bet, gimmel, dalet, hay, vav* (א ב ג ד ה ו) bedeuten die ersten sechs Tage des Passahfestes dieses Jahres, was sie auch sonst sein mögen. Über Atbash ist es *alef = tav* (Tisha-b'Ab), *bet = shin* (Shavuoth), *gimmel = resh* (Rosh Hashanah), *dalet = kaf* (Keri'at ha-Torah), *he = tzadi* (Tzom, d. h. der Tag der Buße), *vav = peh* (Purim, vom Jahr zuvor). Die Liste endet mit *vav*. Seltsamerweise permutiert aber *zayin*, der siebte Buchstabe zu *ayin*, und der siebte Tag des Passahfests fällt immer auf denselben Wochentag wie der israelische Unabhängigkeitstag.

Die Mathematisierung der Kryptologie

Nachdem die Rad-in-Rad-Methoden des Atbash einmal ihren Weg aus der streng gehüteten Welt der Kabbala hinaus in die umgebenden Kulturen gemacht hatten, folgte ihnen eine direkte und rasche Entwicklungslinie zum modernen Computer. Die Kryptologie verlor langsam ihre mystischen Dimensionen und erlangte dafür einen profund mathematischen Charakter.

Sir John Wallis war der herausragende Kryptologe Englands und bis Isaac Newton auch dessen größter Mathematiker. Wie viele der bedeutenden Kryptoanalytiker, religiöse und säkulare gleichermaßen, war er ein Mann mit weitreichenden Interessen und genialen Talente. Er war auch ein vorzüglicher Logiker und Musiker, er beherrschte Französisch, Lateinisch, Griechisch und Hebräisch. 1642 wurde er in die anglikanische Kirche ordiniert und erwarb sich noch im selben Jahr Ruhm mit der Entschlüsselung einer entscheidenden chiffrierten Botschaft im Konflikt zwischen Cromwell und den Royalisten. In seiner *Arithmetica Infinitorum* legte er die Fundamente für den (Infinitesimal-)Kalkül und die binomische Formel, eines wichtigen Elements der Statistik. Zu dieser Erkenntnis gelangte er ganz von selbst, weil mit dem Aufkommen der polyalphabetischen Chiffren die Quintessenz des Entschlüsselns von Codes nun in einem *statistischen* Prozeß bestand, der eine sehr kenntnisreiche Anwendung der Zufalls-, Wahrscheinlichkeits- und Kombinationstheorien verlangte. (Auch Cardano war zur Entwicklung noch primitiver statistischer Methoden in der Folge seiner kryptologischen Unternehmungen gekommen.)

Zwar sind Mathematik und Statistik eng verwandt, aber das Talent für das eine bedeutet nicht notwendigerweise auch eine Begabung für das andere. Die Mathematikbegabten sind immer noch sehr viel zahlreicher als die für die Statistik. Dies ist auch der Grund, warum die Entwicklung solider statistischer Theorien und Methoden erst lange nach der Verfeinerung der Mathematik begann. Es war der Franzose Blaise Pascal, Zeitgenosse von Wallis und bekannt als der religiös-mathematische Riese, der der Statistik zum ersten soliden Fundament verhalf; weshalb man ihn auch als Vater des Computers apostrophiert.

Die Nacht des Feuers

Pascal wurde am 19. Juni 1623 in Clermont in Frankreich geboren. Seine universelle Intelligenz zeigte sich schon in seiner frühesten Jugend. Mit zwölf Jahren war er auf dem Wissensstand eines Doktorats in Kunst, Human- und Naturwissenschaft. Und außerdem arbeitete er sich auch noch durch die kompletten Geometrieanalysen des Euklid. Im Alter von 16 Jahren beschäftigte er sich mit dem Infinitesimalkalkül und erarbeitete Methoden für die Berechnung sogenannter »konischer Schnitte«, welche die 1900 Jahre alten Arbeiten des Apollonius von Perga[13] aufgriffen und übertrafen und nun erst endgültig vollendeten. Seine Kalkül-Methoden finden noch heute Verwendung.

Pascal entwickelte die erste ordentliche Analyse der Flüssigkeitsdynamik (die unglaublich komplizierte Vielfalt von Strömungen und Wirbeln in Flüssigkeiten und Gasen). Seine Gleichungen dazu sind bis heute so gut wie nicht verbessert worden. Die Probleme, die er nur teilweise löste, blieben in der gesamten Physik noch lange mit die unlösbarsten. Der nächste größere Schritt erfolgte erst im Zweiten Weltkrieg in Los Alamos durch John von Neumann, der als der Vater des *modernen* Computers gilt.

Als Mathematiker aber ist Pascal heute noch am bekanntesten für seine erste systematische und genaue Darlegung der Wahrscheinlichkeit, das Fundament für die wissenschaftlichen Methoden, welche die ganz unmittelbar nach seiner Zeit aufgekommene europäische Aufklärung begleiteten. Jedoch erwarb er sich auch bereits zu Lebzeiten universalen Ruhm mit der Erfindung einer Rechenmaschine – des ersten Computers.

Pascal, schwächlich schon von Geburt an, wurde nur 39 Jahre alt. Sein Tod selbst belegt, was er mit seinem einzigartigen wissenschaftlichen und mathematischen Genie für am bedeutendsten in seinem kurzen, aber brillanten Leben hielt: nämlich weder die Mathematik noch das mechanische Rechnen, sondern die Beziehung des Menschen zu seinem Schöpfer und damit zu seinen Mitmenschen.

Er war ein Abkömmling der oberen französischen Gesellschaftsschicht, geehrt und gepriesen vom Königshof ebenso wie von der intellektuellen Welt, und als er immer hinfälliger wurde, verschenkte er nach und nach seinen Besitz an die Armen. Im Juni 1662 nahm er sich einer verarmten Familie an, deren Angehörige nacheinander alle die Pocken bekamen, was zu jener Zeit eine entstellende und oft sogar tödliche Krankheit war. Statt sich ihrer wieder zu entledigen, ging Pascal selbst, um sich eine bescheidene Bleibe anderswo zu suchen. Dort holte ihn seine lebenslange Schwächlichkeit dann ein. Zwei Monate später, am 19. August 1662, war er tot.

Und in der Tat ist Pascal, ungeachtet aller seiner profunden Leistungen in der Mathematik und der Wissenschaft im allgemeinen, wahrscheinlich noch bekannter geblieben durch seine religiösen Schriften, speziell seine *Pensées* (Gedanken). Diese waren erste Entwürfe für eine umfassende Verteidigung des christlichen Glaubens gegen den seiner Ansicht nach schalen und wenig durchdachten Materialismus und Determinismus der bevorstehenden Aufklärung, mit denen auch der Hedonismus sein Haupt erhob. Er opferte die Fertigstellung dieses monumentalen theologischen Werks – allein die Skizzen dazu sind klassische Lektüre geworden – seinem liebsten Bemühen, nämlich einer unbekannten Bauernfamilie Hilfe und Beistand zu leisten, und nahm willentlich in Kauf, damit sein eigenes Leben zu verkürzen.

»Pascals Aufs-Spiel-Setzen« ist seine Anwendung der statistischen Mathematik – nicht so sehr im strengen als in einem metaphorischen Sinn – auf die Frage nach der Existenz Gottes: daß zwar Gewißheit fehle, aber die Wahrscheinlichkeit Seiner Existenz und des daraus entspringenden Guten die gegenteilige Wahrscheinlichkeit bei weitem überwiege, auch den Preis des Unglaubens. Es war dies letztlich die erste effektive Kosten-Nutzen-Berechnung, angewandt auf das allerkostbarste Gut, die Seele. Für skrupulöse Rationalisten, schloß er, sei der Glaube die größere, nicht die kleinere Wahl. »Das Herz hat seine Gründe, die die Vernunft nicht kennt.« Dieses berühmte Zitat stammt von einem Mann, dessen Geist der allerklarster Rationalität, Präzision und Brillanz war.

In der Nacht des 23. November 1654, acht Jahre vor seinem Tod, hatte Pascal eine zwei Stunden dauernde mystische Vision, die er auf Pergament niederschrieb. Dieses trug bis zum Ende seiner Tage eingenäht in seine Tunika stets bei sich. War das Kleidungsstück abgetragen, so nähte er es in das neue ein. Der Text beginnt so:

Feuer
Gott Abrahams, Gott Isaaks, Gott Jakobs,
nicht der Philosophen oder Gelehrten,
Gewißheit, Gewißheit, von Herzen gefühlt, Freude,
Frieden ...

Wie war es ihm möglich, die scheinbaren Gegensätze zwischen Glauben und Vernunft miteinander zu versöhnen, und das auf einem so hohen Niveau beider? Die Antwort gibt die sorgfältige Lektüre seiner Schrift *Miracles*. Pascal hatte intuitiv begriffen, daß die materielle Welt in ihrem Wesen *probabilistisch* sei, also nicht, wie die sich ankündigende Aufklärung es philosophisch implizit sah, deterministisch, nämlich als eine Art gigantischer Maschine, deren jeder nachfolgende Zustand voll von dem vorhergehenden bestimmt ist. Aus diesem Wissen heraus war es Pascal möglich, früher als so viele andere seine tiefen Einblicke in die Statistik zu gewinnen.

Die Philosophie des Determinismus ist so sehr Teil unserer alltäglichen Weltsicht, daß wir ihr Wirken kaum noch wahrnehmen. Und erst recht sind wir uns dessen bewußt, wie sehr sie lediglich eine Annahme ist, als daß sie sich bewiesen hätte. Als René Descartes den Geist von der Materie trennte, lautete seine praktische Schlußfolgerung hierzu wie folgt: Was immer in der materiellen Welt geschieht, gleich was oder wo, geschieht allein deshalb, *weil zuvor etwas anderes geschehen ist*. Gemüt oder Geist tragen zu diesem Resultat gar nichts bei und können es auch gar nicht. Deswegen ist weder der Verstand noch das Gemüt *relevant*, weil sie beide keinerlei Wirkung auszuüben vermögen (außer gelegentlich auf sich selbst). Diese Ansicht bringt die explizite Feststellung (von einigen) oder den impliziten Glauben (von vielen) hervor, daß die Welt eigentlich sinnlos sei, weil sie im Grunde nur als Maschine fungiere. In einer durch und durch determinierten, mechanistischen Welt stellt das Organ des religiösen Glaubens den geistigen Blinddarm dar: zwar universell vorhanden, aber atavistisch, nutzlos, toxisch, wenn entzündet, und am besten bei der ersten sich bietenden Gelegenheit zu entfernen.

Es klingt gewiß glaubhaft, daß »bei ausreichendem Wissen« die Gründe für *alles* erfahrbar seien. Schließlich trifft es ja auch zu, daß *ein sehr großer Teil allen Geschehens auf ausreichenden Gründen basiert,* und daß sich das, was auf diese Weise erfahrbar ist, ganz ungeheuer erweitert. Vor langer Zeit glaubte man, die Sonne drehe sich um die Erde, weil ein Gott sie hinschob, wo er wollte. Fiele es ihm ein, es anders zu machen, bewegte sie sich auch anderswohin. Später setzte sich der Glaube durch, daß die Erde schlicht um die Sonne herumfällt und in ihrem Umlauf keine größere Absicht verborgen ist als hinter einem von einem Baum herunterfallenden überreifen Apfel. Und also wandten sich nun die Deisten, die an einen persönlichen Gott Glaubenden, zurück in die Verteidigung der Bereiche, wo noch immer die Ignoranz herrschte: »Die unbewegte Materie mag eine Maschine sein«, räumten sie allenfalls ein, »aber mit dem Leben ist das eine andere Sache.«

Dann zeigte sich aber, daß auch lebende Organismen aus lauter vielen, molekülgroßen Maschinen bestanden. Und noch einmal traten die Deisten den Rückzug an: »Gut, ja, wir haben uns geirrt. Leben, also der Körper, ist eine Maschine. Aber der Geist, der menschliche Geist, die *Psyche*, das Herz des Menschen, das ist eine andere Sache!« Und dann entwickelt man Prozac, während wir auf andere Drogen warten, welche die Aggressivität dämpfen, unsere Nahrungsimpulse kräftigen und unsere IQs steigern sollen.[14] Ist also auch die Seele nichts als eine Ansammlung von Neurotransmittern?

Nachdem der gegenwärtige Stand aller materiellen Dinge vollständig von dem Zustand unmittelbar zuvor abhängig und bedingt – determiniert – ist, ist auch deren Fließen gleichermaßen vorbestimmt. Wenn, den Deterministen zufolge, der Gott Abrahams, Isaaks und Jakobs nicht ganz als nichtexistent bewiesen werden kann, dann ist Er auf jeden Fall äußerst nichtmächtig.

Das Genie Pascal, der Urheber der modernen Statistik, der Vater der Computerwissenschaft, lebte zur gleichen Zeit, als sich alle diese Ansichten sich zu verbreiten begannen. Er sah ganz klar die zukünftige bittere Frucht von alledem voraus und sagte: »Nein, diese gescheiten Ansichten sind wahrscheinlich ja gar nicht wahr.« Dabei bluffte er nicht einmal. Als eine Familie verarmter Fremder an seiner Tür erschien und ihn allein durch ihre Not wortlos darum bat, sein eigenes Leben aufs Spiel zu setzen, tat er dies ohne Zögern. Welcher vergängliche Vorteil in der Welt konnte den dauernden Ehrenplatz im nächsten Leben aufwiegen? Leider ehren wir ihn nur seiner wissenschaftlichen Leistungen im Rechnen und in der Statistik wegen, nicht aber für seine religiösen, welche von den Modernisten sogar als der letzte Atem eines sterbenden Primitivismus geschmäht werden. Woraus erwuchs dann aber der Adel seines Charakters? Bevor er starb, hinterließ er noch eine kryptische Andeutung: »Das Alte Testament ist eine Chiffre.« Nur können wir Modernen den Code nicht mehr entziffern.

Die Morgendämmerung der modernen Ära

Zu Beginn und bis zur Mitte des 19. Jahrhunderts war Charles Babbage Professor für Mathematik an der Universität Cambridge. Heute ist er vor allem noch bekannt wegen seiner Formalisierung der Prinzipien mechanischen Rechnens und für die Konstruktion eines funktionierenden Prototyps einer »Differenzmaschine«, die der Pascalschen Rechenmaschine deutlich voraus war.

Aber weil die »erstaunlich fortschrittlichen«[15] Arbeiten an diesem Projekt nie publiziert wurden, blieb Babbages an sich eminente Persönlichkeit als Kryptologe außerhalb der Fachkreise fast unbekannt. Dabei war seine Leistung in der Kryptologie in Wahrheit erst das Vehikel, das Mathematik, Statistik und Maschinentechnik zur Konstruktion der »Differenzmaschine« zusammenbrachte. Der Gebrauch mechanischer Chiffrierscheiben und von Vigenère-Tafeln führte ganz von selbst zu seinem Versuch, Maschinen zu bauen, die mathematische Tafeln generieren konnten.

Diese Tafeln hatten Babbage schon lange fasziniert und ihm *Trends* gewiesen: nämlich die Wahrscheinlichkeit und die Statistik. Er war es, der entdeckte, daß sich die »Räder in den Rädern« der Chiffrierscheiben umkehren und zu Rechenmaschinen machen ließen.

Doch warum wurden seine Arbeiten zur Kryptologie nie veröffentlicht? Nun, es waren die gleichen Gründe, aus denen die meisten Arbeiten auf diesem Gebiet ebenfalls unveröffentlicht blieben: die der sogenannten nationalen Sicherheit.

Kryptoanalyse war auf einmal ein ernstes Geschäft geworden, von dem »das Geschick von Menschen und der Nation« abhing – und zwar tatsächlich. Die »geheime Kunst« wurde die organisierte Domäne der Regierungen und noch geheimer denn je. Und inzwischen entwickelten sich mit dem gleichen ungeheuren Tempo auch Methoden der Statistik und des mechanischen Rechnens, alle drei Teilgebiete speisten sich und einander gegenseitig auf eine Konvergenz zu. Als dies dann im Zweiten Weltkrieg eintrat, war das Resultat bereits eine weltverändernde Technologie der *Computerwissenschaft*. Software und Hardware kristallierten sich rund um eine verborgene Saat von Kryptologie heraus. Der Schock, den der abschließende, 60 Jahre dauernde Lauf in die Konvergenz bewirkte, erfolgte in Form dessen, was viele Historiker später als den entscheidenden Vorgang schlechthin des Ersten Weltkriegs zu erkennen glaubten.

Das Zimmermann-Telegramm

»Fast im Alleingang brachte die Enthüllung des Zimmermann-Telegramms … Amerika in den Ersten Weltkrieg.« So schrieb ein früherer hoher Offizier des britischen Geheimdiensts.[16] Es gibt gar keinen Zweifel, hätte Amerika nicht in den »Großen Krieg« eingegriffen, wären die Mittelmächte daraus als Sieger hervorgegangen. Doch in den USA lehnte man eine Kriegsbeteiligung entschieden ab. Diese Meinung änderte sich erst, als ein verschlüsseltes Telegramm des deutschen Außenministers an den deutschen Botschafter in den USA dechiffriert wurde. »Dies änderte den Lauf der Geschichte wie niemals zuvor ein anderer Erfolg der Kryptoanalyse.« Und so lautete der Text des Telegramms:

> Wir schlagen vor, mit dem 1. Februar den unbeschränkten U-Bootkrieg zu beginnen. Wir wollen aber unbedingt Amerika neutral halten. Falls dies nicht gelingt, schlagen wir Mexiko folgendes vor: großzügige finanzielle Unterstützung und eine Vereinbarung von unserer Seite, daß Mexiko die verlorenen Territorien Texas, New Mexico und Arizona zurückerobern kann. Die Einzelheiten dazu bleiben Ihnen überlassen.[17]

Keine drei Monate später erklärte Amerika den Krieg. Der Direktor des deutschen Geheimdienstes schrieb in seinen Memoiren, daß die Entschlüsselung »ein großer Coup« war und »uns irreparablen Schaden zufügte«[18].

Die USA richteten einen bescheidenen Kryptologie-Dienst ein. Doch noch immer wurde in bestimmten Kreisen heftige Kritik daran geübt. »Gentlemen lesen nicht anderer Leute Post«, waren beispielsweise 1929 die Worte des US-Außenministers Henry L. Stimson. Die meisten Leute verstanden die Methoden der Kryptoanalyse sowieso nicht. Es bedurfte erst des Geheimdienstdesasters von Pearl Harbor, bevor sie wirklich allgemein ernst genommen wurde.

Der Zweite Weltkrieg

> »Midway war im wesentlichen ein Sieg des Geheimdienstes«, hatte Nimitz geschrieben. General Marshall wurde noch deutlicher: Die Codebrechereinheit hatte das Schicksal der Nation gesichert. Sie sicherten das Schicksal der Schiffe und der Männer. Sie brachten die Wende des Krieges zuwege.«[19]

So schrieb Kahn über den Krieg im Pazifik. Auf der anderen Seite des Globus war die Situation nicht weniger dramatisch.

Die Alliierten kehrten die Lage gegen Dönitz um... als sie den deutschen U-Boot-Code geknackt hatten, und so schnell Dönitz auch seine Funksprüche an seine U-Boote absetzte, die Richtungspeiler orteten diese und verfolgten, jagten und versenkten sie. Die deutschen Verluste in dieser Zeit betrafen zum größten Teil ihre U-Boot-Flotte.[20]

Aber da gab es ein noch größeres Geheimnis, »das am besten gehütete des ganzen Zweiten Weltkriegs«, das überhaupt erst 1974 gelüftet wurde, als der Kongreß beschloß, Geheimhaltung dürfe nicht das A und O des Erfolges der Kryptologie sein. (Die NSA geriet damals auch unter Druck, die Geschichte ihres Ursprungs offenzulegen.) Dieses Geheimnis war, daß Polen (das der Welt eine erstaunlich große Anzahl hervorragender Mathematiker gab) schon 1934 ganz im stillen den hochgelobten, angeblich unlösbaren deutschen »Enigma«-Code entschlüsselt hatte und daß Briten und Amerikaner seitdem jede neue und verbesserte Version davon knacken konnten, ohne daß die Deutschen das auch nur im geringsten vermuteten. Selbst noch 1974 konnten sie das kaum glauben. Aber es war so.

Nach Pearl Harbor hatte das amerikanische Militär endlich begriffen, wie wichtig die Kryptologie war. Mehr als zwei Millionen kodierte Wörter pro Tag wurden aus den alliierten Hauptquartieren abgesetzt, Tausende Menschen arbeiteten Tag und Nacht an der Entschlüsselung feindlicher kodierter Nachrichten. Unter diesen vielen Tausenden ragen drei Männer besonders hervor, weil sie über ihren direkten Beitrag zum alliierten Sieg hinaus die endgültige Vereinigung von Software, Hardware und Kryptologie bewirkten. Die daraus resultierenden Erkenntnisse veränderten die Welt. Wie es sich ergab, schufen sie auch die entsprechenden Instrumente, die alten Codes der Thora in das grelle Rampenlicht moderner Wissenschaft zu bringen.

William Friedman und
97-*Shiki O-bun In-ji-ki alias Purple*

»Die gewaltigen amerikanischen Kryptologie-Einrichtungen von heute mit ihren Tausenden Angestellten, weitverstreuten Stationen und Hauptquartieren ..., dieses ganze gigantische Unternehmen ... ist ein direkter Abkömmling in gerader Linie des kleinen Büros im Kriegsministerium, das Friedman einrichtete, ganz allein als Einmannbetrieb ... Sein Lebenswerk aber mindestens genauso intensiv wie extensiv, hat William Frederick Friedman in den Rang des größten aller Kryptologen erhoben.«[21]

Friedman war 1891 als Wulf Friedman in Kischinew in Rußland geboren. Nach der Emigration seiner Familie in die USA und der Namensänderung in William begann Friedman Genetik zu studieren. Dann aber begannen ihn (und seine Verlobte) die damals sehr beliebten Geschichten von geheimen Codes zu interessieren, die sich angeblich in Shakespeares Werken verbargen. Diese Codes, hieß es, enthüllten vor allem, daß der große Theaterdichter in Wirklichkeit Roger Bacon gewesen sei. 1920, als er 28 Jahre alt war, veröffentlichte Friedman ein Buch, das seitdem als die mit Abstand wichtigste Publikation über die Kryptologie gilt: *The Index of Coincidence and Its Applications in Cryptography* – Der Zufallsindex und seine Anwendungen auf die Kryptologie –, ein Werk, das ganz allein »die Kryptologie in die breite und weite Domäne der Statistik einführte«[22]. (Quasi nebenbei entzauberte Friedman damit auch den Mythos um den Roger-Bacon-/Shakespeare-Code.)

Seit 1938 stand er an der Spitze eines handverlesenen Teams brillanter Kryptoanalysten im inzwischen umgetauften Signal Intelligent Service. Während Briten und Amerikaner weiterhin in aller Stille alle wichtigen deutschen Kriegscodes einschließlich Enigma dechiffrierten, hatten die Japaner erst kurz zuvor ein ganz neues Codesytem etabliert, das im internen Jargon *Purple* getauft worden und nun wirklich zum Fürchten sicher war.

Friedman und seine Leute brauchten fast zwei Monate, um die

erste chiffrierte *Purple*-Nachricht zu knacken. Die geistige Anstrengung dafür war so groß, daß Friedman danach einen Nervenzusammenbruch erlitt und vier Monate ins Krankenhaus mußte. Er wurde knapp vor dem japanischen Überfall auf Pearl Harbor pensioniert, nur um zu erfahren, daß einem deutschen Beamten die Tatsache vom Knacken des *Purple* verraten worden war und dieser es nach Tokio weitergegeben hatte. Alle atmeten erleichtert auf, als die Japaner sich schlichtweg weigerten, das zu glauben.

Allerdings waren sie nicht die einzigen, die Skepsis zeigten. Auch beim amerikanischen Militär verhielt man sich zunächst zurückhaltend, bis der *Signal Intelligence Service* dank Friedmans Bemühungen berichten konnte, Admiral Yamamoto habe das japanische Kriegskabinett zu einem Angriff auf die amerikanische Flotte in Pearl Harbor am 7. Dezember überreden können.[*]

Es ist schon so: Der Krieg ist der Vater aller Dinge. 1942 waren sich die Alliierten – im besonderen Briten und Amerikaner – endgültig voll im klaren über die Macht, die sie in Händen hatten. Beide Kriegsregierungen gaben der sofortigen integrierten Entwicklung stetig weiter entwickelter und verfeinerter Techniken der Kryptologie, der Rechenmaschinen und der mathematischen Statistik absoluten Vorrang. Das »Ultra«-Projekt war geboren. Die theoretischen Techniken wurden immer komplexer und machten die Entwicklung immer schnellerer Rechenmaschinen notwendig. Mathematische Genies wurden gehätschelt und gefördert, die Kosten explodierten. Aber die Resultate waren dafür auch atemberaubend.

---

[*] 20 Jahre nach dem Krieg zeigten die Amerikaner den Japanern eine Version der *Purple*-Chiffriermaschine, die nach Friedmans Dekodierungsarbeiten »rückwärts« konstruiert worden war. Die Japaner waren total verblüfft und ließen sich nicht davon abbringen, daß die Amerikaner irgendwo die tatsächliche *Purple*-Maschine gesehen haben müßten. Aber schließlich schluckten sie die bittere Pille – und gaben bald darauf ihrer eigenen lahmenden Computerindustrie die oberste Priorität der Entwicklung. Die Resultate sprachen für sich. (Und die Japaner haben dabei keinen zweiten Gedanken auf die Wichtigkeit der strikten Geheimhaltung solcher Entwicklungen verschwendet.)

Turing und von Neumann: Ultra und Manhattan

Der Name Los Alamos bleibt im Bewußtsein der Öffentlichkeit für immer mit dem *Manhattan*-Projekt verbunden, der Entwicklung der Atombombe. Aber diese Bombe wurde erst möglich mit computerisierten numerischen Techniken, der direkten Nachfolge der computerisierten Dekodierung. Es war eher eine Explosion des Geistes als der Materie, die den Erfolg des *Manhattan*-Projekts sicherte, und sie veränderte unsere Welt für immer.

Eine Schlüsselfigur auf dem Gebiet des numerischen Rechnens und eine der wichtigsten Personen in der parallel dazu laufenden Entwicklung der Atombombe war John von Neumann. Gleich einer wachsenden Zahl mathematisch orientierter junger Leute im frühen 20. Jahrhundert hatten auch ihn die abstrusesten Bereiche der höheren Mathematik und die erstaunliche Welt der Quantenmechanik in ihren Bann geschlagen.

Die Resultate der Quantenphysik wiesen auf eine Welt hin, die nach mysteriösen Prinzipien funktionierte, die mit dem mechanistischen Weltmodell, dem die Wissenschaft so lange gefolgt war, kaum mehr etwas zu tun hatte. Dies alles ließ den forschenden, suchenden Geist des jungen Mannes nicht mehr los. Auf den Spuren Pascals war er der erste, der auf der Basis der Quantenmechanik einen rigorosen mathematischen Beweis versuchte, daß der Determinismus schon im Prinzip unmöglich ist und daß die Welt sich folglich nach absolut nicht wissensmöglichen »Gründen« entfalten müsse, welche selbst keineswegs »Teil« der Welt selbst seien.

Die Verbindung der höheren Mathematik mit der höheren Physik (eine beunruhigende Seltsamkeit) ist heute offensichtlicher geworden, als es noch zu von Neumanns Tagen der Fall war. Aber wieder spielt die Kryptologie dabei eine unerwartet große Rolle. Während ich dies hier schreibe – Anfang 1997 –, wurde in der bedeutenden Wissenschaftszeitschrift *Nature* ein dramatischer Bericht über eine direkte technologische Behandlung – der ersten überhaupt – der äußerst mysteriösen Fundierungsprobleme der Quantenmechanik veröffentlicht. Das maßgebliche Gebiet der Anwendung ist – mittlerweile sollte das nicht mehr überraschen –

die Kryptologie.[23] Britische Forscher hatten eine Vorrichtung für die *Quantenhauptkodierung und -dekodierung* konstruiert. Sie ermöglicht es, geheim einen Schlüssel auf eine Weise zu installieren, daß er zwar einem unabsichtlichen Zuhörer bekannt wird und sowohl der Schlüsselübermittler als auch alle, die auf seiner Verteilerliste stehen, umgehend darüber informiert sind, daß unbefugtes Wissen entstanden ist und so also auch sofort die Verwendung des Schlüssels vermeiden können. Die dabei involvierten Prinzipien sind der Art, daß dieses Gewahrwerden unbefugten Wissens überall zugleich erscheint, im Prinzip im gesamten Universum. Limitierungen gegenwärtiger Technologie beschränken die Entfernungen, über welche diese »Übermittlung« gegenwärtig praktizierbar ist. Aber der Herausgeber von *Nature* hat, gestützt auf den Arbeitsprototyp, in seinem Kommentar über die Forschungen vermutet, daß Kodierungen unter Diensten innerhalb beispielsweise des Großraums Washington bereits machbar seien.[*] [24]

Nach seiner Flucht aus Nazideutschland ging von Neumann an das *Institute for Advanced Studies* in Princeton, wohin sich auch Albert Einstein und andere Emigranten gewandt hatten. Dort widmete er sich mit seinen herausragenden Talenten den fundamentalen Fragen der Mathematik und folgte weiterhin den Spuren, die Pascal gelegt hatte. Er konzentrierte sich insbesondere auf ein Thema, das lange als unergründlich gegolten hatte: die *numerische* Lösung komplexer Gleichungen in der Flüssigkeitsdynamik. Sein diesbezüglicher Erfolg sollte den Kriegsverlauf entscheidend beeinflussen, sowohl im Hinblick auf die Kryptologie als auch auf die Nutzung der Atomenergie.

---

[*] Man hätte eigentlich erwarten können, daß die erstaunliche Ankündigung der Quantenkryptographie die Medien der Welt in Aufregung versetzte. Doch das ging angesichts eines anderen Berichts in derselben Ausgabe von *Nature* etwas unter. Wissenschaftler hatten den genetischen Unterschied bei den Juden von heute zwischen »Kójhanim« (den alten biblischen »Priestern« aus dem Stamm Levi) und »Israeliten« (Laien aus den anderen elf Stämmen) als übereinstimmend mit dem oft behaupteten legendären Anspruch in der Schrift bezeichnet, daß alle Kójhanim von einer einzigen Person abstammten: von Aaron, dem Bruder des Moses. Die mündliche Überlieferung der eigenen Stammesherkunft war offenbar verblüffend genau.

Viele der wichtigsten Naturprozesse werden, so stellte sich heraus, von Gleichungen bestimmt, die nicht vollständig lösbar sind. Ein Beispiel dafür ist das sogenannte Dreikörperproblem. Die Gleichungen für die Bewegungen von Objekten, die sich gegenseitig in den Gravitationsfeldern der anderen bewegen, können exakt für drei oder mehr Objekte gelöst werden. Daß hinter derartigen Gleichungen Antworten stehen, wird jedoch offensichtlich durch die Tatsache, daß die Natur wirkt; wir können uns ihnen aber nur »numerisch« nähern. Die Schwierigkeit besteht natürlich darin, Annäherungen zu erzielen, die so weit fortgeschritten sind, daß man etwas mit ihnen anfangen kann.

Die Methode dafür ist im Prinzip einfach, aber in der Praxis schwierig umzusetzen: abschätzen, nachmessen, wie groß die Fehlerquelle zu sein scheint, an der ersten Abschätzung entsprechend herumbosseln, danach neu abschätzen, wieder nachmessen, bosseln, messen ... und so weiter, ständig nachbessern bis zu dem Grad von Genauigkeit, der angestrebt wird oder erreichbar ist.

Es mag sich herausstellen, daß Tausende, Millionen oder selbst Milliarden Wiederholungen gebraucht werden, um die nötige Präzision zu erzielen. Selbst relativ einfache Probleme erfordern dann ganze Arbeitsgruppen, die monatelang an Addiermaschinen und Tabulatoren sitzen, um auch nur ein einziges angemessenes Ergebnis zu bekommen. Genau dies war 1941 der Stand der Dinge. Es gibt Fotos von Arbeitsteams beim Registrieren, Sortieren, Sammeln und Neuordnen von Kartenstapeln (wie den Lochkarton von Cardano), die dann nach »dummen«, aber mechanischen »Megaschritt«-Regeln eingefüttert werden, Stunden um Stunden. Die Methode war unelegant, intellektuell unbefriedigend, und fast unvorstellbar langweilig. Aber die Resultate waren buchstäblich explosiv. Der Weg zur Verbesserung besteht natürlich darin, neue Wege zu finden, um die Berechnungen zu automatisieren. Also erzwangen numerische Methoden die rapide Entwicklung von Computern.

Auch sobald man versucht, Wissen mittels Anwendung von Näherungen zu erhalten, hat man sich bereits entschieden in die Domäne der *Statistik* begeben, weil ja Statistik präzise die Wissenschaft des Annehmens und Schätzens auf der Basis einer großen Anzahl ähnlicher Einzelheiten ist *und ganz entscheidend das Wissen darum ist, wie man den vermutlichen Fehler einer Vermutung abschätzt* (das ist Aufgabe der Wissenschaft; vermuten kann jeder).

Ohne Schlüssel erfordert die Dechiffrierung einer unbekannten Nachricht alle diese Prinzipien, weshalb ihre Zusammenführung unerläßlich war – so auch die Prämisse von John von Neumann. Die Richtung, die seine Arbeit nehmen würde, war ebenso offensichtlich. Waren erst einmal die theoretischen Methoden entwickelt, so kam der Maschinerie der erforderlichen Prozedurwiederholungen, um mit jeder Veränderung der Codes auf der Gegenseite Schritt zu halten, ausschlaggebende Bedeutung zu.

Das wird der Sache allerdings nicht ganz gerecht. Es war von tödlicher Konsequenz, daß die numerische Analysis mit größtmöglichem Tempo fortschritt. Wer zuerst »ankam«, hatte auch die Atombombe. »Ankommen« hatte zur Voraussetzung, daß unlösbare mathematische Probleme auf eine Weise gelöst wurden, die bis dahin noch nie versucht worden war. Das war der einzige Weg, um die Differentialgleichungen zu lösen, welche die Spaltung von Uran und Plutonium in ausreichender Menge und Reinheit zur Erzeugung einer Explosion möglich machten. Und so wurde denn John von Neumann eben vom Krieg gezwungen, der Vater der modernen Computer zu werden.

Noch fehlte ein Glied zur vollständigen Konvergenz von Statistik, Kryptologie und Rechnen. Die verfügbaren Geräte zum Kodieren und Dekodieren waren an sich nur automatisierte, ausschließlich für den kryptologischen Gebrauch eingerichtete statistische Rechenmaschinen. Um eine allgemeine »gleichungslösende Maschine« zu entwickeln, bedurfte es einer Art universell anwendbaren Geräts, das eben *nicht* spezialisiert war – eine Art »Maschinengehirn«. So wie Charles Babbage die kryptologischen Maschinen seiner Zeit »umgekehrt« hatte, um sie für den Bau der ersten »Rechenmaschinen« zu nutzen, so war es nun nötig, die modernen kryptologischen Maschinen »umzukehren«, um ein Allzweck-Rechengerät zu bekommen.

Die Existenz »programmierbarer« Hardware ist uns mittlerweile selbstverständlich. Doch das läßt sich ganz und gar nicht von den Prinzipien behaupten, die einem solchen Gerät zugrunde liegen. Dessen Form muß den universalen Prinzipien entsprechen und genügen, die allen Formen des Wissens eigen sind.

Und es gibt diese Prinzipien. Sie lagen nur jahrhundertelang im innersten Kern der Mathematik verborgen. Von dort herausgeholt hat sie ein brillanter, sehr gepeinigter, aber sehr patriotischer Engländer namens Alan Turing. Auch er war nach Princeton gekommen, wo er von Neumann begegnete, der ihm eine Assistentenstelle anbot. Mit der Hilfe eines Logikers namens Alonzo Church wurde nun das Konzept der »rechenbaren Zahlen« geboren und kurz danach die »Turing-Maschine«. Das war aber keine materielle Maschine, sondern ein konzeptioneller Prototyp für ein »universales Rechengerät«, welches dann das tatsächliche und später von von Neumann gebaute Gerät erst ermöglichte.

Es begann ein streng geheimes Projekt für den Bau eines Computers vom Turing-Typ (dessen Existenz erst 1976 enthüllt wurde!). Aber die Wolken des Krieges am Horizont ballten sich bereits zu drohend zusammen, als daß Turing weiter in Amerika bleiben konnte. Er kehrte nach England zurück und nahm dort eine hohe Stellung in der ultrageheimen Zentrale an, die in Bletchley Park außerhalb Londons eingerichtet wurde. Von Neumann seinerseits ließ seine akademische Tätigkeit ruhen und ging mit nach Los Alamos.

Das Ineinandergreifen ihrer Arbeit wurde indessen aufrechterhalten. Das Code-Knacken blieb das oberste Ziel allen Tuns. Schon 1936 hatte Turing notiert: »Wir sind also mit dem Problem konfrontiert, geeignete Seitenzweige des Denkens zu finden, damit die [Turing-]Maschine ihre Fähigkeiten beweisen kann ... [wobei das] Feld der Kryptologie das meistversprechende zu sein scheint.«[25] Eng verbunden mit den Anwendungen auf die Kryptologie waren große philosophische Fragen über die Natur von Zufall und Realität. Weder von Neumann noch Turing verloren dies jemals aus dem Blick, ungeachtet des auf ihnen lastenden Drucks unmittelbar nutzbringender militärischer Anwendungen. Sooft praktische Hindernisse auftauchten, entwickelten sie mit ihren Teams eine ganz neue Methode, die nach dem Krieg ein eigenes Studiengebiet werden sollte.

Von Neumann führte die (von Cardano zuerst erkundete) Spieltheorie nachdrücklich fort und entwickelte die inzwischen weltweit benutzte statistische Methode der sogenannten »Monte-Carlo«-Simulation (die zentrale Bedeutung auch für die Debatte um die Thora-Codes hat). Mit ihr ließen sich die Aussichten eines bestimmten Ereignisses sehr leicht nicht durch Theorie, sondern durch Miniatur-Systemnachahmung berechnen. Diese Methode entsprach seiner alten Überzeugung, daß ein profundes und nicht verwandelbares Geheimnis in der fundamental statistischen Natur der Quantenmechanik verborgen lag.

Turing schob mittlerweile die Grenzen des Wissens und der Bedeutungen selbst immer weiter hinaus, während er gleichzeitig fast im Alleingang für das Debakel der Deutschen im Seekrieg sorgte, welche dazu beitrugen, deren Schicksal zu besiegeln. Er konzentrierte sich dabei auf den »subjektiven« Aspekt der Wahrscheinlichkeit, nämlich die Wahrscheinlichkeit des »Wissens« auf der Grundlage unvollständiger Informationen und multipler Einflüsse. (Wie stehen die Chancen, daß die Münze in meiner Hand mit der Vorderseite nach oben liegt? 50 Prozent? Nur, wenn ich nicht bereits weiß, daß sie tatsächlich mit der Rückseite nach oben liegt, wie ich aber weiß, weil ich sie selbst so plaziert habe. Also sind die Chancen vielleicht nur null Prozent.) Er bewies dazu noch etwas ganz Erstaunliches: daß es in materieller Form keine allgemeine (Turing-)Maschine geben konnte, die auch nur theoretisch imstande wäre, jedes beliebige ihr gestellte mathematische Problem zu lösen. Er zeigte auf, daß es »nichtberechenbare Probleme« gab. Und doch scheint es dem Menschen möglich zu sein, deren Lösungen schlicht »zu sehen«. Dabei handelt es sich nicht um Gleichungen mit nur numerischen Lösungen, sondern um allgemeine »Wahrheiten«, die wir intuitiv erfassen und manchmal dann auch anhand der Tatsachen logisch beweisen können. Turing bewies, daß es keiner Maschine möglich ist, zu einer solchen Lösung zu gelangen. (Was aber, können wir fragen, ist dann genau das menschliche Gehirn? Und wie entstand es materiell?)

Turing vermochte darzulegen, daß es eine Klasse von Problemen gibt (er führte einige subtile vor), für welche die Anzahl der

Maschinenschritte zum Erbringen eines Beweises unendlich groß ist. Aber Menschen können das Vorhandensein dieser Art »Muster« relativ leicht intuitiv erfassen. Roger Penrose baute auf Turings Arbeit und bestimmten Einzelheiten, die sie mit der Quantenmechanik gemeinsam hat, auf. Er steht in der ersten Reihe einer kompromißlosen und kontroversen Gruppe hochqualifizierter Wissenschaftler, die glauben, daß das Mysterium des menschlichen Bewußtseins selbst von Prinzipien der Quantenmechanik abhängt, welche auf ganz eigenartige Weise Vorgänge der Welt des Geistes nachzuahmen scheinen.[*] Neben anderen Projekten führt dies alles heute auf »Quantencomputer« zu, die in der Tat zu »nichtberechenbaren« Lösungen gelangen könnten – anscheinend ebenso wie der menschliche Geist. Die praktische Ausführung (auch hier wieder in der Welt der Kryptologie) ist bereits im Gange.[26]

Auch Turing faszinierte die Quantenmechanik, und zwar genau deshalb, weil sie ihm ein Weg um die Limitierungen der mechanischen Weltsicht herum zu sein schien. So umsichtig sowohl von Neumann als auch er in ihren professionellen Publikationen blieben – beide wurden doch ganz offensichtlich von einem Feuer angetrieben, das man nur »spirituell« nennen kann. Als junger Mann hatte Turing geschrieben:

> Wir haben einen Willen, der die Aktion der Atome in einem kleinen Teil des Gehirns oder vielleicht sogar im ganzen bestimmen kann. Der übrige Körper handelt so, als vergrößere er dies. Es stellt sich also die Frage, die beantwortet werden muß, wie die Aktionen der anderen Atome des Universums gelenkt werden. Wahrscheinlich doch vom gleichen Gesetz, und einfach durch die entfernten Wirkungen des Geistes. Aber da sie keinen Vergrößerungsapparat besitzen, scheinen sie sich nach reinem Zufall zu lenken.

---

[*] Obwohl dieses Thema unweigerlich das Risiko birgt, auch verschrobene Außenseiter anzuziehen, hat Penrose zusammen mit Stephen Hawking den Wolf-Physikpreis für seinen Beitrag zur Kosmologie erhalten. Er ist nicht nur ein hervorragender Mathematiker, sondern hat auch Außergewöhnliches sowohl in der allgemeinen Relativität als auch in der Quantenmechanik geleistet.

Die offensichtliche Nicht-Prädestination der physikalischen Welt ist fast eine Kombination der Zufälle. (Kursive Hervorhebung durch den Autor)[27]

(Die obige Kursivstelle wollen wir uns für eine spätere Erwähnung merken.)

Im März 1954 schickte Turing eine Postkarte an einen engen Freund. Er schrieb darauf:

Nachrichten aus der Ungesehenen Welt
Das Universum ist das Innere des Lichtkegels der Schöpfung.
Wissenschaft ist eine Differentialgleichung. Religion ist eine Grenzbedingung.

Ein Hyperboloid wunderbaren Lichts
im äonenlangen Fließen durch Raum und Zeit
umschließt jene Woge, die aus dem Nichts
vielleicht Gottes heilige Pantomime weiht.[28]

Ganze Bücher könnte man schreiben über diese gedrängten physikalisch-spirituellen Spekulationen. Begnügen wir uns mit der Feststellung, daß Turing sich auf die ernsthaften Versuche des Physikers David Bohm bezog, der in seiner Verblüffung über die Implikationen der Quantenmechanik den Versuch unternahm, zu verstehen – und dies mathematisch auszudrücken –, wie die Quantenmechanik den üblichen Determinismus gegenstandslos macht, indem sie auf die Wellen »aktiver Information« reagiert, welche das Universum durchdringen, und so alles zu einer mysteriösen gewollten Einheit ordnet. Eine Neuordnung der Atome – selbst derjenigen, welche die biologische Basis für den Geist bilden –, nämlich eine Neuordnung, welche Gedanken generiert oder beeinflußt, Einsicht oder Wahn produziert, könnte sich nicht allein deshalb ereignen, weil andere benachbarte Atome ihren mechanischen Einfluß ausüben, sondern weil es so *gewollt* ist. Diese »Wogen«, unsichtbar, wie sie sind, führen selbst noch die schreibende Hand, und zwar mit der genauesten »Transkription« der stummen Pantomime desjenigen, dessen Geist (vielleicht?) am meisten jenem Willen angepaßt ist.

Wessen Willen, wenn es ein Jemand ist? Genau, das ist eine andere Frage.

Drei Monate danach starb Turing.

Weissmandl und »Ultra«

Alle Mühe, die auf die Entzifferung eines Codes verwendet wird, ist in dem Moment vergebens, da der Gegner bemerkt, daß sein Code entschlüsselt wurde (daher auch die extremen Sicherheitsvorkehrungen zu dem oben erwähnten Quantenkryptographie-Schlüssel). Einen wirklich schwierigen Code zu knacken ist deshalb nur die halbe Arbeit. Die andere Hälfte besteht darin, diese Tatsache geheimzuhalten. Leider ist die schnellste und einfachste Art, die Katze aus dem Sack zu lassen, jene, daß man etwas zu wissen preisgibt, was man nur wissen kann, wenn man den Code-Schlüssel gefunden hat. Eine der unangenehmsten Entscheidungen für jeden Militärstrategen besteht deshalb darin, ob er davon Abstand nehmen soll, entsprechend einer Entdeckung zu handeln – und damit vielleicht auch einen hohen Preis zuzulassen, den andere bezahlen müssen –, in der Befürchtung nämlich, daß sein Handeln eventuell einen noch höheren Preis nach sich ziehen könnte.

Einmal war es unumgänglich, daß gemäß einer *Enigma*-Dechiffrierung durch Turing umgehend gehandelt werden mußte. Aber ähnlich der Beinahekatastrophe der Amerikaner mit dem japanischen Code zuvor wendete sich damit fast der britische Seesieg. Die Ahnungslosigkeit der Deutschen über die Entschlüsselung einkalkulierend, täuschten die Alliierten mit einer Finte viele (wenn auch nicht alle) im deutschen Oberkommando über den tatsächlichen Ort der Normandie-Invasion. Der Erfolg hing dabei fast vollständig davon ab, daß die Alliierten wußten, was die Deutschen wußten (und dachten), und daß die Deutschen weder wußten, was die Alliierten wußten, noch, daß die Alliierten über-

haupt etwas wußten. Als man in Berlin endlich dahinterkam, was
da vor sich ging, war es schon zu spät. (Rommel, sensibilisiert auf
die außergewöhnliche Bedeutung der Dekodierung, hatte es erahnt, aber Hitler wollte nicht auf ihn hören.)

Während Rabbi Weissmandl in seinem Bunker saß und sich
in die alten, von den Kabbalisten entdeckten Codes versenkte,
klagte er darüber, daß die Alliierten nicht auf seine Bemühungen
reagierten, sein Volk vor dem Untergang zu retten. Warum bom-
bardierten sie nicht die Eisenbahnlinien nach Auschwitz? Es war
ja nicht so, daß sie seinen hinausgeschmuggelten Informationen
nicht glaubten. Er hatte Briefe, die ihm das Gegenteil bestätigten.
In den Nachkriegsjahren machten die Alliierten wiederholt geltend, dies speziell sei schlicht deshalb unterlassen worden, weil es
den übergeordneten Planungen geschadet hätte. Außerdem hätten die Deutschen dann die Gleise sofort wieder repariert.

Weissmandl aber wußte, daß den meisten Nazigrößen sehr
wohl klar war, was es bedeuten würde, wenn die Welt von ihren
geheimen Verbrechen erfuhr. Würden die – militärisch völlig un-
wichtigen – Bahnlinien nach Auschwitz bombardiert, dann wäre
damit eine sehr eindeutige Botschaft nach Berlin verbunden gewesen: Wir wissen Bescheid, und ihr werdet dafür bezahlen müssen. Die Deportationen und Exekutionen wären sofort eingestellt
worden. Und Weissmandl wußte, daß dies auch den Alliierten so
bekannt war. Warum also handelten sie nicht?

Erst 1996 wurde endgültig enthüllt, daß die britischen und
amerikanischen Geheimdienste, schon bevor Rabbi Weissmandl
seine Lageskizze von Auschwitz in den Westen schmuggelte, über
den Holocaust informiert waren – und zwar bis in die letzten und
bürokratischsten Einzelheiten –, nämlich aus dem *Ultra*-Projekt,
aus *Enigma*-Nachrichten, die von den Alliierten in London abge-
fangen und dekodiert wurden. Sie wußten davon bereits im Juni
1941, sieben Monate bevor die »Endlösung« faktisch begann;
sechs Monate vor dem Überfall der Japaner auf Pearl Harbor
also, vor dem sie gewarnt worden waren und es nicht glauben
wollten. Die Überlegung, die Churchill, obwohl seit langem ein
Freund der Juden, selbst guthieß, lautete: Die Rettung der Juden
war es nicht wert, den Nazis die Tatsache auf die Nase zu binden,

daß man bereits in ihren Kriegs-Code eingedrungen war. Man fürchtete, die Nazis würden daraus schließen, daß das Knacken des *Enigma* der einzige Weg gewesen sei, auf dem ihr finsteres Geheimnis ans Licht gelangt sein konnte. Es wäre ihnen völlig unvorstellbar gewesen zu glauben, daß es die Tat eines sentimentalen slowakischen Rabbi hätte sein können.

Was ein herzloses Versagen der Alliierten zu sein schien (und vielleicht auch wirklich war), im Angesicht der Not und Pein seines geliebten jüdischen Volkes nichts zu unternehmen, hinterließ den Rabbi Weissmandl selbst als gebrochenen Mann. Wenn es stimmte, wie er glaubte und auch danach lebte, daß »ein einziges Menschenleben zu retten die Welt zu retten bedeutet«, was war da noch zu einem kalten Kalkül zu sagen, mit voller Absicht den Verlust des Lebens von einer oder zwei Millionen Menschen einfach in Kauf zu nehmen? Daß dieses Kalkül noch bis zum Oktober 1996 sorgsam geheimgehalten wurde und dann nicht freiwillig, sondern nur unter Zwang und Druck an die Öffentlichkeit kam, sagt ja wohl alles.[29]

Die »Schicksalswende«, die den Krieg entschied, lag diesem Kreis der Dinge ebenfalls nahe. Die jüdischen Kabbalisten hatten der Welt die Kryptologie und alle ihre Früchte gegeben. Aber um ihre Anwendung geheimzuhalten, durfte Auschwitz bis zum bitteren Ende bestehen bleiben. Was hätte Weissmandl wohl gedacht, wenn er noch lange genug gelebt hätte, um zu erfahren, daß sich bald sogar wieder rechtsreaktionäre Kreise zu Wort meldeten, die den Holocaust schlicht überhaupt leugnen und darauf verweisen, daß die Tatenlosigkeit der Alliierten allein schon ein Beweis dafür sei, daß es ihn gar nicht gegeben habe – und, nicht genug damit, auch noch behaupten, er sei die Erfindung eines einzigen Mannes, eines gewissen Rabbi Michael Ber Weissmandl?[30] Die Bewegung der Holocaust-Leugner oder irgend etwas, das auch nur annähernd ihre Behauptungen unterstützen könnte, hätte nie die Gelegenheit gehabt zu entstehen, hätten die Alliierten nicht mehr als 50 Jahre lang ihr eigenes umfassendes Wissen davon geheimgehalten.

Der alte Untergrundstrom vollendete seinen Kreis. Die Ur-Schlange biß sich in den eigenen Schwanz. Welches angemessenere Bild als dieses ließe sich finden für die grausame Begegnung von Zeit und Ewigkeit, wie sie Rabbi Weissmandl durchleben mußte? Ließ sich aber das Gegengift für die äußerste Sinnlosigkeit des Giftbisses aus dem Biß selbst gewinnen?

Achtes Kapitel

Der Bibel-Code taucht auf

> Wir werden nicht aufhören zu erkunden. Und das Ende aller
> unserer Erkundungen wird sein, dort anzukommen, wo wir
> begonnen haben. Und jetzt erst den Ort wirklich kennen.
>
> *T. S. Eliot, »Little Gidding«*

Jahrtausendelang konnten die Codes in der Thora gar nicht mehr
sein als eine Nebensache. Sie waren einfach zu schwer aufzufinden, und es erwies sich als außerordentlich schwierig, überhaupt
ihre Existenz zu beweisen. Die bloße Idee der *statistischen* Bestätigung ihres Vorhandenseins war schon relativ neu (und ver-
wirrt auch viele jetzt noch immer). Als Rabbenu Bachya im 13.
Jahrhundert angemerkt hatte, daß »wenn die Augen deines Herzens sich öffnen, du sehen wirst [die einkodierten Daten des uranfänglichen Neumonds], daß dies kein Zufall ist«, war er in seinem Denkansatz seiner Zeit weit voraus – sogar damit, daß er die
Möglichkeit andeutete. Ihm fehlten aber noch die mathematischen Hilfsmittel, um seine Behauptungen zu beweisen. Ihm *erschien* es erst lediglich als wahr. Die Skeptiker wollten (und sollten) diese Seifenblase schon zerstechen: Die Augen des Herzens,
konterten sie, sehen immer nur, was sie sehen wollen. Jeremia
selbst stellte ja schon fest, daß »das Herz trügerisch in allen Dingen« sei: »Es ist das Herz ein trotzig und verzagt Ding...« (Jeremia 17, 9).

Was eine dramatische neue Ära mit den alten Erzählungen von
den Codes eröffnete, war nicht einfach die Entdeckung des nie zuvor entdeckten »Aaron«-Codes im Buch Leviticus (Drittes Buch
Mose, von dem im dritten Kapitel die Rede war), sondern viel-

mehr die Anwendung der formellen statistischen Analysen auf die Codes – samt den unerwarteten Resultaten. Darin inbegriffen war das Zusammenwirken von Generationen intellektueller, spiritueller und wissenschaftlicher Unternehmungen. Die Behauptung, daß es Codes in der Thora gab, war bereits das innerste Kernstück der Kabbala, der alten jüdischen Überlieferung. Daraus entwickelte sich, wie wir gesehen haben, die Kunst der Kryptologie, und als entscheidendes Element für deren Fortschreiten ergab sich die mathematische Statistik. Mit der Zeit wurde aus dem Erfolg des Kodierens und Dekodierens eine Sache von Leben und Tod für ganze Nationen und, im 20. Jahrhundert, sogar für die ganze Welt. Diese Art Druck erzwang buchstäblich die Entwicklung der Computer. Als alle diese Elemente erst einmal versammelt waren, wurde es erstmals möglich, das alte Geheimnis neu unter die Lupe zu nehmen. Vor der Beschäftigung von Eliyahu Rips mit dem »Aaron«-Phänomen war kein Code in der Thora auf diese Weise angegangen worden – und konnte es auch nicht.

Etwa zur gleichen Zeit waren andere israelische Wissenschaftler auf das Phänomen aufmerksam geworden und begannen mit eigenen Untersuchungen. Das geschah zwar meistens in Zusammenarbeit, doch blieb es natürlich wie bei jedem wissenschaftlichen Unternehmen auch nicht aus, daß sich mit der Zeit ein Wettbewerb entwickelte, was aber der Sache nur guttat, weil geordnete kontroverse Debatten zwischen qualifizierten Fachleuten sowohl emotional beflügeln als auch die beste Gewährleistung für intellektuelle Anstrengung sind. (Die eigene Arbeit muß schon besser als gut sein, weil der mindestens auf gleicher Ebene qualifizierte Gegner reichlich Munition für den Nachweis aufbietet, daß sie es nicht ist ...)

Aber auch eine andere Art Debatte kam dadurch in Gang: die zwischen Wissenschaft und Religion. Selbst in diesem frühen Stadium gab es bereits Stimmen aus dem religiösen Lager, die ihre Bedenken darüber äußerten, daß sich da die Wissenschaft auf ein Feld begebe, auf dem sie nichts zu suchen habe. Eine solche Reaktion tauchte noch öfter auf, und zwar bei Gläubigen wie Skeptikern gleichermaßen. Diese Dichotomie, Zweiteilung, ist die moderne Form der cartesischen Dualität, einer Form mentalen und psychologischen »Koscherbleibens« – nicht mit verschiedenen Tellern für Fleisch und Milch, sondern getrennten Räumen für Wissenschaft und Glauben, Materie und Geist, Kopf und Herz. Die Wissenschaft von der Religion fernzuhalten bedeutet indessen, Hoffnungen und Wünsche vor soliden Beweisen zu bewahren – wo doch schon das erste der 13 Gebote des Maimonides für den jüdischen Glauben fordert: » *Wisse*, daß es Gott gibt ... « Also glaube es nicht nur. Aber wie soll man das, ohne Beweise?

Ende der achtziger Jahre war dann respektierten rabbinischen Autoritäten die Frage vorgelegt worden, ob die Code-Suche »koscher« sei. War ein altes Zugangstor, bisher streng versiegelt, weit aufgestoßen worden, um zu einer noch höheren Ebene des Thora-Verständnisses vorzudringen, oder aber erwies sich das Tor selbst nur als eine Illusion? Sollte sich das Tor so kalter und profaner Mittel wie der Statistik öffnen, welche im Prinzip ein »Skelett-Schlüssel« sei, jedermann verfügbar für alles? Sollte es *überhaupt* geöffnet werden? Angenommen, die Arbeit erwiese sich als wissenschaftlich begründet und wertvoll, was waren dann die religiösen Konsequenzen daraus? Und was, wenn die Forschungen als Fehlschlag endeten? Was würde das dann beweisen, oder jedenfalls zu beweisen scheinen? Welche Auswirkungen auf das spirituelle Wohlbefinden jener, die an den Forschungen beteiligt waren, mußten erwartet werden, gar nicht zu reden von denen, die nicht eng darin involviert und nicht imstande waren, sich eine eigene, unabhängige Meinung zu bilden?

Das waren durchaus besorgte Fragen zu einem Thema mit potentiell ernsten Folgen. Es ist nicht lange her, daß ein junges jüdisches Paar, das sich die Rückkehr zur Orthodoxie überlegte, die *briss* seines neugeborenen Sohnes – die rituelle Prozedur der Beschneidung, mit der das Kind in den Bund Abrahams aufgenommen wird – auf die bevorstehende Veröffentlichung eines wissenschaftlichen Artikels hin vorläufig absagte. Erst als dieser erschienen war (siehe Seite 273ff.), ließen sie die Zeremonie vornehmen. Dergleichen mußte für jeden nachdenklichen Rabbi aus Dutzenden Gründen der schiere Alptraum sein. Die offenkundigste Frage bei alledem ist ja: Wie werden die Eltern reagieren, wenn dieser Artikel später etwa widerrufen oder widerlegt würde?

In den achtziger Jahren waren Stürme dieser Art allerdings erst milde Querströmungen zu Eliyahu Rips' vorsichtigem und kühlem Kurs des Testens und Erprobens der Solidität der wachsenden Zahl von Überlegungen und Entdeckungen. Als der Kopf die Umrisse dessen zu sehen begann, was das Herz schon lange als Vision vor sich gehabt hatte, nahmen konkrete Punkte des Code-Phänomens Gestalt an, die zudem genau definiert werden konnten und exakt meßbar waren. Infolgedessen verfeinerte sich auch der Forschungsprozeß selbst. Die Forschung wurde zielstrebiger und damit auch automatisch Gegenstand penibler Untersuchungen und quantitativer Behandlung. Eine eher tastende Erforschung machte zugunsten genau vorausgeplanten und kontrollierten Tests sowie statistischer Analyse Platz. Das Phänomen begann, mögliche reale Umrisse erkennen zu lassen, selbst für jene mit wissenschaftlicher und nicht nur religiöser Ausbildung. Es war nun der Erkundung wert, wenn auch noch immer zu unpräzise für offizielle Veröffentlichungen und abschließende Beurteilung durch Kapazitäten. Eines der entscheidendsten Details, das bei dem ganzen Unternehmen schon früh in Erscheinung trat, war das *clustering*, die Bündelung.

Bündelung

Rips (und nicht nur ihm) war etwas am »Aaron«-Phänomen aufgefallen, von dem er glaubte, daß es einen Hinweis darauf enthalte, wo die maßgeblichen Kodierungen sich befinden mochten. Abraham Oren hatte ja seinerseits bemerkt, daß gerade die *Abwesenheit* ausdrücklicher Erwähnung Aarons in bestimmten Passagen des Buches Leviticus sehr schwierig zu quantifizieren sei. Und obwohl in diesem Text Aaron nicht »als er selbst« erwähnt wurde, war das Wort »Aaron« (wie in »die Söhne Aarons«) »so ganz nebenbei« in dem einfachen Text der Thora enthalten (einem »Chiffrentext«, kryptologisch zu reden).

Rips formulierte also die »Hypothese« in objektiverer Sprache neu. Das hörte sich so an, als hätte er gesagt: »Vielleicht neigen bedeutsame *kodierte* Wörter dazu, sich um Andeutungen in ihrer einfachen Erscheinung im Text herum zu bündeln.« (Mit anderen Worten: Möglicherweise bündelt sich bedeutsamer direkter Text um die [oberflächlichen] Äquivalente des chiffrierten herum.) Später kommentierte er, das Phänomen scheine sich zu bestätigen, auch wenn der chiffrierte Text nicht nur hinter einem nebensächlichen stand. Daraus formte er schließlich eine Untersuchungsprozedur, die eine Spur weniger Erforschung war als mehr Forschungsprotokoll.

1. Angenommen, die Hypothese ist richtig. Lege dich vorher (also vor dem tatsächlichen Nachprüfen) auf einige Thorastellen fest, die vermutlich verborgene Wörter in Relation zu der Stelle selbst enthalten.

2. Wähle die zu suchenden Wörter aus. Warum von Beginn an bestimmte Wörter ausgewählt werden und andere nicht, richtet sich nach den Nuancen, der Geschichte und der religiösen Wichtigkeit bestimmter hebräischer Wörter in der Thora und der mündlichen Überlieferung, wenngleich dies vom wissenschaftlichen Aspekt aus belanglos ist. Der ausschlaggebende Punkt ist, daß, wenn eine Stelle ausgewählt ist und daraus ein Wort zur näheren Untersuchung (aus welchen Gründen immer), sowohl die Suche nach verborgenen Aufscheinungen als auch die statistische Überprüfung *nach* der Auswahl erfolgen muß. (Rips suchte nicht einfach nur nach zufälligem Aufscheinen von Wörtern, um dann mit Hilfe der Statistik die wirklich bedeutsamen zu identifizieren und die »Nieten« auszusondern; er führte auch vielmehr am Schluß – und nur am Schluß! – eine strenge Computeranalyse *aller* Wörter der Genesis durch und erstellte eine Gesamtliste [die nachfolgend besprochen wird]).

3. Führe statistische Analysen der ausgewählten Wörter durch (so wie im dritten Kapitel bereits beschrieben) sowie zusätzliche Überprüfungen.

Und wieder einmal waren die Ergebnisse verblüffend. Rips entdeckte eine extrem hohe Anzahl und Proportion von Fällen, in denen, wie er mutmaßte, *das direkte Thema einer bestimmten*

Passage, repräsentiert durch ein einziges Wort im Oberflächen-text (etwa das Wort »Eden« in Stellen, in denen vom Garten Eden die Rede ist) *sich auch in einer ungewöhnlich großen Anzahl Bündelungen kodierter Erscheinungen desselben Wortes in ebendieser Stelle wiederfindet* – öfter, als es vernünftigerweise der Zufallserwartung entsprechen konnte. Es war, als sei auch *dieser* Absatz mit Absicht so formuliert worden, daß darin das Wort »Bündelung« oftmals und in verschiedensten abstandstreuen Intervallen von Buchstabenüberspringungen auftauchte. Dazu hier gleich zwei der einfacheren Beispiele zur Illustration des Phänomens:

Genesis 2, 4-17 mit den drei Aufscheinungen von »Eden«
im Oberflächentext (gerastert עדן = EDeN) plus 19 verborgenen »Eden«
in verschiedenen abstandstreuen Buchstabenintervallen.
Viele Buchstaben werden dabei mehr als einmal verwendet.

```
מ א ר צ ו ש מ מ ו כ ל ש י צ ה ש י ד ה ט ר מ י ה י ה ב א ר צ ו כ
ל ע ש ב ה ש ד ה ט ה מ י צ מ ח כ י ל א ה ה מ ט י ר י ה ו ל א ל ה י
מ ע ל ה א ה צ ו א ד מ א י נ ל ע ב ד א ת ה א ד מ ה ו א ד י ע ל ה
מ נ ה א ר צ ו ה ש ק ה א ת כ ל פ נ י ה א ד מ ה ו י י צ ר י ה ו ה
א ל ה י מ א ת ה א ד מ ע פ ר מ נ ה א ד מ ה ו י פ ח ב א פ י ו נ ש
מ ת ח י י מ ו י ה י ה א ד מ ל נ פ ש ח י ה ו י ט ע י ה ו ה א ל ה
י מ ג נ ב ע ד נ מ ק ד מ ו י ש מ ש מ א ת ה א ד מ א ש ר י צ ר ו י
צ מ ח י ה ו ה א ל ה י מ מ נ ה א ד מ ה כ ל ע ץ נ ח מ ד ל מ ר א ה
ו ט ו ב ל מ א כ ל ו ע צ ה ח י י מ ב ת ו כ ה ג נ ו ע ץ ה ד ע ת ט
ו ב ו ר ע ו נ ה ר י צ א מ ע ד נ ל ה ש ק ו ת א ה ת ה ג נ ו מ ש מ
פ ר ד ו ה י ה ל א ר ב ע ה ר א ש י מ ש מ ה א ח ד פ י ש ו נ ה ו א
ה ס ב ב א ת כ ל א ר צ ה ח ו י ל ה א ש ר ש מ ה ז ה ב ו ז ה ב ה א
ר צ ה ה ו א ט ו ב ש מ ה ב ד ל ח ו א ב נ ה ש ה ם ו ש מ ה נ ה ר ה
ש נ י ג י ח ו נ ה ו א ה ס ו ב ב א ת כ ל א ר צ כ ו ש ו ש מ ה נ ה
ר ה ש ל י ש י ח ד ק ל ה ו א ה ה ל כ ק ד מ ת א ש ו ר ו ה נ ה ר ה
ר ב י ע י ה ו א פ ר ת ו י ק ח י ה ו ה א ל ה י מ א ת ה א ד מ ו י
נ ח ה ו ב ג נ ע ד נ ל ע ב ד ה ו ל ש מ ר ה ו י צ ו י ה ו ה א ל ה
י מ ע ל ה א ד מ ל א מ ר מ כ ל ע צ ה ג נ א כ ל ת א כ ל ו מ ע צ ה
ד ע ת ט ו ב ו ר ע ל א ת א כ ל מ מ נ ו כ י ב י ו מ א צ ל כ מ מ נ
ו מ ו ת ת מ ו
```

Genesis 2, 4 = N 2,17 mit den drei Aufscheinungen von »Der Fluß«
im Oberflächentext (gerastert הנהר = HaNaHoR) plus 13 verborgenen
»Der Fluß« in verschiedenen abstandstreuen Buchstabenintervallen.
Viele Buchstaben werden dabei mehr als einmal verwendet.

Die nachfolgende Tabelle zeigt eine kleine Auswahl aus einer Vielzahl bereits vorhandener Beispiele, hier der Auffindungen in der Eden-Erzählung. In einer Publikation *(B'Or HaTorah)*, in der sie enthalten sind, liefern die Autoren statistische Ergänzungen. Ich habe die Ausgangsannahmen genommen, den Suchprozeß wiederholt und meine eigene überschlägige Schätzung der statistischen Bewertung unter Benutzung konservativer Messungen ergänzt. Das soll nicht mehr sein als eben eine grobe Schätzung, weil es ja nicht das Ergebnis formeller, kontrollierter Versuche ist. Die Zahlen sollen der Leserin und dem Leser ebenfalls nur eine Ahnung dessen vermitteln, was eigentlich das große Interesse sowohl skeptischer Wissenschaftler als auch der allmählich die Diskussion um die Codes wahrnehmenden allgemeinen Öffentlichkeit auslöste. Ich habe mich auf einige der eindrucksvolleren Beispiele beschränkt, andere sind auf den ersten Blick nicht so deutlich. Man beachte die Spalte mit den erwartbaren Aufscheinungszahlen bestimmter Wörter oder Sätze und den ungefähren Chancen der tatsächlichen Aufscheinungen (basierend auf einer relativ einfachen sogenannten Fisch-Verteilung für erwartete gegenüber tatsächlichen Aufscheinungen).

Verborgenes: hebräisches Wort	Deutsche Bedeutung	Genesis-Stelle	Anzahl der Buchst. im Text	Erwartbares Aufscheinen verborgener Wörter	Tatsächl. Aufsch. verborg. Wörter	Wahrscheinlich-keit
עדן	Eden	2, 4-17	657	13,2	20	1:100
הנהר	Der Fluß	2, 4-17	657	6:15	15	1:1400
מקום	Ort	1, 6-13	407	2:07	13	1:50
מקוה	Gewässer	1, 1-13	604	3,36	6	1:10 000
המועדים	Erwählte Zeiten	1, 6-19	705	0,00122	1	1:70000000

Dazu einige Erläuterungen.

- Verborgene »Eden« bündeln sich rund um das offene »Eden« in jenen Stellen, die den Garten Eden beschreiben. Wo man in diesem Text von 657 Buchstaben etwa 13 bis 14 verborgene »Eden« erwarten könnte, sind es tatsächlich 20. Dies ist eine Wahrscheinlichkeit von mehr als 1 zu 100 dagegen.
- Verborgene »Der Fluß« bündeln sich rund um das offene »Der Fluß« in derselben Stelle wie oben. Auch sie beschreiben die den Garten durchziehenden Flüsse. Nachdem »Eden« drei hebräische Buchstaben lang ist und »Der Fluß« vier (und anders als im Deutschen [und Englischen] nur ein Wort), ist die Erwartbarkeit meßbar geringer. Sechs bis sieben verborgene Aufscheinungen von »Der Fluß« können in dem Text von 657 Buchstaben erwartet werden, tatsächlich sind es 15. Die Wahrscheinlichkeit dagegen ist bereits größer als 1 zu 1000.

- Das nächste Beispiel »Ort« ist ein Wort mit einer bestimmten, speziellen Nuance im Hebräischen. Es erscheint offen in Genesis 1, 1-13 nur einmal (*Und Gott sprach: Es sammle sich das Wasser unter dem Himmel an besondere Örter ...*). Um es herum bündeln sich sechs verborgene Aufscheinungen desselben Wortes. In Texten dieser Länge wären nur zwei Aufscheinungen erwartbar. Die Wahrscheinlichkeit dagegen ist größer als 1 zu 50.
- 13 verborgene »Gewässer« erscheinen in derselben Textstelle wie »Ort« (»Örter«, s. o.), wären aber weniger als viermal erwartbar.
- Das letzte Beispiel »Erwählte Zeiten« gehört einer anderen Kategorie an; auf diese begann die gezielte Forschung sich zuzubewegen. In der gesamten Genesis gibt es *eine einzige* offene Erwähnung des Wortes HaMOADYM, die »Erwählte(n) Zeit(en)« *(... zu der Zeit, da Gott der Herr Erde und Himmel machte ... Genesis 2, 4)*. Über ebendiese Stelle der Genesis schrieben und diskutierten Rabbenu Bachya, Rabbenu Tam, das *Zohar* und Rabbi Weissmandl. Es handelt sich um den Teil, in dem von der Schöpfung die Rede ist und von der Fixierung von Sonne und Mond als Grundlage des Kalenders. Der Ausdruck erscheint später noch einmal, in Leviticus 23, wo 70 »erwählte Zeiten« ab jedem der heiligen Feiertage des Kalenders erwähnt werden.[*] HaMOADYM ist ein langes Wort, und man kann deshalb nicht davon ausgehen, daß es in einer kurzen Textpassage sehr oft aufscheint – wenn überhaupt. Die Erwartbarkeit, HaMOADYM verborgen in irgendeiner 705 Buchstaben langen Passage der Genesis (jener Stelle, in der das Wort das eine Mal offen auftaucht) zu finden, ist etwa 1 zu 1000. Die Wahrscheinlichkeitserwartung, daß es im gesamten, 78 064 Buchstaben langen Genesis-Text erscheint, hat den Wert fünf. Aber tatsächlich ist es in der gesamten Genesis lediglich ein einziges Mal verborgen. Bei dieser einen Gelegenheit beträgt das abstandstreue Buchstabenintervall exakt 70, und obendrein ist in diese Intervalle auch das einzige *offene* Aufscheinen des Worts in der Genesis ein-

---

[*] 52 Sabbate, sieben Tage Passahfest, ein Tag Shavuoth (»Fest der Wochen«), ein Tag Rosh Hashanah (»Trompetenfest«), ein Tag Jom Kippur (»Versöhnungsfest«), sieben Tage Sukkoth (»Laubhüttenfest«) und ein Tag Shemeini Atzereth (»Achter [Tag] der Versammlung«) (52 + 7 + 1 + 1 + 1 + 7 + 1 = 70).

beschlossen. Die Wahrscheinlichkeit dagegen ist größer als 70 000 000 zu 1. Beachten wir auch hier, daß dieses Phänomen *antizipiert* war und nicht erst hinterher entdeckt und berichtet. (Der amerikanische Baseballstar Babe Ruth schlug eine Menge *Home Runs*, aber man erinnert sich ganz speziell an das Spiel, bei dem er voraus ankündigte, wohin er den nächsten Ball genau schlagen werde. Es wäre überhaupt nichts Erwähnenswertes gewesen, hätte er das hinterher getan und dazu behauptet, genau dies habe er so beabsichtigt; oder er hätte seine Schläge vorab angekündigt und dann einige Zufallstreffer gelandet.)

י	ק	ר	ה	ת	א	מ	י	ה	ל	א	ש	ע	י
ו	מ	י	ש	מ	ע	י	ק	ר	ל	מ	י	ה	ל
כ	י	ה	ו	י	ה	ש	ב	י	ה	ה	א	ר	ת
ש	ד	צ	ר	א	ה	ש	ד	ת	מ	י	ה	ל	
ז	ע	י	ר	מ	ז	ב	א	ע	ש	ד	ר	צ	ר
י	ו	י	ש	י	ל	ש	מ	ו	ר	ק	ב	י	
ו	מ	י	מ	י	ל	ו	י	מ	י	ד ע ו מ	ל		
מ	ה	ת	א	מ	י	ל	ד	ג	ה	ת	ר	א	מ
מ	ש	ה	ע	י	ק	ר	ב	מ	י	ה	ל	א	מ

■ המועדים = HaMOYDYM* = »Die erwählte(n) Zeit(en)«
□ מועדים = MOADYM = »Erwählte Zeit(en)«

י	ק	ר	ה	ת	א	מ	י	ה	ל	א	ש	ע	י
ו	**M**	י	ש	מ	ע	י	ק	ר	ל	מ	י	ה	ל
כ	**Y**	ה	ו	י	ה	ש	ב	י	ה	ה	א	ר	ת
ש	**D**	צ	ר	א	ה	ש	ד	ת	מ	י	ה	ל	
ז	**A**	י	ר	מ	ז	ב	א	ע	ש	ד	ר	צ	ר
י	**O**	י	ש	י	ל	ש	מ	ו	ר	ק	ב	י	
ו	**M**	י	מ	י	ל	ו	**M Y D A O M**	ל					
מ	**H**	ת	א	מ	י	ל	ד	ג	ה	ת	ר	א	מ
מ	ש	ה	ע	י	ק	ר	ב	מ	י	ה	ל	א	מ

---

* Dieses Aufscheinen von HaMOADYM = *Die* erwählte(n) Zeit(en) hat ein Buchstabenintervall von 70 Buchstaben, was »über 100 Prozent der Genesis minimal ist«. Es schließt ein Aufscheinen von »Erwählte Zeit(en)« in sich ein (ohne »Die«!), was »minimal über 92 Prozent der Genesis ist«. Die Bedeutung und der Sinn dieser zusätzlichen Zahlenwerte werden im neunten Kapitel behandelt.

Das Verständnis dieses Bündelungseffekts hilft uns bei der Erkenntnis, worin sich der Bibel-Code von anderen üblichen Codes in der Geheimdienstarbeit unterscheidet: nämlich darin, daß die Codes in der Thora *keine verborgene Botschaft zu signalisieren scheinen* und statt dessen scheinbar nur ein rein statistisches Phänomen sind, bemerkenswert allenfalls, weil sie (die Häufungen) in einer Situation auftauchen, in der die gegenteilige Wahrscheinlichkeit so groß ist.

Sehen wir uns einmal die beiden Punkte-Abbildungen unten an. Technisch kann man beide Darstellungen als Bündelungen bezeichnen, aber die linke ist für diesen Begriff doch zu geordnet. Beachten wir aber, daß auch in den Punkten rechts eine Ordnung vorhanden ist, selbst wenn sie »fuzzy« ist (»ausgefranst«). Eben dies meinen wir mit »Bündelung«: eine Tendenz von Dingen zu einer mehr oder minder starken Zusammenballung, die auf eine bestimmte (und keine andere) Weise, trotzdem aber »unvollkommen« geschieht. Phänomene dieser Art lassen sich mit großer Genauigkeit »intuitieren«. (Unser Geist scheint gerade hierfür besonders geeignet zu sein: nämlich in einem »geräuschvollen« Strom von *Input* Muster zu erkennen.) Viele davon lassen sich als echt und keine Illusion nachweisen, einfach unter Verwendung sehr raffinierter statistischer Methoden. (Die Unterseite unserer Mustererkennungsfähigkeit ist unsere Neigung, uns Muster zu erfinden, wenn außer Geräusch sonst nichts vorhanden ist. Dies ist ein ganz verbreitetes Problem, wenn unsere emotionale Vorgabe, Bedeutungen oder Muster erkennen zu wollen, groß ist und die daran beteiligten Konzepte eher schlecht faßbar. Religion ist die klassische Domäne, in der sich diese Art Verzerrung einzuschleichen pflegt.)

Die Tatsache, daß es keine präzise definierbare Regel für die »fuzzy«-Ordnung gibt, heißt nicht, daß keine existiert. Die Methoden, zu solchen »Fuzzy«-Regeln zu gelangen, sind die gleichen wie die über die letzten zwei bis drei Jahrhunderte von den Kryptologen entwickelten: Man versuche nicht nur zu »raten«, was hinter einer chiffrierten Mitteilung zu stehen scheint (um sich dann selbst zu bestätigen, daß das eigene Raten richtig war, nur weil es einem selbst sinnvoll erscheint und man es gerne so haben möchte), sondern benutze statt dessen rigorose und objektive statistische Methoden, angewandt auf eine große Zahl Proben, um so »statistisch relevante« Abweichungen von dem, was nur der Zufallserwartung entspricht, zu erhalten. Diese Abweichungen erst zeigen die verborgene Ordnung an, und zwar, bei echten Codes und Chiffrierungen, die *beabsichtigte* Ordnung. Bei den meisten Phänomenen zeigt sich, daß sie erst verständlich werden, wenn man sie mit dieser Art statistischer Annäherung angeht. Dies hat auch eine ganz neue Ära des Denkens eingeführt, genannt »Fuzzy-Logik«. Sie besteht darin, daß man mit allen Ungefähr-Begriffen wie »ziemlich«, »fast«, »nicht ganz« oder »so gut wie alle(s)« mathematisch genauso exakt umgeht wie mit eindeutigen Zahlen.

Unter Heranziehen ebendieser Grundsätze richtete Rips seine Aufmerksamkeit auf die ersten beiden Passagen der Genesis. Mehr als alle anderen galten diese in der jüdischen Überlieferung ja schon immer als diejenigen, die vermutlich geheime, in ihnen *versteckte* Informationen enthielten, die sich mit kryptoanalytischen Methoden, wie sie erstmals die frühen Kabbalisten und *Zohar*-Studierenden anregten, »abbauen« ließen wie Erz oder Kohle aus einem Bergwerksflöz. Rips suchte nach Stellen in diesen beiden Kapiteln, in denen ein bedeutsames Wort an der Textoberfläche als »undeutlicher Hinweis« auf tatsächliches Vorhandensein verborgener – gleicher! – Wörter zu vermuten war. Und tatsächlich schien sich dies erneut zu bewahrheiten. *Verborgene* Erscheinungen neigten stets dazu, sich um das jeweilige »offene« Wort herum im chiffrierten Text zu bündeln.

Es muß hier aber sogleich nachdrücklich darauf hingewiesen werden, daß, obgleich dieses Ordnungsprinzip nur »fuzzy« war statt exakt, dennoch alsbald die Wahrscheinlichkeit der *Absicht* dabei offenkundig wurde, statt daß man nur eine, sagen wir, Ungewöhnlichkeit der sprachlichen Mechanik darin hätte sehen müssen. Es gibt schlicht keine mechanischen Prozesse, die einen solchen Grad von Häufung glaubhaft machen könnten. Anhand vieler nachfolgender Experimente wurde dies überprüft, und es ist auch tatsächlich niemals eine mechanische Ursache dafür gefunden worden.

Allein in diesen beiden Genesis-Abschnitten fand Rips also (und fanden mit ihm eine zunehmende Anzahl Personen, denen alle die Resultate zu denken gaben, darunter auch andere Wissenschaftler) eine enorme Menge an Bündelungen. Eine kleine Auswahl davon wurde in gedruckter Form Professor Daniel Michaelson übermittelt, einem Mathematiker der UCLA und auch der Hebräischen Universität, der mittlerweile ganz nach Israel gezogen war.

Für einen Skeptiker wäre hier jetzt der Zeitpunkt, neben allen Streitereien darüber, welche statistische Methode nun am besten für diese Art von »Fuzzy-Analysen« geeignet sei, zu fragen, woher wir denn so sicher wüßten, daß die guten Beispiele nicht auf disproportionierte Weise den schlechten (und einfach ignorierten) vorgezogen worden seien. Wobei nicht einmal eine ausdrückliche Täuschungabsicht im Spiel sein müßte. Derlei ist ein ganz unbewußter Selektionsprozeß und allen seriösen Wissenschaftlern geläufig, die ohne angemessene Kontrollen nicht einmal ihren eigenen Resultaten trauen.

Rips, der sich dessen bewußt war und inzwischen mit Michaelson zusammenarbeitete, den es seinerseits wie magisch zu diesen erstaunlichen Entdeckungen hinzog, drängte seinen Partner entschlossen zum nächsten logischen Schritt. Sie untersuchten sämtliche Wörter dieser Genesis-Abschnitte – was ein ungeheurer Rechenvorgang ist, vergleichbar bereits mit seriöser kryptoanalytischer Arbeit – auf Häufungseffekte hin, wie sie auch schon Friedman gefunden hatte. Über die diesbezüglichen Resultate davon schrieb Michaelson:

Und was ist mit den anderen Wörtern? Es liegt auf der Hand, daß wir hier nicht alle Resultate aufführen können.* Aber 40 Prozent der Wörter in den genannten drei Passagen [von den Beispielen, über die Michaelson in diesem Artikel referierte] förderten einen starken Bündelungseffekt zutage. Weitere 40 Prozent zeigten noch mäßige Bündelungen, der Rest gar keine.«[1]

Das ist nun aber eine ganz außerordentliche Feststellung. Zeigte eine Passage von 600 Wörtern nur einen mäßigen Bündelungseffekt von 40 Prozent von ihnen und der Rest gar keinen, so wäre selbst der verbleibende Rest von 40 Prozent verborgener ordnungsbegründender Natur noch immer überwältigend. (Wenn man eine Münze oftmals wirft und dabei ein Verhältnis von 60 zu 40 Fällen »Kopf und Adler« erhält, ist das dann schon der Nachweis einer verborgenen Neigung zu »Kopf«? Noch nicht, wenn man nur zehnmal wirft; da liegt sechs zu vier noch gut innerhalb der Zufallswahrscheinlichkeit für zehn Würfe. Intuitiv wissen wir ja auch, daß exakt 50 zu 50 nicht heißt, es müsse stets eine genaue Zahl dafür herauskommen. Aber je öfter wir die Münze werfen, desto näher werden wir an die Wahrscheinlichkeit von 50 Prozent kommen. Wenn wir aber nun auch nach 1000 Würfen noch sechs zu vier haben? Praktisch gesprochen ist 600 zu 400 bereits ein klarer Beweis dafür, daß da etwas eben nicht der glatten Prozedur entspricht. Die Spielcasinos machen Vermögen mit der auf lange Sicht stets ihnen zufallenden größeren Wahrscheinlichkeitschance und brauchen hierfür weit weniger; ein bis zwei Prozent »Wahrscheinlichkeitsvorteil« genügen ihnen dazu bereits vollauf.)

Eine wachsende Zahl Wissenschaftler, Rabbis, verblüffter Säkularisten und neugieriger Besucher aus aller Welt begann allmählich der sich vergrößernden Menge wissenschaftlicher Experten, die ernsthaft die »poetischen Überhöhungen« der alten Weisen unter die Lupe nahmen, über die Schulter zu schauen. Dr. Moshe Katz, ein Bio-Ingenieur am Technion in Haifa, Israels

---

* Über 600 eigenständige Analysen müßten dazu genannt werden.

Äquivalent zum amerikanischen MIT, stieg in die Arbeiten ein, zuerst in Gemeinschaft mit Rips und später selbständig. Kontroversen brauten sich zusammen. Hochqualifizierte Fachleute und Laien, Religiöse und weltlich Orientierte bezogen auf beiden Seiten der Frage: Kann es wirklich sein, daß das, was da herausgefunden wird, Tatsachen sind? Position. Die Meinungen waren selten moderat. Entweder stand fest, daß das Material unzweifelbarer Beweis nicht nur der göttlichen Urheberschaft war, sondern auch jedes beliebigen theologischen Prinzips, das man gerade im Sinn hatte (und alles zusammen zur gleichen Zeit). Oder aber die ganze Geschichte war schlicht der blühende Unsinn. Daß Eliyahu Rips selbst die letztere Ansicht vertrat, war immerhin etwas irritierend.

Mitterweile war es Mitte der achtziger Jahre geworden. Ein Physikstudent in Israel, der gerade seine Diplomarbeit über die allgemeine Relativität fertiggestellt hatte, hatte kurz danach ebenfalls sein weltliches Leben hinter sich gelassen und war ein *baal t'shuva* geworden. Das bedeutet wörtlich »Meister der Buße« und wird auf jene angewandt, die zur strikten Beachtung des alten Glaubens zurückkehren. Auch er hatte nämlich von den Thora-Codes gehört und wurde, je mehr er darüber lernte, desto überzeugter von ihrer Echtheit. Er besprach sich eingehend mit jenen Rabbis, die seine Lehrer und Ratgeber waren, wie er am besten mit diesem Material umgehen oder sich überhaupt weiter damit beschäftigen sollte. Er bekam ihren Segen, und damit nun wandte er seine erheblichen intellektuellen Fähigkeiten der schier übergroßen Aufgabe zu, diese Codes auf eine felsenfeste wissenschaftliche Grundlage zu stellen. Und so dauerte es nicht lange, und Doron Witztum – um ihn handelte es sich – war der bedeutendste Code-Forscher der Welt; er führte die Technik in eine bis dahin ungekannte Höhe und Effizienz. Seine Beweismethode erreichte bald das höchste Niveau in den Zirkeln der Wissenschaftspublizistik.

Gelegentlich flackerte zwar kurz ein wenig öffentliches Interesse auf, aber ansonsten blieb die Code-Forschung vorerst eine ziemlich esoterische Angelegenheit. Den meisten sogenannten Enthusiasten fehlten die mathematischen Kenntnisse, das bisher

Gefundene kritisch und unabhängig zu bewerten. Ihre Aufgeregt-heit barg im Gegenteil nur die Gefahr, mehr Schaden anzurichten als Nutzen zu stiften. Andererseits erachteten es die meisten, die über die erforderlichen Fähigkeiten verfügten, nicht der Mühe wert, sich damit zu beschäftigen. Und daß es sich bei alledem auch noch um Religion handelte, machte für sie die Sache nur noch schlimmer.

Rips und Michaelson aber hatten sich inzwischen dazu ent-schlossen, zu ihrer lässigen westlichen Kleidung das Käppchen und die *ziziss* zu tragen. Für Michaelson waren die Codes eine ge-heime Passage zurück zu dem Glauben seiner Väter geworden. Er ließ auch die Codes bald hinter sich, um sich ganz dem Glaubens-leben zu widmen: der Religion selbst sowie der spirituellen und moralischen Transformation, wie sie von Gott vorgegeben wird. Für Rips brachten die Codes dagegen einen Nebeneffekt anderer Art mit sich, wenn auch einer bedeutenden. Seine Rückkehr zur Orthodoxie wurde von anderen Faktoren beeinflußt. Aber beide besaßen sie die mathematischen und statistischen Kenntnisse, die für eine kritische Beschäftigung mit dem Thema Bibel-Code Vor-aussetzung waren. Sie waren verblüfft über das, was sie heraus-fanden.

Es sollte bald viele andere geben, die gleichermaßen verblüfft waren, und noch mehr verblüffende Entdeckungen.

Neuntes Kapitel

Die Architektur des Gartens

> In den Tagen des sechsten Teils des sechsten Jahrtausends
> werden sich zusammen mit den Quellen des irdischen Wissens
> unten die Tore des himmlischen Wissens oben öffnen. Damit
> wird beginnen, womit die Welt sich auf den Einzug in das
> siebte, das Sabbat-Jahrtausend, vorbereitet.
>
> *Zohar, Kommentar zur Zerstörung der Welt zur Zeit der Flut*

Einige der intellektuellsten Geister der Welt hatten ihre Aufmerksamkeit wie die Lichtkegel von Scheinwerfern mit der Intensität
von Laserstrahlen auf die seltsamen Entdeckungen gerichtet, über
die aus Jerusalem berichtet wurde. Man mag zwar von einem bestimmten hochdisziplinierten Standpunkt aus darauf bestehen,
daß diese seltsamen Beziehungen zwischen äußerer und innerer
Schicht der Thora, vorausgesetzt, es gibt sie tatsächlich, nicht automatisch auf irgend etwas »Übernatürliches« hindeuten muß.
Aber die meisten Menschen empfinden das gefühlsmäßig anders.
Als die Möglichkeit göttlicher Einflußnahme darauf erst einmal,
zumindest hypothetisch, denkbar war (und immerhin stellte ja
auch der Text selbst diesen Anspruch), da schien dies doch in der
Tat eine plausiblere Erklärung zu sein als die Vermutung, über die
Zeiten habe nur eine Anzahl brillanter, zwangsbesessener und absichtlich unehrlicher Kombinationsgenies den Text geschrieben
und immer wieder umgeschrieben, damit er am Ende so viele
merkwürdige Zusammenhänge enthalte, wie sich nur in ihm un-
terbringen ließen, obwohl deren Vorhandensein außer ihnen niemand zu entdecken vermochte. Was herausgefunden worden war,
hatte inzwischen einen solchen Grad der Komplexität und Subti-

lität erreicht, daß unausweichlich nur die Alternativen übrigblieben, entweder anzufangen, sich Gedanken über Gott zu machen, oder die ganze Geschichte mit einer Handbewegung abzutun und sie als von Beginn an für lächerlich zu erklären.

Die dramatischen Auswirkungen, welche die Codes auf die Menschen zu haben schienen, blieben nicht unbemerkt. Michaelson war in eine Jeschiwa eingetreten, Rips inzwischen voll *frum* (fromm, nämlich thoragläubig bis ins letzte Detail). Rund um die innerste Gruppe der ersten Forscher herum formte sich bereits ein zweiter Kreis von Leuten, die sich mit der »Übersetzung« der Forschungsergebnisse für die Laien befaßte. Das dünne Rinnsal amerikanischer, kanadischer und anderer weltlicher Juden aus der westlichen Welt, die sich auf die alte jüdische Verehrung der Thora besannen, schwoll zu einer Flut an. Es waren sogar etliche Wissenschaftler, so mancher davon mit glänzendem Ruf und hervorragenden Leistungen in Jahrzehnten rein weltlicher Tätigkeit, darunter. »Welcher intelligente Mensch«, sagte ein bekannter Physiker, »nahm denn noch die Kindermärchen der Religion ernst?« Heute spricht er von seiner einstigen Weltsicht als »knieweichem Säkularismus«.

Als einer der einflußreichsten Zugänge zu dieser anderen Welt erwies sich die Jeschiwa-Schule Aish HaTorah (Flamme der Thora) in Jerusalem, die inzwischen Ableger in aller Welt hat. Es war keine Frage, daß die Code-Forschung, die man ihr übertragen hatte, sehr häufig das Streichholz zum Entzünden der Flamme war. Die Wirkung war explosiv.

In den langen Jahrzehnten der Wanderungen in der Wüste des aufgeklärten Materialismus (an die 400 Jahre seit dem Beginn der sogenannten Aufklärung) schien eine Art mentaler Dickfelligkeit immer weitergewachsen zu sein. Die davon herrührende Attitüde lautete ungefähr so: »Ich brauche die Religion nicht. Das ist etwas für Schwächlinge. Ich bin schließlich intelligent und unabhängiger Geist genug, um diese – sagen wir es doch ganz offen – albernen Illusionen durchschauen zu können. Nein, nein, da bin ich schon aus ernsthafterem Stoff.« Solchermaßen drückte sich beispielsweise auch die Autorin des Hauptaufsatzes aus in *People of the Book: Thirty Scholars Reflect on Their Jewish Identity*

(Universität von Wisconsin; Das Volk der Schrift [oder: Büchermenschen]: Dreißig Gelehrte über ihre jüdische Identität), die sich selbst eine jüdische Nichtjüdin nennt. Und selbst noch dieser schwache Abglanz ihrer alten Herkunft, meint sie, »kapituliert vor einer verschrobenen, rückwärtsgewandten Identitätspolitik«[1]. Ein anderer literarischer Gelehrter, der den Hunger seiner Studenten und Kollegen nach einer tieferen Spiritualität bemerkte, welcher tiefer ging als lediglich bis zur »Demontierung der Texte«, tadelt dieses Bedürfnis als »den Triumph der Rituale über die Vernunft ... und eines wiedergeborenen Fanatismus über das, was uns Menschen verbindet – was immer dies ist«[2]. Und ein anderer behauptet, Jude zu sein bedeute »... territorial, engstirnig, militaristisch und vor allem patriarchalisch zu denken«[3]. Und schließlich noch eine Meinung, kurz und bündig: »Ich bin genau deshalb Jude, weil ich nicht gläubig bin.«[4]

Nun war schließlich der Bibel-Code kein übliches »Wunder« jenseits aller Analyse und des Anspruchs, Teil des Glaubens zu sein. Er war einfach da, ohne Protest oder Ausflucht, und ließ es zu, daß man in ihm herumstocherte und ihn »durch die Mangel drehte«. Er stand Tag um Tag jeder Untersuchung zur Verfügung, die sich die moderne Wissenschaft nur ausdenken konnte. Was er preisgab, bedurfte niemandes Bericht aus zweiter Hand. Wer auch nur genügend Entschlossenheit mitbrachte, sich in sein Geheimnis hineinzubegeben, konnte, wenn er nur wollte, »in Sinai dabei sein«, wie es von seinen Vorfahren heißt, und Zeuge werden, wie das Unmögliche Realität wurde.

Die Enthüllung des verborgenen Textes

In übersimplifizierter Form läßt sich die Methode der Verschlüsselung durch Buchstabenüberspringung ganz leicht verstehen; wenn sie hingegen von unerfahrenen Enthusiasten angewandt wird, darf man sicher sein, daß sie ganz schönen Unsinn produziert. Der größte Teil der tatsächlichen Effizienz der Methode indessen lag in den subtilen Feinheiten, wie sie erst Schritt für Schritt allmählich enthüllt wurden, von vielen Forschern und über Jahre hinweg. Die seriöseste Forschung, für die jetzt Doron Witztum als sichtbarste Galionsfigur steht, fand aber heraus, daß die Verschlüsselungen eine Anzahl komplexer, ganz unerwarteter Eigenheiten aufwiesen. Beispielsweise konnten die abstandstreuen Intervalle zwischen den Buchstaben ziemlich groß sein; zuweilen gingen sie sogar in die Tausende. (Das allerdings warf dann gleich wieder die Frage auf, wie in solchen Fällen noch von Bündelungen, Zusammenballungen die Rede sein könne. Dieser Punkt soll in Kürze erläutert werden.) Wie sich herausstellte, wollte – oder sogar konnte – sich kein gutinformierter Skeptiker, über wie viele relativ einfache Einzelbeispiele man auch vorher gestolpert sein mochte, von deren Validität nach wissenschaftlichen Maßstäben überzeugen lassen – bis eben zu den Fortschritten in unserer eigenen Zeit.

Um dies genau zu verstehen, verfolgen wir am besten eine Serie von Annäherungen, von denen jede subtiler und näher an die aktuelle Methode herankommt als die vorherige. Dabei bewegen wir uns ungefähr in den Fußstapfen geschichtlicher Spuren der Codes. Frühere Entdeckungen sind relativ leicht zu verstehen, wenn auch schwer und vielleicht sogar unmöglich zu beweisen (oder auch den Nichtbeweis zu führen!). Zum vollen Verständnis der neuesten Methoden und Resultate ist eine intimere Kenntnis von Statistik und Rechnen erforderlich. Immerhin aber ist es mit der nötigen Sorgfalt jedermann möglich, die einfachen Grundlagen, wie die Codes enthüllt werden können, zu begreifen.

Was bedeutet es für etwas, kodiert zu sein?

Was genau ist ein »Code« beziehungsweise ein kodiertes Wort, und wie erkennt man, daß man auf einen gestoßen ist?

Zur Beantwortung der Frage in ihrer Anwendung auf den Bibel-Code brauchen wir eine Analogie aus dem wirklichen Leben. Stellen wir uns einen Geheimagenten vor – einen »Maulwurf« –, der mit einem Langzeitauftrag in ein fremdes Land geschickt worden ist. Die ganzen langen Jahre, die er dort »im Exil« verbringt, ist er auf die Instruktionen angewiesen, die er von Zeit zu Zeit von seinem weit entfernten »Führungsoffizier« bekommt (oder wie immer er sich nennt; und er kann natürlich auch eine Frau sein), dessen Identität ihm aber vollkommen unbekannt ist. Obwohl der Erfolg des Auftrags unseres Agenten – gar nicht zu reden von seiner sicheren Heimkehr – vollständig von diesen Instruktionen abhängt, ist jeglicher direkte Kontakt ausgeschlossen. Die Instruktionen, von denen er abhängt, sind so raffiniert formuliert, daß keine Notwendigkeit besteht, sie auch noch eigens zu kodieren. Zudem ist er ja vor seiner Abreise zu Hause eingehend geschult worden, wie er mit diesen Instruktionen umzugehen hat. Jeder Unbeteiligte, der sie lesen würde, könnte nichts Verdächtiges in ihnen entdecken – und mangels Eingeweihtheit in den ursprünglichen Zusammenhang, den Kontext. Unser Agent aber braucht nur einen flüchtigen Blick darauf zu werfen und sich die scheinbare belanglose Mitteilung einzuprägen, um sie dann aufgrund seiner langen Vertrautheit mit den Dingen richtig »filtern« zu können.

Eines Tages dann endlich, als er bereits vermutet, man werde ihn bald wieder heimrufen, wendet sich sein Glück. Der Feind hat von seiner Existenz erfahren und sich eine raffinierte Methode ausgedacht, wie sich seine Absichten durchkreuzen lassen. Als er deshalb das nächste Mal den vereinbarten »toten Briefkasten« aufsucht, findet er dort nicht nur eine, sondern zehn verschiedene Anweisungen vor, alle ganz plausibel. Jetzt gerät er in Panik. Welche ist die echte? Oder ist vielleicht – nachdem der Feind offensichtlich über ihn Bescheid weiß – gar keine echt?

Seine Panik währt indessen nur kurze Zeit. Rasch erinnert er sich an ein ziemlich rätselhaftes Gespräch kurz vor seiner Abreise einst vor so vielen Jahren: »*Sie werden schon merken, welchen Richtlinien Sie folgen müssen.*« Er hatte damals nachgefragt: »Wie denn?« Aber schon fast ehe er die Frage ausgesprochen hatte, war sie ihm mit einer simplen knappen Handbewegung abgeschnitten worden, begleitet von einem vielsagenden Lächeln sowie der Auskunft: »*Daß wir Ihnen das nicht ausdrücklich gesagt haben, ist allein schon ein Hinweis darauf, wie.*«

In seinen ersten Jahren im Ausland hatte unser Mann immer wieder gerätselt, was denn dieser seltsame »Hinweis« sein könne. Doch alles lief so problemlos und glatt, daß er schließlich aufhörte, weitere Gedanken daran zu verschwenden. Jetzt aber, in der Bedrängnis des Augenblicks, fällt es ihm wieder ein.

In den nächsten Tagen beschäftigt ihn die Sache pausenlos, und mit steigender Nervosität, die ihn nicht mehr losläßt, denkt er das Problem von Anfang an minuziös durch. Er hat eine bestimmte Menge Tatsachen zur Hand, und wenn er allein diese richtig einschätzt, müßte das genügen, meint er. Und dies sind seine Fakten:

- Erstens, seine Führung zu Hause hatte vorhergesehen, daß ein solches Problem einmal auftreten könnte, ihm erklärt, wie man in einem derartigen Fall verifiziert, ob die Nachricht echt ist, und ihm einige subtile Ratschläge dafür an die Hand gegeben.
- Zweitens, seine Führung handelte stets mit präziser Logik und höchster Intelligenz.
- Drittens, die mysteriöse Lösung seiner Führung erfordert keine weitere Information als das, was ohnehin vorhanden ist.

Nach einigem Nachdenken gelangt unser Agent zu der Schlußfolgerung: Es muß eine Methode geben, mit der sich über jeden Zweifel hinaus feststellen läßt, welche der Anweisungen die echte ist. Diese Methode muß so beschaffen sein, daß sie *keiner Bewertung von außen* bedarf. Und dafür gibt es nur einen Weg: Der echte Text muß in sich irgendeine Art Nachweis enthalten, daß er echt ist, so wie das Wasserzeichen im Papier eines echten Geldscheins. Die Existenz eines solchen »fail-safe« verlangt wiederum, daß folgendes zutrifft:

1. Es muß mindestens eine zusätzliche Bedeutungsebene in der Nachricht versteckt sein, eine, die er bisher weder wahrgenommen noch überhaupt nach ihr gesucht hat, weil bisher keine Notwendigkeit dafür bestand, selbst wenn es schon vor langer Zeit Hinweise darauf gab.
2. Jede zusätzliche solche Bedeutungsebene muß logischerweise getarnt sein, weil sie ja sonst mit Sicherheit vom Feind entdeckt und daraufhin imitiert und mit Irreführungen versehen würde, gerade so, wie er jetzt bereits die direkte Oberflächenbedeutung nachahmte und mit falschen Inhalten versah.
3. Jede weitere Bedeutungsebene muß ebenfalls Informationen darüber enthalten, daß sie echt ist und allein gültig. Mit anderen

Worten, *es muß Information einer Art sein, die dem echten Autor* (seinem Führungsoffizier) *zur Verfügung steht* – und niemandem sonst.

Von da aus überlegt unser Agent nun weiter: Jede Art bedeutungsvoller Information (Klartext), die absichtlich in den Oberflächentext seiner Anweisung (Chiffretext) eingebaut ist, muß ihrerseits die Form von *Sprache* haben. Das heißt, sie muß eine Abfolge von Symbolen sein, welche einem Regelwerk folgend angeordnet ist.[5] Das muß so sein, weil es die Regeln sind, welche eine andernfalls sinnlose Abfolge von Symbolen erst zu sinnvoller Kommunikation machen. (Wir wollen, weil wir dies später noch brauchen werden, hier gleich im Sinn behalten, daß die Idee der *Sequenz* [Abfolge] die fundamentalste aller Regeln ist. Wüßte man nicht, welchen Buchstaben man als nächsten in Betracht zu ziehen hätte, gäbe es keinerlei Möglichkeit, eine Sprache zu verstehen. Eine »lineare« Sequenz – ein Buchstabe nach dem anderen in ununterbrochener Reihenfolge – ist die einfachste und offenkundigste »Regel«, tatsächlich so offenkundig, daß man sie leicht übersieht.)

Welche Art Regeln müssen dies also sein? Alle Sprachen beispielsweise haben Buchstabierregeln. Aber Buchstabieren allein genügt nicht. *Versuche laufen violett Kopf Vergeßlichkeit seltsam ja* ist eine Sequenz von Buchstaben, die alle korrekt buchstabierte Wörter darstellen. Nichtsdestotrotz ergibt sie keinen Sinn. Also müssen die Regeln von Grammatik und Satzbau (Syntax) dazukommen, damit aus den an sich korrekten Wörtern sinnvolle Sätze werden.

Aber auch nun sind die Regeln der Grammatik und Syntax, wie notwendig sie auch für die Kommunikation sind, immer noch nicht ausreichend. Zum Beispiel: *Während ich explodierte, aß ich das Automobil auf dem fruchtbaren Buch.* Das ist nach den Regeln des Buchstabierens, der Grammatik und der Syntax korrekt, aber trotzdem nach wie vor sinnlos.

Es fehlt uns, mit anderen Worten, immer noch ein Parameter, nämlich der subtilste und zugleich schwierigste: der Sinn selbst. *Das ganze Gebilde muß mit einer Sinnbedeutung verbunden wer-*

den, *welche die einzelnen Teile vereint.* Also wird erst, anders als *Während ich explodierte, aß ich das Automobil auf dem fruchtbaren Buch* ein Satz wie der folgende einen Sinn ergeben, weil seine Bedeutung als Ganzes konsistent ist: *Während ich mich entspannte, aß ich das Sandwich vom Porzellanteller.*

Im Gegensatz zu den ziemlich präzisen Regeln des Buchstabierens, der Grammatik und der Syntax sind nun aber die Regeln der Sinnbedeutung ganz besonders »fuzzy« (von der sich rapide entwickelnden Rechen-/Computerdisziplin der »Fuzzy-Logik« haben wir schon gesprochen).

Diese *Fuzziness* tritt ganz besonders deutlich beim literarischen Gebrauch der Sprache in Erscheinung, weniger beim wissenschaftlichen. Natürlich bestehen heranwachsende weibliche Menschen nicht aus komprimierter, enorm heißer Wasserstoff- und Heliumgasmaterie, dennoch ist folgende Aussage möglich: »*Die junge Julia ist die Sonne!*«

Gut. Bis hierher hat sich unser Agent also inzwischen denkend vorgearbeitet. Jetzt muß er sich seine Frage etwas genauer stellen, nämlich: Gibt es einen einfachen Weg abzuleiten, ob eine versteckte Bedeutung in einer Abfolge von Buchstaben enthalten ist oder nicht, und zwar über die sichtbare »direkte« Bedeutung der »Oberflächen«-Sequenz hinaus? Dies ist gleichbedeutend mit der Frage, ob es einen einfachen Weg zu der Feststellung gibt, ob eine Sequenz von Symbolen eine Sprache ist. Man könnte das auf den ersten Blick verneinen, weil Bedeutung in einer Sprache etwas so Fließendes ist.

Aber die Antwort auf die Frage, ob eine Sequenz eine Sprache ist, muß tatsächlich sehr eindeutig bejaht werden. Es *ist* möglich zu sagen, wie *wahrscheinlich* es ist, daß eine Sequenz von Buchstaben Sprache ist, sobald man nämlich jede *Fuzziness* darin mathematisch manipulieren kann: nämlich mit der Wahrscheinlichkeitsrechnung und der Statistik. Wie alle Wahrscheinlichkeitsschätzungen wird das Ergebnis immer genauer, je mehr Einzelproben man durchführt, also Daten untersucht. Die Methode leuchtet ein, sobald sie konstatiert ist. Wenn ein Sinnbedeutungsmuster in einer Sequenz von Symbolen erkennbar wird, dann zeigt sich dieses als *Tendenz zu sinnbedeutend verknüpften Wör-*

tern in Bündelungen (Zusammenballungen) und in engerer Form als bei nicht miteinander verbundenen Wörtern.

Sehen wir uns daraufhin noch einmal die wichtigsten meinungstransportierenden Wörter unserer Beispielsätze oben an: *Während ich explodierte, aß ich das Automobil auf dem fruchtbaren Buch* und *Während ich mich entspannte, aß ich das Sandwich vom Porzellanteller.* Isoliert für sich bilden *aß, Sandwich, Porzellan* und *Teller* eine Bündelung von Buchstaben, die durch den Sinn eine Beziehung zueinander erhalten. *Aß* und *Sandwich* sind sehr eng miteinander verbunden, ebenso *Porzellan* und *Teller.* Diese beiden Subbündelungen stehen nun wiederum durch die Beziehung von *Sandwich* und *Teller* (sie ist stärker »fuzzy«!) in Verbindung. Computerwissenschaftler bosseln schon lange daran herum, diese Art »probabilistischer Verbindungen« in ihre Rechner einzuprogrammieren.

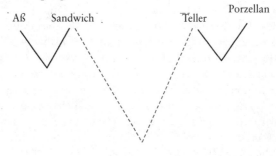

Und nun nehmen wir das Gegenbeispiel *Während ich explodierte, aß ich das Automobil auf dem fruchtbaren Buch.* Da gibt es praktisch keine potentiell sinnbedeutenden Beziehungen, sofern man sie nicht eher an den Haaren herbeizöge. *Fruchtbar* und *Buch* wäre allenfalls noch denkbar, in einem metaphorischen Sinn und in gewissem, seltenem Kontext da oder dort; oder in einer relativ einzigartigen Situation könnte man auch noch *explodierte* und *Automobil* zusammenkriegen – in einem Krimi zum Beispiel.

Fassen wir zusammen. Unser Agent ist zu der Schlußfolgerung gelangt, daß in der echten Nachricht für ihn eine zusätzliche Information verschlüsselt sein muß. Deren Vorhandensein kann er entdecken, wenn er Wörter mit verbindender Bedeutung findet – eine Idee, die »fuzzy« ist, aber ungefähr meßbar –, welche *die Tendenz zeigen, sich relativ »nahe« zu einem anderen in dem Text zu bündeln.*

Nun ist er bereit für den nächsten Schritt. Er muß herausfinden, welche *Kodierungsregel* sein Führungsoffizier zu Hause wohl verwendet hat, um die Wörter aus der Buchstabensequenz, welche den Text formieren, zu bilden. In den Jahren seiner Ausbildung hat er auch die Kunst des Kodierens und Code-Knackens gelernt – die Kryptologie – und sieht deshalb jetzt sofort, daß hier nur eine einzige Verschlüsselungsart anwendbar ist. Alle anderen würden einen Schlüssel verlangen, und einen solchen hat er mit voller Absicht nicht bekommen. Im Gegenteil, es wurde ihm ausdrücklich gesagt, der Schlüssel sei, daß es keinen Schlüssel gebe.

Und mit dieser Einsicht nun lassen sich die Puzzleteile zusammenfügen. Denn zwei andere entscheidende Punkte paaren sich perfekt mit der speziellen Art Verschlüsselung, die er nun erahnt. Erstens muß diese Art Schema *Informationen enthalten, die er bereits als zutreffend kennt.* Anders ausgedrückt, er selbst muß etwas auswählen, wonach er suchen will. Denn es wird nichts sein, was ihm neu ist. Der Zweck dieses Codes ist nämlich nicht, mit ihm zu kommunizieren, sondern es ist schlicht nur ein Testlauf auf der Kommunikationsoberfläche. Und, wie er sich inzwischen im klaren ist, es müssen auch Informationen sein, über die nur sein Führungsoffizier verfügt.

Mit diesem Begreifen paßt nun auch das letzte Teilstück in sein Bild, und er hat Grund zu lächeln. Er weiß jetzt, warum sein Führungsoffizier (dem er nie persönlich begegnet ist) bei drei Gelegenheiten vor seiner Abreise damals angeordnet hatte, er solle mit drei verschiedenen Partnern essen gehen, und warum nichts von spezieller Bedeutung bei diesen Essen passiert war (wie er jedenfalls bisher dachte). Die einzige Art der Entschlüsselung, die allen diesen Voraussetzungen entspricht, funktioniert folgendermaßen:

1. Der Führungsoffizier hatte ein Sortiment von Ereignissen ausgewählt, die sowohl ihm als auch dem Agenten sämtlich bekannt waren, aber nur ihnen beiden. (Jeder Dinnerpartner beispiels-

weise wußte nur von diesem einen Abendessen mit ihm, aber nicht notwendigerweise von den anderen beiden.)

2. Er zeichnet sich nun folgendes Gitter:

3. Er wählt eine Anzahl Wörter aus, die sich in verschiedener, ganz offensichtlicher Weise auf die Schlüsselereignisse bezogen – etwa Namen, Daten, Orte. Also beispielsweise *Jim, Juli* und *Bob, Juni*. Dann setzt er diese Wörter in sein Gitter ein, und zwar mit verschiedenen Kästchenabständen, hält aber die miteinander in Beziehung stehenden Wörter nahe beieinander, nicht in Beziehung stehende relativ weit voneinander entfernt. (Vielleicht verwendete er ja ein Cardano-Gitter …)

4. Für jedes Wort benutzt er Kästchenabstände, die »bemerkenswert« sind, und in einem gewissen Sinn offenkundig, also die kurzen Abstände eher als die langen: Die ins Auge springende Information im Gitter, der Klartext, ist nun eine vereinfachte Form von »Sie hatten Dinner mit Bob im Juni und mit Jim im Juli.«

	B		J	O			B							J
				U									I	U
					N							M		L
						E								Y

5. Schließlich – und dies ist der schwierige Teil, doch zweifellos helfen ihm dabei die hochentwickelten Computer seines Geheimdienstes – gibt er seine genaue Wortfolge ein, eingebettet in den offenen Text …

A	B	E	J	O	I	N	B	E	N	J	A	M	I	N	J
A	C	K	S	U	N	C	L	E	T	O	O	I	F	I	U
P	T	H	E	I	N	T	E	R	E	S	T	A	M	A	L
I	A	W	I	L	L	E	N	T	E	R	A	L	S	O	Y

… die aber im Oberflächentext »verschwindet«:

A	B	E	J	O	I	N	B	E	N	J	A	M	I	N	J
A	C	K	S	U	N	C	L	E	T	O	O	I	F	I	U
P	T	H	E	I	N	T	E	R	E	S	T	A	M	A	L
I	A	W	I	L	L	E	N	T	E	R	A	L	S	O	Y

(Er wird die Computer seines Büros gleichfalls dazu benutzt haben, um zu kontrollieren, ob seine eingebetteten Wörter nicht etwa zufällig auch anderswo und in kürzeren Abständen aufscheinen.) Der Oberflächentext ist kein bloßer Blindtext. Er stellt in sich eine wichtige Mitteilung dar, dient jedoch nun zusätzlich als Chiffriertext für einen in ihm enthaltenen weiteren Klartext. Er schreibt nun seine Nachricht in einer linearen Sequenz: ABEJOINBENJAMINJACKSUNCLETOOIFIUPTHEINTERESTAMALIAWILLENTERALSOY. Er versieht sie mit Großschreibung, Satzzeichen und Abständen und schickt das in der üblichen Form ab.

> Abe:
>
> Join Benjamin (Jack's uncle), too. If I up the interest, Amalia will enter also.
> Y.

»Abe, triff dich auch mit Benjamin (Jacks Onkel). Wenn ich die Zinsen erhöhe, macht auch Amalia mit. Y.« Natürlich muß unser Agent den ganzen Vorgang umkehren. Und das erfordert zwei Dinge, wenn ihm dies mit einiger Sicherheit gelingen soll. Er muß einige gute Rateversuche unternehmen, was sein gemeinsames Wissen mit seinem Führungsoffizier angeht und was dieser vermutlich als Signalbegriffe verwendet hätte (er wurde ja nicht vorausinformiert, worum es sich handeln werde), und er muß imstande sein, ein gewisses Maß *statistischer Analyse* eigenständig durchzuführen, die ihm Auskunft darüber gibt, ob das, was er herausgefunden hat, nicht etwa ein Zufallstreffer ist; denn eine gewisse (möglicherweise sogar eine größere) Anzahl »Verschlüsselungen« ergibt sich rein zufällig sowieso. (In diesen Fällen sind sie dann auch keine »Verschlüsselungen«, sondern eben reine Zufälle.)

Er erkennt also jedenfalls, daß dies bedeutet, es kann nicht nur eine oder eine Handvoll solcher »Einbettungen« in die echte Nachricht geben, denn eine kleine Anzahl wird der Zufall hinzufügen. Um seine statistische Analyse durchzuführen, muß er eine ausreichend große Anzahl Beispiele finden. Enthielte seine Nachricht tatsächlich nur eine einzige absichtliche Bündelung (Zusammenballung), so hätte er aller Wahrscheinlichkeit nach gar keine Möglichkeit herauszufinden, ob sich dies nur zufällig ergeben habe oder nicht. Kurz, er würde folgendermaßen verfahren:

Der Dekodierungsprozeß, schrittweise

Unser Agent hat keine Ahnung, welche Abstände zwischen den Buchstaben einkodiert sind (es müssen nicht alle, sondern nur jene für ein Wort gleich sein – unsere »abstandstreuen Intervalle«). Aber er überlegt sich, daß die abstandstreuen Intervalle, die sein Führungsoffizier verwendete, gering sein müssen – oder genauer, relativ gering. Zwei Gründe dafür fallen ihm ein. Der eine ist, daß »nahe« seine Bedeutung verliert, auf jeden Fall sehr viel schwieriger zu eruieren wäre, wenn die Abstände zu groß werden. Der andere Grund ist, daß es in einem ausreichend umfangreichen Text möglich wäre, ein bestimmtes Wort viele Male in verschiedenen Buchstabenintervallen zu finden. Das kürzeste Intervall wäre also der offensichtliche Weg, ein Aufscheinen als relevant zu vermuten.

Folglich sucht unser Agent nach Wörtern, die in abstandstreuen Buchstabenintervallen geschrieben sein könnten, wobei die Intervalle aber relativ klein sind, sogar so nahe wie möglich am Minimum (welches natürlich zwei wäre). Die Proportion von Wortpaaren mit einer Beziehung zueinander wäre dann der Hinweis auf die benachbarte Bündelung – mit anderen Worten: näher, als daß der Zufall mitspielte.

Er wählt nun einige wahrscheinlich »etwas bedeutende« Wörter auf der Grundlage des nur ihnen beiden gemeinsamen Wissens aus, also *Bob* und *Juni* und *Jim* und *Juli* (wie oben schon erwähnt; aber auch *Joan* und *Mai*, die Stichworte für sein drittes Dinner).

Und wir dürfen einmal annehmen, daß er es vielleicht auch noch
mit den Namen der Lokale von damals versucht. Es gibt ja keinen
Grund für die Vermutung, daß nur die Namen und Monate verwendet worden sind. Also bastelt er sich auch ein Schema mit
Überlappungen: *Bob* und *Angus* (der Name des *Steak House*, in
dem er mit Bob war), oder *Joan* und *Burke* (die Stadt in Virginia,
nicht weit von Langley, wo er mit Joan aß) und so weiter. Dann
fängt er an, den Text wie folgt abzuklappern:

Zuerst eliminiert er alle Zwischenräume, Großschreibungen
und Satzzeichen seines ersten Zettels und schreibt die Buchstaben
in ein Gitter. »Abe: join Benjamin (Jack's uncle) too. If I up the
interest, Amalia will enter also. Y.« Und das wird auch bei ihm:
ABEJOINBENJAMINJACKSUNCLETOOIFIUPTHEINTE-
RESTAMA LIAWILLENTERALSOY und kommt in ein Gitter:

A	B	E	J	O	I	N	B	E	N	J	A	M	I	N	J
A	C	K	S	U	N	C	L	E	T	O	O	I	F	I	U
P	T	H	E	I	N	T	E	R	E	S	T	A	M	A	L
I	A	W	I	L	L	E	N	T	E	R	A	L	S	O	Y

Und so verfährt er mit allen seinen zehn Zetteln (er weiß natür-
lich noch nicht, welcher der echte ist). Auf Zettel Nr. 2 steht
»Abe: don't join Benjamin (Jack's uncle). Even if I up interest,
Amalia won't help. Y.«

»Abe, triff dich nicht mit Benjamin (Jacks Onkel). Selbst wenn
ich die Zinsen erhöhte, würde Amalia nicht helfen. Y.«

Das wird also zu ABEDONTJOINBENJAMINJACKSUN-
CLEEVENIFIUPINTERESTAMALIAWONTHELPY.

A	B	E	D	O	N	T	J	O	I	N	B	E	N	J	A
M	I	N	J	A	C	K	S	U	N	C	L	E	E	V	E
N	I	F	I	U	P	T	H	E	I	N	T	E	R	E	S
T	A	M	A	L	I	A	W	O	N	T	H	E	L	P	Y

Und nun wendet er seine nachfolgende Entschlüsselungsmethode
auf alle zehn Zettel an. Für jede Suche nach einer vermutlichen
Wortfolge entscheidet er sich vorher. Er beginnt mit dem ersten
Wort *Bob* und findet davon den ersten auftauchenden Buchstaben B. (Wir exerzieren das am Beispiel seines zweiten Zettels

durch – eines falschen, wie wir schon wissen, weil wir den echten und dessen geheime Botschaft ja kennen):

A	B	E	D	O	N	T	J	O	I	N	B	E	N	J	A
M	I	N	J	A	C	K	S	U	N	C	L	E	E	V	E
N	I	F	I	U	P	T	H	E	I	N	T	E	R	E	S
T	A	M	A	L	I	A	W	O	N	T	H	E	L	P	Y

Jetzt überspringt er *einen* Buchstaben und schaut, ob der übernächste ein O ist, nämlich der zweite Buchstabe von Bob. Dieser ist jedoch ein D. Wäre es ein O gewesen, so hätte er danach wieder einen Buchstaben übersprungen und nach dem zweiten B gesucht, also den letzten von *Bob*. Wäre er so auf alle drei Buchstaben des Namens gestoßen, hätte er das erste Aufscheinen (von vielleicht vielen!) von *Bob* registriert, das in den Oberflächentext in abstandstreuen Zweier-Intervallen (dem absoluten Minimum) eingebettet wäre. Weil er aber an der Stelle, wo es für diesen Fall sein müßte, eben kein O findet, fängt er wieder mit dem ersten B an und sucht nach dem zweiten: und anschließend nach dem O, das dazwischen gehört – im abstandstreuen Einer-Intervall, wobei er diesmal mit dem zweiten B beginnt. Er findet keines und fängt neu beim nächsten B an (falls eines da ist) und danach mit dem übernächsten.

A	B	E	D	O	N	T	J	O	I	N	B	E	N	J	A
M	I	N	J	A	C	K	S	U	N	C	L	E	E	V	E
N	I	F	I	U	P	T	H	E	I	N	T	E	R	E	S
T	A	M	A	L	I	A	W	O	N	T	H	E	L	P	Y

In unserem Fall gibt es im ganzen Text aber nur zwei B, und wie sich herausstellt, kann keines der Anfang von *Bob* bei einem abstandstreuen Einer-Intervall sein. Er fängt also ganz von vorne an, sucht jetzt aber nach *Bob* mit einem Zweier-Abstandsintervall. Diesmal findet er ein O im Abstand 2 nach dem ersten B.

A	B	E	D	O	N	T	J	O	I	N	B	E	N	J	A
M	I	N	J	A	C	K	S	U	N	C	L	E	E	V	E
N	I	F	I	U	P	T	H	E	I	N	T	E	R	E	S
T	A	M	A	L	I	A	W	O	N	T	H	E	L	P	Y

Er überspringt weitere zwei Buchstaben auf der Suche nach dem zweiten B, das dort sein müßte, aber fehlt. Also ergibt auch das abstandstreue Zweier-Intervall keinen *Bob* auf diesem Zettel, ebenso nicht mit dem zweiten B der Buchstabenfolge als Anfang für *Bob*.

Also, unser guter Agent hat bisher gar nichts gefunden. Jetzt macht er das gleiche mit dem Dreier-, dann dem Vierer-Intervall und so weiter. Das setzt er so lange fort, bis er entweder überzeugt ist, daß er völlig auf dem Holzweg ist, also den Bob in überhaupt keinem Intervallabstand findet, oder sein Wort im mindestmöglichen Intervallabstand auftaucht. Im obigen Beispiel des falschen Zettels erscheint überhaupt kein Bob, in keinem Intervallabstand. Im echten Zettel hingegen (den wir natürlich für unseren Zweck hier nur erfunden haben) war ein Bob in dem geringen abstandstreuen Zweier-Intervall:

A	B	E	J	O	I	N	B	E	N	J	A	M	I	N	J
A	C	K	S	U	N	C	L	E	T	O	O	I	F	I	U
P	T	H	E	I	N	T	E	R	E	S	T	A	M	A	L
I	A	W	I	L	L	E	N	T	E	R	A	L	S	O	Y

Auf gleiche Weise geht das mühsame Spiel nun weiter. Er sucht nach sämtlichen Signalwörtern seiner Liste mit genau der gleichen Methode für alle zehn Zettel. Er findet mindestens einige seiner Wörter auf jedem Zettel (wir haben bereits festgestellt, daß so etwas nach der Zufallswahrscheinlichkeit eintreten muß), aber auf keinem alle (weil ja auch sein Führungsoffizier selbst nicht alle diese möglichen Signalwörter verwendete, jedenfalls nicht auf gleiche Weise). Und unser Agent kann auch nicht sagen, ob jedes einzelne Auftauchen eines seiner Signalwörter Absicht oder nur Zufall ist. Entscheidend ist aber ohnehin, daß er, ganz gleich, wie viele seiner Wörter er auf allen zehn Zetteln findet, *nur auf einem einzigen eine ungewöhnlich hohe Proportion sinnvoller und miteinander in Beziehung stehender Wort*paare *entdecken kann, die im Text nahe genug beieinanderstehen.* Diese außergewöhnliche Nähe (auf »Fuzzy«-Weise definiert!) einer ungewöhnlich großen Proportion von Paaren ist es, die signalisiert, welche Nachricht die echte ist.

Es gibt noch etwas ganz Cleveres an dieser Methode. Es dämmert unserem Agenten, und als es im vollen Umfang begreift, muß er nur noch bewundernd den Kopf schütteln über die Intelligenz seines Führungsoffiziers: Was, wenn es ihm nicht aufgefallen wäre, daß er unabsichtlich einen oder zwei Buchstaben bei der Transkription ausgelassen oder mit einem anderen verwechselt hätte? Im Gegensatz zu anderen präzisen, nichtstatistischen Codes, die ganz unerläßlich auf eine völlig fehlerlose Buchstabenübertragung angewiesen sind, kann man sich in diesem eine gewisse Anzahl Fehler erlauben, ohne daß alles durcheinandergerät. Natürlich: je mehr Fehler, desto geringer die Wahrscheinlichkeit der Entdeckung der hineinverschlüsselten Wörter, und ab einer bestimmten Fehlerquote geht dann eben nichts mehr. Aber diese Methode hat eine bestimmte eingebaute Fehlertoleranz – sehr ähnlich lebenden Systemen. Unser Agent erinnert sich daran, daß das menschliche Gehirn in dieser Hinsicht ganz ähnlich beschaffen ist: daß viele seiner Funktionen nicht völlig starr »Ein« oder »Aus« sind wie Computerhardware (eine Funktion fällt aus, und das ganze System stürzt ab), sondern »graduell und sanft absinken« – um im Jargon der Neurologie zu sprechen.

Das Betreten des Gartens

Mitte der achtziger Jahre waren alle Prinzipien, die in unserem Beispiel vom Agenten enthalten sind, im Bibel-Code identifiziert.

- Die Genesis (und die vier anderen Bücher der Thora) konnte einerseits als wichtiger Text auf übliche Weise gesehen werden, andererseits aber auch als »Chiffre-Text«, der eine Art *Klartext* enthielt.
- Der *Klartext* hatte sich offenbar dadurch ergeben, daß die Wörter dieses chiffrierten Textes in abstandstreuen Intervallen im Oberflächentext (ELS) standen.
- Der Inhalt erschien in Form einer statistischen Tendenz für ausgewählte Wörter an identifizierten Stellen und in größerer Frequenz, als es der Zufallserwartung entsprochen hätte.

- Schon früh zeigte sich eine derartige Tendenz bei einem einzigen Wort, das als ELS aufschien, und viele Male in Passagen mit dazu in Beziehung stehendem Text.
- Mit fortschreitender Forschung jedoch schien auch die Entdeckung zweier oder mehr in Beziehung stehender Wörter als ELS möglich zu sein, »ungewöhnlich nahe« zueinander. Die Beziehung zwischen Oberflächenbedeutung und einem einzigen kodierten Wort dazu ließ an Bedeutung nach. Die Nähe-Beziehung von zwei (oder mehr) verschiedenen dekodierten Wörtern schien sich als die bedeutsamere Einzelheit des Phänomens zu erweisen.

Der »Garten« der verborgenen Bedeutungen in der Thora war nach Prinzipien gestaltet, die in den alten Manuskripten nur vage angedeutet waren. Die Forscher hatten sich inzwischen aber einer kompletten Beschreibung schon erheblich angenähert. Eliyahu Rips fuhr mit der Überprüfung der Prinzipien fort, die man bis dahin herausgefunden hatte, indem er sich die ungewöhnlichen Bündelungen (Zusammenballungen) verschiedener, aber zueinander in Beziehung stehender Wörter näher ansah, die sich an Stellen fanden, wo sie – falls das Phänomen echt war – aufscheinen mußten. Zwei geeignete Beispiele für Tests in der Genesis bestanden aus einer Liste von Ausdrücken: die »samentragenden Pflanzen« und die Bäume mit »samentragenden Früchten«, die dem Menschen im Garten Eden gegeben wurden [»besamt«, in der Lutherbibel]. Sowohl Pflanzen [»Gras und Kraut« in der Lutherbibel] als auch Bäume waren in der Genesis erwähnt. Alle wurden jedoch spezifisch in der mündlichen Überlieferung genannt, als dem Land Israel eigene Arten. Waren ebendiese Namen möglicherweise zur Bekräftigung in der Genesis als ELS einkodiert, nahe beieinander, in relativ kleinen Abständen der Buchstaben – gerade so viel, wie der Mondzyklus für die religiösen Zwecke gewesen war?

Der Garten

Tatsächlich sind alle sieben eßbaren Arten der besamten Früchte im Land Israel in ebenjene Textpassage einkodiert, die auf sie verweist, und zwar in einem kleineren Bereich abstandstreuer Intervalle, als die gleiche Liste anderswo in der Genesis einkodiert gefunden werden konnte, sowie in einer geringeren Menge von Gesamttext dazu:

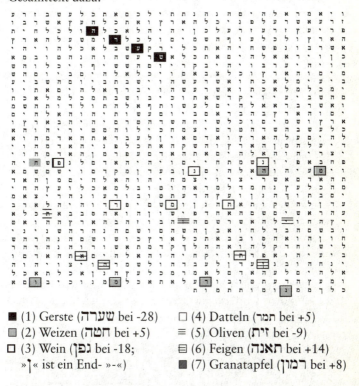

- ■ (1) Gerste (שערה bei -28)
- ▨ (2) Weizen (חטה bei +5)
- ☐ (3) Wein (גפן bei -18; »ן« ist ein End- »-«)
- ☐ (4) Datteln (תמר bei +5)
- ≡ (5) Oliven (זית bei -9)
- 🗏 (6) Feigen (תאנה bei +14)
- ■ (7) Granatapfel (רמון bei +8)

- Die sieben Arten samentragender [»besamter«] Früchte in Israel, einkodiert in Genesis 1, 29, beginnend mit »Und Gott sprach: Sehet da, ich habe euch gegeben allerlei Kraut, das sich besamt...« und endend mit »Du sollst essen von allerlei Bäumen im Garten; aber von dem Baum der Erkenntnis des Guten und Bösen sollst du nicht essen; denn welches Tages du davon issest, wirst du des Todes sein«(Genesis 2, 16-17).

Teilweise überlappt sich das Endes dieses Abschnitts (Genesis 1, 29-2, 17) mit einem anderen Teil der Beschreibung des Gartens Eden. Auch dort gibt es eine ähnliche Aussage, diesmal über die eßbaren Früchte (Genesis 2, 7-3, 3) »...du sollst essen von allerlei Bäumen im Garten; aber von dem Baum der Erkenntnis des Guten und Bösen sollst du nicht essen, denn welchen Tages du davon issest, wirst du des Todes sterben.«[*]

Rips sagte voraus, daß die Wahrscheinlichkeit bestehe, daß in den erwähnten Stellen auch die Namen der Bäume zu finden seien: alle 25, die in der Überlieferung aufgezählt würden. Michaelson beschrieb später das Ergebnis dieser Suche:

> Er nahm alle 25 Bäume ... und fand sie in dem genannten Kapitel![**] Bevor nun der Leser aufspringt, wollen wir gleich erklären, daß Wörter mit drei oder vier Buchstaben auch ganz normalerweise in einigen Abständen in einem Segment auftauchen, das so lang ist wie das unsere (etwa 1000 Buchstaben). Was aber hier so außergewöhnlich ist, sind die meistens sehr kurzen Intervalle (mit Ausnahme von ערמנ [Kastanie] und לבנה [Pappel]. Kein anderer Abschnitt der Genesis von vergleichbarer Länge enthält so viele Baumnamen in Intervallen von weniger als 20.[6]

Die Methode wurde zunehmend verfeinert, die ermittelten Resultate nahmen an Dramatik zu, während die statistische Auswertung hingegen immer problematischer wurde. Rips und Michaelson und andere schoben die Grenzen der verfügbaren Statistik-

---

[*] Lutherbibel, 2, 16-17

[**] In der Reihenfolge des Aufscheinens: חטה (Weizen), גפנ (Wein), ענב (Trauben), ערמנ (Kastanie), עבת (Gebüsch), תמר (Dattelpalme), שטה (Akazie), אטד (Bocksdorn), ארז (Zeder), בטנ (Pistazie), תאנה (Feige), ערבה (Weide), רמונ (Granatapfel), אהלימ (Aloe), אשל (Tamariske), אלונ (Eiche), לבנה (Pappel), קדה (Kassiazimtbaum), שקד (Mandelbaum), אלה (Therebinthe), סנה (Dornbusch [*Crataegus*]), לוז (Haselholz), זית (Olive), הדר (Zitrone), גפר (»Gelbholz« = jene ungewisse Art, aus der seine Arche zu bauen Noah geboten wurde. Die mündliche Überlieferung will, daß es eine von zwei Zedernarten gewesen sei, von denen eine besonders harzreich war, die andere »felsenhart«.(In der Lutherbibel ist nur von »Tannenholz« die Rede. [Anmerkung des Übersetzers])

auswertungstechniken immer weiter hinaus. Bei einer analytischen Methode war die Wahrscheinlichkeit, die 25 Bäume aufzufinden, etwa 1 zu 100 000. Das war schon verblüffend genug, aber eine ganze Verschlüsselungs-Skala auf einmal schien sich in den gleichen Genesispassagen zu überlappen. Und allem Anschein nach hatte die Wahrscheinlichkeit dafür bereits astronomische Ausmaße angenommen.

Aber war es denn wirklich so? Konnte es nicht sein, daß solche Kodierungen reine Zufallserscheinungen waren? Vielleicht war ja überhaupt alles, was da passierte, lediglich, daß es zu finden bisher niemand zuvor die Mittel besaß, weder die nötigen Computer noch die bloße Neigung, nach derartigen Buchstabenpermutationen überhaupt zu suchen. Vielleicht ließen sich solche Häufungen in minimalen Abständen in jedem beliebigen Text auffinden.

Inoffiziell hatten die Forscher bereits Kontrolltests durchgeführt, und was an anderen Stellen zu finden war, stand dort weitaus weniger häufig. Auf statistischer Basis erschienen die Codes der Thora durchaus einzigartig, speziell in der Genesis, die auch Gegenstand der meisten Arbeit war. Aber formelle Tests waren noch lange weit außer Reichweite. Das Phänomen war weitaus besser definiert als jemals zuvor in der Geschichte, doch es schien sich noch immer einer exakten Beweisführung zu entziehen. Den letzten Stein setzte dann aber Doron Witztum.

Transformationen

Aufmerksame Leserinnen und Leser werden bemerkt haben, daß in unserer Geschichte vom Agenten ein Schritt fehlte. Nehmen wir an, er hat seine zehn Nachrichten nicht auf Papier erhalten, sondern in elektronischer Form, vielleicht als eine Sequenz von gemorsten Buchstaben oder als E-Mail. Im ersteren Falle gäbe es zu den einfachen Satzzeichen (das heißt StOPs) *keine Zeilen*. Im zweiten Fall machen die meisten E-Mail-Programme ihre Zeilen nach Belieben selbst – je nachdem, wie breit die Bildschirmkapazität ist. Das muß keineswegs die gleiche Breite wie beim Absender sein. Es gibt da keine absolute Zeilenbreite.

Wenn unser Agent aber Satzzeichen und Wortabstände entfernt, um den Text in kryptographische Form umzuwandeln, braucht er dabei ebenfalls auf keinerlei absolute Vorschrift für die Zeilenbreite seiner erhaltenen Nachricht zu achten. Kryptologisch ist eine Sequenz von Buchstaben genau dies: eine eindimensionale Abfolge von Buchstaben, nicht mehr und nicht weniger. Behalten wir auch im Sinn, daß die Oberflächenbedeutung der Buchstabenkette, der chiffrierte Text, nicht im mindesten davon abhängig ist, welche Teilungen verwendet werden. Sondern sie leitet sich ausschließlich von der Sequenz ab: ein Buchstabe nach dem anderen. Schreiben wir einen beliebigen Text als Buchstabenkette aus – dazu können wir uns vorstellen, die Buchstaben stünden auf einem langen Band –, so können wir ihn hinlegen, wie wir wollen. Wir können ihn dreidimensional zu einem Ball zusammenknüllen, wenn wir lustig sind, aber solange die Sequenz selbst nicht verändert wird, bleibt die Nachricht intakt, weil sie fundamental eindimensional ist.

Aber die Methode des Einbettens, die der Führungsoffizier verwendet hat, bedingt gar nicht, daß die eindimensionale Kette intakt empfangen wird. Sie erfordert nur, daß die korrekte Zeilenlänge – *die Dimension der ursprünglichen zweidimensionalen Anordnung* – entdeckt wird. Zwei Wörter, die bei einer bestimmten Zeilenlänge einander »nahe« sind, müssen es bei einer anderen nicht sein. Hätte der Führungsoffizier seine Zeilenlänge auf 16 festgelegt, wie unten,

	B		J	O				B							J
				U										I	U
					N								M		L
					E										Y

und unser Agent suchte aber mit einer Sechser-Zeilenlänge, weil er nicht wußte, daß die ursprüngliche Zeilenlänge 16 war, dann sähe das Ergebnis erheblich anders aus:

	B		J	O	
	B				
			J		
		U			
I	U				
	N				
			M		L
E					
			Y		

Es wäre also nun sehr schwer zu sagen, ob *Jim*, beispielsweise, näher bei *Juni* (June) oder *Juli* (July) steht. In der Anordnung des Führungsoffiziers bildet *July* eine glatte Vertikale, und zwar genau deshalb, weil die Zeilenlänge identisch ist mit den Buchstabenabständen. Etwas anders ausgedrückt: Der Führungsoffizier »schrieb« die eingebetteten Wörter mit Absicht nicht nur auf die übliche eindimensionale Weise, sondern zugleich auch in zwei Dimensionen. Stößt unser Spion auf die korrekte zweidimensionale Anordnung, dann ergeben sich automatisch auch die dazu in Beziehung stehenden Wörter.

Noch genauer: Angenommen, ich bette eine Anzahl Wortpaare in diesen Textabsatz hier ein. Bei einer bestimmten Zeilenlänge würden sie dann nahe aufscheinen, aber nicht bei einer anderen. Was, wenn die Zeilenlänge des Buchgestalters und des Setzers anders ist als die, von der ich beim Schreiben ausging? Die Nähe – die verborgene zweidimensionale Anordnung – verschwände, obwohl die Bedeutung meines Oberflächentextes gleich bliebe.

Vier Wörter sehr nahe beieinander:
Meet me at Limo – Wir treffen uns in/bei Limo.

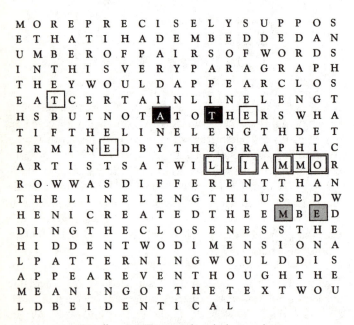

Dieselben vier Wörter nicht nahe beieinander

Diese Beobachtung veranlaßte die Code-Forscher, ihre Suchverfahren zu überdenken und nicht nur nach dem Aufscheinen eingebetteter Wörter in minimalen abstandstreuen Intervallen zu forschen, sondern auch nach der Zeilenlänge zweidimensionaler Anordnungen, in denen zwei miteinander in Beziehung stehende Begriffe tatsächlich eine Kompaktbündelung bilden. Entscheidend dabei war natürlich, daß das Wortpaar beziehungsweise die Worthäufung im Minimalintervallabstand vorkam, oder jedenfalls sehr nahe daran stand. Andernfalls könnte sich aus dem Umschichtungsverfahren bei bestimmter Zeilenlänge fast alles als nahe beieinander ergeben. Rips und Witztum entwickelten eine einfache Meßmethode für minimal bestimmte Abstände und ermittelten den Prozentsatz des keine anderen identischen ELS enthaltenden, für das ELS in Frage stehenden Textes mit kleineren Intervallen. In dem letzten Beispiel oben ist das Wort »at« mit einem Intervall von drei Buchstaben geschrieben. Gäbe es keine Aufscheinungen von AT mit einem Zweier-Intervall, dann würden wir sagen, dies sei das ELS für AT in seinem »hundertprozentigen Minimalaufscheinen«, womit gemeint ist, daß das Dreier-Intervall als Minimum für den ganzen in Frage stehenden Text gilt.

Nun erscheint aber AT in unserem gleichen Beispielsabsatz auch anderswo als ELS mit nur zwei Intervallen. Wenn man sowohl vorwärts als auch rückwärts liest, taucht AT mit einem Zweier-Intervall fünfmal auf. Folglich ist sein Aufscheinen mit einem Dreier-Intervall nicht minimal für 100 Prozent des Textes, sondern nur für einen Teil davon. Dieser läßt sich wie folgt quantifizieren: Das ELS »AT« mit einem abstandstreuen Intervall von drei Buchstaben ist minimal für den Teil des Textes, in dem kein anderes ELS für AT in kürzeren Intervallen erscheint wie in dem mit Raster unterlegten Teil:

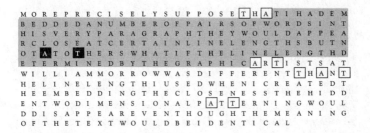

Der Text ist 355 Buchstaben lang, 155 sind mit Raster unterlegt. Das entspricht 42 Prozent des Textes. Folglich sagen wir: Dieses ELS für AT ist »minimal für 42 Prozent des Textes«.

Die Methode zur Entschlüsselung des Bibel-Codes schließt ebenfalls den Begriff »Minimal«-Verschlüsselung ein – aber nicht in letzter Konsequenz. Auch unser Agent muß lediglich eine statistisch signifikante *Tendenz* für nahe beieinanderstehende Bündelungen von Begriffen erkennen, die aus ELS in ihrem hundertprozentigen Minimalaufscheinen bestehen. (Die exakten Details dieser Messungen sind im Technischen Anhang C erläutert.)

Als diese Feinheiten erst einmal von den Code-Forschern identifiziert und quantifiziert waren, stellten sich auch die Resultate sogleich ein. Eng miteinander in Beziehung stehende Wörter vieler verschiedener Arten konnten nun fast mit Regelmäßigkeit nahe beieinander eingebettet gefunden werden. Etwas, das ganz offensichtlich dabei beachtet werden mußte, war, daß die Freiheit der Formung und Umformung einer Ansammlung ein solches Maß an Manipulation ermöglichte, daß rein zufällig sich ergebende Beziehungen unvermeidlich waren – und damit aber auch bedeutungslos. Schon bald jedoch überprüften Rips und Witztum ebendies sorgfältig. Beziehungen ergaben sich natürlich auch rein zufällig in jedem Text, aber sie kamen erheblich seltener in Texten außerhalb der Thora vor oder bei willkürlich ausgewählten Thorastellen.

Der Chanukka-Code

Eine der ersten Ansammlungen, die sie entdeckten und in Hunderten Artikeln und von der Aish HaTorah finanzierten Seminaren visuell darstellten, betraf den jüdischen Feiertag Chanukka. Dieser – wörtlich »Widmung/Weihe« – erinnert an den Aufstand der jüdischen Gemeinde gegen die syrisch-griechische Besatzung 164 v. Chr. Der Sieg wurde am 25. Tag des Kislew errungen, unter Führung von Judas Makkabäus und seinen Brüdern, den Söhnen des Mattathais, eines Leviten (das heißt vom Stamme Levi) und von Cohen, einem Priester. Die sieben Brüder und ihre Anhänger wurden als »Makkabäer« bekannt. Ihr Sieg führte zur Errichtung der Dynastie der »Hasmonäer«, der Nachfahren des Mattathais, die als Könige von Israel bis zur Eroberung durch die Römer regierten. Die erste Amtshandlung der Makkabäer war die Neuweihe ihres Tempels. Entweiht hatte ihn der griechische Herrscher Antiochos Epiphanes IV., der in einer langen Reihe von Feinden der Juden stand und sich selbst für einen Gott hielt (und der deshalb die jüdische Weigerung, Menschen zu verehren, als einen besonderer Affront erachtete). Die Zeremonie der Neuweihe war allerdings bedroht von einem akuten Mangel an heiligem Öl für die Menora (den siebenarmigen Leuchter), deren Flamme nicht verlöschen durfte. Es war nur noch Öl für einen Tag vorhanden, aber die Menora brannte wunderbarerweise noch weitere acht Tage, bis neues Öl eintraf. Diese acht Tage werden am Chanukka-Fest gefeiert, mit einem besonderen achtarmigen Leuchter.

Das hebräische Wort für Chanukka wurde mit einem Intervall von 261 Buchstaben entdeckt, was das minimale abstandstreue Intervall für mehr als 80 Prozent der ganzen Genesis bedeutet. Witztum und Rips legten den Text in 261 Buchstaben langen Reihen aus, so daß Chanukka vertikal aufschien. Und in ebendieser Anordnung fand sich auch ein eng in Beziehung stehendes Wort in nur Ein-Buchstaben-Folge von dem vertikalen weg in seinem minimalen abstandstreuen Intervall für 100 Prozent der Genesis und außerordentlich nahe bei Chanukka. Dieses zweite Wort war »Hasmonäer«, also der Familienname der Makkabäer, der Helden des Chanukka, welche die Revolte gegen die Besatzer Judas anführten. Der Name Juda tauchte ebenfalls dort auf, und zwar im Chiffriertext in jenem Abschnitt der Genesis (der Geschichte Judiths und Thamars), in dem der Name am häufigsten im Oberflächentext der Thora erscheint. (Auffallend dabei ist, daß die Geschichte des Chanukka nicht in der Genesis enthalten ist, sondern in den viel späteren apokryphen Makkabäerbüchern.)

In einem horizontalen Intervall von zwei Buchstaben verlief das Wort »Makkabäer« direkt durch »Chanukka« in derselben Anordnung. Als diese neu auf ein Achtel von 262 Buchstaben geordnet wurde (ein Achtel so breit und achtmal höher) ergaben sich noch mehr Wörter in engen Bündelungen, direkt in Beziehung zu der Chanukka-Geschichte: »Mattathais«, der Vater der Makkabäer, »Öl« und »Ölflasche«, das zentrale Wunder, das mit dem Entzünden von Kerzen in einer Chanukka-Menora gefeiert wird, »Kerzen« und »Menora« selbst, »acht Tage«, die Anzahl der Tage, die das Öl noch brannte, und daher dann auch die Dauer der »Festlichkeiten«, der 25. des Kislew, das Datum, an dem das Chanukka-Fest begangen wird, und eine alternative Buchstabierung von Chanukka, die sich bei anderer Aufschlüsselung als »am fünfundzwanzigsten Tag des Kislew ruhten sie« (vor ihren Feinden) liest. Selbst außerhalb der Orthodoxie wenig bekannte Feinheiten traten zutage: Verweise auf die Tatsache, daß Judas Makkabäus dem Stamme Levi angehörte, waren mit Hinweisen auf das schließlich gewaltsame Ende dieser Dynastie verknüpft. Dieses Ende, wird gelehrt, war durch eine alte Prophezeiung und ein damit verbundenes Verbot vorbestimmt, wonach Leviten (Priester) niemals zugleich auch Könige sein sollten.

Der Purim-Code

Eine ähnliche Anzahl Begriffe häuft sich um den Kern eines anderen, des Purimfestes, an dem der Rettung des jüdischen Volkes vor seiner Fast-Ausrottung im alten Persien durch die Intervention der Königin gewordenen Esther und ihres heroischen Onkels Mordechai gedacht wird. Eine der vielen in der Genesis gefundenen Anordnungen mit Details dieses Ereignisses ist die folgende mit dem Namen »Purim«, seinem Datum (»der dreizehnte des Adar«), dem Namen »Mordechai« und dem Namen und Titel der »Königin Esther« (Abb. rechts):

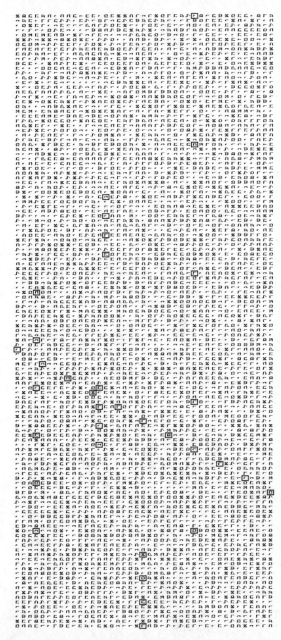

Details zu Purim in der Genesis: Der lange Ausdruck »13. des Adar, Purim« (פורים ליום = 13 B'ADaR), hält eine Anordnung der Wörter für »Söhne Hamans« (המן בני = B'NeI HaMaN), »das Urteil« (zweimal; הדין = HaDYN), »Mordechai« (מרדכי = MoRDeCHaY) und »Esther« (אסתר = ESTeR), alle in hundertprozentigem Minimum der Genesis. Wird das Suchfeld nach rechts um 25 Prozent erweitert, erscheinen weitere Begriffe, so »Die Königin« und zwei weitere Male »Das Urteil«. In diesem Minimum gibt es fünf Aufscheinungen von »Das Urteil«. Vier davon häufen sich in diesem einen Feld.

Ende der achtziger Jahre: ein starker Schub

Die Arbeit an den Codes schritt inzwischen an zwei Fronten voran. Witztum und Rips, überzeugt davon, daß sie den verborgenen Schlüssel zu den Einkodierungen gefunden hatten, begannen eine ganze Serie allgemeiner Entdeckungen zu machen. Viele davon wurden sowohl in wissenschaftlichen Gremien Israels als auch in der Öffentlichkeit diskutiert. 1989 veröffentlichte Witztum ein Buch (in hebräisch) mit dem Titel *Die ergänzte Dimension*. Darin waren etwa 200 Beispiele aufgeführt, anhand deren er in gedrängter Form sein Konzept des »zweidimensionalen Schreibens« erläuterte. Wie im Fall Chanukka waren die meisten dieser Beispiele insofern beeindruckend, als ihre Begriffe durch historische Umstände miteinander in Beziehung standen – etwa mit Personennamen und den Daten und Orten entscheidender Ereignisse in deren Leben oder auch den Einzelheiten großer geschichtlicher Ereignisse –, Beziehungen, die erst lange nach jenem Zeitpunkt entstehen sollten, da die Buchstaben der Thora niedergeschrieben worden waren.[*] Eine Bündelung verborgener »Aarons« um eine ihn betreffende Stelle herum oder eine Liste von Pflanzen in der Genesis-Stelle, die vom Garten Eden handelt, konnte möglicherweise einem Menschen eingefügt sein – in der Art der Kontrollsummen, mit denen Telefonkarten benutzt werden können. (Eine korrekte Zahl muß eine bestimmte Summe ergeben, die nur der Telefongesellschaft bekannt ist.) Aber wer sollte das getan haben: Worthäufungen mit historischen Bezügen *nach dem Ereignis* einzubetten?

Witztum und Rips waren sich der Kritik durchaus bewußt, die darüber geäußert wurde, daß die Umschichtung der Stellen vielleicht eine Manipulation sei, die praktisch alles Beliebige erzeugen könne. Sie wußten, daß sie eine absolut kompromißlose Testmethode benötigten. Und in Witztums Buch wird auch eine zumindest vorläufige Methode vorgeschlagen, mit der die statistische Signifikanz individueller Anordnungen bewertet werden

---

[*] Höhere Gelehrtenkritik, welche die Überlieferung direkt an Moses abstreitet, datiert den Text der Thora auf das Ende des Babylonischen Exils um 500 v. Chr.

kann und womit sie auch nachwiesen, daß für die meisten Stellen Wahrscheinlichkeiten von mehr als 1 zu 1 000 000 erreichbar sind. Doch sogar noch größere Strenge war nötig, um auch ernstzunehmende Skeptiker zu überzeugen. Sie begannen ein Experiment, das später in der hochqualitativen Zeitschrift *Statistical Science* publiziert und von Harold Gans ausgewertet werden sollte, zu seinem eigenen Schock mit unerwartetem Ergebnis. Dieses Experiment ist das Thema des zwölften Kapitels. Doch bevor wir uns dem zuwenden, wollen wir uns noch einige von Witztum, Rips, Moshe Katz und anderen entdeckte Codes ansehen. Und wir beginnen mit einem Testbeispiel, das wir uns ganz unbefangen selbst zu entwickeln die Freiheit nehmen wollen.

Zehntes Kapitel

Die Zeithelix

Die Weisen raten uns, die Geschichte sorgfältig zu studieren.
Denn was unseren Vorfahren geschah, wird vermutlich auch
uns widerfahren.

Der Ramban, *Kommentar zur Thora*

Rabbi Abraham, »der Engel«

Die Präsentation der Bibel-Codes hat Öffentlichkeit und Beobachter auf der ganzen Welt elektrisiert. Und obwohl deren statistische Natur die Entzifferung auf Ereignisse beschränkt, die bereits der Vergangenheit angehören, bleibt noch genug Raum für
Staunen – und natürlich ebenfalls für Skepsis. Die Codes scheinen
auch Informationen über unsere Zukunft zu enthalten, und zwar
in einem Ausmaß und auf einer Ebene, die bislang selbst für die
wildesten Fanatiker biblischer Pop-Prophezeiungen völlig unvorstellbar waren.

Ich selbst habe mich, als ich mich immer tiefer in die Knifflig-
keiten der Codes vertiefte – deren Methodik sich über die Jahre
weiterentwickelte –, dazu entschlossen, für sie ein klareres Gefühl
zu bekommen, indem ich mich an eigenen unabhängigen Deko-
dierungen versuchte, aber ebenfalls unter Verwendung historischer Daten. (Dies speziell, weil, wie wir sehen werden, die mathematischen Bewertungen der Codes noch immer Diskussionsgegenstand sind.) Die Schritte einer solchen Dechiffrierung folgen
Hinweisen, die Rabbi Weissmandl niedergelegt hat.

Sein enger Freund Siegmund Frost hatte mir erzählt, daß Rabbi

Weissmandl eine riesige Anzahl Kodierungen in abstandstreuen Intervallen mit den Namen der großen Weisen gefunden haben wollte. Da seine Unterlagen während der Nazigreuel verlorengingen, weiß niemand, wie diese Stellen aussahen. Uns ist jedoch bekannt, daß Weissmandl sie bei Rambam fand. Erinnern wir uns daran, daß in der Textstelle, in der Nachmanides (Der Ram*ban*) den Namen des Rambam gefunden hatte, Weissmandl den Titel des bedeutendsten Werks des Rambam entdeckte. (siehe 6. Kapitel, S. 136f.). Eine gewisse Wahrscheinlichkeit sprach dafür, daß Weissmandl also auch auf die anderen Namen der Weisen an die diversen Details ihrer Lebensgeschichte gekoppelt fand. Natürlich ist ebendies auch das Grundmuster bei Witztum, Rips und Yoav Rosenberg. Deren diverse formelle Studien beziehen sich auf insgesamt 66 Einzelpersonen. Ich glaube indessen nicht, daß sie sich bewußt waren, wie viele ganz ähnliche Einzelheiten schon Rabbi Weissmandl herausgefunden hatte. Für mich stand daher eher zu vermuten, daß die Wahrscheinlichkeit des Auftauchens der Namen dieser großen Weisen, aus welchen Gründen auch immer, ganz besonders groß sei. Mir kam die Stelle in den Sinn, die jedes Jahr an den hohen heiligen Festtagen gelesen wird: »Schreibe uns, O GOTT, ein in dein Buch des Lebens ...«

Aus rein persönlichen Gründen schließlich entschied ich mich für einen Namen aus meiner eigenen Familie, einen Ur-Ur ... Großvater, der immer schon meine Neugierde erregt hatte: Abraham »der Engel«, auf hebräisch *Avraham HaMalach*.

Rabbi Abraham war geboren in der ukrainischen Stadt Fostow bei Kiew und wurde ein chassidischer *zadik*, einer der Führer der großen spirituellen Erneuerung, die im 18. und 19. Jahrhundert die jüdischen Gemeinden Osteuropas erfaßte – eine letzte große Blüte vor der Vernichtung. Er war ein ungewöhnlicher Mensch, besessen von einer außerordentlich intensiven Spiritualität, die ihn den irdischen Dingen weithin entrückte – ganz anders als die meisten *zadikim* –, was ihn nicht daran hinderte, dennoch mitfühlend und überaus sanftmütig zu bleiben. An einem neunten Tag des Ab, des Datums, das an die Zerstörung beider Tempel erinnert (und auch an einige Vertreibungen), traf ihn ein zufälliger Besucher beim Gebet an. Abrahams Tränen waren so heftig, sein tiefsitzendes Leid und sein Flehen zum Himmel so groß, daß der erschütterte Besucher sogleich begriff, warum man ihn den Engel nannte. »Ganz gewiß«, sagte er später, »konnte kein aus einer Frau geborener Mensch zu so inbrünstigen, überirdischen Gebeten fähig sein.« Abraham schrieb nur ein einziges Buch, *Chesed L'Avraham* (Freundlichkeit gegen Avraham), was ein Bezug auf seinen eigenen Namen war. Er starb an einem zwölften Tag des Tishrei.

Ich durchforstete mit Hilfe eines Computers die Genesis nach »Abraham«, geschrieben in abstandstreuen Intervallen, und suchte nach jenem Fall unter vielen, da sein Name in den kürzesten Abstandsintervallen der Buchstaben auftauchte. Angesichts der tatsächlichen Häufigkeit des Namens Abraham in der Genesis – A (א), B (ב), R (ר), H (ה) und M (מ) würde man insgesamt an die 3000 Aufscheinungen erwarten, in allen möglichen abstandstreuen Intervallen (zwischen vier und 19 516). Da ich aber nur an Minima interessiert war, ließ ich nicht wirklich alle Möglichkeiten durchlaufen. Aber als Probe notierte ich für die Intervalle zwei und 1000 (an die fünf Prozent aller Intervalle) über 300 Aufscheinungen von ABRHM.

Bei einem Minimalintervall (für 100 Prozent der Genesis) gab es nur einen einzigen ABRaHaM: bei -4 Buchstaben. Das war in Genesis 43, 11 (»Da sprach Israel, ihr Vater, zu ihnen: Muß es denn ja also sein, so tut's ...«):

ויאמר אלהם ישראל אביהם אם כן אפוא זאת

Dies in einer einzigen Zeile ausgelegt und die Abraham-Buchstaben hervorgehoben, sieht so aus:

ו י א‍מ‍ר א ל‍ה‍מ י ש‍ר‍א ל א‍ב‍ י ה מ‍א‍מ כ נ א פ ו א ז א ת

In diesem einzigen Vorkommen gibt es nichts weiter Bemerkenswertes.

Dann suchte ich nach dem zwölften Tishrei, dem Datum von Abrahams Tod, in einem hebräischen Standardformat, יב בתשרי (Y"B B'TiShReY). Dieses Wort erscheint als Sequenz mit abstandstreuen Intervallen (ELS) nur viermal in der Genesis. Die minimale Intervalldistanz beträgt 1238 Buchstaben (von Genesis 38, 20 bis 43, 18). Wird sowohl der Name als auch das Datum in üblicher zweidimensionaler Anordnung ausgelegt, so sehen wir sofort, daß sie eine kompakte Konfiguration bilden. Minimalabstand wie auch der zweitkleinste Abstand des Namens bilden eine kompakte Anordnung mit dem Todesdatum. Als ganz überschlägige Einschätzung des Grades dieser Kompaktheit könnten wir uns notieren, daß alle drei Begriffe sich in einem Rechteck finden lassen, welches etwa ein Prozent des Gesamttexts der Genesis ausmacht. Die Wahrscheinlichkeit, daß sich so etwas zufällig ereignet, ist weniger als 1 zu 1000, das ist grob gerechnet dreißigmal weniger als die Chance, mit einem Rouletterad die Gewinnzahl zu treffen.[*]

Zwei voll minimale Aufscheinungen von »Abraham« (אברהם = ABRaHaM) in einer kompakten Konfiguration mit dem Todesdatum des Rabbi Abraham der Engel am zwölften Tishrei (יב בתשרי = 12 B'TiShRy)

---

[*] Wenn man die Möglichkeit der Neuanordnung mit einrechnet. Genauere statistische Messungen dieser Wahrscheinlichkeit sind recht kompliziert – und diskutierbar. Die Zahl hier soll auch nur einen Eindruck der Größenordnung vermitteln.

Wenn das Gitter unten die gesamte Genesis repräsentiert, dann ist die Stelle der Kompaktheit kleiner als das eine gerasterte Gitterkästchen.

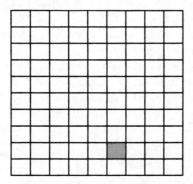

Als nächstes suchte ich nach Abrahams Ehrennamen »der Engel«, geschrieben ה (H), מ (M), ל (L), אה (A), כ (Ch) = HaMaLaCh. Er erschien zweimal in der Genesis mit einem Minimumintervall von -3, und zwar sehr nahe am Namen und Datenpaar:

Zwei voll minimale Aufscheinungen von »Abraham« (אברהם = ABRaHaM) in einer kompakten Konfiguration zusammen mit dem Todesdatum des Rabbi Abraham am zwölften Tishrei (יב בתשרי = 12 B'TiShRY) und zusammen mit seinem Ehrennamen »Der Engel« (המלאך = HaMaLaCh)

Die Anordnung, die Abrahams Namen enthält, das Todesdatum und »HaMaLaCh«, erstreckt sich nun über etwas mehr Text, was aber immer noch weniger als 2,2 Prozent der Genesis ausmacht.

Die Wahrscheinlichkeit, daß sich *vier* zusammengehörende Begriffe auf solchem Raum per Zufall ergeben könnten, ist geringer als 1 zu 100 000, überschlagsweise.

Nunmehr suchte ich nach dem Geburtsort des Abraham HaMaLaCh, Fostow, geschrieben פ(F), ס (S), ט (T), ו (O) und ב (V). Auch dieses Wort fand sich in enger Nähe zu den Bündelungen bereits gefundener Begriffe, mit dem Minimumintervall auf 100 Prozent der Genesis (8402 Buchstaben). Nur in Kombination mit dem Minimalintervall für »Abraham« betrachtet, lagen diese beiden Begriffe in einem Areal, das weniger als 0,33 Prozent der Genesis beträgt:

```
ב נ ו ת ו י ה י כ ל י מ י ל מ כ ש ב ע ו ש ב ע י מ ש נ ה ו ש ב ע
ו א ת א ש ת ו י א ת כ ל א כ ש ר ל ו י ע ל א ב ר מ מ צ ר י מ ה
ט ב א א ע ר ה ו י י ה ו ה ה מ ט י ר ע ל ס ד מ ו ע ל ע מ ר ה נ פ ר
ס ד ו א מ ת א ת א ד נ י ה נ י ד ו ל י י ו א מ ל א ה נ י ד ו ל י ו
א מ ו ו י ש ק י ע ק ב ל ר ח ל ו י ש א א ת ק ל ו ו י ב כ ו י נ ד
פ צ ר ב ו י ו י ק ח ו י א מ ר נ ס ע ה ו נ ל כ ה ו א ל כ ה ל נ ג ד
ו י ה י כ מ ש ל ש ח ד ש י מ ו י ג ד ל י ה ו ד ה ל א מ ר ז נ ת ה
ה ש ב נ ו ז ה ה פ ע מ י מ ו י א מ ר א ל ה מ י ש ר א ל א ב י ה מ א
```

100 Prozent Minimalaufscheinen von »Abraham« (אברהם = ABRaHaM) in einer Kompaktkonfiguration mit einer Normalschreibweise von »Fostov« (פאסמוב = FOSTOV) in ihrem 100-Prozent-Minimum

Das gleiche 100-Prozent-Minimalaufscheinen von »Abraham«
(אברהם = ABRaHaM) in einer Kompaktkonfiguration mit einer
zweiten üblichen Schreibung von »Fostov« (פאסטוב = FoSTOV)
in ihrem 100-Prozent-Minimum

Alle drei Begriffe standen in einem rechtwinkligen Areal von
Text, der etwa fünf Prozent der Genesis entsprach.

Ich fuhr fort und suchte nach dem folgenden in Sequenz: dem Titel seines Buches, »Chesed«, dem Datum »neunter des Ab« wegen dessen historischer Bedeutung in seinem Leben, dem Aufscheinen seines Namens im nächstkürzesten abstandstreuen Intervall und nach dem Datum seines Todes, ebenfalls im nächstkürzesten Intervall. Und *alle* diese Begriffe fanden sich in stark kompakten Anordnungen und in Beziehung zueinander. Nach weiteren Begriffen suchte ich nicht mehr.[*] Die groben Wahrscheinlichkeitschancen,

---

[*] Es gab zwei Varianten von Begriffen, die entweder nicht aufschienen oder aber keine kompakten Anordnungen bildeten.

daß dies alles auf Zufälligkeiten beruht hätte, betragen gut weniger als 1 zu 1 000 000. Zumindest bei diesem einen Beispiel schien sich der Bibel-Code als echt erwiesen zu haben.

Die restlichen Beispiele in diesem Kapitel hier stammen aus vier Quellen; sie sind durch Initialen gekennzeichnet: Eine Auswahl aus jenen Anordnungen Doron Witztums, die von der Aish Ha-Torah weit verbreitet wurden (DW); von Moshe Katz gefundene Anordnungen, veröffentlicht in seinem jüngsten Buch *Computorah* (MK); solche von Eliyahu Rips und anderen, ebenfalls im Buch von Katz beschrieben (ER); und von mir selbst erarbeitete (JS). Unter Verwendung der Begriffe von Rips und Witztum beziehen wir uns auf ein dekodiertes (»Klartext«-)Wort in einer Anordnung als abstandstreue Intervalle (ELS). Die Zählweise von einem Buchstaben in einem ELS bis zum nächsten bezeichnen wir als Überspringen. Die ersten Beispiele sind nur in Tabellenform gehalten, die späteren detailliert.

Franz Joseph (DW)

Franz Joseph I. wurde 1848 Kaiser von Österreich und blieb auf dem Thron bis 1916 als letzter wichtiger Repräsentant der großen Dynastie der Habsburger. Das tödliche Attentat auf seinen Neffen Erzherzog Ferdinand war der Auslöser des Ersten Weltkriegs. Seine Rolle in der Weltgeschichte ist zwar sehr viel besser bekannt, aber er nimmt auch einen besonderen Platz in den jüdischen Herzen ein wegen seiner außergewöhnlichen Freundlichkeit, mit der gewährleistet war, daß die jüdischen Gemeinden im Kaiserreich Österreich-Ungarn beinahe bis zum Holocaust blühen und gedeihen konnten.

> Er war besonders bekannt für seine ganz außergewöhnliche Haltung gegenüber jüdischen Soldaten in der österreichischen Armee und kümmerte sich persönlich darum, daß sie auf höchstem Standard koscher essen konnten und alle erforderlichen religiösen Gegenstände bekamen, um ungehindert den Sabbat zu feiern …

Viele Juden der ganzen Welt sprachen von ihm als dem »König von Jerusalem« – einem Titel, mit dem ihn übrigens die anderen europäischen Monarchen wegen seiner Judenfreundlichkeit spöttisch belegten.[1]

Franz Joseph besuchte Jerusalem 1869. Wegen seiner Reputation empfing ihn die jüdische Gemeinde dort sehr warmherzig. Der Höhepunkt seines Aufenthalts war eine spezielle Segnung durch Rabbi Meir Auerbach:

> Sobald die kaiserliche Kutsche sich der Menge näherte, die den Monarchen in überschwenglicher Begeisterung willkommen hieß, trat der große Rav Meir Auerbach vor und sagte den Segen, wie ihn unsere Weisen für das Erscheinen eines Monarchen institutionalisierten: »Gesegnet seist Du, HaShem, unser Gott … Der seine Glorie deinem Fleisch und Blut verliehen hat.« Und ein gewaltiges »Amen« stieg auf aus der Menge.[2]

Anordnungen über Franz Joseph, die Witztum in der Genesis fand, betreffen das einfache Nebeneinanderstehen von »Franz« und »Joseph« in 45, 18, einer Stelle, in welcher der freundliche Pharao beschrieben wird, der Joseph willkommen heißt und damit die Juden: »… und kommt zu mir; ich will euch Güter geben in Ägyptenland …« Die Anordnung steht in einem abstandstreuen Intervall von 36 Buchstaben für FRNTZ, und das ist das Minimum für etwa 90 Prozent des Buchs Genesis.

Franz-Joseph-Anordnung 1: Breite 36 (DW)				
	Deutsch	Transkript Hebräisch	Überspringung	Minimum
Begriff 1	»Franz«	FRaNTz פרנץ	36	90 %
Begriff 2	»Joseph«	YOSeF יוסף	1[3]	NA

Wenn die Zeilenlänge durch die Zahl vier dividiert wird, bleiben die beiden Wörter in enger Verbindung, allerdings kommen dann auch zusätzliche Elemente mit ins Bild, als wichtigste »König von Österreich«:

Franz-Joseph-Anordnung 2: Breite 36 : 4 = 9 (DW)					
	Deutsch	*Transkript*	*Hebräisch*	*Über-sprin-gung*	*Mini-mum*
Begriff 1	»Franz«	FRaNTz	פרנצ	36	90 %
Begriff 2	»Joseph«	YOSeF	יוסף	1	NA
Begriff 3	»König von Österreich«	MeLeCH AUSTRY	מלכאוסטרי	10	100 %
Begriff 4	»Wien«	VYNA	וינא	9	NA*
Begriff 5	»In der Stadt«	B'IYR	בעיר	1	NA

Wird die Reihenlänge dieser Anordnung um drei Buchstaben gekürzt, von 36 auf 33, dann definiert sie sich mit einem weiteren Wort, das vertikal aufscheint, mit einem Überspringen von 33 x 6 = 198 Buchstaben: »Jerusalem«, zusammen mit »Auerbach«.

Franz-Joseph-Anordnung 3: Breite 33 (DW)					
	Deutsch	*Transkript*	*Hebräisch*	*Über-sprin-gung*	*Mini-mum*
Begriff 1	»Franz«	FRaNTz	פרנצ	36	90 %
Begriff 2	»Joseph«	YOSeF	יוסף	1	NA
Begriff 3	»Auerbach«	AUYeRBaCh	אוירבכ	31	100 %
Begriff 4	»Jerusalem«	YeRUShaLaYiM	ירושלימ	33	100 %

---

* Kein nahes Minimum

Diabetes (DW)

Witztum deckte eine ganze Serie kompakter Anordnungen auf, die sich auf Krankheiten beziehen, darunter Milzbrand, Aids und Diabetes. Diabetes (mellitus) ist ein Zustand, in welchem die Bauchspeicheldrüse (Pankreas) zuwenig Insulin produziert, das als Abbaustoff für Zucker (Kohlenhydrate) wirkt, den wichtigsten Nahrungsbaustein. Ohne ausreichend Zucker/Kohlenhydrate veröden die Zellen. Diabetes bewirkt in der Tat ein »Verhungern«. Der Körper wird gezwungen, auf seine eigenen Proteine zurückzugreifen und sie aufzuspalten, wobei als Nebenprodukt sogenannte Ketone freigesetzt werden. 1917 hat Bernhard Naunyn erstmals den Zusammenhang zwischen Diabetes und den Ketonen nachgewiesen. Die Behandlung mit Insulin wurde ab 1921 möglich.

Die folgende Anordnung ist auf eine Reihenbreite von 5875 ausgelegt, das Minimum an abstandstreuem Intervall über die gesamte Genesis für das Wort »Ketone« (קטונים = KeTONYM). Nahe über »Ketone« findet sich die Textstelle »Sehet, da habe ich euch gegeben allerlei«. Durch »Ketone« läuft das Wort »Substanzen« und horizontal mit einem Intervall von -6 (minimal über 100 Prozent der Genesis) der hebräische Name für Diabetes, SuKeReT (der Anklang an *Zucker* ist deutlich erkennbar). »Naunyn«, dessen Rolle in der Diabetesforschung am engsten mit den Ketonen verbunden ist, ist ebenfalls vorhanden.

Diabetes-Anordnung 1: Breite 5875 (DW)					
	Deutsch	*Transkript*	*Hebräisch*	*Über-springung*	*Mini-mum*
Begriff 1	»Diabetes«	SuKeReT	סכרת	-6	100 %
Begriff 2	»Ketone«	KeTONYM	קטונים	5875	100 %
Begriff 3	»Ich hab euch gegeben allerlei«	V'HaRBYTY	והרביתי	1	NA
Begriff 4	»Substanzen«	ChoMeRYM	המרים	1	NA
Begriff 5	»Naunyn«	NAUNYN	נאנין	34	100 %

Das zentrale Wort »Diabetes« bildet die Verbindung zu den dazu in Beziehung stehenden Anordnungen. So erscheint »Insulin« als ELS mit einem hundertprozentigen Minimum-Überspringen von 3378. In einer Anordnung von genau 3378 Buchstaben liegt jeder Buchstabe von »Insulin« direkt über dem vorhergehenden. Wird die Reihenlänge auf ein Drittel von 3378 verkürzt, liegt jeder Buchstabe vertikal zwei Buchstaben über dem vorhergehenden. Vollzieht man dies für Insulin, so ergibt sich eine Anordnung mit dem gleichen Aufscheinen von SuKeReT wie oben, und dazu das hebräische Wort für Pankreas, alle in enger Nachbarschaft zueinander.[3]

Diabetes-Anordnung 2: Breite 1126 (DW)					
	Deutsch	*Transkript*	*Hebräisch*	*Über-springung*	*Mini-mum*
Begriff 1	»Diabetes«	SuKeReT	סכרת	-6	100 %
Begriff 2	»Insulin«	INSULYN	אנסולין	1126	100 %
Begriff 3	»Pankreas«	LaVLaV	לבלב	1	NA

Aids

Witztums Anordnungen, die sich auf Aids beziehen, ergeben Wörter wie »Aids« (אידס = AIDS), »Tod« (מות = MaVET), »im Blut« (בדמ =B'DaM), »von Affen« (מההכופימ = MeHaKUFYM), »Vernichtung« (מחיה = MeChYaH), »in Virusform« (בדמות וירוס = B'DiMUT VYRUS), »das HIV« (ההיו = HaHIV), »die Immunität« (החיסון =HaChYSUN), »zerstört« (הרוס = HaRUS) und noch viele mehr.

Vielleicht hat er ja auch, etwas optimistischer, den Ausdruck הקצ למחלות = HaKeTz L'MaChaLOT, »das Ende aller Krankheiten«, gefunden ...[4]

Die Ermordung von Anwar as-Sadat (JS)

In diesem Buch haben wir uns bisher fast ausschließlich auf die Genesis beschränkt – weil der Großteil der bisherigen Erforschungen sich darauf bezog. Aber die Überlieferung besagt, daß die Kodierungen sich über alle fünf Bücher Mose erstrecken. Die Ermordung des ägyptischen Präsidenten Anwar as-Sadat gibt Gelegenheit zu einer unabhängigen Erforschung des Codes in Exodus (Zweites Buch Mose). Das Attentat auf Sadat war ein gravierender Einschnitt im Leben sowohl Israels als auch Ägyptens. Das Buch Exodus berichtet von einer früheren Überkreuzung der Wege dieser beiden Völker. Zwei der einfacheren Sadat-Anordnungen sollen im Detail gezeigt werden. Drei weitere und kompliziertere stellen wir nur summarisch in Tabellenform dar. Alle konzentrieren sich in fast minimalem Aufscheinen im Buch Exodus beim Namen »Sadat«.

Seit seinen spektakulären Friedensverhandlungen mit Israel galt Sadat in den Augen islamischer, militanter Fundamentalisten und Offiziere als Verräter. Er wurde bei einer Parade am 6. Oktober 1981, achter Tishrei 5742 nach dem hebräischen Kalender, ermordet. Der Drahtzieher der Verschwörung war ein gewisser Chaled Islambooli.

Der alte Ausdruck für »Attentäter«, bei dem auch die religiösen Aspekte noch mitschwingen, lautet מכה נפש (MaKeH NeFeSh), »Schlächter der Seele«. Er erscheint in Exodus einmal in seinem hundertprozentigen Minimum-Überspringen von 102 Buchstaben. Unmittelbar darüber taucht einmal der Name des Attentäters auf, חאלד (ChALeD), in seinem hundertprozentigen Minimum-Überspringen von zwei Buchstaben:

(JS)

239

Eine andere Anordnung basiert auf dem hundertprozentigen Minimum-Erscheinen einer Form des Namens Sadat, B'SADAT (בסאדאת) als Objekt einer Aktion. Das Überspringen 3800 dient zugleich als Zeilenlänge und ergibt hundertprozentiges Minimal-Aufscheinen sowohl des Datums von Sadats Ermordung, des achten Tishrei (חתשרי = 8 TiShRY) als auch des Wortes »Mörder« (רוצח = ROTzeaCh):

Sadat-Anordnung 2: Breite 3800 (JS)					
	Deutsch	*Transkript*	*Hebräisch*	*Überspringung*	*Minimum*
Begriff 1	»Ein Mörder«	ROTzeaCH	רוצח	21	100 %
Begriff 2	»auf Sadat«	B'SADAT	בסאדאת	3800	100 %
Begriff 3	»8 Tishrei«	TIShRY	חתשרי	24	100 %

Ein weiteres Aufscheinen des Datums, des achten Tishrei, bei seiner zweiten minimalen Überspring-Distanz von 1117 (minimal für 40 Prozent von Exodus) definiert eine andere Zeilenlänge. Wird die Anordnung so verändert, dann erscheint das Wort »Militär« in seinem hundertprozentigen Minimum-Überspringen für »Offiziere« (קצינים = KaTzYNYM) ebenfalls mit einem Intervall von 1117 Buchstaben:

Zwei etwas komplexere und durch dieses Erscheinen des achten Tishrei verbundene Anordnungen bilden ein vereintes Ganzes mit den anderen Anordnungen (die verbundenen Elemente sind mit Raster unterlegt).

Sadat-Anordnung 4: Breite 221 (JS)					
	Deutsch	*Transkript*	*Hebräisch*	*Über-springung*	*Mini-mum*
Begriff 1	»Die Verschwörung«	HaKeSheR	הקשר	-6	100 %
Begriff 2	»zu ermorden«	HiKaH NeFeSh	הכה נפש	1989	100 %
Begriff 3	»auf Sadat«	SADAT	בסאדאת	-15	100 %
Begriff 4	»Parade«	MiTzAD	מצעד	-14	76 %
Begriff 5	»am 8. Tishrei«	8 B'TiShRY	חבתשרי	1117	40 %
Begriff 6	»Chaled«	ChALeD	חאלד	-2	100 %

Sadat-Anordnung 5: Breite 1200 (JS)					
	Deutsch	*Transkript*	*Hebräisch*	*Über-springung*	*Mini-mum*
Begriff 1	»Die Verschwörung«	HaKeSheR	הקשר	-6	100 %
Begriff 2	»zu ermorden«	HiKaH NeFeSh	הכה נפש	1989	100 %
Begriff 3	»auf Sadat«	B'SADAT	בסאדאת	-15	100 %
Begriff 4	»von der Hand von«	AL YaD	על־יד	-3	100 %
Begriff 5	»ein Mörder«	ROTzeaCH	רוצח	21	100 %

In seiner eigenen Untersuchung der Codes, die sich auf das Sadat-
Attentat beziehen (in der Genesis), fand Witztum unter anderem
die folgenden Elemente:

Sadat-Anordnung (DW)		
נשיאיירה	NaSYe YYReH	»ein Fürst wird erschossen werden«
מצעד	MiTzAD	»eine Parade«
תשמב	5742	»1981«
ירצח	YiRaTzCh	»ermordet« (aber nicht im nahen Minimum)
בסאראת	B'SADAT	»Sadat« als direktes Objekt
חתשרי	8 TiShRY	»8. Tishrei«
קשר	KeSheR	»eine Verschwörung«
חאלד	ChALeD	»Chaled«

Witztum entdeckte auch die folgende Kompaktanordnung mit
Einschluß des Vor- und Zunamens des Attentäters, »Chaled«
(חאלד = ChALeD) und »Islambooli« (אסלמבלי = ISLaMBuLI),
beide in ihrem hundertprozentigen Minimal-Überspringen in der
Genesis. Sogar die *New York Times* an jenem Tag hatte den
Nachnamen des Mörders fehlerhaft mit Istanbooli angegeben.

(DW)

Das Phänomen ist noch eklatanter, wenn man ihm weiter nachgeht. »Islambooli« erscheint als ELS zweimal in der Genesis, noch einmal im Buch Deuteronomium und sonst nirgends mehr. Es stellt sich wie beim Beispiel des Rabbi Abraham »der Engel« am Anfang dieses Kapitels heraus, daß das *zweite voll minimale* Aufscheinen in der Genesis für sowohl »Islambooli« (77 Prozent) als auch »Chaled« (74 Prozent) an anderer Stelle der Genesis eine zweite Kompaktanordnung ergibt, und daß das einzige Aufscheinen von »Islambooli« im Buch Deuteronomium (bei einem Überspringen von 10 380 Buchstaben) noch einmal eine Kompaktanordnung dort mit einem neunzigprozentigen Minimal-Aufscheinen von »Chaled« bildet.

Es ist eine traurige Wahrheit, daß der Großteil aller Geschichte Tragödien zum Thema hat. Sicherlich, die Geschichte des Bibel-Codes ist äußerst eng mit Kriegen verknüpft, speziell mit denen, in denen die Juden Tod und Vertreibung erfuhren. Wie wir in den früheren Kapiteln gesehen haben, sind ironischerweise die Methoden selbst, die zur Entdeckung der Kodierungen führten, überwiegend das Produkt der Antwort auf diese Auswüchse. Die Geschichte dreht ihre Spiralen rund um sich selbst und erzählt immer wieder die gleichen Geschichten, nur in verschiedenen Zeithöhen. Wir sollten uns deshalb darauf einrichten, daß diese Kriege auch selbst im Detail im Bibel-Code auftauchen werden.

Elftes Kapitel

Die Flammen des Amalek

In der Geschichte der Menschheit symbolisiert Amalek – der Nachfahr Esaus und seinerseits Vorfahr der Edomiter, des bösen Haman und des falschen Königs Herodes, des Idumäers – den »Bösesten unter allen Völkern«. Er hat sich stets erhoben, Israel zu verderben, wenn die Zeit der Errettung bevorstand. »Aber sein Ende wird die ewige Verdammnis sein«, denn das Böse und jene, die sich ihm hingeben, sind für die Nichtexistenz bestimmt.[1]

Im Herzen der Menschen ist Amalek die Macht, welche den Menschen »einfriert« und ihn nur noch »absurde Chancen« sehen läßt, weshalb er dann ein ethisches Gewissen und die moralische Vollkommenheit, welche es nach sich zieht, leugnet. Im materiellen Raum ist Amalek darauf eingeschworen, Israel davon abzuhalten, im eigenen Land zu leben.

Rabbi Tsadok HaCohen (1823-1900)

Rebecca wurde davon in Kenntnis gesetzt, daß sie zwei Völker unter dem Herzen trug – Jakob und Esau, welche einst die beiden Formen sozialer Regierung verkörpern würden. Der eine Staat solle seine Größe auf Geist und Moral aufbauen, der andere auf Wagemut und Stärke. Geist und Stärke, Moralität und Gewalttätigkeit: Diese stehen einander von Geburt an gegenüber. Die gesamte Geschichte ist nichts anderes als der Kampf darum, ob der Geist obsiegen soll oder das Schwert, ob Cäsaria oder Jerusalem die Oberhand behält.

Rabbi Samson Rafael Hirsch (1808-1888), Kommentar zur Geburt der Zwillinge Jakob und Esau

Der Krieg um die Weltherrschaft wird vollständig zwischen uns und den Juden geführt werden. Alles andere ist Fassade und Illusion.

Adolf Hitler

SheSheCh (Sesach): Der Golfkrieg 1991

Fast alle, die zum erstenmal von den Codes hören, fragen, ob sie denn zur Vorhersage der Zukunft verwendet werden könnten. Die seltsame Kodierungsmethode scheint diese Vermutung in der Tat zuzulassen. Der Code erschließt sich nur, *wenn man die ELS für zwei oder mehr miteinander in Beziehung stehende Tatsachen findet, nach denen man zu suchen sich entschlossen hat*, wie etwa ein bestimmtes Ereignis oder Datum. Ist ein Ereignis bekannt, aber nicht sein Datum, läßt es sich irgendwann mit irgendeinem minimalen Überspringen eruieren – aber dann? Man kann zahllos willkürlich gewählte Daten in ganz vernünftig enger Nähe zu irgendeinem ELS finden. Es ist die Tatsache, daß das eine aktuelle Datum so unvermittelt neben dem Ereignis auftaucht, überraschend oft, was den Code erst konstituiert. Damit derjenige, der es sucht, es auch finden kann, muß das Datum bereits *seiner* Vergangenheit angehören.

Diese deutliche »Grenze« des Phänomens paßt gut zu dem, was die Thora selbst über Zukunftsprophezeiungen aller Art aussagt: Ohne daß im besonderen erklärt wird, daß dies ganz unabänderlich unmöglich sei, verbietet sie doch ausdrücklich. (Wäre es unmöglich, dann bestünde kaum Anlaß, es zu verbieten. Die Zurückhaltung der Kabbalisten, ihre Einsichten mit anderen zu teilen, beruhte immer zumindest teilweise darauf, daß ihre Methoden gewohnheitsmäßig eben dazu mißbraucht wurden.) Nichtsdestoweniger sind im Hintergrund der Code-Gemeinde Geschichten im Umlauf, die ein klein wenig in diese Richtung gehen. Die größere Bedeutung solcher Geschichten allerdings – falls die Erzählungen zutreffen – haben mit einer Lektion zu tun, die sie uns über die Natur der Zeit erteilen könnten und über unsere eigene Rolle im Fortgang der Geschichte – ein Thema, dem wir uns in einem späteren Kapitel noch widmen wollen. Eine solche Geschichte jedenfalls rankt sich um eine Serie von Codes, die den Golfkrieg betreffen. Ich habe selbst eine Anzahl von einigermaßen übereinstimmenden Variationen dieser Geschichte gehört, einige davon aus anerkannten Quellen, von denen freilich niemand bereit war, sie ohne Einschränkungen, geschweige offiziell und öffentlich, zu bestätigen.

Tatsächlich haben mehr als nur einer der Code-Erforscher enge Beziehungen zu den kryptologischen Diensten des renommierten israelischen Geheimdienstes Mossad und auch zu anderen Geheimorganisationen. (Aber das sollte angesichts dessen, was wir bisher schon kennengelernt haben, nun kein so großes Geheimnis mehr sein.) Mag sein, daß der Mossad in das alles verwickelt ist, oder auch nicht. Vielleicht sind es ja auch nur Legenden, die da so ausgebrütet werden und herumschwirren. Aber ein Informant gab mir immerhin unmißverständlich zu verstehen: Sollte ich ihn zitieren, würde er alles ableugnen. Ansonsten, sagte er, ja, im wesentlichen spielte sich das so ab, wie ich es anschließend beschreibe. Die Codes selbst, die sich auf die Geschichte beziehen, sind natürlich nachprüfbar – und das ist auch bereits geschehen: von Tausenden Leuten in aller Welt.

Der Golfkrieg war für Israel recht ungewöhnlich. Obwohl er durch Saddam Husseins Versuch der Annektierung Kuwaits provoziert und ausgelöst wurde, war das eigentliche Ziel doch Israel. Tektonische Verwerfungen in den internationalen Allianzen und lokale Machtballungen hatten Israel ins Zentrum einer hochinstabilen Situation versetzt: Seine militärischen Vorteile lagen inzwischen nur noch im Überraschungsmoment. So wie einst Japan mit dem Schlag gegen Pearl Harbor einen entscheidenden (wenn auch im Rückblick kurzfristigen) Vorteil gegen die USA erlangt hatte, sah hier und jetzt Israel seinen einzigen militärischen Vorteil in einem Präventivschlag gegen die riesigen, das Land bedrohenden gegnerischen Armeen (wie schon 1967). Trotzdem drängten Amerika und die anderen Verbündeten nicht nur darauf, nicht zu attackieren, sondern sogar, *sich nicht einmal gegen einen Angriff zu verteidigen*. Dies war eine ziemlich außergewöhnliche Forderung, deren Risiken im Westen fast unmöglich abgesehen werden konnten.

Mittlerweile hatte sich Saddam Hussein ein ganzes Arsenal russischer Scud-Raketen beschafft und deren Reichweite erhöhen lassen. Die »Scud B« konnte nun mit Leichtigkeit jedes israelische Ziel erreichen. Hussein gebrauchte den Golfkrieg auch ganz unverblümt als Vorwand für die Drohung, Israels Bevölkerungszentren mit chemischen Waffenladungen zu zerstören.

Und dies war durchaus keine leere Drohung. Weil ich selbst eine Ausbildung in der US-Armee in nuklearer, biologischer und chemischer Kriegführung absolviert habe, hatte ich die Möglichkeit, Fotos zu studieren, welche die Auswirkungen moderner chemischer Kampfstoffe auf Zivilisten zeigten. Diese waren aber Saddam Husseins eigene Landsleute. Er hatte die politischen Unruhen in den kurdischen Regionen des Irak beendet, indem er ganze Dörfer, Städte und bezirksgroße Gebiete mit verschiedenen chemischen Waffen buchstäblich auslöschte – Männer, Frauen und Kinder. Nachdem ich diese Fotos gesehen und Art und Ausmaß des Todes erfahren hatte, die der Mann mit seinen eigenen Waffen seinem eigenen Volk ohne jeden Skrupel zugefügt hatte, war es schwer zu glauben, er schrecke davor zurück, dies auch den Juden in ihrem verhaßten Staat Israel anzutun.

Selbst damals war bereits offensichtlich, daß der Irak in der Entwicklung atomarer Waffen schon weit fortgeschritten war. Doch stellten weder diese noch das Giftgasarsenal Husseins die tatsächlich ernsteste Bedrohung dar. Diese war vielmehr die – außerhalb der militärischen Führungskreise jedoch niemals auch nur erwähnte – durch Saddam rapide vorangetriebene Herstellung *biologischer* Kampfstoffe in seinem Land. (Daß im Irak wirklich ein gewaltiges Projekt für biologische Kriegführung im Gange war – und zwar unter der »Tarnung« des Atomwaffenprogramms! – erfuhr die Weltöffentlichkeit erst 1994. Die Geheimdienste freilich waren schon lange zuvor darüber informiert.) Trotz alledem beugte sich Israel aber dem Druck, nicht zurückzuschlagen, falls Hussein (genauer gesagt, wann, denn daß es geschehen würde, daran zweifelte niemand) seine Scud-Raketen abschoß.

Die Anspannung in Israel war unvorstellbar. Die Bereitschaft, sogar auf die Selbstverteidigung zu verzichten, schuf eine außergewöhnliche Situation. Es gab damit keine Möglichkeit, Verwundete und Tote nahe der einfachen Einschlagsdetonation einer Scud B zu vermeiden, und keinen angemessenen Schutz gegen die biologischen Kampfstoffe, die sie freisetzte (höchstwahrscheinlich modifiziertes Anthrax [Milzbrandbakterien]); mit Atomwaffen war Saddam noch nicht ganz soweit. Die gesamten israelischen Zivilschutzmaßnahmen konzentrierten sich aus diesen Gründen also zwangsläufig auf chemische Kampfstoffe. Und mit diesen hatte Saddam ja nun erwiesenermaßen die größten Kenntnisse und Erfahrungen.

Nun gibt es längst ziemlich gute Möglichkeiten gegen Angriffe mit chemischen Kampfstoffen. Jeder gut ausgebildete Soldat wird darin (und über die Dekontaminierungsmaßnahmen danach) unterwiesen und bekommt eine Gasmaske und Gegenmittel. Rechtzeitig und richtig angewendet, kann bereits die Gasmaske allein einen Großteil von Verletzungen und Tod verhindern. Folglich wurden sämtliche Einwohner Israels entsprechend informiert, geschult und ausgerüstet.

Ein größeres Problem gab es allerdings dabei. Vom Westen des Irak bis nach Tel Aviv sind es gerade etwa 600 Kilometer. Vom Start bis zum Einschlag brauchte eine Scud-Rakete keine zwölf Minuten. Selbst wenn jeder einzelne Raketenabschuß durch die Satellitenüberwachung einwandfrei festgestellt und verfolgt werden konnte, war doch die Zeit so knapp, daß sie für eine Alarmwarnung von der Meldung über ihre Bestätigung, die Übermittlung an die israelischen Behörden, genaue Ermittlung der Zielrichtung der Rakete[2] bis zur Alarmveranlassung mit der Warnung der Bevölkerung und deren Ergreifen von Schutzmaßnahmen einfach nicht ausreichte – sogar auch dann nicht, wenn jeder einzelne seine Gasmaske rund um die Uhr griffbereit hatte.

Doch die Alternative war ebenfalls nicht praktikabel: daß die Leute die Gasmasken Tag und Nacht aufbehielten. Diese prekäre Situation reduzierte sich schließlich auf folgendes Problem: Die israelische Bevölkerung in den Wochen und Monaten vor dem unausweichlichen ersten Angriff in höchster Daueralarmbereitschaft zu halten, war materiell und psychologisch undurchführbar. Die gesamte Wirtschaft würde darunter leiden und womöglich sogar zusammenbrechen. Ohne daß auch nur ein Schuß gefallen wäre, müßte sie auf unabsehbare Zeit unter solchen Bedingungen arbeiten.

Angesichts dieses beispiellosen Stands der Dinge war eine ganz bestimmte Geheimdienstinformation notwendig, die höchste praktische Bedeutung besaß: *An welchem Tag genau würde der erste Angriff erfolgen?* Wenn dies zu eruieren möglich wäre – oder auch nur eine Liste mehrerer möglicher Daten –, dann brauchte man die Bevölkerung, statt sie im Dauerstreß zu halten, lediglich für diesen Zeitpunkt oder diese Daten in höchste Alarmbereitschaft zu versetzen.

Damit also zu unserer – wenn auch nicht verifizierbaren – Geschichte. Bestimmte ungenannte Code-Forscher trafen sich mit Mossad-Leuten und diskutierten Möglichkeiten, wie sich der Termin des ersten Scud-Raketenangriffs herausfinden ließ. Kodierungen, die sich auf die sich entwickelnde Situation am Golf bezogen, waren bereits ermittelt. Der Zeitpunkt des entscheidenden Angriffs auf Israel war aber natürlich nicht darunter, weil dieser ja noch ausstand. Die Kodierungen konnten immer nur statistisch relevante Bezüge zwischen *bekannten* Datenpunkten erhellen. Wenn man das zu einem bestimmten Ereignis (beziehungsweise einer Person) gehörende Datum nicht wußte, *konnte man auch nicht danach suchen*, geschweige dessen statistische Signifikanz bewerten.

Gab es einen Weg, diese Beschränkung zu umgehen? (Wir sollten dabei nicht vergessen, daß es bezüglich der Rettung von Leben, womöglich sogar Tausender Menschenleben, so gut wie kein Gebot der Thora gibt, das für diesen Fall und Zweck nicht aufgehoben würde. Genau dies war ja das entscheidende für Rabbi Weissmandl bei allen seinen Bemühungen während des Holocaust.)

Die Wissenschaftler schlugen schließlich folgende Möglichkeit vor – so »fuzzy« sie auch war. Sie wußten, wo die Codes, die sich auf die Situation am Persischen Golf bezogen, zu finden waren. Mossad und Militär hatten mit den konventionellen Techniken des Sammelns von Informationen und strategischen Überlegungen bereits eine Liste möglicher Angriffstermine erstellt. Drei davon erschienen als besonders wahrscheinlich. Mangels faktisch bekannten Datums konnten diese potentiellen plausiblen Daten erst einmal als »bereits sichere Information« eingesetzt werden. Es waren keine »Ereignisdaten«, sondern nur »Mossad-identifizierte mögliche Daten«.

Wenn von diesen drei wahrscheinlichsten Daten eines als »tatsächlich« bestimmt wurde (nämlich als eben jenes, an dem der erste Angriff wirklich erfolgen werde), dann müßte es in den Bündelungen um die auf den Golf bezogenen Begriffe auftauchen – und nur dort! Ein Datum von den dreien lag natürlich am allernächsten: nämlich der dritte Tag des Shevat 5751, also Freitag, der 18. Januar 1991.

Und an ebendiesem Tag ereignete sich dann auch wirklich der ersten Scud-Angriff.

Die Golf-Daten

In der westlichen Welt sieht man in Saddam Hussein hauptsächlich nur einen opportunistischen Tyrannen, getrieben allein von den materialistischen Motiven, die sich aus sich selbst ergeben: Herrschaft, Macht, Reichtum, militärische Dominanz, Gebietseroberung. Aber das ist vielleicht doch nur ein Teilbild dieses Mannes. Ganz wie die Nazis in den Tagen ihrer Götterdämmerung einen beträchtlichen Teil ihrer rasch dahinschwindenden Kapazitäten damit verschwendeten, Juden abzutransportieren, in Lagern zu sammeln und auszurotten, nämlich aus (ihren) weltanschaulichen Gründen (wie schon in Hitlers *Mein Kampf* stand), verwandte auch Saddam Hussein die enormen Einkünfte aus den irakischen Ölfeldern darauf, die alten Ruinen Babylons wieder in eine bewohnbare Stadt zu verwandeln – nur daß er dabei nicht im Sinn hatte, die Wände mit den Porträts Nebukadnezars als vielmehr von sich selbst schmücken zu lassen. Offensichtlich versteht er sich als moderne gottartige Wiedergeburt des größten Herrschers des alten Babylon: eben Nebukadnezars, des Mannes, der Jerusalem eroberte, den Tempel zerstörte und die Juden in ihr erstes Exil trieb. Er sieht seine Rolle tatsächlich im wesentlichen religiös, mit welthistorischer Perspektive. Und sein Lebensziel ist völlig eindeutig auf den permanenten Kampf gegen Israel fixiert.

Erinnern wir uns an das siebte Kapitel; dort haben wir auf zwei Andeutungen in der Bibel auf die alte Verschlüsselungsmethode Atbash hingewiesen, in welcher der erste Buchstabe des Alphabets der letzte wird, der zweite der vorletzte und so fort. Beide Hinweise – und ein dritter dazu – erfolgen im Zusammenhang mit ebendiesem Kampf zwischen Israel und Babylon. Von dem »Becher Weins voll Zorns« des Herrn »für alle Völker« sagt der Prophet Jeremia voraus: »Und der König zu Sesach (*Sheshech*) soll nach diesen trinken!« (Jeremia 25, 26) Und später: »Wie ist Sesach (*Sheshech*) so gewonnen und die Berühmte in aller Welt so eingenommen! Wie ist Babel so zum Wunder geworden unter den Heiden!« (Jeremia 51, 41). Und noch an anderer Stelle ruft der Prophet aus: »Siehe, ich will einen scharfen Wind erwecken wider Babel und wider ihre Einwohner (in *Leb-Kamai*), die sich wider mich gesetzt haben.« (Jeremia 51, 1; kursive Hervorhebung durch den Autor).

Eine Permutation (Umsetzung) mittels Atbash konvertiert »Babylon« (בבל = BaBeL[*]) zu »SheSheCh« (ששך) und »Chashdim« (כשדים = ChaShDYM) – Chaldäa, der archaische Name Babylons – in den Satz oben, wobei »LeB-Kamai« (לב קמי = LeB[*] KaMaY) wörtlich »Das Herz meines Feindes« bedeutet.

Saddams Name (in der Transkription von arabisch nach hebräisch »Tzadam«) erscheint in der Genesis als ELS mit einem hundertprozentigen Minimalintervall von sieben Buchstaben (צדאם = TzaDaM). Überraschend wenige Aufscheinungen gibt es von »Sheshech« mit dessen hundertprozentigem Minimal-Überspringen von zwei Buchstaben. Eine dieser Formen bildet aber eine extrem kompakte Anordnung zusammen mit »Tzadam«, die nicht einmal ein $^1/_{2500}$ des Genesis-Textes ausmacht.

---

[*] Der Buchstabe ב kann entweder als B oder als V ausgesprochen werden. »Babylon« בבל wird »BaVeL« gesprochen, wobei also für ב beide Aussprachen verwendbar ist. In לב קמי wird ב als V gesprochen, also lautet das Wort tatsächlich LeV KaMaY. (Die Einfügung von *»Leb Kamai«* des Autors im Absatz zuvor findet sich natürlich nicht im Text der Lutherbibel. *(Anmerkung des Übersetzers.)*

Wird die Zeilenlänge auf 37 verändert, erscheint der Ort von Saddams wiederaufgebauter Hauptstadt »Sheshech« – in »Bagdad« (בבגדד = B'BaGDaD) – nahebei mit ihrer einzigen hundertprozentigen Minimalüberspringung von 75:

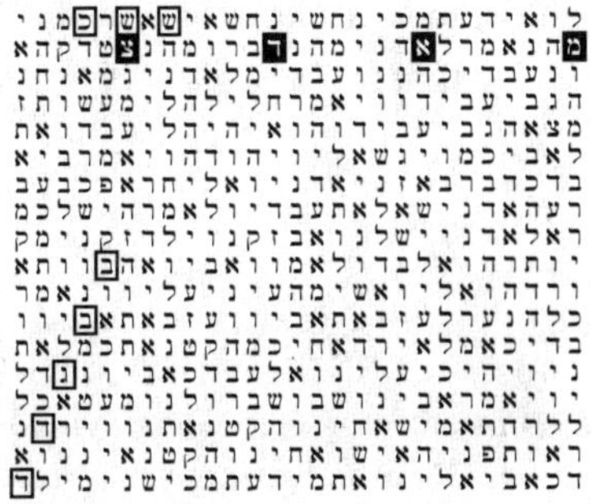

```
לואידעתמכינחשׁינחשׁאינﬡﬡﬧ﬩﬩﬩מניᵂ
ﬥﬣﬡﬡﬧﬥ﬩ﬡﬢﬡﬥﬡﬡﬥﬡﬢﬢﬧﬠﬠﬡ﬩ﬠ﬩ﬥﬧﬢﬣﬡ
ﬧﬡﬠﬢﬧﬠﬣ� ﬡﬠﬠﬥﬢﬧﬡﬠﬥﬢﬡﬡ� ﬡﬠﬡﬥﬢ
ﬣﬡﬢﬡﬠﬡﬧﬥ﬩ﬡﬡﬥﬡﬠﬢﬥﬥﬥﬡﬠﬠﬥﬥﬥﬥ
ﬧﬧﬡﬢﬠﬧﬡﬠﬡﬧﬡﬡﬠﬡﬠﬡﬡﬢﬥﬢﬡﬥﬡﬥﬡ
```

Ändert man die Zeilenlänge auf 75, dann erscheinen die Atbash-Chiffren für »das Herz von« (לב = LeB) und »mein Feind« (קמי = KaMaY rückwärts) im Chiffrentext unmittelbar bei den anderen drei Begriffen:

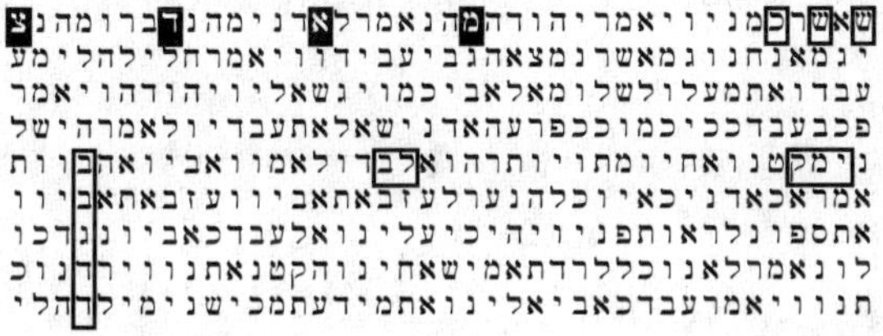

```
ﬡﬡﬧﬥﬦﬦﬡ﬙ﬡﬡﬡﬧﬡﬡﬦﬡﬣﬡﬣﬣﬦﬡﬡ﬩ﬡﬡﬥﬢﬡﬣﬣ
```

Der erste Scud-Raketenangriff auf Tel Aviv erfolgte am dritten des Shevat (גבשבט = 3 B'SheVaT). Es gibt in der Genesis fünf ELS-Aufscheinungen des hebräischen Wortes für »Rakete« (טיל = TYL) in ihren hundertprozentigen Minimal-Überspringungen von + oder -2. Zwei davon bilden eine kompakte Anordnung mit dem einzigen hundertprozentigen Mimimalaufscheinen sowohl von »der dritte von Shevat« und »am dritten von Shevat« mit einem Intervall von 258. Eine zeigt die Abbildung unten zusammen mit einem für beide zählenden T (ט) aus einer Anordnung mit der Zeilenlänge 256:

(MK)

Wird die Zeilenlänge auf 263 verändert, erscheint dasselbe Wort sehr nahe bei »Scud B« (סקאדב = SKUDB) mit einem Überspringen von -15 als einzigem hundertprozentigen Minimalaufscheinen in der Genesis. Dr. Moshe Katz, der während des Golfkriegs eine Anzahl einschlägiger Anordnungen veröffentlichte, merkt an, daß innerhalb der Schrittfolge dieses Aufscheinens von »Scud B« das Adjektiv »russisch« (רוסי = RUSY) rückwärts und mit einem »Überspringen« von -1 ebenfalls enthalten ist.[3] Es gibt nur zwei solche Einer-Überspringungen des ELS für »russisch« in der Genesis; dieses hier ist allein innerhalb von mehr als 97 Prozent des Textes:

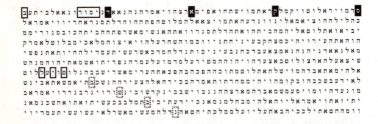

Zusätzlich in der Genesis gefundene verbundene Anordnungen (durch Witztum – mitgeteilt von der Aish HaTorah, aber nicht veröffentlicht – sowie durch Rips und Katz, in dessen Buch veröffentlicht), enthalten verschiedene Kombinationen der folgenden Elemente:

Golf-Anordnungen (DW, ER, MK)		
סקדים	SCuDYM	»SCUDs«*
רוסי	RUSI	»russisch«
טיל	TYL	»Raketen«
צראם	TzaDAM	»Tzaddam« (arabisch)
חסינ	ChuSeYN	»Hussein«
גשבט	3 ShVaT	»3. Shevat« (erste Scud)
עירק	EYRaQ	»Irak«
סאדאם	SADAM	»Saddam« (international)
בשבט	2 ShVaT	»2. Shevat« (Kriegsbeginn)
שורצקופ	ShVaRTzKOF	»Schwarzkopf«
אמריקה	AMeRYKA	»Amerika«
בסעודיה	B'SAUDYaH	»in Saudi-Arabien«

Katz berichtet des weiteren, daß er sogar die Begriffe »CNN«, »Peter« und »Arnett« in erstaunlicher Nähe dazu im Buch Numeri (Viertes Buch Mose) gefunden habe. »CNN« erscheint dort als achtzigprozentiges Minimum aller fünf Bücher Mose, »Peter« und »Arnett« beide für 57 Prozent. Die letzten beiden Namen erscheinen wörtlich übereinander bei Überspringungen von -4 und +2 und laufen insgesamt durch lediglich 15 Buchstaben, das ist weniger als ein $^1/_{20\,000}$ des Thora-Textes.**

Weitere einschlägige Anordnungen in der Genesis schauen aus wie folgt:

---

* Dies ist die üblichere »nichtvollständige« Schreibweise mit dem optionalen stummen Buchstaben (*mater lexionis*) א, der im Plural fehlt.

** Dies bezieht sich auf den US-Fernsehsender CNN und dessen Reporter Peter Arnett, der im Golfkrieg wegen seiner Berichterstattung »vor Ort« in Bagdad bekannt wurde. (*Anmerkung des Übersetzers*)

Anordnungs-Zeilenbreite 121 (JS)				
	Deutsch	*Transkript*	*Hebräisch*	*Über-springung*	*Mini-mum*
Begriff 1	»Rakete«	TYL	טיל 2	100 %
Begriff 2	»in Tel Aviv«	L'TeLAVIV	לתל אביב 853	100 %
Begriff 3	»am3. Shevat«	3 B'SheVAT	נשבט 258	40 %

Und wenn man die Zeilenlänge auf das Minimum-Überspringen von »Tel Aviv« vergrößert:

Anordnungs-Zeilenbreite 853 (JS)				
	Deutsch	*Transkript*	*Hebräisch*	*Über-springung*	*Mini-mum*
Begriff 1	»in Tel Aviv«	L'TeLAVIV	לתל אביב 853	100 %
Begriff 2	»5751« (1991)	5751	תשנא -3	100 %

Sowie bei 342:

Anordnungs-Zeilenbreite 342 (JS)				
	Deutsch	*Transkript*	*Hebräisch*	*Über-springung*	*Mini-mum*
Begriff 1	»Rakete« (2 x)	TYL	טיל 2	100 %
Begriff 2	»am 3. Shevat«	5751	נשבט 258	100 %
Begriff 3	»Irak«	IRAQ	עירק 6	100 %
Begriff 4	»Scud» und »Scud B* «	Skud Skud B	סקאד 15 בסקאדב	100 % (beide)
Begriff 5	»Scuds«	SKuDYM	סקדימ -17	100 %
Begriff 6	»in Israel«	L'YSRaEL	לישראל -15	100 %
Begriff 7	»in Tel Aviv«	L'TeLAVIV	לתל אביב 1028	100 %

* Sowohl »Scud« als auch »Scud B« stehen mit ihrem hundertprozentigen Überspringen an derselben Stelle.

Außerdem habe ich eine ganze Serie von Anordnungen in der Genesis gefunden, welche die Namen und Daten der Hauptpersonen der biblischen Eroberung Israels durch die Babylonier mit Saddam Husseins Versuch, die Geschichte zu wiederholen, verknüpft. (Die Bedeutung der verschiedenen Namen, Daten und Schreibweisen ist in der Anmerkung 4 zu diesem Kapitel nachzulesen.)

Obwohl es nicht zur Verbreitung und Verwendung gedacht war, habe ich selbst doch ein Dokument eingesehen, das eindeutig konstatiert, daß »das Datum« – der dritte Shevat, der Tag, an dem die ersten Scud-Raketen auf Israel abgeschossen wurden und einschlugen – »schon herausgefunden wurde, bevor der Krieg begann«. Der Inhalt dieses Dokuments wurde später in einem per Tonband aufgezeichneten Interview mit einem der Hauptbeteiligten bestätigt.

Da hat die Geschichte allerdings einen Haken. Wir erinnern uns: Der dritte Shevat war eines von *drei* möglichen Daten, die der israelische Geheimdienst angeblich als höchst wahrscheinlich für den erwarteten Angriff Saddams eruiert hatte. Der Zeitpunkt war eng in die anderen, schon früher ermittelten auf den Golf bezogenen Codes eingebündelt, als die Situation des irakischen Überfalls auf Kuwait kritisch zu werden begann. Aber was ist mit den anderen beiden Daten passiert? Waren die einfach falsch?

Mit dem antiken Babylon verknüpfte Golf-Anordnungen (JS)[4]	
Begriff	*Minimum*
(Nebu)chadrezzar	100%
»Chef der Schlächter«	100%
(Nebu)zarradan	100%
»Schlächter«	100%
9. Av.	100%
Tzadam	100%
in Bagdad	100%
1991	100%
Rakete	100%

Die anderen beiden Daten fanden sich ebenfalls unmittelbar bei derselben Bündelung. Wie sich herausstellte, war das tatsächliche Datum des Angriffs sogar das am nächsten stehende. Was aber, wenn a) der israelische Geheimdienst nun das erste dieser drei Daten nicht korrekt vermutet hätte und b) der Angriff an einem der anderen beiden ausgewählten Termine erfolgt wäre? Tatsache ist, daß es keine Möglichkeit gibt festzustellen, ob nicht eben dies der Fall war. Das heißt: Es kann auch noch andere mögliche Daten dafür gegeben haben, die nicht ermittelt wurden und nach denen man deshalb auch gar nicht suchen konnte.

Daß eine Anzahl potentieller Daten (aber nicht unbedingt alle möglichen!) in naher Umgebung zu dem Ereignis ermittelt wurde und es sich so ergab, daß das am nächsten benachbarte Datum auch das tatsächliche war, weist auf einen völlig neuen Weg des Verständnisses hin, »wie Zeit und Zufall wirken«. Wir kommen auf dieses Thema im letzten Kapitel noch einmal zurück, in dem wir dann die Codes besprechen, die sich mit der schieren Natur unserer Welt selbst befassen. Dann werden wir auch sehen, daß die Hinweise auf ganz unerwartete Beziehungen zwischen »Zufall/Wahrscheinlichkeit«, dem menschlichen Willen und der Vorbestimmung die alte jüdische Weltsicht von den »Prophezeiungen« und einem vielleicht aber auch moderneren wissenschaftlichen Verständnis reflektieren, wie es sich in diesem Jahrhundert entwickelt hat.

Haben sich nun angesichts der tödlichen Gefahr, der sich Israel im Golfkrieg ausgesetzt sah, Geheimdienst und Regierung des Landes der Codes in irgendeiner Weise bedient? Oder haben sie das alles als Unsinn abgetan? Haben sich die beschriebenen Ereignisse überhaupt tatsächlich ereignet? Das werden wir vermutlich nie erfahren.

Es ist aber aus folgenden Gründen nicht ganz unvorstellbar. Erstens war der Mossad, wie schon im ersten Kapitel erwähnt, noch in jüngster Zeit bereit, sich mit einer Gruppe Leute zusammenzusetzen und die Codes und ihre möglichen Zusammenhänge mit den gegenwärtigen Spannungen im Nahen Osten zu diskutieren. Zweitens hat Doron Witztum persönlich mehr als einen Vortrag über die Codes vor der israelischen Akademie der Wissenschaften gehalten (die einiges von seinen Forschungsarbeiten veröffentlicht hat). Drittens ist man in Israel eher bereit und willens als anderswo auf der Welt, ihre Bedeutung anzuerkennen.

Und viertens und am wichtigsten: Israel mag auch deshalb eine größere Bereitschaft an den Tag gelegt haben, sich mit den Codes zu beschäftigen, weil es vom Golfkrieg direkt betroffen war. Er wurde dort sehr viel anders gesehen und begriffen als in den Ländern, in denen man ihn nur via Fernsehen und Presse erlebte. Und dies wiederum war weitgehend die Folge einer Verknüpfung unerklärlicher Ereignisse.

So erfolgten etwa die Scud-Angriffe tatsächlich wie befürchtet, ihre Gesamtwirkung jedoch war fast unglaublich gering. Die israelischen Zeitungen waren in jenen Tagen voll von überraschten, ungläubigen Kommentaren. Zwar hatten trotz der Erfolge der amerikanischen *Patriot*-Raketen[5], welche die Scuds schon im Anflug abfingen, immer noch 33 ihre exakt einprogrammierten Ziele in Israel erreicht – meistens dichtbesiedelte zivile Wohngebiete von Städten wie Tel Aviv. Und die Scuds waren auch keineswegs nur kleinere, unbedeutendere Raketen, wie in zahlreichen ausländischen Medien verbreitet wurde. (Vielleicht sind wir ja auch schon so sehr daran gewöhnt, uns über interkontinentale ballistische Flugkörper mit Nuklearsprengköpfen zu sorgen, daß wir die Zerstörungskraft einer Rakete mit »nur« einer Reichweite von 600 Kilometern als minderbedeutend ansehen.) Allein die erste Scud am dritten Shevat zerstörte oder beschädigte an die 500 Wohnungen. Insgesamt wurden von den 33 einschlagenden Raketen 3773 Gebäude mit 10 992 Wohnungen in Mitleidenschaft gezogen; 1235 Familienhäuser wurden vollständig zerstört. Doch es war kein einziger Todesfall dabei zu beklagen. Zwar wurden zahlreiche Menschen aus meterhohen Trümmerhaufen geborgen. Aber als sozusagen direktes Opfer der Raketenangriffe kann höchstens ein alter Mann bezeichnet werden, der im Anschluß an einen Scud-Einschlag, der sein Haus zerstörte, im Krankenhaus an einem Herzinfarkt starb. (Die einzige Scud, die ein amerikanisches Militärziel traf – in Saudi-Arabien –, tötete dagegen allein 19 Soldaten. Dazu muß man sich als Vergleich auch etwa die Zahl der Toten und Verwundeten – Männer, Frauen und Kinder – bei dem Terroranschlag in Oklahoma City auf ein einziges Gebäude vor Augen halten.)

Als sich immer mehr unerklärliche Ereignisse zu häufen begannen, nahmen die diesbezüglichen Kommentare der israelischen, vorwiegend säkular ausgerichteten Regierung einen Tonfall der Ehrfurcht an, der im Westen nie recht gewürdigt wurde. Staatspräsident Chaim Herzog sagte in einer Ansprache an die Nation als Reaktion auf das schier unglaubliche Ausbleiben von Todesopfern auf die Scud-Angriffe am 22. Februar 1991:

> Die jüdische Nation ist in ihrer Geschichte von der Teilung des Roten Meers bis auf diesen Tag Zeuge vieler Wunder geworden. Auch diesmal sind wir mit der göttlichen Intervention gesegnet gewesen.[6]

HaOlam HaZeh (Diese Welt) ist eine kämpferisch weltliche Wochenzeitung, die sich stets entschieden gegen den traditionellen Judaismus gewandt hatte. Aber auch der Chefredakteur dieses Blattes schrieb in einem Leitartikel die folgenden doch sehr erstaunlichen Zeilen:

> Gottes Hand lenkt die Scuds, ihr tödliches Bersten, das die Menschen an die Wände wirft. Gottes Hand – nichts weniger. Man steht zitternd und bebend vor einem Haus, das nur noch ein Trümmerhaufen und Schutt ist, und ist voller Verwunderung und Ungläubigkeit, daß alle diese Tonnen Stahl und Beton zusammenfallen können, ohne daß jedoch dabei einem der Bewohner mehr als allenfalls gelegentlich ein Härchen gekrümmt wird. Ein Wunder. Ein ums andere Mal: Wunder um Wunder. Und dann noch ein Wunder: Es gibt keine andere Erklärung.[7]

Moshe Bar Kochba, der ranghöchste General der Verteidigungsstreitkräfte, hatte vom Generalstab den Auftrag erhalten, die Nachkriegsanalyse des Golfkonflikts zu erstellen. Außer den üblichen strategischen, logistischen, taktischen und nachrichtendienstlichen Anmerkungen aus seiner eigenen Erfahrung enthielt sein Bericht dann auch die folgenden auf Beobachtungen an Ort und Stelle basierenden Sätze:

Ich spreche als Militär und Realist, aber ich stelle auch ganz klar fest, daß es keine rationale Möglichkeit des Verstehens für die wunderlichen Ereignisse gibt, die uns widerfuhren. In diesen Tagen sprechen selbst die hartgesottensten Offiziere immer wieder von »Wundern«. Sie haben keinerlei logische Erklärungen mehr für das alles ... Wir haben es hier schlicht mit einer Serie von Wundern zu tun ... Schicht um Schicht von Wunder auf Wunder.

Und weiter:

Ich gehöre ... dem Generalstab an. Ich war Zeuge und Beteiligter vieler Ereignisse. Und ich wiederhole: Die Ereignisse am Golf übersteigen jedes menschliche Verstehen. Nicht unsere gewaltige Weisheit hat uns diese Errettung gebracht. Wir sind an einem Wendepunkt unserer Geschichte angelangt, der sich entschieden wunderlich und wundersam nennen läßt.[8]

Der Sprecher der Armee, Brigadegeneral Nachman Shai, richtete auf einer Danksagungskundgebung nach dem Ende des Krieges diese Worte an seine Zuhörer:

Ihr habt eine Danksagungskundgebung einberufen. Aber wißt ihr auch wirklich, wofür ihr dankt, frage ich euch? Ich kann euch jetzt ein Geheimnis verraten: Ihr habt gar keine Ahnung, wie viele Wunder sich in diesem Golfkrieg ereignet haben. Als der Schlächter von Bagdad drohte, halb Israel in Schutt und Asche zu legen, da wußte er, wovon er sprach. Einige seiner Raketen waren gut gezielt und trafen ihre Ziele auch haargenau ... Es gibt keine Worte dafür, welcher Tragödie wir da knapp entgingen. Vielleicht versteht ihr nun, daß ich weiß, warum wir Dank sagen müssen.[9]

Jeder Rationalist wird argumentieren, daß alle diese Äußerungen, so bewegend sie sein mögen, einfach wohl nur der übliche und erwartete Ausdruck der Gefühle seien, wie sie viele Zufalls-Überlebende einer Tragödie empfinden. Der menschliche Geist neige unter der Last starker Emotionen nun einmal dazu, gewohnheitsmäßig göttliches Werk und Vorsehung in Dingen zu sehen, die tatsächlich einfach nur blinder, unkalkulierbarer Zufall sind.

Mag sein. Aber es ist da noch etwas anderes der menschlichen Psychologie im Spiel, das vielleicht irrationaler ist und sogar potentiell zu weit schlimmeren Konsequenzen führt, als einer nichtexistenten Gottheit für Handlungen zu danken, mit denen sie nichts zu tun hatte: nämlich einen Gott zu ignorieren, der tatsächlich vorhanden ist. Um es mit der beißenden Schärfe eines anonymen Beobachters der menschlichen Natur aus dem 17. Jahrhundert auszudrücken:

Gott und Soldat: Wir vertrauen auf beide
am Abgrund zur Rettung vor allem Leide.
Sind wir errettet, ist alles vorbei,
Gott vergessen, der Soldat vogelfrei.[10]

Der Holocaust

Einige wahrhaft schaudern machende Kodierungen betreffen das allertragischste Ereignis in der ganzen, 30 Jahrhunderte währenden jüdischen Geschichte: den Holocaust. Aus ihm selbst indessen stiegen die Kodierungen auf, in einem einzigartigen Zusammenfließen von Geschehnissen. Es kann deshalb nicht mehr überraschen, daß eine extrem große Anzahl von Anordnungen entdeckt worden sind, die ebendiese Tragödie widerspiegeln.

Wenn wir uns mit ihrem Vorhandensein in den alten Büchern Mose befassen, sollten wir uns daran erinnern, daß mit den Codes Andeutungen verbunden sind, die wir im einzelnen später besprechen wollen. Die Kodierungen stellen kein Porträt einer fest vorbestimmten Welt dar, auch wenn es zuweilen auf den ersten Blick so aussehen mag. Vielmehr geben sie die entscheidende Rolle eines echt freien menschlichen Willens in der Bestimmung – genauer, der *Beteiligung* an der Bestimmung – dessen wieder, was

in der Geschichte, im Rahmen der von der göttlichen Vorsehung
angelegten Optionen tatsächlich geschieht. »Daß du das Leben
erwählest ...«, spricht der Herr (Deuteronomium 30, 19). Oft tun
wir das nicht. Es folgen also nun einige der Bibel-Codes, die sich
auf die entsetzlichen Vorgänge des Holocaust beziehen und die
präzisen Einzelheiten des Ausrottungsplans der Nazis angeben.

»Ein großes Volk«

In der Genesis (46, 3-4) heißt es: »Und er sprach: Ich bin Gott, der
Gott deines Vaters; fürchte dich nicht, nach Ägypten hinabzuzie-
hen, *denn daselbst will ich dich zum großen Volk machen.* Ich
will mit dir hinab nach Ägypten ziehen und will dich auch wieder
heraufführen.« Das hier kursiv Gesetzte, liest sich in hebräischer
scripta continua so:

כ י ל ג ו י נ ד ו ל א ש י מ כ ש מ מ א ן

Darin enthalten findet sich das hundertprozentig minimale Aufscheinen von »Eichmann« als ELS in der Genesis (unten dargestellt in negativ: יכמנ = EYChMaN) und von »sie [oder er] ver-
zehrten« (unten eingerahmt; כלו CuLO), durchlaufend durch
»ein großes Volk« (לגוי גדול = L'GOY GaDOL):

Diese dichte Einbettung enthält eine Anzahl damit in Beziehung
stehender Anordnungen. In einer davon befinden sich die nachfolgenden Elemente, welche mit »von der Hand der SS« im gleichen Überspringen wie bei »in Auschwitz« mit dem Wort »verzehrt« verbunden sind:

Holocaust-Anordnung 1: Breite 300 (DW)					
	Deutsch	*Transkript*	*Hebräisch*	*Über-sprin-gung*	*Mini-mum*
Begriff 1	»Eichmann«	EYChMaN	איכמנ	2	100 %
Begriff 2	»Sie (er) ver-verzehre(n)«	CuLO	כלו	2	100 %
Begriff 3	»ein großes Volk«	L'GOY GaDOL	לגוי לגרול	1	NA
Begriff 4	»in Ausschwitz«	B'AUShVYTz	באושויצ	300	100 %
Begriff 5	»von der Hand der SS«	B'YaD SS	בידסס	300	100 %
Begriff 6	»verzehrt«	MiCaLeH	מכלה	-1	NA

Die Anordnung selbst (Teil einer größeren) sieht so aus:[11]

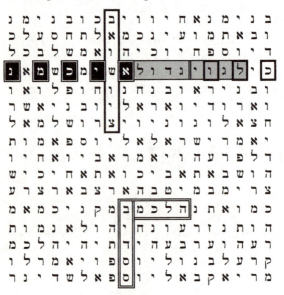

(DW)

Wird die Zeilenlänge geändert, so erscheint eine weitere Anordnung ...:

Holocaust-Anordnung 2: Breite 120 (9180:9) (DW)				
Deutsch	*Transkript*	*Hebräisch*	*Überspringung*	*Minimum*
Begriff 1 »Eichmann«	EYChMaN	איכמן	2	100%
Begriff 2 »Sie (er) ververzehre(n)«	CuLO	כלו	2	100%
Begriff 3 »ein großes Volk«	L'GOY GaDOL	לגוי לגרול	1	NA
Begriff 4 »Gas«	GaZ	גז	1	NA
Begriff 5 »Zyklon B«	TzYKLON B	ציקלנב	9180	100%

... und noch eine:

Holocaust-Anordnung 3: Breite 25 (75:3) (DW)				
Deutsch	*Transkript*	*Hebräisch*	*Überspringung*	*Minimum*
Begriff 1 »Eichmann«	EYChMaN	איכמן	2	100%
Begriff 2 »Sie (er) ververzehre(n)«	CuLO	כלו	2	100%
Begriff 3 »ein großes Volk«	L'GOY GaDOL	לגוי לגרול	1	NA
Begriff 4 »ein Drittel meines Vokes«*	Sh'LYSh AMY	שליש עמי	9180	100%

---

* Die sechs Millionen Umgebrachten stellten ein Drittel der jüdischen Bevölkerung dar.

Wenn man schließlich die Zeilenlänge noch auf $367 \times 4 \cong 92$ verändert, scheint die folgende Anordnung auf über Genesis 10,9 über Nimrod: »[Er] war ein gewaltiger Jäger vor dem Herrn.« Sie schließt den Ausdruck »verzehrt sie« im Chiffretext ein, mit dem durch diesen laufenden verschlüsselten Wort »Massaker« in seinem hundertprozentigen Minimalaufscheinen. Diese Anordnung enthält eine neue Serie, die unter anderen auch die folgenden Elemente beinhaltet:

Holocaust-Anordnung 3: Breite 25 (75:3) (DW)					
	Deutsch	*Transkript*	*Hebräisch*	*Über-springung*	*Mini-mum*
Begriff 1	»Er war ein gewaltiger Jäger vor dem Herrn«	HU HaYaH GiBoR TzaYaD L'(YHWH)	הוא היה נבר ציד ל (יהוה)	1	Na
Begriff 2	»verzehrte sie«	MiKaLeH BaHeM	מכלה בהם	1	NA
Begriff 3	»Massaker	MaTBeaCh	מטבח	-5	NA
Begriff 4	»Hitler«	HYTLeR	היטלר	31	100 %
Begriff 5	»Der grausame König«	HaMeLeCh HaAChZaRY	המלך האכזרי	367	100 %
Begriff 6	»Nazi«	NATzY	נאצי	-2	100 %
Begriff 7	»Nazi«	NATzY	נאצי	1	NA
Begriff 8	»Berlin«	BeRLYN	ברלין	-4	97%
Begriff 9	»in Deutschland«	B'GeRMANYA	בגרמניא	-153	100 %

Die Beschreibung Nimrods in der Genesis beschränkt sich nicht nur darauf, daß er »ein großer Jäger« war, sondern auch, daß er »[anfing], ein gewaltiger Herr zu sein auf Erden« (10, 8), nämlich nach der Sintflut; das heißt, er war der erste, der ein Reich gründete und regierte – der Urtyp des »Diktators«.

Der jüdischen Überlieferung zufolge ließ Nimrod Abraham, weil dieser sich weigerte, ihn anzubeten, in einen Ofen werfen. Doch Nimrod ist ein immer wiederkehrender *Typ* – der Mann, hinter dessen Streben nach materieller, zeitlicher Macht sich ein tieferes spirituelles Motiv verbirgt: Rebellion gegen Gott und selbst dessen Sturz zu betreiben. Aus diesem Grund taucht er stets von neuem in der Geschichte auf, als entstammte er (»käme er herab von«) einem Prototyp:

> Kommt und hört: Denn R. Johanan b. Zakkai sagte: »Welche Antwort gab die Stimme vom Himmel jenem bösen Mann Nebukadnezar, als er versicherte: ›Ich werde aufsteigen bis über die Wolken und sein wie der Höchste?‹ Die Stimme aber wies ihn zurück: ›Du Verruchter, Sohn eines Verruchten, *Abkömmling des verruchten Nimrod*, wer stiftete die ganze Welt an, gegen Mich aufzubegehren während seiner Herrschaft!‹« (Kursive Hervorhebung durch den Autor)[12]

So wie der Typ des Nimrod immer wiederkommt, so erscheint auch sein notwendiges Spiegelbild stets aufs neue: das Persönliche (in uns allen), das unbewußt die Macht anbetet, fälschlich Stärke, Erfolg, Wirksamkeit, geleistete Taten mit moralischem Recht verwechselt oder gleichsetzt. Dieses identische spirituelle Motiv (»Macht schafft Recht«) war sehr machtvoll beim Holocaust am Werk. Allgemein bekannt ist inzwischen, wie besessen Hitler von der Idee der Ausrottung der Juden war, aber nur wenige wissen, daß Hitler während seines Dritten Reichs das traditionelle christliche Vaterunser durch dieses ersetzen ließ:

> Adolf Hitler, du unser großer Führer! Dein Name läßt den Feind erzittern. Dein Reich kommt, dein Wille allein ist Gesetz auf der Erde! Laß uns täglich deine Stimme hören und befehle uns mit deiner Führerschaft, denn wir werden dir bis in den Tod mit unserem Leben gehorchen! Wir preisen dich, Heil, Hitler!

Und das Tischgebet wurde durch dieses ersetzt:

Führer, mein Führer, mir gesandt von Gott, schütze und bewahre mich durch mein Leben. Du hast Deutschland aus tiefster Not errettet, ich danke dir heute für mein tägliches Brot. Bleibe an meiner Seite und verlasse mich nie, Führer, mein Führer, mein Glaube, mein Licht. Heil, mein Führer! Heil, mein Führer!

In Hitlers pervertierter Form christlicher Anbetung können wir eine Andeutung von etwas Tieferem erkennen, dessen unbestrittener Meister er war. In welchem Land und in welcher Zeit er auch immer erscheint, stets liegt »Nimrods« Macht über andere nicht in der Stärke des Schwerts allein, sondern in der Stärke seines Worts, seiner Rede – des umgekehrten Widerworts zu Gottes Wort.

Der größte aller Thora-Kommentatoren war Rashi, Rabbi Solomon ben Isaac aus Troyes in Frankreich, der von der Mitte des 11. bis Anfang des 12. Jahrhunderts lebte. Er überstand die Massaker des Ersten Kreuzzugs, verlor dabei aber viele Verwandte und Freunde. Die Legende will, daß Rashi nicht nur korrekt vorhersagte, der blutrünstige Anführer des Kreuzzugs, Godefroy de Bouillon, werde am Ende nicht nur besiegt, sondern auch noch mit gerade mal drei Pferden zu seinem Stammsitz zurückkommen. Rashi begriff die tiefere Bedeutung dessen, der in der Thora als »gewaltiger Jäger vor dem Herrn« erwähnt ist, und kommentierte – und das ist, als hätte er über die Zeit hinweg auf die verbrannten Überreste von Hitlers Seele selbst sehen können – zur Genesis (10, 9): »Mit seinen Worten verführte Nimrod das Volk.«[*]

---

[*] Die Lutherbibel enthält diese Stelle nicht. *(Anmerkung des Übersetzers)*

Was wieder geschieht

Jakob, unser Vorvater, sagte zu Gott: »Gewähre diesem bösen
Menschen seine Wünsche nicht.« Dies bezieht sich auf Esau.
»Und lasse ihn nicht seine Bosheit ausleben.« Dies bezieht sich
auf Germamia von Edom, denn würden sie damit fortfahren,
zerstörten sie die ganze Welt.
*Rabbi Yitzhak bar Acha (ca. 1. Jahrhundert), Babylonischer
Talmud, Megilla 6b*

Germamia: der Name eines Alleinherrschers
aus dem Königreich Edom (Esau).
Rabbi Schlomo Yitzhaki (Rashi), 1040-1105

Wiederholt sich alles, läuft es in Spiralen bis zurück zu den alten
Schablonen und der einzigen göttlichen »Blaupause«? Die Juden
behaupten es. Seltsamerweise scheinen sich aber auch ihre Feinde
dieser Realität bewußt zu sein. Das Buch Esther erzählt die Epi-
sode, in der ein Tyrann von der Art des Nimrod, Haman in Persien, sich anschickte, die Juden ein für allemal auszurotten. (Seltsamerweise war Haman selbst gar kein Perser, sondern ein »Aga-
giter«, also ein Nachkomme des Esau und der Amalekiter, der
uranfänglichen und ewigen Feinde der Juden, der »Blaupause«
gemäß.)

Am Ende scheiterte Hamans Plan, alle Juden im Persischen
Reich auszurotten. Er und seine zehn Söhne wurden unverzüglich
gehenkt, als König Xerxes I.[*] von dem Komplott gegen ihn erfuhr. Der freudenvolle Festtag, der dies feiert, heißt »Purim«.
Diese Geschichte wird in der Megilla erzählt, einer Schriftrolle,
die insofern einzigartig in der Bibel ist, als in ihr nirgends der
Name Gottes genannt wird, zumindest nicht offen.

Noch etwas an dieser Schriftrolle ist merkwürdig. Es gibt in ihr
eine Seite, auf der der Wechsel der Geschicke Hamans und seiner
zehn Söhne in letzter Minute beschrieben ist. Alle zehn Namen

---

[*] Xerxes der Große (519-465 v. Chr.), hebräisch Ahasueres, altpersisch
Kshayarsha, war der Sohn von Darius I. In der Weltgeschichte kennt man ihn
hauptsächlich wegen seiner Invasion Griechenlands mit den Schlachten bei den
Thermopylen, von Salamis und bei Platäa.

der Söhne, welche auf Befehl des Königs im Gefolge Hamans ebenfalls gehenkt werden sollten, sind aufgeführt. Das Schriftbild dieser Seite ist indessen sehr eigenartig. Obwohl die Söhne nur eine untergeordnete Rolle in der Geschichte spielen, sind ihre Namen in außergewöhnlichen und stark vergrößerten sowie gesperrten Buchstaben geschrieben. In den Namen von dreien von ihnen ist jedoch *ein* Buchstabe ungewöhnlich klein. Wenn man diese drei Buchstaben als Zahl liest, könnten sie ein bestimmtes Jahr eines nicht genannten Jahrtausends nennen. (Wie die römischen Ziffern, sind auch hebräische Buchstaben als Ziffern lesbar; das moderne Hebräisch in Israel hat allerdings die Verwendung arabischer Ziffern übernommen.)

1946 war eine der sechs möglichen Jahreszahlen, die sich aus diesen Buchstaben ablesen ließen. Der 16. Oktober dieses Jahres traf auf den Tag Hoshana Rabbah, den Tag im Jahreslauf, an dem »der Urteilsspruch der Völker der Welt von der Residenz des Königs ausgeht und vollstreckt wird«[13.] Hitler hatte zwölf oberste Schergen, die in Nürnberg vor Gericht standen und hauptsächlich wegen des Holocaust angeklagt waren. Einer (Martin Bormann) floh nach Südamerika und entzog sich dem Prozeß. Die übrigen elf wurden zum Tod durch den Strang verurteilt. Hermann Göring verübte in der Nacht vor der Hinrichtung Selbstmord. Die nun noch übrigen zehn »Söhne« Hitlers wurden dann tatsächlich am Tag Hoshanna Rabbah gehenkt, genau in dem Jahr, das in der Esther-Schriftrolle angedeutet wird, in einer Wiederholung der Ereignisse, welcher die Juden am Purimfest jedes Jahr die letzten zweieinhalb Jahrtausende hindurch gedachten.

Wer nachdenklich ist, mag nun gewiß wieder sagen: »Das ist ja eine ganz faszinierende Interpretation, aber doch wohl ein wenig weit hergeholt.« Wenn dem so sein sollte, dann ist jedenfalls den Nazis selbst diese Bedeutung keineswegs entgangen. In der *Newsweek*-Ausgabe vom 28. Oktober 1946 wurde beschrieben, wie zehn hohe Naziführer in ihren Tod gingen.

Nur Julius Streicher ging ohne Würde. Er mußte den Gang entlanggestoßen werden und schrie mit aufgerissenen Augen: »Heil Hitler!« Als er die Treppe [zum Galgen] hinaufstieg, rief er: »Und jetzt gehe ich zu Gott!« Er starrte die Hinrichtungszeugen vor dem Galgen an [»mit brennendem Haß in den Augen«, wie es in der *New York Herald Tribune* vom 16. Oktober 1946 hieß] und schrie: »Purimfest 1946!«

Aber um sich zu überzeugen, ob all dies wahr ist, müßte ein seriöser Kritiker sich auch die wissenschaftlichen Beweise ansehen und nicht nur die »erstaunlichen Zufälle«. Genau diese Beweise folgen als nächstes. Und es wird sich erweisen, daß sie auch noch verblüffender sind als alles Vorherige. Und gerades dies hat den Bibel-Code ja in das grelle Scheinwerferlicht der internationalen Beachtung und Debatte geführt.

Zwölftes Kapitel

Die großen Weisen

R. Judah sagte: Es steht geschrieben, daß der Begriff 'eth (Zeit) eine Bestimmung der Gemeinschaft Israels ist. Warum aber ist der Gemeinschaft Israels »Zeit« 'eth bestimmt? Weil alle Dinge in ihr durch Zeiten und Perioden bestimmt sind, – wann man sich der Gottheit nähert, wann man Licht von oben empfängt und wann man sich vereint.

R. Jose sagte: Als die Gemeinschaft Israels aus ihrer Heimat vertrieben wurde, flogen die Buchstaben des Göttlichen Namens auseinander. Aber im sechsten Jahrtausend wird der Buchstabe ו (V) den Buchstaben ה (H) wiederauferstehen lassen. Im sechsten Teil des sechsten Jahrtausends werden die Tore des übernatürlichen Wissens oben sich öffnen über die Quellen des irdischen Wissens unten. Damit wird beginnen, wie die Welt sich auf das siebte, das Sabbat-Jahrtausend vorbereitet, so wie der Mensch sich am sechsten Tage der Woche auf den Eintritt in den Tag der Ruhe vorbereitet, sobald die Sonne untergeht.

R. Judah erwiderte: Dies ist, was ich von meinem Vater lernte über die Mysterien der Buchstaben des Göttlichen Namens: Die Dauer der Welt ebenso wie die Tage der Schöpfung gehören alle derselben Lehre an: »Die Gemeinschaft Israels wird sich aus dem Staub erheben, denn der Heilige wird sich ihrer erinnern, und die Niedrigen werden erhöht.«

Und es sprach R. Jose also zu ihm: Alles, was du sagst, ist richtig.

Zohar, Bereshit (Genesis)

Die Nachricht aus Jerusalem von den Entdeckungen der Codes ging über immer besser besuchte »Entdeckungs«-Seminare der Aish HaTorah und über offizielle Präsentationen mehrerer der Code-Forscher vor der israelischen Akademie der Wissenschaften und auch vor allgemeinem Publikum in Israel bald um die ganze Welt. Schließlich fand sie auch die Aufmerksamkeit illustrer

Skeptiker. Unter diesen waren angesehene und kompetenteste Wissenschaftler wie Professor Andrew Goldfinger, leitender Physiker an der John-Hopkins-Universität und zweiter Mann der dortigen Gruppe für Weltraum-Computer und Technologie.

Wie schon viele andere ausgewiesene Experten in den fortgeschrittensten Bereichen der Datenverarbeitungstheorien war Goldfinger ebenfalls bereits Vorsitzender der Internationalen Gesellschaft für Photogrammetrie und Fernlenkung gewesen. Mit Harold Gans, dem leitenden Kryptologie-Mathematiker bei der NSA *(National Security Agency)*, war er eng befreundet. (Yoav Rosenberg, der dritte Mann des israelischen Forscherteams, kannte weder Gans noch Goldfinger, aber auch er hatte Erfahrung in den fortgeschrittenen mathematischen Techniken, die sich dazu eigneten, in einem Meer von Statistik mit großer Genauigkeit »fuzzy«-Signale zu entdecken. Er arbeitete in Israel an seiner Dissertation zu diesem Thema, mit besonderer Berücksichtigung spezifisch militärischer Anwendungen. Und wenn auch niemand offen davon sprach, ging doch das Gerücht, daß er ebenso wie viele führende Intellektuelle des Landes Beziehungen zum Geheimdienst Mossad unterhielt.)

Fast alle, die seine Arbeit ernst nahmen, jedoch mit kritischer Aufmerksamkeit verfolgten, stammten aus demselben Feld mathematischer Techniken, die der Kern der kryptologischen Unternehmungen und deren Fortschritte seit dem Zweiten Weltkrieg waren. Daß der israelische Geheimdienst weltweit am aufgeschlossensten dafür war, war ebenso kein Zufall. Was es auch sein mochte, das ihre Vorfahren zu solchen komplizierten und abstrusen Themen wie der Kabbala hingezogen hatte (und zu deren alten, auf mathematischen Grundlagen fußenden Verschlüsselungstechniken) – auf die modernen Juden der Gegenwart schien es eine ebenso unwiderstehliche, zur aktuellen Wiederaufnahme der Beschäftigung mit diesen Themen drängende Anziehungskraft auszuüben.

Obwohl Gans die Thora in seiner Kindheit als Teil seiner Erziehung intensiv studiert hatte – oder vielleicht gerade deshalb –, erschien ihm die Idee verborgener Kodierungen in der Thora »als so abwegig, daß ich sie sofort von mir wies«[1]. Immerhin beeindruckte ihn die Namensliste derer, die sich damit befaßten, und ihre seriösen und plausiblen Methoden. (Später, nachdem er angesichts der unwiderlegbaren Beweise seine Meinung geändert hatte, lernte er die Code-Forscher persönlich kennen, und diese Begegnungen vertieften seine Wertschätzung ihrer Aufrichtigkeit, Integrität, Demut und des hohen Grades ihrer Spiritualität nur noch mehr.)

Gans informierte Goldfinger von den Entdeckungen. Zusammen begannen sie nach den Schwachstellen zu suchen, die es da einfach geben mußte.

Ich kam mit alledem auf die folgende Weise in Verbindung. Ich habe einen Cousin, der Mathematiker ist (das scheint in der Familie zu liegen) und der sich zu einem mathematischen Kongreß nach Israel begab. Dort traf er einen alten Freund aus dem College: Daniel Michaelson von der UCLA, einen bekennenden Atheisten. Und was sieht er? Daniel Michaelson trägt eine Jarmulke. Also geht er zu ihm hin und sagt: »Danny, bist du das? Was ist denn mit dir passiert?«

»Tja«, sagte er, »sie haben mir die Codes gezeigt.« Jeder, der in Israel etwas mit Mathematik zu tun hatte, wußte offenbar, was das war: »die Codes«.

Mein Cousin freilich hatte keine Ahnung, wovon Danny da sprach. »Was denn für Codes?« fragt er also. Eines führt zum andern, und das Ende vom Lied ist, daß mein Cousin also nach Hause zurückkommt und mir erzählt, daß es da Codes in der Thora gibt, die von gegenwärtigen und kurz zurückliegenden Ereignissen handeln.

»Quatsch«, sage ich und verschwende keine weitere Minute auf das Thema, fast ein Jahr lang.

Dann eines Tages hört meine Frau von diesen Codes und denkt sich, daß mich das interessieren könnte. Ich sage ihr, daß ich davon schon lange weiß und daß das alles aber nur ein Haufen Unsinn ist. Und da fragt sie mich, woher ich denn das so genau weiß, daß das alles Unsinn ist. Jetzt sitze ich in der Klemme, weil ich natürlich nicht die überzeugende Antwort parat habe, die sie erwartet. Mein Gott, eben weil die ganze Idee selbst so hanebüchen ist. »Na«, sagt sie, »und warum prüfst du das dann nicht mal nach?«

Wenn einem sein Cousin sagt: »Prüf das mal nach«, dann ist das immer noch etwas anderes, als wenn einen die eigene Frau auffordert, es »mal nachzuprüfen«. Also gut, ich rufe einen guten alten Freund an, den Andrew Goldfinger, der ist Physiker und obendrein einer der besten im ganzen Land, ein wahnsinnig intelligenter Bursche. »Andy«, sage ich zu ihm, »komm doch mal zu einem Vortrag mit, und dann schauen wir uns an, was das alles überhaupt genau für eine Geschichte ist. Was meinst du?« »Meinetwegen«, sagt er.

Also fahren wir zusammen nach New York und setzen uns in eines dieser »Entdeckungs«-Seminare, ganz normal wie alle. Außer daß ich meinen zuverlässigen Computer dabeihabe. Sooft der Knabe vorne seine »Codes« erläutert und »verblüffende« Entdeckungen macht, lasse ich meinen Computer schnell eine Wahrscheinlichkeitsrechnung dazu machen.

Unnötig zu sagen, daß der Bursche vorne ein wenig irritiert wird mit der Zeit. Jedesmal wenn er sagt: »Da, schauen Sie: Diabetes!« oder »Da, schauen Sie: Chanukka!«, wechseln Andy und ich einen Blick: Nein, das überzeugt uns nicht. Bald weiß der ganze Saal, was da vor sich geht. Und also dauert es nicht lange, bis jedesmal, wenn er »Da, schauen Sie!«, sagt, sich alles umdreht und uns anschaut.

Das Ganze ist eindeutig nicht sehr überzeugend. Also sagen wir schließlich: »Nun, kommen Sie, jetzt lassen Sie mal was Richtiges raus.« Der Bursche ist inzwischen ziemlich nervös – bis er uns dann tatsächlich ein kontrolliertes wissenschaftliches Experiment mit den Codes vorführt. Und diesmal sehen Andy und ich einander ganz anders an. Das war nun tatsächlich etwas, in das wir uns verbeißen konnten.

Nach dem Ende des Seminars bitte ich den Mann um eine Abschrift seines Vortrags und denke mir, damit kann ich die ganze Geschichte dann sicher ein für allemal vom Tisch wischen. Aber statt dessen komme ich ins Schleudern. Ich brauche ein paar Stunden, bis ich die ganze Mathematik darin durchgegangen bin, aber keinen einzigen Fehler finde. Also rufe ich meinen blitzgescheiten Andy wieder an. »Andy, kannst du etwas finden?« Nein, er auch nicht.

Als nächstes gehe ich zu den »Entdeckungs«-Leuten und sage: »Ich möchte die Daten haben.« Wenn sie sie mir geben, weiß ich zumindest schon mal, daß sie mit alledem auf der Höhe sind, weil ich mit den Daten die ganze Geschichte selbst nachprüfen kann. Und wenn sie nicht auf der Höhe sind, dann, meine Lieben, kriegt ihr aber was zu hören.

Drei Monate später ruft mich jemand an. Da kommt einer aus Israel und bringt mir eine Diskette. Gut. Ich stecke sie in meinen Computer. Gleiches Ergebnis.

Jetzt merkte ich, wie es mir kalt über den Rücken zu laufen begann. Ich habe es nicht geglaubt, bis ich es selbst überprüfen konnte. Und so geriet ich in das alles hinein.[2]

Nicht lange danach erfuhr auch ich von der Existenz der Code-Forschung und einigen bekannten Wissenschaftlern, die nach Besuchen in Jerusalem einflußreiche Stellungen in den USA aufgegeben hatten. (Einer davon war ein Cousin meiner Frau, ein hervorragender junger MIT-Wirtschaftswissenschaftler, der schon der Assistent von Martin Feldstein im Weißen Haus gewesen war. Niemand konnte so recht verstehen, wie ein junger Mann mit so außerordentlichen Karriereaussichten einfach in der Welt der Thora-Studien »verschwinden« konnte. Und dann folgte ihm auch noch sein jüngerer Bruder, ein ebenso talentierter Pianist; der ist jetzt Oberrabbiner der Slowakei und baut die von den Nazis vernichtete Gemeinde von Rabbi Weissmandl wieder auf.)

Da beschloß ich, mir nun doch auch selbst einmal so ein von der Aish HaTorah finanziertes »Entdeckungs«-Seminar anzuhören. Dort lernte ich dann Rabbi Daniel Mechanic kennen, einen wirklich außergewöhnlichen Lehrer, dessen Vortrag über die Codes faszinierend war, aber zugleich auch professionell, seriös, objektiv und fair. Er betonte ausdrücklich, daß die Aish HaTorah mit peinlicher Genauigkeit vorgegangen war, um die präsentierten Ergebnisse von neutraler Seite verifizieren zu lassen und daß sie bereit seien, die Codes ganz fallenzulassen, sollten sie jemals substantiell widerlegt werden. (Medienberichte ließen häufig den Eindruck aufkommen, das ganze Programm sei allein um die Codes herum strukturiert; diese Verzerrung der Dinge beruhte offensichtlich auf den Bemühungen der Reporterwünsche, eine »Story« zu bekommen.)

Am meisten beeindruckte mich aber, daß die Codes eindeutig nicht dazu benutzt wurden, die Seminarteilnehmer (vorwiegend weltliche Juden und eine Handvoll neugieriger Christen) in eine bestimmte Richtung zu drängen oder gar zu »bekehren«. Die Codes wurden einfach als potentielles Beweismittel unter vielen anderen für die Bewertung der Thora angeboten nämlich mit höchstens sechs oder sieben Prozent der gesamten Informationen, die das Seminar vermittelte. Das Hauptthema, auf das die »Entdeckungs«-Seminare sich konzentrierten, waren die Auswirkungen der Thora auf das tägliche Leben, und dies wurde stets als Hauptzweck angegeben. Die Codes waren zweitrangig. Außerdem wurden die Weltanschauungen der Anwesenden, ob religiös oder skeptisch, stets respektiert und nicht in Frage gestellt.

Eines fiel mir ganz besonders auf. Ohne dies hätte ich es als bloße Spielerei auf die gleiche Stufe gestellt wie die sogenannten erstaunlichen Entdeckungen, mit denen man vom Fernsehen häufig gefüttert wird, oder die Geschichten von Entführungen durch Ufos. Es war die Tatsache, daß eine hochseriöse Wissenschaftszeitschrift über mathematische Statistik, deren Beiträge vor der Veröffentlichung stets von objektiven Fachwissenschaftlern auf diesem Feld geprüft wurden, einen ungekürzten Beitrag über die Codes bringen sollte. (Von dieser bevorstehenden Veröffentlichung erfuhr ich Ende 1992, und Rabbi Mechanic war sofort bereit, das darin enthaltene wissenschaftliche Material als Vorabdruck bereitzustellen, sobald es zur Verfügung stand, so wie es auch Harold Gans entdeckt hatte.) Der Inhalt des Experiments war eine umfangreiche Liste mit Namen und Daten von Personen, die lange nach der Niederschrift der Thora gelebt hatten.

Daß eine derartige Arbeit in einem so angesehenen Publikationsorgan veröffentlicht wurde, war allein schon ein Umstand, den nur Wissenschaftler richtig einschätzen konnten. Es bedeutete natürlich nicht, daß die Entdeckungen deshalb bereits als unbezweifelbar gelten mußten. Viele kontroverse Entdeckungen in der Wissenschaft sind erst nach langer Veröffentlichungsgeschichte mit gegensätzlichen Standpunkten als nicht seriös befunden worden. Trotzdem zeichnete sich nun etwas Einzigartiges in der Wissenschaftsgeschichte ab: nämlich, daß eine Hypothese der scheinbar absurdesten und närrischsten Art – die man in der Tat höchstens mit den Phantastereien von Ufo- und *Aliens*-Zirkeln gleichstellen konnte – einen derart hohen Standard von Sorgfalt, Intelligenz, Integrität und kritischer Überprüfung durch unbeteiligte Fachleute erklommen hatte. Tatsache ist ganz einfach, daß auch keine einzige Ufo-Geschichte oder sonst einer der zahllosen Phantasieberichte auch nur annähernd derartige Voraussetzungen erfüllen konnten. Die Verbreiter dieser Geschichten haben in aller Regel nicht einmal die mindeste Ahnung von solchen Standards und davon, warum diese so wichtig und bedeutend als »Wahrheitsdetektor« sind. Wahrscheinlich würde kein einziger unter tausend dieser Autoren seine Behauptungen einer so peniblen Überprüfung unterziehen lassen. Und geschieht es doch einmal, ist es für gewöhnlich schmerzlich schnell vorbei mit der ganzen Herrlichkeit. Selten einmal bedarf es mehr als nur eines kurzen näheren Hinsehens, um festzustellen, daß es sich um nichts Seriöses handelt. (Genau dieses Prinzip wird gegenwärtig mit unerfahrenen Enthusiasten praktiziert, die anhand einiger Bruchstücke Thora-Code-Forschung vortäuschen und die Ergebnisse jämmerlich manipulieren.) Die *tour de force* William Friedmans und seiner Frau (siehe siebtes Kapitel) gegen die angeblichen Roger-Bacon-Codes bei Shakespeare ist zum Muster für alle nachfolgenden Bemühungen geworden, uns vor den gedankenlosen Vereinfachern zu schützen, die immer alsbald zur Stelle sind, wenn schwierige Themen wie dieses auftauchen.

Niemand freilich hatte es bisher geschafft, Witztum und Rips zu widerlegen oder ihnen Fehler nachzuweisen – nicht in den ganzen sechs Jahren der Debatte. Also blühten die Gerüchte weiter. Und deshalb mußte man nun endlich die Öffentlichkeit informieren. Wenn das alles, war mir persönlich klar, erst einmal gedruckt vorlag, dann war das eine Basis für einen bislang nicht für möglich gehaltenen wissenschaftlichen Standard in dieser Richtung. Hatten wir da wirklich den echten »göttlichen Fingerabdruck«, nach dem ich und so viele andere schon so lange suchten?

Ungefähr ein Jahr danach war der Artikel aber immer noch nicht veröffentlicht. Ich hatte jedoch Zugang erhalten zu einer englischen Übersetzung der frühen Version dieses Aufsatzes, den Witztum, Rips und Rosenberg auf hebräisch publiziert hatten. Und es war in der Tat verblüffend. Auch eine handschriftliche neuerliche Analyse der Resultate, die Harold Gans noch während seiner Tätigkeit im Verteidigungsministerium durchgeführt und abgezeichnet hatte, stand mir zur Verfügung. Und er war mit einer Bekräftigung der Seriosität der Arbeit an die Öffentlichkeit gegangen. Auch das veranlaßte mich, die Brauen hochzuziehen. Da ich selbst einen Geheimnisträgerstatus habe, wußte ich gut genug, daß Leute in sensiblen Positionen hinter den Kulissen üblicherweise ziemlich vorsichtig mit dem sind, was sie von sich geben, und schon gar keinen Wert darauf legen, mit Dingen oder Projekten in Verbindung gebracht zu werden, die kontroverse Randgebiete betreffen. Und schließlich kam mir zudem noch eine Aussage zu Gesicht, die im Vorwort zu Witztums Buch stand und sich besonders auf die formelle Forschung bezog, aber auch auf das größere Umfeld der ganzen Arbeit verwies, das ernst zu nehmen sei. Es war eine etwas längere Abhandlung, sehr sorgfältig formuliert, doch ein Absatz fiel mir besonders auf:

Die vorliegende Arbeit stellt seriöse Forschung durch seriöse Forscher dar. Nachdem die Interpretation des in Frage stehenden Phänomens ungeklärt und kontrovers ist, würde man sich einen Standard statistischer Signifikanz wünschen, der über den hinausgeht, welcher für gewisse routinierte Vorgänge als ausreichend erachtet wird ... Die bisher vorliegenden Ergebnisse sind interessant genug, um breitere Aufmerksamkeit zu verdienen und weitere Studien zu ermutigen.

Unterzeichnet war dies mit »H. Furstenberg, Hebräische Universität, I.-Piateski-Shapiro, Yale-Universität, D. Kazhdan, Harvard-Universität, und J. Bernstein, Harvard-Universität«.

Es bedurfte einiger Zeit, um herauszufinden, wer diese Männer waren. Ilya Piateski-Shapiro von Yale war mir bereits bekannt. Wie Rips, den er recht gut kennt, war er aus der Sowjetunion geflohen und gilt weithin als einer der bedeutendsten lebenden Mathematiker. Alle Unterzeichner waren Lehrstuhlinhaber in wichtigen mathematischen Fächern. Die meisten hatten internationales Renommee und waren Träger hoher Auszeichnungen. Kazhdan wurde später noch an das *Institute for Advanced Studies* in Princeton berufen, also an Einsteins einstige berühmte akademische Heimat in den USA. Nun bedeuteten alle diese Empfehlungen natürlich noch nicht automatisch, daß diejenigen, die sie aussprachen, sich nicht irren konnten. (Und sie behaupteten ja auch gar nicht, die Entdeckungen seien wahr, sondern bestätigten nur die hohe Qualität der Forschung dabei und damit implizit auch die Seriosität der Forscher.) Dennoch war es schon etwas Ungewöhnliches, daß diese Träger renommierter Namen ausdrücklich verlangten: Schreibt diese Arbeit mal nicht so schnell nieder, wie es auf den ersten Blick als angemessen erscheinen mag; sie verdient – und erfordert – vielmehr sorgfältige Prüfung und seriöse Beurteilung.

Witztum und Rips hatten bereits eine ungefähre Methode für die Bewertung der statistischen Signifikanz dieser Anordnungen ausgearbeitet, die bei seriösen Wissenschaftlern Zustimmung fand. In seinem Buch legte Witztum dann 1988 eine Bewertungsmethode vor, die nach seiner Ansicht die meisten der von ihm entdeckten (und mit mehreren Begriffen oder in einer Serie verknüpften) Anordnungen mit signifikanten Wahrscheinlichkeitschancen von gut weniger als 1 zu 1 000 000 aufzeigte.[*3]

Doch der nachdenkliche Skeptiker überlegt die großen Distanzen zwischen kodierten Buchstaben, die komplizierten Arrangements und Umstellungen von Anordnungen mit variierenden Zeilenlängen, dazu die Variationen der Schreibweisen, und bleibt erst einmal überzeugt davon, daß hier doch allzuviel Freiheit und Spielraum für Manipulationen gelassen sei. Mit einem ausreichend langen *beliebigen* Text, argumentiert er, mit der nötigen Motivation und mit genug Zeit obendrein »kann jeder Narr mit einem Computer alles entdecken, wonach ihm nur der Sinn steht«[4.]

Nun *ist* diese Methodologie allerdings schon so subtil, daß eine verbindliche statistische Bewertung – von der Art, die auch den Ansprüchen der strengsten Kritiker genügen würde – bereits die ohnehin schon sehr hohen wissenschaftlichen Fähigkeiten Witztums (in der theoretischen Physik) und Rips' (in der reinen Mathematik) um einiges überstieg. Sie fiel kaum noch in die Möglichkeiten der spezialisiertesten und fortgeschrittensten statistischen Theorie. (Wir kommen noch darauf, daß viele der anspruchsvollsten Kritiker sogar einräumen, ihre eigenen Fähigkeiten für die dafür nötigen Analysen reichten nicht aus.)

Kurzum, die Methode erlaubt erheblich weniger Möglichkeiten, »die guten (Ergebnisse) ins Töpfchen, die schlechten ins Kröpfchen« (»Kirschenpflücken«, sagt man in der Statistik dazu) zu tun, als es auf den ersten Blick den Anschein haben mag. Das allerdings festzustellen ist nicht leicht, wenn die unmittelbaren Erfahrungen hierzu noch fehlen. Und das intuitive »Fühlen« ist weit davon entfernt, ausreichender Nachweis zu sein. Ganz eindeutig nötig waren also Variationen zu den Entdeckungen, unter Verwendung der gleichen Methode, aber speziell so ausgelegt, daß rigorose statistische Bewertung möglich wird.

Ein Teil der Schwierigkeiten ergab sich daraus, daß das meiste, was Witztum herausgefunden hatte (und Rips und andere schon vor ihm), aus einer großen Zahl variierender Anordnungs-*Typen* bestand, von denen jeder eine unterschiedliche Anzahl Begriffe enthielt, alle in verschiedener grammatikalischer Form und in unterschiedlichen Beziehungen zueinander. So etwa konnte eine Anordnung aus vier Begriffen bestehen, von denen zwei Namen waren, einer ein Gegenstand oder ein Ereignis und der vierte ein Datum (»Saddam« oder »Hussein«, »Scuds« oder »dritter Shevat«), während sich eine zweite Anordnung nur aus zwei Begriffen zu-

---

* Dies ist überschlägig derselbe Signifikanzgrad, den ich selbst mit meinen eigenen Tests zu Rabbi Abraham (siehe zehntes Kapitel) erarbeitete.

sammensetzte: einem Namen und einem Ort (»Saddam«, »Bagdad«).

Dieser Grad von Variabilität in den Daten läßt die Möglichkeit offen, daß schlicht nur jene Gruppierungen Verwendung finden, die etwas zutage fördern, während alles andere ignoriert wird. (»Warum sollte«, fragt der Skeptiker wieder, »ein Datum in Anordnung 2 vorhanden sein, nicht aber in Anordnung 1? Vielleicht deshalb, weil es mit dem Datum in der ersten eben nicht klappt?«) Für eine stichhaltige mathematische Bewertung wäre es nötig, die Methode an einer großen Anzahl *uniformer* Anordnungen zu erproben, jede mit gleich vielen Begriffen, wobei beim ersten Schritt nur zwei Begriffe untersucht würden, die beide einen Satz uniformer grammatikalischer Formen enthielten, die beiden Begriffe dabei in jeder Paarung in der gleichen Weise in Beziehung zueinander. Passende »strukturierte Paare« könnten dann jeweils aus einem Namen und einem Ort bestehen oder einem Ereignis und einem Datum. (Natürlich ist dabei gleich wieder diskutierbar, was denn als »ausreichend uniform« gelten soll. Sollten die Begriffe vielleicht sogar auch die gleiche Anzahl Buchstaben haben?)

Zwei Experimente

Volle sechs Jahre sollten für Witztum, Rips und Rosenberg von der Einreichung ihrer Arbeit zur formellen Durchsicht bis zur schließlich vollständigen und überprüften Veröffentlichung vergehen. Ihre Forschungstätigkeit hatte sich in zwei deutlich getrennten Phasen vollzogen und auch entsprechend spezifische, wenngleich ähnliche Datensätze erfordert. (Der Welt außerhalb der hebräisch sprechenden wurden die diesbezüglichen Gründe und Implikationen nicht recht deutlich gemacht. Die daraus entstandene Verwirrung erhöhte leider nur die Skepsis, doch wie wir noch sehen werden, spricht dies andererseits sehr nachhaltig für die Realität des Phänomens.) Ein skizzenartiger Bericht über das erste Experiment wurde erstmals 1988 in England veröffentlicht, etwa um die gleiche Zeit, da Witztum seine Resultate detailliert in *Die ergänzte Dimension* (auf hebräisch) beschrieb.

Die großen Weisen I

1988 wurde einer der großen »*elder statesmen*« der Statistik, D. J. Bartholomew, um einen Beitrag in dem hervorragenden *Journal of the Royal Statistical Society* gebeten. Dieser hatte dann den Titel »Wahrscheinlichkeit, Statistik und Theologie«.

Der nicht ausreichend gewürdigte Artikel war bereits selbst eine Art Meilenstein. In den Jahrzehnten zuvor hatte es eine stetig wachsende Zahl höchst respektabler mathematischer, neurologischer, biologischer Experten und Computer-Spezialisten sowie Physiker gegeben, die vermuteten, daß das aufgeklärten Materialisten sichtbare Universum womöglich nicht alles sei. Annahmen, die noch vor einem halben Jahrhundert höchst exzentrisch angesehen worden wären, wurden nun ganz seriös diskutiert. (So ist etwa, während ich dies hier schreibe – im Januar 1997 –, in der bedeutenden Wissenschaftszeitschrift *Nature* eine Diskussion über die Hypothese im Gange, daß das physikalische Universum in seiner Gesamtheit ein lebendiger, informationsverarbeitender Organismus sein könnte.[*]) Bartholomew besprach einige dieser Ideen und äußerte seine Zuversicht darüber, daß die Statistik sich als Helfer für die Unterstützung einiger theologischer Vorschläge erweisen könne, anstatt sie wie üblich eher zu unterminieren.

Es ist eigentlich überflüssig zu erwähnen, daß er und die Diskussionsteilnehmer gleichwohl nicht alle diese Spekulationen als korrekt akzeptierten. Doch immerhin hätte man sie noch vor gar nicht allzu langer Zeit sämtlich als unter Niveau stehend schlicht verworfen. An Witztum, Rips und Rosenberg erging die Einladung, auf diesen Artikel eine Erwiderung zu formulieren. Das taten sie, indem sie ganz strikt und konsequent ihre eigenen Forschungen bis dato mitteilten. Es war ein kurzer Beitrag, der aber trefflich in die Diskussion paßte, die sich unter anderem auch mit noch weiteren Beweisen dafür befaßte, daß die Bibel nicht der Flickenteppich war, als der sie lange galt.

---

[*] Ein überraschend hoher Prozentsatz von Wissenschaftlern, die jetzt Vorschläge neu überdenken, die einst als »zu religiös« eingeschätzt wurden, um als seriös gelten zu können, sind Briten. Ich denke, dies geht auf den Einfluß von Alan Turing auf die nächsten beiden Generationen von Mathematikern und Physikern zurück.

Was sie vortrugen, war bestenfalls skizzenhaft zu nennen. Sie berichteten einfach nur, daß miteinander in Beziehung stehende Wortpaare, die als ELS in der Genesis bei Minimal-Überspringen auftauchten, oft nahe beieinanderstanden, und zwar öfter, als daß es Zufall sein könnte – dessen Chancen, wie sie es selbst formulierten, »gegen Null tendierten«.[5]

Sie boten an, die Methode an einem kleinen Anordnungsbeispiel zu demonstrieren und ebenso einen extrem kleinen p-Wert zur Quantifizierung ihrer Entdeckungen, bei Verwendung einer relativ gewöhnlichen Standard-Statistikmethode. Das Beispiel enthielt lediglich zwei Aufscheinungen der hebräischen Wörter für »Hammer« und »Amboß« in enger Nachbarschaft, was beim Lesen den Eindruck vermittelte, daß die Wortpaare, die sie anführten, aus ganz allgemeinen Gründen miteinander in Beziehung stünden.[6]

Aber Witztum, Rips und Rosenberg veröffentlichten auch einen Aufsatz auf hebräisch, der die Details dessen erläuterte, was sie im *Journal of the Royal Statistical Society* nur in geraffter Form mitgeteilt hatten. Und in Seminaren, die unspektakulär vor Freunden und Kollegen in aller Welt abgehalten wurden, erklärten sie auch, was sie genau taten, und zeigten zudem einige ziemlich erstaunliche Anordnungen (von der Art, wie wir sie in den beiden letzten Kapiteln vorgeführt haben), einschließlich der detaillierten Art ihrer statistischen Bestätigung. Allmählich begannen Kopien davon – und auch von neuen Entdeckungen anderer – auf der ganzen Welt zu kursieren.

Der Datensatz, über den sie berichteten, enthielt nun aber mitnichten einfach nur allgemeine Wortpaare. Es kamen vielmehr Namen von 34 Personen vor, die alle vom 9. bis zum 18. Jahrhundert gelebt hatten, zusammen mit ihren Lebensdaten. Exakt diese Wortpaare, machten sie geltend, fanden sich eng benachbart in der Genesis – nicht etwa als einzelnes Beispiel, sondern in einer großen Anzahl relativ uniformer Paare, die aber alle immer noch Informationen enthielten, die sich auf Dinge bezogen, welche erst lange nach der spätesten reklamierten Niederschrift der Thora geschahen.

Schon zuvor hatte Rabbi Weissmandl in die Thora einkodierte Verweise nicht nur auf den Rambam (Maimonides) gefunden, sondern auch auf *alle* sogenannten *Gedolim* – »die Großen Weisen« – der jüdischen Geschichte. (Wir erinnern uns, daß Weissmandl laut Bekunden seines engsten Freundes in Amerika, Siegmund Frost diesem erzählt hatte, er habe »Kästen um Kästen« von Entdeckungen zurücklassen müssen, als er aus der Slowakei floh, speziell Erwähnungen der *Gedolim.*) Diese Klasse der »Großen Weisen« ist sehr hervorgehoben. Eine Analogie zu ihr könnte man in der chinesischen Kultur feststellen (der *zweit*ältesten Zivilisation der Welt), wo die Vorfahrenverehrung ebenso ausgeprägt ist wie im traditionellen Judaismus und wo es einen in etwa vergleichbaren Sinn dafür gibt, daß die »Großen« eines Volkes eine Art fortwirkenden, fast lebendigen Einfluß auf die Gegenwart ausüben.

Die »großen Seelen«, die sich im Stammbaum des eigenen Volkes bündeln, sind die lebendige Struktur des Baumes selbst. Die Segenssprüche, die wir jeden Sabbat aufsagen, wenn wir unseren Kindern die Hand aufs Haupt legen, lauten: »Möge Gott dich segnen, daß du [wie] Ephraim und Manasse seiest [oder Sarah und Rebecca, Rachel und Lea...]«, häufig ergänzt mit *»die das Leben unseres Volkes weitertragen«* (kursive Hervorhebung durch den Autor). Wenn irgendein (neuer) Name in das Buch des Lebens, wie man die Thora auch nennt, eingetragen wird, so soll es gewißlich der Name eines von denen sein, die ihr Leben dem Fortbestand dieses Daseins in einem wirklichen, reißenden Strom widmeten. (Nicht daß es nicht auch andere gegeben hätte, aber »die Großen« ragen nun einmal auf bestimmte Weise heraus.)

Witztum, der die von Rabbi Weissmandl gelegte Spur weiter verfolgte, hatte deshalb erwartet, eine große Anzahl von Erwähnungen der Großen Weisen zu finden – was auch tatsächlich geschah. Oft bestanden diese Erwähnungen aus einem Namen, einem Geburts- oder Wohnort, einem Geburts- oder Todesdatum, aus Ehrennamen und noch diesem und jenem Detail aus der Biographie des Betreffenden – so wie wir einiges in dieser Art im zehnten Kapitel in bezug auf meinen Vorfahren, den Rabbi Abraham »der Engel«, fanden. In enger Zusammenarbeit mit Rips zwecks Sicherstellung, daß alles auch mathematisch korrekt vor sich ging, konzentrierte er sich auf die folgenden Datenstrukturen:

1. Namen Großer Weiser sollten nach einigen willkürlichen Kriterien ausgewählt werden, um den Satz zu begrenzen, durften aber das Ergebnis keinesfalls beeinflussen. Das erste Kriterium sollte schlicht sein, daß es ausschließlich Namen solcher *Gedolim* waren, die mindestens drei Spalten lange Einträge in der hebräischen Bibliographie »Encylopädie großer Männer Israels« hatten.[7]

2. Es sollten nur solche Namen verwendet werden, von denen das Todes- oder das Geburtsdatum bekannt war.

3. Von diesem schon reduzierten Sub-Datensatz wiederum sollten nur Namen von einer gewissen Länge verwendet werden.[8] (Diese zusätzliche Auswahl konnte das Ergebnis nicht verzerren, weil es weder positive noch negative Resultate favorisierte. Es lieferte zudem eine bequeme Straße für weitere Tests des Phänomens, als sich bessere Resultate einstellten. Dies geschieht derzeit.)

4. Jedes Datum (ob der Geburt oder des Todes oder beide) wurde in drei standardisierten hebräischen Formaten geschrieben, י"ט תשרי(19. Tishrei), ב"י ט תשרי(am 19. Tishrei) und י"ט בתשרי (der 19. Tishrei). (Dies entspricht Schreibweisen wie 12. August, am 12. August, den 12.August, 12. 8. usw.)

Und weiter:

1. Der maximale Grad von »Kompaktheit« wurde für jedes Wortpaar *miteinander in Beziehung stehender*, aus der Genesis dekodierter Begriffe bei ihren respektiven minimal-abstandstreuen Überspring-Intervallen gemessen.

2. Der Gesamtgrad der Kompaktheit aller drei kompletten Datensätze wurde berechnet – sehr grob ausgedrückt als »eine Art Durchschnitt«. Kompaktheit und die präzise Natur dieser Aggregatmessung sind im Detail im Technischen Anhang C erläutert. Einige Anordnungen waren sehr kompakt (stärker als im theoretischen Durchschnitt). Die Rechtfertigung der Kodierungen erforderte nicht, daß jedes einzelne Paar kompakt sein mußte, doch je mehr Paare es sind und je kompakter jedes davon ist, desto wahrscheinlicher wird die Existenz des Codes. Dies schließt mit ein, daß es statistisch nicht möglich ist, den

Unterschied zwischen einem »echten« einzelnen Auffinden und einem zufälligen einzelnen Auffinden festzustellen. (Wenn man nicht weiß, daß eine Münze zwei gleiche Seiten »Kopf« hat, sie hochwirft und sie »Kopf« nach oben landet, dann besteht keine Möglichkeit der Feststellung, ob dies ein »absichtliches« oder ein »zufälliges« Ergebnis ist. Wird die Münze zehnmal hochge- schnippt, ist man verwundert, wenn zehnmal »Kopf« kam; noch ein paarmal mehr, und man wird sich zweifellos ent- schließen, die Sache nun doch etwas genauer zu untersuchen.)

3. Die tatsächliche durchschnittliche Kompaktheit für den Daten- satz wurde mit dem theoretischen Durchschnitt verglichen (und auch mit einer großen Zahl Vergleichskontrollen), näm- lich unter Verwendung einer Variante der sogenannten Monte- Carlo-Simulation, die John von Neumann in Los Alamos ent- wickelte.[9] (Kurz gesagt, geschah dies, um festzustellen, ob es zutrifft, daß »jeder Narr mit einem Computer in jedem beliebi- gen Text alles finden kann, was er will«.[*])

Wenngleich der Zweck des Experiments darin bestand, die Masse der variierenden Arten »erstaunlicher« Entdeckungen »abzuglei- chen« und zu homogenisieren, so ergab sich als Resultat doch auch eine überprüfbare Hypothese, die sogar noch »erstaunli- cher« war als das Vorhergehende: daß »im Durchschnitt« richtig zusammengefaßte Namen und Daten einer bestimmten Person als ELS in der Genesis in größerer Nachbarschaft zueinander zu fin- den sind (»kompakter«) als nicht ordentlich zusammengefaßte Namen und Daten, oder als in Kontrolltexten, oder als nach der Zufallswahrscheinlichkeit erwartbar wäre.

Das Einbeziehen all dessen macht die ganze Sache so erstaun- lich: daß die Namen und Daten Großer Weiser in der Genesis auf

---

[*] Der theoretisch erwartbare »Durchschnitt« läßt sich schwieriger feststellen, als es den Anschein hat, deshalb wurden tatsächliche Zufallsresultate verwendet. Das Verfahren ist dem Vorgang nicht unähnlich, wenn man mit 1000 konkreten Mün- zenwürfen zu einem Durchschnitt von 50 zu 50 zu gelangen versucht, statt einfach abzuleiten, daß dies das Resultat sein muß. Nur sehr wenige Versuche werden bei 1000 Würfen wirklich genau 500 zu 500 ergeben, aber die meisten werden diesem Verhältnis doch nahe kommen.

eine Art einkodiert sind, *daß der Text einen außerordentlich hohen Grad detaillierten Vor-Wissens auf Details ihres Lebens wiedergibt.* Dieses Wissen war in dem Text schon viele Hunderte und vielleicht Tausende Jahre eingebettet, bevor die betreffenden Personen überhaupt lebten: Alle lebten und starben, wie gesagt, zwischen dem 9. und dem 18. Jahrhundert unserer Zeitrechnung. Die positiven Resultate erstaunten sogar die Israelis. Die Wahrscheinlichkeit, daß das, was sie da gefunden hatten, ein reines Zufallsprodukt war, war astronomisch gering.

Es war, als wären sie von den Worten des Gaon von Wilna selbst geleitet worden: »Die Einzelheiten jeder Person ... und von allem, was ihr widerfuhr *vom Tag der Geburt bis zum Tod.*« Da war es dann vielleicht doch kein Wunder mehr, daß sie, als sie den Bericht über ihre Entdeckungen im *Journal of the Royal Society* veröffentlichten, konsequent vermieden, die präzise Natur der »Wortpaare« allzu detailliert zu erläutern. (Auf dieser informellen Ebene waren sie dazu auch nicht wirklich verpflichtet, und ihre Arbeit erforderte für diesen Zweck auch nicht die Vorprüfung durch objektive Unbeteiligte.) Hätten sie die prophetischen Implikationen ihres Datensatzes schon bei dieser Gelegenheit enthüllt, wären sie vermutlich noch als nicht mehr ernst zu nehmend abgetan worden, ungeachtet des glänzenden Rufs von Rips in Mathematikerkreisen.

Also schritten sie nur sehr behutsam voran und suchten anschließend nach dem richtigen Podium für die vollständige Veröffentlichung, indem sie ihre Arbeit mit allen Details durch die angemessenen Kanäle renommierten Zeitschriften zur kritischen Rezension anboten. Darüber begann dann eine intensive Debatte hinter den Kulissen, die volle sechs Jahre dauerte.

Die Großen Weisen II

Am Ende dieser sechs Jahre erwiesen sich die Gerüchte, die ich inzwischen bezüglich einer bevorstehenden hochrangigen Veröffentlichung über die Codes gehört hatte, als richtig. Im August 1994 publizierte das Journal *Statistical Science* den vollen Witztum/Rips/Rosenberg-Artikel »Abstandstreue Buchstabensequenzen im Buch Genesis« zusammen mit einem Kommentar des Instituts für Mathematische Statistik. Der abstrakte Titel und dazu die trockene Wissenschaftssprache ließen kaum den Inhalt und seine Bedeutung erahnen:

> *Abstrakt:* Es ist angemerkt worden, daß abstandstreue Buchstabensequenzen, wenn das Buch Genesis in zweidimensionaler Anordnung geschrieben wird, in enger Nachbarschaft Wörter mit zueinander in Beziehung stehender Bedeutung ergeben. Quantitative Mittel zur Messung dieses Phänomens werden erarbeitet. Die Zufallsanalyse ergibt einen Effekt in der Größenordnung von 0,00002.

Dieser Wert 0,00002 bedeutete, daß die Wahrscheinlichkeit geringer als 1 zu 50 000 war, daß das, was geschehen war, sich aus Zufall ereignet hatte. (In dem Aufsatz selbst waren die Wahrscheinlichkeitschancen noch genauer mit <1/62 500 angegeben.) Die konservative statistische Methode zur Feststellung dieser Wahrscheinlichkeitschancen war außerdem von den Prüfern selbst entwickelt worden.[*] Die überwiegende Mehrzahl der Wissenschaftszeitschriften nimmt Aufsätze zur Veröffentlichung an, deren Hypothesen in einem signifikanten Bereich von 0,05 liegen, also eine Chance von 1 zu 20, daß die Resultate nur zufällig entstanden sind. Medizinische Entscheidungen über Leben und Tod verlangen gelegentlich eine Wahrscheinlichkeit von 1 zu 50. Weil die ELS-Phänomene aber so seltsam waren und ihre Implikationen so ungeheuer weitreichend – immer vorausgesetzt, das stimmte alles –, legten die Redakteure und Prüfer von *Statistical Science* die Meßlatte für ihre Veröffentlichung noch beträchtlich höher, nämlich auf 1 zu 1000 (in Übereinstimmung mit den Anregungen der weiter oben schon zitierten Professoren Kazhdan, Piateski-Shapiro, Bernstein und Furstenberg). Die Resultate ver-

---

[*] Es war nicht die gleiche Methode wie die von den Forschern bei ihrem Bericht im *Journal of the Royal Statistical Society* (in der Liste der Großen Weisen I) verwendete.

besserten sich selbst unter dieser Bedingung um mehr als das Sechzigfache.

Robert Kass, der Herausgeber von *Statistical* Science und gegenwärtig Dekan der statistischen Fakultät der Carnegie-Mellon-Universität in Pittsburgh, kommentierte dazu in derselben Ausgabe:

> Unsere Prüfer waren baff: Ihre bisherigen Überzeugungen ließen sie glauben, das Buch Genesis könne unmöglich sinnvolle Bezüge zu Menschen der Gegenwart enthalten. Doch als die Autoren zusätzliche Analysen und Gegenproben durchführten, bestätigte sich der Effekt. Der Beitrag wird den Lesern von *Statistical Science* deshalb hiermit als herausforderndes Rätsel angeboten.

Noch erstaunlicher machte die Ergebnisse, daß der Datensatz, mit dem Witztum, Rips und Rosenberg für den Beitrag in *Statistical Science* gearbeitet hatten, eine Liste von 32 *neuen* Personen und deren Todes- oder Geburtsdaten aufwies. Der p-Wert von <0,000016 enthielt nicht einmal die Resultate der 34 anderen Personen, über die zuvor berichtet worden war.[10] Insgesamt ergaben sich in dem neuen Experiment 298 Paare von Namen und Daten, die sich aus allen denkbaren Kombinationen jeweils eines Namens und eines Datums sowie einer Datumsvariante aus Standard-Nachschlagewerken zeigten.[*]

---

[*] Die Daten stellen plausible Variationen verfügbarer Geburts-/Todesdaten für und plausible Variationen der Namen von 32 Personen dar. Die komplette Auflistung der Namen und Daten findet sich im Anhang C.

Einige der in der Genesis einkodierten Großen Weisen

Name	Todes-jahr	Anmerkungen
Rabbi Shlomo Yitzhaki	1105	Rashi, bedeutendster biblischer und Talmud-Kommentator
Rabbi Avraham Ibn-Ezra	1164	Der Raviyeh, berühmter Dichter und Liturgist
Rabbi Moshe ben Maimon (Maimonides)	1204	Der Rambam, Arzt, berühmteste Gestalt des nachbiblischen Judaismus
Rabbi Avraham, Sohn des Rambam	1287	Sohn des Maimonides, Oberhaupt der ägyptischen Juden
Rabbi Josef Caro	1575	Mahariyeh Cado, autorisierter Kodifizierer des orthodoxen jüdischen Rechts
Rabbi David Ganz	1613	Tzemach David, Astronom, Mathematiker, Historiker
Rabbi Moshe Chaim Luzzatto	1746	Ramchal, Wunderkind, berühmter Kabbalist und Zusammenfasser allen jüdischen Denkens
Rabbi Yisrael ben Eleazar	1760	Der Besht oder Baal Shem Tov, Gründer der Chassidim
Rabbi Eliyahu ben Shlomo	1797	Der Gaon von Wilna

Einige der ersten Datensätze aus insgesamt 34 in der Genesis einkodierten Großen Weisen mit ihren Geburts- oder Todesjahren. (In der aktuellen Forschung wurden nur Monate und Tage verwendet, auch das Jahr oft ebenfalls einkodiert war.) Im Anhang C ist die komplette Liste der 32 Großen Weisen des zweiten Experiments aufgeführt.

Der Aufsatz durchlief eine Reihe kritischer Prüfungen mit, wie Robert Kass feststellt, »zusätzlichen Analysen und Überprüfungen«. Die identische Prozedur wurde für jedes Paar des Beispiels angewandt auf:

1. eine hebräische Übersetzung einer Auswahl aus dem Anfang von *Krieg und Frieden* in der Länge der Genesis;
2. das Buch Jesaia;
3. das Buch Genesis in einer willkürlich veränderten Zusammensetzung aller seiner Buchstaben;
4. das Buch Genesis in einer willkürlich veränderten Zusammensetzung seiner Wörter, allerdings bei belassener Struktur der einzelnen Verse und der Buchstaben der Wörter;
5. das Buch Genesis in einer willkürlich veränderten Zusammensetzung seiner Verse, aber bei unveränderter Wortfolge in ihnen;
6. andere hebräische Texte (in der ersten Version ihres Aufsatzes überprüften die Autoren das Phänomen an der samaritanischen Version der Genesis; offenbar unterblieb dies beim zweiten Beispiel).

In keinem dieser Kontrolltexte gab es irgendwelche Hinweise auf Beziehungen zwischen Namen und den dazugehörigen Daten. Die Resultate waren nicht von rein zufälligen nach der Wahrscheinlichkeit zu unterscheiden. Allein in der Genesis zeigte sich die Kompaktheit der Namen-Daten-Wortpaare in einer von der Zufallserwartung abweichenden Weise, die ein Verhältnis von 65 000 zu 1 ergab. Dieser Wert kam zustande, indem die tatsächlichen Wortpaare 999 999 verschiedenen Pseudopaaren (= ein Name mit einem nicht passenden Datum) gegenübergestellt und die Resultate in der Rangreihenfolge geordnet wurden. Die korrekten Namen-Daten-Paare rangierten weit an der Spitze (von 62 500) – aber nur, wenn die Genesis als Grundlage für die Überprüfung diente.

Konnte das Phänomen also Wirklichkeit sein? Wußte der Autor der Thora so genau über die Zukunft Bescheid? Dies war ganz eindeutig keine jüdische Version der peinlichen Geschichte mit dem angeblichen Bacon-Shakespeare-Code. Mit der Veröffentlichung in *Statistical Science* erreichte die Diskussion über die Codes eine völlig neue Ebene und gewann Seriosität. Bald sollten auch Persönlichkeiten daran Interesse finden, die selbst nie geglaubt hätten, sich je ernsthaft an einer solchen Debatte zu beteiligen.

Dreizehntes Kapitel

Sind sie echt?
Die Debatte entzündet sich

> Wenn wir uns der Notwendigkeit gegenübersehen, unsere An-
> sichten zu ändern oder zu beweisen, daß dafür keine Notwen-
> digkeit besteht, dann machen sich die meisten von uns sogleich
> ans Beweisen.
>
> *John Kenneth Galbraith*

Wie wurde die Erforschung des Bibel-Code aufgenommen?
Eliyahu Rips notiert mit Enttäuschung, daß das Echo bislang
meist zweigeteilt war: sofortige Zustimmung oder sofortige Ablehnung. Daß zur ersteren Kategorie, Gläubige und Enthusiasten
(speziell solche ohne mathematische Ausbildung) zählen, ist nicht
weiter verwunderlich. Aber das letztere ist es – oder sollte es sein.
Nachdem bisher niemand auch nur einen entscheidenden Fehler
in den Arbeiten der Autoren finden konnte, und das trotz ange-
strengtester Bemühungen seitens der fähigsten Kritiker, muß es
erlaubt sein, solche wissenschaftlich ausgebildeten *A-priori*-Skep-
tiker (die sich von vornherein sicher sind, daß es sich bei den
Resultaten bestenfalls um glückliche Zufälle handelt) zu fragen,
welchen Standard sie denn nun voraussetzen, um die Echtheit des
Phänomens zu bescheinigen. Aber die bei weitem üblichste Antwort ist immer nur: »Da gibt es keinen Standard. Und ob so oder
so – ich glaube es nun mal nicht.«

Das erinnert einen nun doch sehr an die hartnäckige (aber nach
80 Jahren wenigstens sich abschwächende) Skepsis, welche die
Erforschung der Quantenmechanik begleitete, etwa daß Ereignisse an jedem Ort des Universums augenblicklich – oder sogar

rückwärts in der Zeit – statistisch und in meßbaren Größenordnungen mit Ereignissen an jedem beliebigen anderen Ort in Beziehung stehen. (Jüngste Experimente demonstrierten dies im Labor direkt.) Sollte das Code-Phänomen unwiderlegt bleiben, dann wird es, auch im Licht solcher erstaunlicher Entdeckungen der modernen Naturwissenschaften, eines Tages vielleicht ebenfalls nicht mehr so absurd erscheinen.

Im wissenschaftlichen Bereich tendierte die Kritik im ersten bis zweiten Jahr nach der Veröffentlichung in *Statistical Society* zu eher hastigen Urteilen und reflektierte grundsätzliches Mißverstehen der Forschungsmethoden und der daraus resultierenden Schlußfolgerungen. Diese waren verhältnismäßig leicht zu widerlegen. Doch als die Sache immer größere Ausmaße annahm, veränderte sich auch die Situation. Die Überprüfungen wurden noch intensiver und noch ausgefeilter. Diese Widerlegungsbemühungen erforderten ihrerseits noch eingehendere Sorgfalt der weiteren Forschung, die in einigen Fällen sogar über die ursprünglichen Parameter hinausging. Kurz, nach Jahren relativer Ruhe hat die Diskussion über den Bibel-Code den Charakter eines intensiven wissenschaftlichen Disputs angenommen.

Die Debatte über den religiösen Aspekt ist sogar noch hitziger. Die Meinungsbildung über die Verdienste und Implikationen der Codes haben Fronten zwischen Säkularisten und Religionisten, zwischen Juden und Christen, zwischen liberalen und traditionalistischen Juden, innerhalb der verschiedenen christlichen Gemeinden und sogar unter orthodoxen Juden selbst entstehen lassen. Bei den Wissenschaftlern kommt die Kritik am Bibel-Code aus ganz verschiedenen Lagern. Ein Teil davon ist wirklich seriös und differenziert – ganz am Rand der mathematischen Statistik – und muß deshalb auch ernst genommen werden. Auf religiöser Seite fällt die Kritik häufiger recht harsch aus, vielleicht deshalb, weil fromme Gefühle auf diesem Gebiet unbeeindruckt sind von objektiven Standards wissenschaftlicher Prüfung. (Wenn sich einfach mathematisch beweisen läßt, daß etwas falsch ist, besteht keine Notwendigkeit, sich aufzuregen. Leider aber haben sogar einige Wissenschaftler, die dem Phänomen kritisch gegenüberstehen, angefangen, sich aufzuregen und andere »Ignoranten« zu nennen und sie der absichtlichen Täuschung zu bezichtigen. Damit verhalten sie sich nicht anders als die Kritiker auf der religiösen Seite.)

In beide Lagern ist man offensichtlich nur allzu bereit, den Schluß zu ziehen, daß die Realität der Codes beziehungsweise ihre Nicht-Realität ein abgeschlossenes Thema ist, das hiermit zu den Akten kann, punktum. Warum dies? Die Antwort ist einfach: wegen der Konsequenzen des Bibel-Codes. Über »die geistige Krise am Ende des Jahrhunderts« schrieb Marty Kaplan, früherer Redenverfasser von Vizepräsident Walter Mondale, kürzlich in der *New York Times* unter der Überschrift »Vielleicht ist Vernunft nicht genug«:

> Bis zu 90 Prozent aller Amerikaner erklären, sie glaubten an Gott. Aber ich wette, daß weit mehr als die übrigen 10 Prozent auch daran glauben, daß die Wissenschaft ihr grundsätzliches Recht hat.
>
> Dies ist das Traurige im Kern unseres säkularisierten Lebens. Niemand will in einem sinnlosen, chaotischen Kosmos leben, aber er ist nun einmal der einzige, den uns die Wissenschaft gegeben und den unsere Kultur weitgehend mit Beschlag belegt hat.[1]

Die meisten Menschen verstehen auf Anhieb, daß, würde die Wissenschaft schlüssig die Validität des Bibel-Codes beweisen, die profundeste Debatte seit der Aufklärung – an der Nahtstelle zwischen Glauben und Vernunft –, ein für allemal eindeutig entschieden wäre: zugunsten des Glaubens. Damit wären von Grund auf jene Prämissen umgeworfen, auf denen die moderne (und die sogenannte postmoderne) Welt aufgebaut wurde. Daher die Bereitschaft der Anhänger, darauf zu bestehen, daß die Codes echt sind, und der Gegner, daß sie dies schlicht nicht sein könnten.

Was sagt nun also die Wissenschaft zum Bibel-Code? Dies ist das Thema dieses Kapitels.

Verbreitete Mißverständnisse über die Codes

Bestimmte Fragen zum Bibel-Code werden immer wieder gestellt. Mit jeweils kurzen Antworten sind es die folgenden:

1. Was ist so erstaunlich daran, Wörter mit abstandstreuen Intervallen zu finden? Es ist doch wahrscheinlich möglich, Tausende solcher »Code-Wörter« zu konstruieren.

Eine einzige Bündelung allein hat, wie kompakt auch immer, noch keine Bedeutung. Aber der Bibel-Code besteht aus einer solchen Menge systematischer (regelbestimmter) Sätze miteinander in Beziehung befindlicher ELS bei minimalen abstandstreuen Intervallen, daß im ganzen gesehen derart viele Bündelungen und kompakte Wortpaare so gut wie unmöglich der reine Zufall sein können.

2. Aber wenn man so viele Freiheiten beliebigen Überspringens hat, dann ist es doch kinderleicht, zu »entdecken«, was man nur will.

Dies würde stimmen, wenn man es nur mit einem Parameter zu tun hätte. Aber das Überspringen muß minimal (oder fast minimal) in den Intervallen des betreffenden Wortes sein.

3. Aber manche Wörter stehen doch eben nicht in ihrem absoluten abstandstreuen Minimumintervall! Läßt dies denn nicht viel Raum für Gelegenheiten, zufälliges Aufscheinen für bedeutungsvoll zu erklären, obwohl es das gar nicht ist?

Wenn erst einmal die Bedeutung des Minimumintervalls klar ist, wird es möglich, die Beschränkung etwas »fuzzy« zu halten – *ohne* Verlust von irgend etwas Bedeutungsvollem. Im Technischen Anhang C wird im übrigen erläutert, daß Witztum, Rips und Rosenberg immer auf paarweise Nachbarschaft über die *zehn* minimalsten Aufscheinungen achten und nicht auf eine. Das bedeutet die Anwendung von Mathematik und Statistik, die den meisten Leuten so verwunderlich erscheint; doch fachgerecht angewandt, wird weder etwas verbergen noch verzerrt. (Dies ist einer der Gründe, warum Kritiker höchste Qualifikationen mitbringen müssen, um das Für und Wider der ganzen Forschung angemessen beurteilen zu können.)

4. Läßt sich denn nicht praktisch alles als »miteinander verbunden« deklarieren?

Es gibt eine Anzahl Wege, die Beziehung zwischen Wörtern so zu systematisieren, daß die Daten in ein Format gebracht werden, das statistisch und nicht nur »nach dem Gefühl« analysierbar ist. Die von Witztum, Rips und Rosenberg angewandte Methode ergab sich aus weniger formellen Anordnungen (von der im zehnten und im elften Kapitel dargelegten Art) und ist ziemlich solide: historische Daten ohne jede Interpretierung. Die Methode berücksichtigte außerdem verschiedene Schreibweisen.

5. Wie steht es mit der statistischen Wirkung aus der Struktur des Hebräischen? Verursacht diese vielleicht erst die Resultate?

Wären die Ergebnisse irgendwie speziell von der hebräischen Sprache und ihrer Schreibweise abhängig oder von ihrer Syntax, dann hätten vergleichbare Ergebnisse auch erscheinen müssen, als im selben Genesistext Namen mit unzutreffenden Daten kombiniert wurden. Doch wenn das historische Bindeglied zerbrochen wurde, verschwand auch das Phänomen.

6. Enthielten die Daten selbst vielleicht Fehler? Woher zum Beispiel wissen wir, daß diese Geburts- und Todesdaten authentisch sind?

Es wäre nun wirklich höchst seltsam, enthielte ein göttlich übermittelter Text absichtliche Fehler! (Bei welchem höheren Äquivalent des Amtes für Forschungsintegrität sollte man in einem solchen Fall seine Beschwerde einreichen? Und wer sollte die Untersuchung führen?)

Nein, es gibt in der Tat bestimmte Irrtümer und Unsicherheiten in den Daten. Einige davon stammen aus der Datenquelle (dem Referenz-Nachschlagewerk *Große Männer in Israel*) und da wurden dann auch korrigierte Daten ersetzt.[*] Nach der Veröffentlichung tauchten Fragen auf, ob auch weiterhin noch eine kleine Zahl Namen oder Daten fehlerhaft sei. Der entscheidende Punkt ist jedoch gar nicht, ob ein bestimmtes Datum korrekt ist oder nicht, sondern ob eine kleine Proportion von Korrekturen eine große Auswirkung auf die Resultate hat. Ein Test ergab folgendes Resultat: Sie hat es nicht. (Die meisten von Kritikern nach der Veröffentlichung angeregten Datenkorrekturen bewirkten im Gegenteil eine gewisse Verbesserung.)

Und außerdem: Wenn das Phänomen im zweiten Datensatz Großer Weiser aufgrund von Irrtümern zustande gekommen wäre, dann wären sie nur Fehler gewesen – und allein in der Genesis –, die nötig waren, um alles in Gang zu bringen. Die Wahrscheinlichkeitschancen dafür sind auch diesmal 1 zu 62 500. Und man müßte sagen, daß ein vergleichbares Maß an Irrtümern und Fehlern auch im ersten Satz der Großen Weisen »einfach so passierte«. Weil derartige Zufälle nun bekanntlich nicht so oft vorkommen, daß man sie ernst nehmen müßte, führt diese Überlegung dann für den Skeptiker zu der Vermutung: »Nun ja, vielleicht ist es ja auch gar nicht ›einfach so passiert‹ und war also Absicht oder zumindest Sublimierung.«

Wie auch immer, eine sorgfältige wissenschaftliche Überprüfung der Codes läßt als einzige wahrscheinliche und verborgene Fehlerquelle nur dies erkennen: die Möglichkeit, daß der Datensatz auf irgendwelche Weise unabsichtlich verzerrt wurde. Dieser Aspekt wird weiter unten im einzelnen diskutiert (siehe »*Tuning and Snooping*«: Robert Kass).

---

[*] Vgl. zu den Einzelheiten dieser Korrekturen die komplette Liste der Großen Weisen im Technischen Anhang C.

Der Bibel-Code und die Übermittlung der Thora

Der Bibel-Code setzt beim Thoratext einen Grad von Einheit und Integrität voraus, der Bibelgelehrten nicht mehr glaubhaft erscheint. Dr. Rupert Chapman, Geschäftsführer des *Palestine Exploration Fund,* brachte in Beantwortung eines Artikels, den ich für die *Bible Review* schrieb, diesen Konsens der Gelehrten im Hinblick auf die Codes zum Ausdruck.

Satinover unterstellt, auch wenn er es nicht ausdrücklich sagt, daß der Masoretische Text korrekt übermittelt wurde, das heißt seit seiner Entstehung immer ohne jeden Übertragungsfehler. Das trifft so nicht zu ... Professor Sir Godfrey Driver ... sagt:
...Dieser [Masoretische] Text enthielt die Fehler von Generationen von Kopisten und ... viele Fehler späterer Kopisten fanden ebenfalls Eingang. Die frühesten erhaltenen Handschriften dieses Textes stammen aus dem 9. bis 11. Jahrhundert, und dieser Text, wie er in der *Biblia Hebraica* von R. Kittle (3. Aufl. 1937 [der BHS-Text]) steht, ist für die gegenwärtigen Übersetzungen verwendet worden.
Variationen im Text würden eindeutig die Analyse der [Codes] verändern ... Folglich machte bereits ein einziger variierter Buchstabe, gar nicht zu reden von einem variierten ganzen Wort, alle diese Kombinationen hinfällig, nämlich nicht mehr möglich.
Gewiß, Mystizismus dieser Art hat seine Daseinsberechtigung, aber man darf nicht zulassen, daß er aus Maskerade Wissenschaft macht.[2]

Ich habe Dr. Chapman[*] deshalb so ausführlich zitiert, weil er einen guten Ruf als Gelehrter genießt und besonders deutlich die ganzen ineinanderfließenden Mißverständnisse sichtbar macht,

---

[*] Ich bin ihm gegenüber da nicht ganz fair, da er ausdrücklich feststellt, daß er Witztums, Rips' und Rosenbergs Aufsatz nicht im Original gelesen hat, sondern lediglich eine Zusammenfassung davon. Ich hoffe, er faßt es mit britischem Sportsgeist auf, daß ich ihn hier stellvertretend als Zielscheibe benutze.

die unter diesen Kritikern des Bibel-Codes weit verbreitet sind und ihre sehr starke Vorliebe für »höhere Textkritik« widerspiegeln.

Ein Punkt dieses Gelehrtenkonsenses über die Bibel, der zugegebenermaßen nicht gegenstandslos würde, auch wenn die Codes sich als stichhaltig erwiesen, beruht auf der Überzeugung, daß der Text der Thora nicht hundertprozentig frei von Fehlern ist. Das hat seinen Grund darin, daß der Beweis für die Codes bisher nur statistischer Natur ist. (Ich selbst hege sogar einen noch größeren Verdacht: daß der Bibel-Code in sich selbst, inhärent, statistisch ist und daß es keinen zusätzlichen »Klartext« gibt. Doch auch die Forscher selbst erheben keinen solchen Anspruch, sondern sagen lediglich, daß unser Verständnis des Codes bisher unvollständig ist, um einen solchen Text überhaupt entdecken zu können.[3])

Es ist der Gesamtgrad kompakter Bündelungen miteinander in Beziehung stehender Wörter in abstandstreuen Intervallen – und nicht einzelner Beispiele –, der als Ganzes die Tendenz zeigt, mit den relativ minimalen Überspringungen aufzuscheinen. Wird der Text verändert, freilich nicht zuviel, so verschwinden die Code-Wörter nicht. Je mehr Fehler sich aber einschleichen, desto mehr verliert der Bibel-Code seine Robustheit; er wird jedoch noch nicht völlig zerstört, solange nicht eine kritische Fehlergrenze erreicht ist. Wollte man einen Code vor den unvermeidlichen Stürmen der Zeit bewahren, dann wäre diese eingebaute Fehlerresistenz genau der richtige Weg dafür.

Der »anmutige Abbau« des Bibel-Codes ist getestet und quantifiziert worden. Mit dem ersten Datensatz unternahmen Witztum, Rips und Rosenberg einen Kontrollversuch, in dem sie das erste ה (H) entfernten, 1000 Buchstaben abzählten, dann das nächste ה (H) entfernten, wieder 1000 Buchstaben zählten und so weiter, bis insgesamt 77 Buchstaben fehlten. Dies ist eine ordentliche »Zerstörung«, sie konzentriert sich auf einen einzigen Buchstaben, und damit ist der Effekt aller Wahrscheinlichkeit nach größer als bei einer willkürlichen, unsystematischen »Zerstörung«. Weil die Veränderungen außerdem ausschließlich aus Wegnahmen bestanden, verschob jede einzelne Wegnahme »den Rahmen« des nachfolgenden Textes, wobei fortlaufend die Zählung für jedes nachfolgende Codeelement weiter hinausgeschoben wurde. Wie bei der Ermittlung der DNA verursacht ein Entfernen schwerere Schäden an einem Code (im Durchschnitt) als ein Ersetzen, eine Substition. (Eine Substitution hat Auswirkungen auf die Stelle, an der sie geschieht, läßt aber alles Nachfolgende unberührt.) Im Durchschnitt verursachen Zufallsfehler – vermischte Entfernungen, Ersetzungen, Einfügungen – ebensoviel *örtlichen* Schaden wie eine Wegnahme, lassen jedoch eine lange Symbolkette relativ rahmen-unberührt. Ersetzungen verursachen keine Rahmenverschiebungen, jede Ergänzung hebt den Rahmenverschiebungseffekt einer Wegnahme wieder auf.

Zusammengefaßt also wird eine beschränkte Anzahl von Übermittlungsfehlern den Bibel-Code nicht löschen – falls es ihn wirklich gibt. Es versteht sich von selbst, daß das Vorhandensein eines uniformen Codes, der sich über verschiedene Dokumente erstreckt, die mit Absicht zusammengefügt zur Thora wurden, das fundamentale Prinzip der »höheren Kritik« verletzt, die eine Vielzahl von Autoren unterstellt. Nichtsdestoweniger bleibt der einzige Weg zur Bestimmung, ob die Codes echt sind, der kryptologische, sprich mathematische.

Verschiedene Versionen der Thora muß man deshalb anders betrachten. Der BHS-Text (*Biblia Hebraica Stuttgartensis*), den Dr. Chapman erwähnte und der von nichtjüdischen Hebräisten verwendet wird, ist nicht identisch mit dem überlieferten jüdischen Text (dem Koren-Text), der bei den Juden selbst in aller Welt in Gebrauch ist.[*] Allein was die fünf Bücher Mose betrifft, gibt es mehr als 130 Unterschiede zwischen beiden Versionen, nicht alle proportional wichtig, aber doch signifikant.[4]

Die jüdischen Weisen beharren darauf, daß sie über die Jahrtausende ungewöhnlich gute Arbeit in der Bewahrung des Textes geleistet haben. Sie nehmen allerdings keine Perfektion in Anspruch. Eine fortlaufende Liste von bekannten und vermuteten Fehlern ist sogar direkt in den Text eingegangen. Die Aufgabe der Bewahrung der Thora war für sie stets nicht nur ein gelehrtes, sondern mehr noch ein heiliges Unterfangen.

---

[*] Die Koren-Ausgabe des Masoretischen Texts vermittelt das beste Verständnis der jüdischen Gelehrtenüberlieferung zur textlichen Übermittlung.

Wenn man das festgestellt hat, ist die Anzahl von 130 und mehr Unterschieden nicht so gewaltig. Und weiß man, daß es an die 77 Entfernungen braucht, bis der Bibel-Code ganz verschwindet, so kann man die hypothetische Aussage wagen, daß er im BHS-Text *eigentlich* auch vorhanden sein sollte, wenngleich nicht in so robuster Form wie in dem Koren-Text. Und genau das haben auch spätere Resultate gezeigt.

Wiederholungen und Variationen

Dr. Alexander Pruss, Mathematiker und Probabilist, früher an der Universität von British Columbia, jetzt an der Universität Pittsburgh, hat seine eigenen informellen Wiederholungen der Studien von Witztum, Rips und Rosenberg angestellt und auf einer von der Universität Virginia moderierten akademischen, hebräischsprachigen Internet-Diskussions-Seite »B-Hebrew« darüber berichtet.

Wie er das anging und bewertete, ist insofern besonders interessant, als er die Codes vom Standpunkt eines Kritikers betrachtet, der zu dem Schluß gekommen ist, daß sie *nicht* echt sind. Er wiederholte für sich das in *Statistical Science* berichtete Experiment (der zweite Datensatz über die Großen Weisen) und schrieb sich seine eigene Software dafür in einem anderen System. Er berichtet, keine Fehler gefunden zu haben und bezeichnet die Versuchsanordnung als »sehr hübsche, sich selbst kontrollierende Studie, die strenggenommen nicht einmal Kontrolltexte für die Statistiken benötigt, um stichhaltig zu sein«.

Seine Kritik betrifft die Tatsache, daß der p-Wert von etwa < 0,00002 auf < 0,002 stieg, als er das Experiment auch über den BHS-Text laufen ließ – ein Faktor von 100. »Die extreme Sensibilität der Analyse auf den genauen verwendeten Text ... suggeriert, daß die Resultate nicht bedeutsam sein können.« Nichtsdestoweniger notiert er ausdrücklich auch, daß das Resultat am BHS-Text *»insgesamt gesehen gar nicht so schlecht ist«* (Kursive Hervorhebung durch den Autor).

Halten wir fest, daß ein Kritiker, dessen Expertenschaft sich auf die biblischen Texte gründet, nicht aber auf Mathematik, Wahrscheinlichkeitsrechnung oder Statistik (Dr. Chapman), erwartet, die Codes, wären sie echt, müßten schon auf kleinere Veränderungen so sensibel reagieren, daß bereits eine Handvoll Unterschiede genügen würden, sie völlig zu zerstören. Ein anderer Kritiker hingegen, der Fachmann in Mathematik und Statistik sowie in der Wahrscheinlichkeitstheorie ist (und zumindest zu einem gewissen Grad auch bewandert in biblischen Texten), meint, daß die Codes, wären sie echt, zweifellos so *robust* wären, daß ihnen an die 130 Unterschiede zwischen zwei Texten wenig ausmachten – so wenig, daß eine Veränderung »in statistischer Signifikanz« von $p < 0,00002$ auf $< 0,002$ »extrem« wäre. Aber erinnern wir uns ebenfalls, daß ein $p < 0,05$ für die meisten wissenschaftlichen Studien als ausreichend gilt. Diese Differenz der statistischen Signifikanz des Bibel-Codes zwischen dem Koren- und dem BHS-Text könnte man durchaus als Wechsel von einem »sehr hochsignifikanten Resultat« (mit den Worten des immerhin auch weiter skeptischen Herausgebers von *Statistical Science*) zu einem vielleicht »hochsignifikanten Resultat« bezeichnen, das immer noch fünfzigmal besser ausfällt als das übliche Minimalerfordernis wissenschaftlicher Veröffentlichungen.

Selbst diese informellen Analysen[*] stimmen zumindest in einer Hypothese, die allen gemeinsam ist, überein: Der BHS-Text der Hebräisch-Gelehrten ist ziemlich genau, der rabbinische genauer, beide aber sind nicht ohne Fehler. Und genau dies hat die jüdische Überlieferung von Anfang an so und nicht anders erklärt.

---

[*] Ein anderer Statistiker, Brendan McKay, führte den gleichen Vergleich mit einer leichten Variation der Methode Witztums, Rips' und Rosenbergs durch und kam im wesentlichen zum gleichen Ergebnis: Der Code war auch im BHS noch vorhanden, aber mit einem $p < 0,005$. Weil sie informell sind, kann man diesen Studien nicht das gleiche Gewicht beimessen wie den gründlich geprüften Publikationen. Die Diskussion wird nicht wirklich voll entbrennen, solange nicht kritische Schriften veröffentlicht sind, die dann die Tür für weitere Angriffe auf die Autoren aufstoßen, mit Repliken anderer und neuen Erweiterungen der Methoden. Das alles braut sich gegenwärtig erst zusammen.

Die Überprüfungen

Für jeden, der nicht eng mit den Codes befaßt und deshalb auch nicht imstande ist, sich eine eigenständige Meinung darüber zu bilden, stellt die Veröffentlichung in *Statistical Science* potentiell die entscheidende Tatsache dar – als eine Schwelle, die, wie ich schon früher festgestellt habe, keine vergleichbare Unternehmung jemals zu überschreiten vermochte. Wieviel Gewicht hat diese Tatsache wirklich? Die »für« den Code sind, neigen natürlich zu der Ansicht: »So gut wie alles.« Und die anderen: »So gut wie nichts.« Die Wahrheit liegt irgendwo dazwischen.

Witztum, Rips und Rosenberg waren sich durchaus der Notwendigkeit bewußt, daß ihre Entdeckungen der Formalisierung bedurften. Ohne dies hätten die Skeptiker immer noch genügend Anlaß, das ganze Phänomen als Phantasieprodukt abzutun. Also machten sich die Forscher an die Vorbereitung eines Aufsatzes zum (ersten) Datensatz über die Großen Weisen, mit deren Namen und Daten, und veröffentlichten diesen in der hebräischsprachigen Zeitschrift der Israelischen Akademie der Wissenschaften. (Über ebendiese Arbeit wurde dann kurz im *Journal of the Royal Statistical Society* berichtet.)

Der nächste Schritt war die Veröffentlichung all dessen in einem seriösen Blatt der gehobeneren Kategorie und in einer verbreiteteren Sprache mit der Absicht, ihre Ergebnisse sowohl einer umfassenden und seriösen Rezension durch hochqualifizierte Experten unterziehen zu lassen als auch eine breite professionelle Leserschaft zu erreichen.

Dieser spezielle Vorgang, sich der Überprüfung rückhaltlos zu stellen, ragt seinerseits bereits in gewisser Hinsicht aus dem Üblichen hervor. So war die ganze Prozedur zuerst schon einmal ungewöhnlich lang: Es dauerte fast sechs Jahre von der Einreichung zur Prüfung bis zum Druck. Die meisten wissenschaftlichen Arbeiten brauchen keine zwei Jahre dazu. Außerdem war die Zeitschrift, welche die Arbeit schließlich veröffentlichte – *Statistical Science* –, nicht diejenige, der sie ursprünglich eingereicht worden war, sondern *Proceedings of the American Mathematical Society*.

In diesem derart langwierigen Verfahren war immerhin dies typisch: Der Redaktion einer von den Autoren ausgewählten Publikation wird ein Artikel zugeschickt. Wenn er dem Verlag als potentiell publizierbar erscheint, das heißt, wenn der Beitrag entsprechend kompetent erarbeitet aussieht, wird er einem oder zwei, drei oder noch mehr Prüfern zugeleitet. Diese werden in aller Regel aus dem einschlägigen oder zumindest einem nahe verwandten Wissenschaftsfeld ausgewählt und sind qualifizierte und respektierte Fachleute von Ruf. Ihre Aufgabe besteht darin, die Arbeit anonym einerseits als *advocatus diaboli*, andererseits als Berater sehr kritisch auf Schwachstellen abzuklopfen und eventuell zusätzliche Überprüfungen oder Tests vorzuschlagen, mit denen die Abhandlung dann erst auf einen zur Veröffentlichung geeigneten Qualitätspegel verbessert wird. Danach reichen sie das Manuskript den Autoren zur entsprechenden Überarbeitung zurück, wobei sie oft auch weitere Prozeduren zwecks stärkerer Untermauerung der Resultate anregen oder verlangen; sie können dies sogar zur Bedingung für die spätere Veröffentlichung machen.

Auf diese Weise können Aufsätze mehrmals hin und her gehen. Zieht sich dieser Prozeß in die Länge, weil die Prüfer immer noch nicht bereit sind, die Schrift als völlig ihren Ansprüchen genügend zu erklären, sie jedoch bei keiner wichtigen Prüfung gescheitert ist, muß irgendwann entschieden werden, ob man nun veröffentlichen will (soll) oder nicht, je nachdem, wie die Bewertung insgesamt ausfällt. Nun ereignet sich gerade dies aber ziemlich häufig in der wissenschaftlichen Veröffentlichungspraxis, vor allem natürlich, wenn es um sehr kontroverse oder auch abstruse Themen geht und ganz besonders, wenn der Prüfungsprozeß überdimensionale Ausmaße annimmt. (Es ist ja auch nicht fair den Autoren gegenüber, ihre Manuskripte endlos hin und her zu schicken, wobei dann auch zwangsläufig die Hindernisse immer höher werden.) Jedenfalls aber gibt es keine Garantie dafür, daß ein Beitrag, der schon zur Prüfung angenommen ist, dann auch tatsächlich auf jeden Fall veröffentlicht wird.

Der Artikel von Witztum, Rips und Rosenberg scheint in eine solche Mühle geraten zu sein – und für außergewöhnlich lange

Zeit –, was natürlich allein schon ein Hinweis darauf ist, um welches heiße Eisen es sich da handelte und wie weit außerhalb des *mainstream* der Mathematik und Statistik das Thema und seine Resultate (und ihre Implikationen!) lagen. Aber wie lange es auch gedauert haben mochte, am Schluß bestätigte Eliyahu Rips mir gegenüber doch seine Zufriedenheit darüber, daß es überhaupt noch zur Veröffentlichung gekommen war.

Die Zahl der Überarbeitungen [hin und her zwischen den Prüfern und den Autoren] war ja nun wohl mehr als üblich, aber ... am meisten bin ich zufrieden, daß der Artikel dann endlich doch veröffentlicht wurde. Ich hatte inzwischen doch ernsthafte Zweifel, ob es überhaupt noch geschehen würde. Deshalb bin ich Rob Kass und den Prüfern wirklich dankbar für ihre Entscheidung zur Veröffentlichung trotz ihrer eigenen persönlichen anderen Überzeugungen. Ich hoffe, es gibt noch mehr Leute mit solcher (inter)kultureller Toleranz.[5]

In der Tat hat der Artikel den ersten Prüfern wohl auf zweierlei Weise Probleme bereitet. Da war zunächst die (früher schon erwähnte) Tatsache, daß Rips als Mathematiker ja einen Namen hatte, sogar einen internationalen, und es also schwer bis gar nicht vorstellbar war, daß ein solcher Mann seinen Ruf für eine Sache aufs Spiel setzen würde, die nicht seriös war und offensichtliche Schwachstellen hatte. Und als zweites brachte der Prüfungsprozeß einfach nicht die Mängel zum Vorschein, die ein säkularistischer Skeptiker erwarten zu können glaubte.

Am Ende war allen Qualitätsforderungen Genüge getan. Und doch blieben die Implikationen der Resultate schlicht zu extrem, als daß man sie ohne weiteres hätte akzeptieren können. Die Schlußfolgerungen standen grundlegend im Widerspruch zu allen naturgemäßen Überzeugungen der Prüfer und, noch wichtiger, zu den redaktionellen Grundsätzen und Zielen jener Zeitschrift, der die Arbeit zuerst eingereicht worden war.

Prüfer und Redakteure sahen sich also einer Situation gegenüber, die sie vermutlich nicht vorausgesehen hatten: Die Arbeit genügte voll ihren Ansprüchen, dennoch vermochten sie deren Ergebnissen nicht das geringste Vertrauen zu schenken. (»Ich glaube nicht, daß am Ende irgendwer bei uns an die Sache glaubte«, bemerkte Kass ein paar Jahre später. »Irgend etwas ganz Unheimliches scheint da im Gange zu sein – es ist nur nicht ganz klar, was dieses Unheimliche genau ist.«) Ganz davon abgesehen, lag die Thematik ohnehin weit außerhalb des redaktionellen Spektrums der Zeitschrift.

Am Ende schloß man einen Kompromiß, der speziell Persi Diaconis aus Harvard angesichts seiner persönlichen Überzeugungen besonders ehrte. Er war ja sowohl intellektuell als auch gefühlsmäßig ein entschiedener Gegner der Sache, half aber trotzdem persönlich, die Arbeit schließlich in einer anderen Zeitschrift unterzubringen – eben in *Statistical Science*. Die dortige redaktionelle Linie war offen für zumindest gelegentliche Exkursionen in unbekannte und ausgefallene Territorien. Als Herausgeber von *Statistical Science* fungierte Robert Kass, heute Dekan der statistischen Fakultät der Carnegie-Mellon-Universität in Pittsburgh.

»Tuning and Snooping«: Robert Kass

»Wissen Sie, Statistiker sind ja nun in mancherlei Weise professionelle Skeptiker.« Das sagte Professor Kass zu mir, als ich ihn nach der grundsätzlichen Haltung fragte, die der typische Statistiker wohl gegenüber dem Bibel-Code einnehmen würde. »Wir sehen uns häufig einer sehr großen Anzahl Experimente mit anscheinend soliden Schlußfolgerungen gegenüber, die sich dann doch nicht als wahr herausstellen. Das passiert am häufigsten bei klinischen Versuchen neuer Medikamente oder medizinischer Behandlungsmethoden. Die meisten davon genügen anfangs durchaus statistischen Anforderungen und werden publiziert – und erregen dadurch unsere Aufmerksamkeit –, aber wenn es dann an die eingehenderen und strengeren Untersuchungen über eine ausreichend lange Zeit geht, dann reicht es doch nicht. Also sind wir nachgerade daran gewöhnt, alle Anfangstests mit Vorsicht zu betrachten – mögen sie auch noch so einen erfolgreichen Eindruck vermitteln, speziell, wenn sie unerwartet hohe Resultate vorweisen.«

Warum dauert es bei der wissenschaftlichen Arbeit oft so ungewöhnlich lange, bis Fehler und Irrtümer erkannt werden? Das liegt allein in der menschlichen Natur, die ständig auf *tuning and snooping* aus ist.

Tuning, wörtlich abstimmen, einstimmen, anpassen, ist Fachjargon der Statistiker für den unabsichtlichen, fast unbewußten Vorgang subtilen »Zurechtrückens« individueller Meßergebnisse, damit sie besser in das eigene Allgemeinbild passen und die Resultate also schöner machen. Angenommen beispielsweise, jemand hat eine neue medizinische Behandlung für Krebs entwickelt und dazu eine Methode, mit der sich die Besserung des Zustands überprüfen läßt. Der allgemeine Standard zur Feststellung eines Behandlungserfolgs schließt eine ganze Menge objektiver Einzelheiten ein (Gewicht, Tumorgröße, Übungstoleranz etc.), aber auch subjektive (»fühlt sich besser«). Der Forscher hat viele Jahre seines Lebens in diese Arbeit investiert, doch die Resultate sind eher mager. So wird er irgendwann einmal die Gewichtungen der Bewertungsdetails etwas verändern, beispielsweise den Faktor »fühlt sich besser« hervorheben. Das tut er aus völlig plausiblen Gründen und auch ganz ernsthaft und seriös. Aber die Statistiker, die seine Arbeit für die Publikation überprüfen, bemerken eben, daß er im nachhinein seine Resultate durch Verlagerung von Gewichtungen aufgebessert hat. Folglich bleibt es nicht verborgen, daß seine Behandlungsmethode die Patienten sich besser fühlen läßt – aber das ist alles. Im Fall des Bibel-Codes wäre *tuning* in der Form möglich und denkbar, daß man an den subtilen Details der Messungen der Kompaktheit ein wenig »dreht« und aus zahlreichen plausiblen zur Verfügung stehenden Datensätzen einen auswählt, der die besten Resultate liefert.

Snooping, wörtlich schnüffeln, herumsuchen, meint einen für das *tuning* erforderlichen, zu ihm in Beziehung stehenden Fehler beziehungsweise Irrtum. Es bedeutet, die Daten so abzusuchen, daß man die Methode darauf abstimmt. Dies war der Grund, warum Herausgeber, Redakteure und Prüfer darauf bestanden, daß das ganze Experiment mit einem zweiten Datensatz neu ausgewählter weiterer Großer Weiser noch einmal durchgeführt und offiziell nur die daraus ermittelten Resultate eingereicht wurden. Aber unausweichlich bleibt gleichwohl die Frage: Waren denn über die Jahre nicht auch zumindest einige der Männer der zweiten Liste ebenfalls als Lieferanten »guter« Resultate identifiziert worden? Wenn ein Ergebnis zu erstaunlich ist, um ohne weiteres akzeptiert zu werden, dann ist es einfacher, von der Vermutung auszugehen, daß es hinter den Kulissen *snooping* gegeben haben müsse. Mit den Worten von Kass:

»Dergleichen kommt relativ häufig vor, aber es ist äußerst selten, daß es absichtlich geschieht. Es ist schlicht eine Tatsache der menschlichen Natur. Wir alle unterliegen ihm bis zu einem gewissen Grad, selbst wenn wir uns ausdrücklich und ganz ernsthaft bemühen, es zu unterlassen. Wir sind tatsächlich so an diese Art Fehlerquelle gewöhnt, daß wir angesichts eines echt unglaublichen Resultats unwillkürlich sofort annehmen, es müsse irgendeine Art *snooping* dahinterstecken, oder es sei *tuning* – ganz unabsichtlich. Und hier war Zeit genug gewesen, daß dies passiert sein konnte. Es ist ein gutes Rätsel, und der Aufsatz selbst ließ kein offensichtliches, in Auge springendes Problem erkennen. Dennoch glaubte niemand auch nur einen Augenblick, daß die Resultate stichhaltig sein könnten, und keiner der Prüfer änderte auch im ganzen Verlauf der Prüfung seine Meinung dazu. Meine ganze Hoffnung war, daß irgendwann irgendeiner daherkam, sich die Sache vornähme und das ganze Rätsel löste.«

Persi Diaconis: Der Oberskeptiker

Persi Diaconis hat nicht nur einen hervorragenden Ruf auf dem Gebiet der Wahrscheinlichkeitstheorie. Er ist auch ein Mann, dessen Interessen und Ansichten den Sichtweisen und Implikationen im Zusammenhang mit dem Bibel-Code nicht diametraler entgegengesetzt sein könnten. Weil er sich aber derzeit professionell mit dem Thema beschäftigt, ist er nicht bereit, irgend etwas darüber zu sagen – niemandem. Man darf deshalb annehmen, daß er zu gegebener Zeit seine Meinung dazu in ebenfalls überprüfter Form publizieren wird – falls überhaupt. Immerhin, soviel stellte er mir gegenüber zu seiner grundsätzlichen Haltung und Meinung klar: »Das Thema ist von absolut keinerlei Interesse. Keinerlei. Jede Sekunde, die ich darauf verwende, würde ich besser meiner eigenen Forschungsarbeit widmen oder der Lehre für meine Studenten. Leute, die Zeugs in der Bibel finden ... lächerlich!«[6]

Es gibt einen mächtigen Strom des Entglorifizierens, der alle Wissenschaftsgebiete erfaßt hat – freilich nicht ohne Grund. Der Schaden, den die Amokläufe religiöser Eiferer anrichten, ist offensichtlich genug. Nehmen wir nur einen der jüngsten Massenselbstmorde jenes pseudowissenschaftlichen religiösen Kults in San Diego, dessen Mitglieder fest daran glaubten, der Komet Hale-Bopp bringe ein Ufo, das sie zu einer höheren Ebene des Lebens emportragen werde. Das Entglorifizieren nimmt allerdings auch zuweilen Ausmaße an, die denen des religiösen Eiferns verdächtig ähnlich sind. Das ist durchaus ein Zeichen dafür, daß der Zusammenprall der Ideen und Vorstellungen einem weltweiten Zustand entspricht.

Nichtsdestoweniger fällt es nicht schwer zu erkennen, wie sich ein solcher Geist des Niedermachens entwickelt. Wenn man ausreichend geschult und erfahren in den wissenschaftlichen Prinzipien und statistischen Methoden ist, wird einem offenbar, welch ein mächtiges Instrument sie tatsächlich dafür sind, Realität von Wunschdenken zu unterscheiden.

Es geht nicht so sehr darum, daß der skeptische Wissenschaftler die Möglichkeit ausschließt, es könne jemals noch etwas Neues und wirklich Revolutionäres geben, oder daß er unerschütterlich an seiner Ablehnung religiösen Glaubens festhält. Eine neuere Umfrage seitens der prominenten Wissenschaftszeitschrift *Nature* hat ergeben, daß immerhin 39 Prozent aller Wissenschaftler (Biologen, Mathematiker, Physiker, Astronomen) an

---

* Der Wunsch nach Unsterblichkeit allerdings ist unter den Wissenschaftlern von damals 43 Prozent auf nur noch zehn Prozent heute gefallen. Von den Psychiatern übrigens glauben nur noch sechs Prozent an Gott.

einen persönlichen Gott glauben und 38 Prozent an die menschliche Unsterblichkeit[7]. Das ist eine Größenordnung, die sich seit einer ähnlichen Erhebung im Jahr 1916 kaum geändert hat.[*] Der aufmerksame Wissenschaftler sieht allerdings auch immer wieder die massenhaft auftretenden Weltverbesserer, die sich um das menschliche Seelenheil zu kümmern vorgeben auf ihren angeblichen wissenschaftlichen Hintergrund verweisen, und dann früher oder später, wenn sie erst einmal genauer unter die Lupe genommen werden, wieder von der Bildfläche verschwinden. Doch bis dahin haben sie meistens schon ihren Schaden angerichtet – was andere aber nicht hindert, alsbald ihren Platz einzunehmen.

Es gibt immerhin einige wenige, welche die Beseitigung von Unsinn fast als Berufung ansehen, als freiwillige Polizeiaktion mit dem Ziel, die Kuckuckseier aus dem Nest zu werfen, in dem der wahre intellektuelle Fortschritt gepflegt und genährt wird. Eine Organisation hat sich diesem Zweck ausdrücklich verschrieben. Sie nennt sich CSICOP für *Committee for the Scientific Investigation of Claims of the Paranormal*, Komitee zur wissenschaftlichen Prüfung des behaupteten Paranormalen. Sie kann gewichtige Namen als Mitglieder und Förderer vorweisen: beispielsweise Francis Crick, Murray Gell-Mann (Physik-Nobelpreisträger), Stephen Jay Gould, und, bis zu ihrem Tod, B. F. Skinner und Carl Sagan.

Einige der Themen, die dieses Gremium behandelt und abserviert hat, listete Carl Sagan auf.[8] Um nur ein paar Beispiele daraus zu nennen, die alle von CSICOP als »extrem versponnen« bezeichnet wurden: Das »Bermuda-Dreieck«, [der angebliche Riesenwaldmensch] »Big Foot«, das Ungeheuer von Loch Ness, abgestürzte fliegende Untertassen, die »hundertste Verwirrung« um die [Abstammung des Menschen vom] Affen, die Numerologie, Wunder, Atlantis ...[9]

CSICOP ist auch bekannt dafür, daß viele Mitglieder prominente Bühnenzauberer sind, einer zählte sogar zu den Gründern: der *Verblüffende Randi*. Das ist nicht überraschend, denn wer weiß besser als ein Illusionist, der sämtliche Tricks der Branche gelernt hat und sie täglich anwendet, mit wie vielen Illusionen das Publikum genarrt wird?

Diese beiden Skepsis-Strömungen laufen nun in Professor Diaconis zusammen. Nicht nur ist er ein eminenter Statistiker. Er ist auch ein ebenso eminenter Bühnenzauberer und als solcher sogar in der Enzyklopädie der Magie und der Magier aufgeführt: Er gilt tatsächlich als einer der sechs besten Kartenzauberer der Welt. In einer Serie von Wissenschaftsartikeln, über welche die *New York Times* berichtete, führten Diaconis und ein Kollege zum erstenmal vor, wie sieben vermeintlich übereinstimmende, jedoch »gezinkte« Kartenmischungen ein Kartenspiel »maximal zufallsdurchmischen«[10]. Die meisten Spieler und Spielveranstalter tun dies nicht, und darin liegt eine potentielle Quelle dessen, was wie »Glück« aussieht, jedenfalls für den, der clever genug ist mitzubekommen, welche Karten wohin geraten. »Es gibt Menschen, die in ein Spielcasino gehen und dort Geld verdienen. Ich kenne welche, die jetzt eben gerade dabei sind«, bemerkte Diaconis, selbst Mitglied von CSICOP. (Der Physiker Jack Sarfatti hat ausdrücklich eine Untersuchung des Bibel-Codes durch CSICOP angeregt.)

Aber hinter dem schieren Drama eines fast militärischen Aufmarsches von Witztum, Rips und Rosenberg auf der einen und Diaconis, den professionellen Skeptikern und den hochmögenden Statistikern auf der anderen Seite liegen die profunden Themen, die direkt auf das Herz des spirituellen Dilemmas zielen, dem sich unsere moderne Welt gegenübersieht: Ist das Universum nun eine gigantische Maschine, oder ist da noch etwas anderes am Werk in der Welt, das zwar nicht notwendigerweise Teil von ihr sein muß, aber dennoch den Lauf der Dinge beeinflußt? Diaconis hat über 110 wissenschaftliche Aufsätze veröffentlicht. Die meisten haben Themen scheinbar weitab von direkten kulturellen, geschweige denn spirituellen Implikationen zum Gegenstand (allein fünf beschäftigen sich mit der Mathematik des Kartenmischens). Dennoch zeigt eine überraschend große Anzahl von ihnen, so technisch ihr Inhalt auch sein mag, größere und höhere philosophische Überlegungen auf. Mit einigen wollen wir uns beschäftigen, weil sie Themen anreißen, die direkt das betreffen, was auch der Bibel-Code über unsere Welt auszusagen scheint.

1978 veröffentlichte Diaconis einen Artikel in *Science*, der sich kritisch mit den Schwachstellen der ESP-Forschung beschäftigte[11].

1981 schrieb er für *Behavioral and Brain Science*, eine Zeitschrift, deren redaktionelle Ausrichtung an sich außerhalb seines üblichen Betätigungsfelds liegt, einen kurzen Beitrag über die Hartnäckigkeit kognitiver Illusionen.[12] Für *Statistical Science* schrieb er eine »subjektive Anleitung zum objektiven Zufall«.[13] Und schließlich (und sehr bezeichnend) publizierte er einen langen Aufsatz für das *Journal of the American Statistical Association*, das vermutlich die weltweit führende Adresse auf dem Gebiet für mathematische Statistik ist: »Methoden zum Studium der Zufälle.«[14] Speziell dieser Aufsatz gilt seitdem als eine Art Klassiker, beschäftigt er sich doch mit der ganzen Bandbreite der Frage, wie und warum die Menschen so gewohnheitsmäßig an Falsches glauben.

Der »Zufalls«-Kurs an der Dartmouth-Universität beispielsweise ist darauf angelegt, die Studenten anzuleiten, gegenüber allem, was sich als »bedeutsame Zufälle« geriert, mißtrauisch zu sein, obwohl sorgfältige statistische Analyse erweist, daß sie überhaupt keinerlei Bedeutsamkeit besitzen.[*/15]

Professor Diaconis hielt Seminare ab, die genau dieses Prinzip im Werk von C. G. Jung demonstrierten – mit dessen berühmter Idee von der »Synchronizität« (»bedeutsamen Zusammentreffen«), speziell angewandt auf das alte chinesische Orakelbuch *I Ching*. Noch detaillierter waren von ihm geleitete Seminare an der Carnegie-Mellon-Universität in Pittsburgh (also dort, wo Robert Kass Dekan der statistischen Fakultät ist), wo er vortrug, daß es die vermeintlichen Atomteilchenverzögerungen vielleicht gar nicht gebe.

Mit seinen eigenen Worten:

Wenn wir einmal von den Zufällen absehen, die offensichtliche Ursachen haben, dann sind vier Umstände für die große Mehrzahl der übrigen Zufälle bedeutsam: verborgene Ursache, Psychologie einschließlich Gedächtnis und Wahrnehmung, Multiplizität von Endpunkten mit Einrechnung von »sehr nahen« oder fast gleichen Ereignissen,

---

[*] In dem spezifischen Sinn, daß ihr Auftreten nicht über dem statistisch Erwartbaren liegt.

so als wären sie identisch, sowie das Gesetz der echt großen Zahl, welches besagt, daß, wenn enorme Zahlen von Menschen und ihre Interaktionen sich über einen bestimmten Zeitraum akkumulieren, fast jedes unerhörte Ereignis möglich wird. Diese Dinge sind für vieles der Macht der Synchronizität verantwortlich.[16]

Kurz, es wäre schwierig, jemanden zu finden, der besser geeignet wäre, Irrtümer im Bibel-Code zu entdecken, als Diaconis. Es war seine äußerst elegante und konservative Anregung, die Analyse-Methode zu verwenden, die Witztum und dessen Koautoren dann schließlich auch wirklich zwecks Nachweis von deren Signifikanz in ihren Aufsatz übernahmen. Und ungeachtet seines offen bekannten Interessemangels an dem Thema gab er der Gruppe von Kritikern, die derzeit eine Serie weiterer Tests des Code-Phänomens vorbereiten, statistische Ratschläge.[17] Zweifellos werden wir auch noch mehr von ihm hören, bevor dieses ganze Thema zum Abschluß kommt.

Gegenwärtig konzentriert eine Gruppe weltweit renommierter Statistiker von Universitäten in aller Welt ihre Bemühungen darauf, die fatale Schwachstelle zu finden, die es nach ihrer Überzeugung einfach geben muß. In dieser Gruppe sind Experten von Harvard, Cornell, dem *Institut for Advanced Studies* in Princeton, der Australian National University (ANU) und Universitäten in Israel vertreten. Brendan McKay von der ANU gab dem *Slate*-Reporter Benjamin Wittes die vorläufige Zusammmenfassung eines von ihm selbst verfaßten Aufsatzes, in dem er behauptet, diese Schwachstelle aufgespürt zu haben (den danach veröffentlichten Artikeln von Wittes zufolge[18]). Meiner Ansicht zufolge und auch laut Meinung einer Anzahl professioneller Mathematiker und Statistiker existiert aber der Fehler, dessen vermeintliche Entdeckung er für sich reklamiert, überhaupt nicht. McKay untersucht indessen, sogar mit der Unterstützung von Rips, immerhin ordnungsgemäß den Teil des Berichts, der tatsächlich noch weiterer Überprüfung bedarf. (Es handelt sich dabei um die Auswirkungen verschiedener Kompaktheitsmessungen auf die Resultate.)

Es ist schon ein Gradmesser für die Frustration, welche die Kritiker angesichts ihrer Unfähigkeit, ernsthafte Fehler und Schwachstellen zu entdecken, allmählich überkommt, daß einige von ihnen (einschließlich israelischer Akademiker) anzudeuten beginnen, Witztum, Rips und Rosenberg und mit ihnen die historischen Gelehrten und Bibliothekare, welche die Listen der Großen Weisen erstellten, hätten sich »verschworen«, die Daten aufzubereiten. Etwas Derartiges erscheint mir aber angesichts dessen, daß ich diese Männer persönlich kenne, absolut undenkbar. Wenn die Arbeit Mängel aufweist, dann wurden sie mit großer Sicherheit unabsichtlich herbeigeführt. Und obwohl Intensität und eingehende Untersuchung der Sache stetig zunehmen, bleiben die Resultate weiterhin unanfechtbar und tragen damit nur noch zur sowieso schon dramatischen Polarisierung der Ansichten – und dessen, was auf dem Spiel steht – bei.

Ein Teil der Gründe all dessen ist, daß das Thema selbst dem Gebiet der Kryptologen sehr viel näher kommt als dem der akademischen Statistiker. Unter diesen gibt es mittlerweile prominente, die von sich aus angeregt haben, der beste Kritiker wäre wohl ein »professioneller Code-Knacker«. Allerdings meint dazu ein anderer auch: »Leider ist diese Tätigkeit nicht so besonders als akademisches Fach etabliert. Ich bezweifle, daß unter den Prüfern Kryptologen waren, schon weil die so schwer zu finden sind.«

Code-Knacker

Nach dem Ende des Zweiten Weltkriegs wurde, wie wir uns erinnern, ein Ausschuß eingesetzt, der den strategischen Wert der kryptologischen Anstrengungen der *Army Security Agency* bewerten sollte. Das Resultat war dramatisch und eine glatte Umkehrung der vorherrschenden Meinung, diese Bemühungen nun so gut wie einstellen zu können. Ende 1951 berief Präsident Truman einen Ausschuß auf höchster Ebene, der weitere Empfehlungen erarbeiten sollte. Das Ergebnis war

ein noch immer geheimes Memorandum, [das] zur Grün-
dung der National Security Agency *[NSA] führte ... In den*
fünfziger und sechziger Jahren wurde die NSA führend in
der Welt in der Entwicklung von Computergerät und stieß
dabei weit über die allgemein und öffentlich verfügbaren
Technologien der Zeit hinaus.[19] *(Kursive Hervorhebung*
durch den Autor)

Wie weit genau? Die heutigen Intel-Rechner, die den letzten technischen Stand repräsentieren, haben Taktfrequenzen von 200
Megahertz. Aber schon vor 40 Jahren

war »Blitz« die aufwendigste und futuristischste *Anstren-*
gung der NSA zu schnelleren Taktfrequenzen von 1000
Megahertz für ihre kryptoanalytischen Bemühungen.
  ... Vor einigen Jahren berichtete Electronic News, *daß*
die NSA-Standards für ihre elektronischen Komponenten
Maßstäbe verlangten, die kaum zu glauben seien ... Wegen
der Logik-Komplexität brauchte die NSA eine Schalttafel
mit 15 Bereichen ... [und] mehr als 70 000 stecknadel-
großen Löchern darin mit Toleranzen von einem Tausend-
stel Inch. Die Zwischenverbindungen der Bereichsschich-
ten waren ein weiterer Alptraum.[20]

Das gegenwärtige Budget der NSA ist selbstverständlich geheim,
doch Schätzungen zufolge beläuft es sich auf eine Höhe von 2 bis
4 Milliarden Dollar jährlich, wobei mehr als die Hälfte auf Be-
trieb und Forschung entfällt. Ebenfalls nach Schätzungen hat sie
an die 20 000 Angestellte allein in Maryland:

Wissenschaftler in Colleges im ganzen Land entsenden ihre
besten Absolventen an die NSA ... ihr hohes professionel-
les Kaliber war ein bedeutender Faktor für die erfolgreiche
Anwerbung fähiger Leute ... Dabei sind die Auswahlkrite-
rien sogar so streng, daß fünf von sechs Bewerbern durch-
fallen.[21]

Wie auch immer – die NSA gehört heute zu den größten Arbeitgebern der ganzen Welt für Mathematiker.

Die Atmosphäre dort ist von striktesten Sicherheitsmaßnahmen beherrscht. Zum allgegenwärtigen Streß gehört die jederzeitige Möglichkeit der Entlassung ohne Erklärung oder Berufung und daß in der Regel alle Publikationen der Mitarbeiter, so brillant sie auch sein mögen, außerhalb der NSA für immer unbekannt bleiben. Andererseits kann für bestimmte geistige Koryphäen auch kaum etwas so aufregend sein wie sich mitten im Zentrum intellektueller Unternehmungen zu befinden, von denen die Welt außerhalb der Mauern der NSA vielleicht noch Jahrzehnte nichts erfährt und weiß. Oder wie David Kahn es beschreibt:

Schwerer als alles andere wiegen folgende Faktoren, die es deshalb der NSA auch ermöglichen, ihr Personal zu behalten: Patriotismus und die Möglichkeit, [dem Land] zu dienen. Dies sind spirituelle Zufriedenheitsfaktoren, die man nicht mit Geld kaufen kann.[22]

In dieser Umgebung arbeitete auch Harold Gans, als er, wie bereits am Anfang des Buches geschildert, seine Wiederholungsversuche zu der Arbeit von Witztum, Rips und Rosenberg begann und durchführte. Er hatte zu dieser Zeit den Rang des Leitenden Kryptologiemathematikers inne und war Autor von 180 Schriften, von denen die meisten zu Geheimsachen erklärt wurden. Als Leiter eines Teams von Mathematikern, Kryptoanalytikern, Programmierern und Ingenieuren zur Lösung eines als vordringlich klassifizierten Problems, das als buchstäblich unlösbar galt, war er mit dem geachteten *Meritorious Civilian Service Award* ausgezeichnet worden. (Um welches Problem es sich dabei handelte und wie es doch ausgeräumt wurde, ist natürlich ebenfalls wieder streng geheim.) Nichtsdestotrotz verließ er die NSA nach 18 überaus erfolgreichen und erfüllten Jahren, um sich nun ganz und ausschließlich den Kodierungen in der Thora zu widmen. Er tat es wegen alledem, was er im Verlauf seines Kontrollexperiments und seiner späteren persönlichen Bekanntschaft mit den Forschern, besonders Doron Witztum (und von der anschließend beschriebenen Arbeit), erfahren und gelernt hatte.

Auch Gans hatte die Frage von Fehlern im Text untersucht: *Mehrere Experimente, die ich durchführte, ließen erkennen, daß die zur Erreichung des Zusammenbrechens der statistischen Signifikanz erforderliche Fehlerquote der Kodierungen etwa einem entfernten Buchstaben pro 1000 entspricht [78 Buchstaben].*[*/23]

Doch da ist noch ein weitaus signifikanteres Experiment, das er ebenfalls – und eigenständig – durchführte.

Die Geburts- und Sterbeorte der Großen Weisen

Erst vor kurzem hat Gans eine schriftliche Arbeit mit dem Titel »Der Zufall und die abstandstreuen Sequenzen von Buchstabenpaaren im Buch Genesis« *(Coincidence of Equidistant Letter Sequence Pairs in the Book of Genesis)* fertiggestellt. Darin wiederholt er die ursprünglichen Kompaktheitsmessungen von Witztum, Rips und Rosenberg, bewertet aber ihre statistische Signifikanz unter Verwendung einer anderen Technik. Die Ergebnisse, schreibt er, liegen bei einem »signifikanten Level von 7×10^{-6} (p <0,000007 = 1/143 000)«.

Dann nahm er die Namen *aller* 66 Großen Weisen aus beiden Listen – 34 der ersten, 32 der zweiten –, fügte jedem Namen den Geburts- oder Sterbeort hinzu, wobei er die Ortsnamen wie im ursprünglichen Experiment von Witztum, Rips und Rosenberg nur mit den Geburts- und Todesdaten in einem Minimum- oder Fastminimum-abstandstreuen Buchstabenintervall auszählte. Damit hoffte er zweierlei zu erreichen. Zum einen testete er *de facto* die Wirklichkeit des Phänomens an der ersten Liste der Großen

---

[*] Es ist zwar vernünftig anzunehmen, daß die Codes einen einigermaßen intakten Text voraussetzen, aber es ist nicht möglich, rückwärts zu extrapolieren. Vielleicht haben sich Fehler in der Höhe von einem Tausendstel Buchstaben eingeschlichen, was den Code nur jene Robustheit verleiht, die er jetzt hat, nicht mehr und nicht weniger.

Weisen (deren Resultate in dem Artikel in *Statistical Science* aus Gründen der Vorbeugung gegen »*tuning and snooping*« nicht mitgeteilt worden waren). Und zum anderen wollte er auf diese Weise seine Methode der Annäherung an den Bibel-Code überprüfen. (Sie mußte auch mit einem ganz neuen Datensatz, nämlich ergänzt durch die Ortsnamen, funktionieren.)

Und diese Resultate waren dann verblüffend. Sie hatten eine Signifikanz von p <0,000005, das heißt weniger als 1/20 000.

Dies ist um so erstaunlicher, wenn man bedenkt, daß in dem ursprünglichen Experiment die »interne« Kontrolle bereits die von den Prüfern angeregte elegante Zufallsprozedur, bei der die Rabbinamen 999 999 verschiedenen falschen Daten zugeordnet wurden, war. Stellen wir uns diese Daten als einfache Buchstabenketten vor. Mit diesen »falschen« Ketten verschwand das Phänomen vollständig. Wäre ein darunterliegender Fehler in der Prozedur gewesen oder das Phänomen über die Jahre unabsichtlich geschönt worden, wobei die Kompaktheitsmessung an ebendiese Daten (oder umgekehrt an beide) »angepaßt« worden wäre (oder wenn die Codes schlicht nicht existierten), so hätte das Zusammenstellen der Rabbinamen und einer ganz anderen Buchstabenkette sicherlich fast identische Resultate zu den falschen Kombinationen von Namen und Daten ergeben.

Gans hat seinen Aufsatz verschiedenen Zeitschriften angeboten. Man sagte ihm, zwar seien einerseits die mathematischen Einzelheiten in Ordnung, andererseits aber sei »niemand daran interessiert«. Und dabei hatte doch Kass (der inzwischen nicht mehr Herausgeber von *Statistical Science* ist) die Meinung vertreten, daß nicht nur die Heranziehung eines Kryptologen als kritischer Prüfer der vernünftigste nächste Schritt in der Sache sei, sondern auch, daß die jetzt veröffentlichten Beiträge Wiederholungen des Phänomens und Ausweitungen davon seien, unter Verwendung ganz verschiedener Daten. Andere Wissenschaftler, deren Einstellung zu dem Aufsatz von Gans erheblich positiver ist, sehen sich gegenwärtig nach Möglichkeiten um, die Arbeit doch noch irgendwo unterzubringen.

Ich selbst vermute, daß die Wiederholungen und Ausweitungen der Studien über den Code so lange niemand veröffentlichen wird, bis jemand eine maßgebliche Kritik des ursprünglichen Aufsatzes von Witztum, Rips und Rosenberg publiziert. Dann erst, nämlich exakt wegen des Ehrenkodex unter den Wissenschaftlern, wird das Tor aufgestoßen werden, das den Austausch der Ideen ermöglicht. Dieser allein wird am Ende ergeben, ob der Bibel-Code eine Chimäre ist oder nicht doch die erstaunlichste wissenschaftliche Forschung, die je in Angriff genommen wurde.

Postskriptum

Der Leser soll wissen, daß Doron Witztum und seine Kollegen inzwischen nicht untätig geblieben sind. In den gerade etwas mehr als zweieinhalb Jahren seit ihrer ursprünglichen Veröffentlichung haben sie *sieben* neue kontrollierte Experimente durchgeführt, sämtlich mit hochsignifikanten Resultaten und verschiedenen Datensätzen sowie sämtlich im Hinblick auf die diverse Kritik und die Aufforderungen, die erhoben beziehungsweise gestellt wurden. Bei allen wurde die rigorose Methodologie angewandt, die sich aus den ersten Prüfungsverfahren oder infolge von Verbesserungsanregungen weiterer Kritiker ergab. Einer der Berichte darüber ist bereits zur Publikation eingereicht, hat allerdings bislang nur das gleiche mäßige Interesse gefunden wie der Bericht von Harold Gans. Bald jedoch werden diese neuen Ergebnisse der Öffentlichkeit in gedruckter Form vorliegen: Witztum bereitet sie derzeit als definitives Buch zum Thema vor.

Vierzehntes Kapitel

Das sechste Jahrtausend

Welche Wurzeln klammern da, welche Äste wachsen da aus diesem steinernen Schutt? Menschensohn, du kannst nichts sagen oder vermuten, weil du nur einen Haufen zerbrochener Bilder kennst, wo die Sonne brennt. Und der tote Baum bietet keinen Schutz, die Silberweide keine Erleichterung, und der trockene Stein kein Geräusch von Wasser ...
An den Wassern von Leman saß ich und weinte ...

T. S. Eliot, Literatur-Nobelpreisträger 1948,
The Wasteland (Das wüste Land)

Es wäre wundervoll, in den Naturgesetzen einen von einem besorgten Schöpfer bereiteten Plan zu erkennen, in dem der Mensch eine besondere Rolle spielte. Mein Zweifel daran betrübt mich. Es gibt unter meinen Wissenschaftskollegen einige, die sagen, die Betrachtung der Natur bereite ihnen die spirituelle Zufriedenheit, welche andere im Glauben an einen anteilnehmenden Gott fänden. Es erscheint mir nicht hilfreich, die Naturgesetze wie Einstein mit einer Art unbeteiligtem und desinteressiertem Gott zu identifizieren. Je mehr sich unser Verständnis von Gott verfeinert, um das Konzept plausibel zu machen, desto mehr erscheint es als sinnlos.

Steven Weinberg, Physik-Nobelpreisträger 1979

Der magische Berg für einen Flüchtling aus den sechziger Jahren

Etwa vor einem Vierteljahrhundert wohnte ich einmal an der Bahnlinie von Davos zu einem kleinen schweizerischen Dorf namens Maria Montagna. Ich studierte zwar Psychologie in Zürich, zweieinhalb Stunden entfernt, konnte aber der Gelegenheit, mitten in den schweizerischen Alpen zu leben, nicht widerstehen.

Vom Fenster des alten zweistöckigen Bauernhauses aus sah man tief hinab ins Tal und wie die Eisenbahn sich die steilen Hänge hinaufmühte bis zu ihrer Endstation in der schneebedeckten Davoser Bergwelt. Es ist etwas direkt und augenblicklich Spirituelles an diesem Ort und seiner ins Auge springenden Schönheit. Selbst noch der den Berg hinankeuchende Zug verwandelt sich in eine Metapher unserer Suche nach dem Höheren.

Ich war damals 22, unbefangen, unschuldig und voller Eifer. Ich zweifelte nicht daran, daß Gott überall war. Ich brauchte doch nur die Hand auszustrecken ... Ich erinnere mich sehr lebhaft an eine Gelegenheit, wo ich mich Ihm sehr nahe fühlte.

Es war ein wunderschöner Morgen im Mai zu der Zeit, als der Löwenzahn gerade zu sprießen begann. Einer der Bauern des Dorfes hatte mir für meinen kleinen Garten eine Fuhre Mist vors Haus gekippt. Ich stand früh auf, um diesen mit der Gabel über meinen Garten zu breiten. Unten im Tal glitzerte ein Bergsee, und die noch immer schneebedeckten Berggipfel spiegelten sich darin. Am strahlendblauen Himmel zogen nur ein paar Kumuluswolken hoch oben, die ihre Schatten auf das Land hinunterwarfen. Am Fuß der Berge waren die Wiesen mit gelben Löwenzahnblüten bedeckt, so daß die ganze Landschaft einem sich wiegenden, samtenen, grünen und gelben Teppich glich. Alle Kühe des Dorfs weideten auf den Wiesen, alle mit Kuhglocken.

Die Morgenluft war erfüllt vom Schellengeläut der Tiere. Dicht neben mir grasten die Kühe meines Nachbarn, ihre Glocken produzierten einen dunklen Klang. Sie sahen mich wie herausfordernd an mit ihren sanften Augen, und ich warf fleißig mit der Gabel Mist über den Zaun in den Garten. Ganz von ferne jenseits des Sees war noch das Glockengebimmel anderer Kühe zu hören, die man gar nicht mehr sah, und dazwischen ertönten alle nur denkbaren Klänge.

Ich unterbrach meine Arbeit, ganz gefangen von all dieser Schönheit. Und in diesem Moment kam es mir auf einmal vor, als habe sich der Himmel selbst geöffnet und als spürte ich seine Anwesenheit. Die in diesem Augenblick wahrgenommene Schönheit

324

der Natur vermittelte mir schlagartig die plötzliche glasklare Überzeugung von einer Realität über ihr selbst. Doch nicht die Schönheit war die Realität, jedenfalls nicht ganz. Die Realität strahlte einen Glanz aus, der sich jedoch irgendwie nicht fassen ließ. Der Schleier hatte sich gelüftet, gerade nur einen Spalt. Am Ende eines langen Korridors erblickte ich die Arche der Ewigkeit. Flügelschlag, kaum noch hörbar, erfüllte die Luft.

Dieser entrückte Zustand dauerte vielleicht fünf oder höchstens zehn Minuten und löste sich dann langsam wieder auf. Ich habe mich oft gefragt, ob in jenen paar Minuten dort oben auf dem Berg etwas geschah, was mein ganzes weiteres Leben bestimmte. Bis zu diesem Erlebnis hatte ich unablässig nach einer zwar erhofften, doch stets bezweifelten Realität eines spirituellen Bereichs gesucht, der anders und größer sein müßte als die Welt der Materie, Moleküle und Mechanismen. Danach war ich dann über jeden Zweifel hinaus davon überzeugt, wenn auch ohne größeres Begreifen, wie diese Realität zu beweisen sei. Doch die Gewißheit darüber war, als hätte sich damals eine Hand auf meine Schulter gelegt, bereit, mich zu führen – wenn ich nur zuhörte.

Es war aber auch noch etwas anderes dabei, etwas, wie ich wußte, sehr Bedeutsames, ohne daß es mir faßbar gewesen wäre. Der Augenblick war nicht vollkommen, sondern eher bittersüß, angefüllt mit dem zwiespältigen Gefühl einer tiefen Wahrnehmung von Heimat und eines starken Bewußtseins von *Exil* zugleich.

Zwei Jahre danach wurde ich eingeladen, in Harvard die William-James-Vorlesungen über Psychologie und Religion zu halten. In meinem Alter damals war dies natürlich etwas sehr Aufregendes und auch Schönes für mich. Selbstverständlich ehrte es mich, ausgewählt worden zu sein, um vor den honorigen Professoren einer so berühmten Institution zu sprechen, und noch dazu über so spirituelle Dinge. Keinen Moment zögerte ich, mich selbst für würdig zu erachten, in die Fußstapfen früherer James-Redner zu treten: des großen Psychoanalytikers Erik Erikson zum Beispiel, oder Wolfgang Köhlers, der die Gestalttheorie der Wahrnehmungspsychologie konzipiert hatte. Wie sie würde auch ich zum verborgensten Kern der Sinnbedeutungen selbst vordringen.

Nahezu das ganze folgende Jahr arbeitete ich fast täglich an meiner Rede und entwarf eine Theorie von ... nun, fast allem. Ich war fest überzeugt davon, bereits ein intellektueller und spiritueller Riese zu sein, zumal sich mein Wissen und mein Verständnis täglich erweiterten. Es kam das nächste Frühjahr, und ich hielt begierig nach den ersten Löwenzahnblüten Ausschau, die mir vielleicht noch einmal einen Blick in die künftige Welt vermitteln würden.

Als ich bereit war, nach Harvard abzureisen, hatte ich immer noch das Gefühl, daß meine Vorlesungen hervorragend seien. Ich war optimistisch und voller Begeisterung.

Aber dann hatte ich drei Tage vor meiner Abreise einen nächtlichen Traum.

Ich stehe auf einer herrlichen Löwenzahnwiese, und die strahlende Schönheit ist genauso wie an jenem mystischen Tag vor zwei Jahren. Doch die Löwenzahnblüten sind wie ein perfektes Gitter angeordnet, wie das karierte Papier, das ich für meine Textnotizen benutze. Und ich bin auf Händen und Knien, bewege mich von einem Löwenzahn zum anderen, die ich alle reihenweise bis zur Wurzel aufesse. Ich konzentriere mich so intensiv auf jede einzelne Blume, die ich gerade vor mir habe, daß ich mir nicht bewußt bin, in welche Richtung ich mich bewege. Und so stoße ich plötzlich mit dem Kopf gegen etwas. Ich blicke auf und sehe mich einem kolossalen Objekt gegenüber, das so riesig ist, daß ich zuerst gar nicht erkennen kann, was es ist. Dann wird mir klar, daß es der große Zeh eines derart gewaltigen Riesen ist, daß ich kaum das obere Ende nur dieses Fußglieds sehen kann. Ich beuge mich zurück und zurück und zurück. Und dann glaube ich, weit oben über den Alpengipfeln in den Wolken den Rand überhaupt erst des Zehennagels zu erkennen. Und da fange ich, im Traum, so zu lachen an, daß ich davon aufwache.

Und die Seifenblase zerplatzte. Ich sah mir noch einmal an, was ich geschrieben hatte. Und es war so absurd, daß ich davor erschrak. Was hatte ich zu sagen, das wert war, gesagt zu werden? Ich verstand auf einmal nicht einmal mehr »die Zehenspitze« von dem Thema, das ich zu beschreiben versuchte.

Ich wußte sehr wenig über William James, der diesen Vorlesungen den Namen gegeben hatte. Und um einen neuen und bescheideneren Einstieg zu finden, las ich erst einmal über ihn. Er war einst der Doyen der amerikanischen Psychologie und Philosophie gewesen. Doch schon damals war er nicht mehr sehr gefragt und nur noch von historischer Bedeutung.

Doch ich fand sein Leben faszinierend und auf fast lustige Weise beruhigend. Er war in einer Familie aufgewachsen, die völlig von seinem Vater und dessen spirituellen Ideen dominiert wurde, die sich aber außerhalb der etablierten Religion bewegten. Und obwohl sein Bruder Henry ein bekannter Romanautor war, galt William als der fähigere Schreiber. Er wurde auch weithin als erheblich talentierter als sein Bruder erachtet. Wie sein Vater war auch er profund an Glaubensdingen interessiert und wurde der erste, der religiöse Erfahrungen von einem »psychologischen« Standpunkt aus betrachtete. Sein bekanntestes zugängliches Werk ist *The Varieties of Religious Experience* – Die religiöse Erfahrung in ihrer Mannigfaltigkeit.

Dieses Werk, las ich nun, entstand aus der folgenden Kette von Ereignissen. James war eingeladen worden, die Gifford-Vorlesungen über Naturreligion an der Universität Edinburgh zu halten. Eines Tages, 1898, teilte sich ihm bei einer Bergwanderung in den Adirondacksbergen – zeit seines Lebens liebte er die Natur und besonders die Berge – der Schleier. Nach seiner Rückkehr in die Berghütte schrieb er an seine Frau: »Es war, als hielten die Götter aller Naturmythologien eine unbeschreibliche Konferenz in meiner Brust mit den moralischen Göttern des inneren Lebens ab ... Ganz zweifellos werden sich die Vorlesungen in Edinburgh in mehr als nur einer Hinsicht darauf zurückführen lassen.«[1]

Diese Formulierung »mit den moralischen Göttern des inneren Lebens« verblüffte mich. Die Naturgötter waren mir ja nun schon begegnet. Aber was waren die »moralischen Götter«?

Soviel über ihn und sein Leben hatte ich begriffen: Als junger Mann war sein Verständnis (genau wie bei mir) schlicht von dieser Art: Ab der Mitte bis zum Ende des 19. Jahrhunderts schienen sich alle großen Geister der Zeit und der ganzen Welt in der unausweichlichen Schlußfolgerung einig zu sein, daß die Welt nichts ist als ein gigantisches, mechanistisches System, eine riesige Maschine. Zu jedem Augenblick ist der Zustand jedes einzelnen Bestandteils in ihr – wir und alles, was wir lieben und schätzen, eingeschlossen – vollständig abhängig von dem Zustand der Dinge direkt zuvor. Es gleicht einem gigantischen, durch nichts beeinflußten Flipperspiel. Dagegen war die Bedrohung durch die Atombombe, die den klugen Geistern zufolge verantwortlich war für die schreckliche *Angst* und Entfremdung meiner Generation – nämlich im Vergleich zu der entsetzlichen Macht der Sinnlosigkeit – ein harmloses, entferntes Gewittergrollen.

James war zu intelligent, um die letzten Konsequenzen der »Aufklärung« nicht zu sehen: daß Sinn, Bedeutung, Zweck, Hoffnung, Geist, Wahl, freier Wille, Moral, Gutsein als Chimäre dastehen würden. Er suchte nach einer Antwort auf dieses Dilemma und studierte nacheinander Kunst, Chemie, Anatomie und Physiologie. Er begleitete den großen Naturwissenschaftler Louis Agassiz in Harvard auf eine Expedition zum Amazonas. 1869 legte er sein medizinisches Examen in Harvard ab, praktizierte allerdings nicht und scheint auch niemals eine solche Absicht gehabt zu haben.

Die frühe Krise seines Lebens löste sich auf bezeichnende Weise: mit und nach der Lektüre der Werke des großen französischen Mathematikers und Philosophen Charles Bernard Renouvier, der einen bedeutenden Beitrag zur modernen Mathematik, auf der sich die Wissenschaft aufbaut, geleistet hatte. Als Philosoph jedoch sah Renouvier, daß das Geheimnis der menschlichen Freiheit, der Fähigkeit des Geistes, Möglichkeiten abzuwägen und dann eine davon auszuwählen, nicht nur philosophische Spekulation war, sondern das *sine qua non* des moralischen Lebens. Bewußtsein, Wille, Freiheit – alles hatte tiefe Bedeutung für die Idee des »Gutseins« selbst.

Für James bedeutete dies Befreiung. »Mein erster Akt freien Willens«, erklärte er, »wird der Glaube an den freien Willen sein.« Die Schärfe seines Verstands führte ihn auf den Weg einer lebenslangen religiösen Suche, den er nie mehr verließ. Paradoxerweise jedoch war er überzeugt davon, daß man, wolle man das Wirken des Göttlichen im Universum besser verstehen, alle subjektiven Präferenzen beiseite schieben und sich ausschließlich wissenschaftlicher Disziplin verschreiben müsse.

Während ich mich mit seinen Ideen bekannt und vertraut machte, wurde mir allmählich bewußt, wie enorm das Thema war, auf das ich mich da so unbefangen eingelassen hatte. Folglich brachte ich die nächsten 25 Jahre meines Lebens damit zu, die Konzeption von James weiterzuentwickeln und auf den Stand der Zeit zu bringen. Und die jüngsten Bemühungen in dieser Richtung haben mich einerseits zum Bibel-Code und zu der Möglichkeit, daß er echt sein könne, geführt und andererseits aus den nachfolgend geschilderten Gründen zur modernen Physik.

The Wasteland: Das wüste Land

Seit der wissenschaftlichen Revolution hat die Welt zunehmend das Aussehen einer gigantischen Maschine angenommen – wahrhaftig ein spirituelles »Wasteland«, wüstes Land. Die Wissenschaft drängt uns weg von unseren kindlichen Sehnsüchten nach »Geist« und »Sinn« und übt entsprechend Druck auf uns aus, die Finger davon zu lassen. So viel unseres täglichen Lebens ist davon abhängig: vom Auto bis zur Nahrungsmittelproduktion und -verteilung, und von der Telekommunikation und den Energiequellen bis zur medizinischen Versorgung; die Liste ließe sich beliebig fortsetzen. Selbst wenn wir abweichende Meinungen zum Ausdruck bringen, bleibt unser Gehirn zwangsläufig und unausweichlich von alledem beherrscht, was diese ganzen Wohltaten möglich macht. Und also sind wir hin und her gerissen. Wir sehnen uns nach Sinn und Geist, fürchten aber, auf eine große Leere zu stoßen.

In den am Anfang dieses Kapitels aus *Das wüste Land* zitierten Sätzen beschreibt dieser große englische Dichter T. S. Eliot den eisigen Schauder, der sich über die große jüdisch-christliche Dynamik gelegt hat, die so lange der schiere Herzschlag der westlichen

Zivilisation war. Die Zeithelix dreht sich ständig um sich selbst. Die geistige Wüste, in der wir wandern, ist also auch die »Galut«, das Große Exil. »An den Wassern von Babylon weinten wir«, riefen die Juden, nachdem sie von den heidnischen Eroberern aus dem *Eretz Yisroel*, dem Land der Väter, ihrem Land Israel, vertrieben worden waren. Die Klage hat seitdem nie aufgehört und wurde von jedem Mann, jeder Frau, jedem Kind weitergetragen. Juden und Nichtjuden sehnten sich nach dem ewigen Land, welches das Herz so gut kennt und dorthin zurückzukehren wünscht, das der Kopf aber zu ignorieren oder sogar zu verleugnen gelernt hat.

Leben wir denn nicht in einer Welt, die einen Sinn hat? Weinen wir. Und wir selbst: Wir sind doch nicht mechanisch und berechenbar. Hat unser Eindruck, daß wir wählen – und sinnvoll und zweckmäßig wählen – denn etwa keine Basis in der Realität?

Der neue, wissenschaftliche Besen der Welt-als-Maschine fegte nach und nach die Domänen menschlichen Wissens und menschlicher Erfahrung, wie sie sich über Jahrtausende angesammelt hatten, in die Fast-Vergessenheit hinweg. Zauberdoktoren und Spiritisten, Priester und Rabbis wurden in einen Topf geworfen und als Müll auf den Abfallhaufen der Geschichte gekarrt. In weniger als einem Jahrhundert wurde die Erforschung der religiösen Wahrheit als Königin der Disziplinen an den bedeutendsten Hochschulen zu einem – im günstigsten Fall – Dasein als Aschenputtel degradiert und gerade noch als eine Art Propaganda im Gefolge sozialer Schwärmerei geduldet – sofern überhaupt noch. »Es gibt eine Annahme, die unter den Denkern vieler Disziplinen weit verbreitet ist«, schreibt Michael Kellman, Professor für chemische Physik am Institut für Theoretische Wissenschaft der Universität von Oregon, »von einer radikalen Inkompatibilität zwischen den Vorstellungen des freien Willens und des Wirkens der Naturgesetze.«[2]

Jacques Monod, der Entdecker der m-RNS (der sogenannten Messenger-Ribonukleinsäure), also der Zelle als einer automatisierten Fabrik, ausgezeichnet mit dem Nobelpreis für Biologie 1965, formulierte es ganz präzise so:

Alles läßt sich auf einfache, offensichtliche, mechanische Interaktionen zurückführen. Die Zelle ist eine Maschine. Das Tier ist eine Maschine. Der Mensch ist eine Maschine.[3]

Der Mensch lebt an der Grenze einer fremden ... Welt, die taub ist gegen seine Musik, genauso wie sie gleichgültig bleibt gegenüber seinen Leiden oder auch seinen Verbrechen.[4]

Steven Weinberg, Physik-Nobelpreisträger 1979, hat den Sinngehalt dieser Feststellungen schon in einer früheren Version der oben zitierten Sätze festgehalten: »Je mehr das Universum verständlich erscheint, desto sinnloser erscheint es.«[5]

Worauf seine Kollegin in Harvard, die Astronomin Margaret Geller, antwortete: »Warum sollte es auch einen Sinn oder Zweck haben? Welchen denn? Es ist ein physikalisches System, und was muß das für einen Sinn haben?«[6]

Der Philosoph Gerald Feinberg schließlich packte dies alles in die unvermeidliche philosophische Schlußfolgerung: »Das Leben ist eine Erkrankung der Materie.«[7]

Der Ausweg?

Gibt es keinen Weg aus dem *Wasteland*? Der Bibel-Code läßt vermuten, daß es einen gibt. Überraschenderweise ist es einer der ältesten und geheiligtesten: der Anspruch der Thora, das »Instruktionshandbuch« des Schöpfers und Geleiters der Menschheit zu sein. Aber wie sollte eine so »archaische« Sammlung von Anweisungen wie die in der Thora enthaltenen genauso echt sein können wie die der modernen Wissenschaft?

Auch dazu kann uns die Thora selbst einen Hinweis geben. Denn was ihre eigene seltsame Natur über Zeit und Schicksal zu implizieren scheint, erweist sich als auffällig ähnlich zu dem, was auch die moderne Wissenschaft zumeist entdeckt hat. Wie wir gesehen haben, brachte der alte kabbalistische Mystizismus die Kryptologie hervor, diese die mathematische Statistik, und beide vereinten sich während des Holocaust und gebaren gemeinsam den Computer und das »Informationszeitalter«. Alle zusammen verbinden sich in der Quantenmechanik, deren erste Anwendungen sich in der Kryptologie ergaben, und zwar genau deshalb, weil ihre fundamentale Theorie auf eine verborgene Schicht von Wissen hindeutet, das auf mysteriöse Weise jegliches Geschehen im Universum koordiniert.

Und damit kehren wir, ganz wie die alten Kodierungsräder, welche die Buchstaben des Alphabets in sich selbst zurückführen, zur Kabbala zurück. (»In ihr Ende ist der Anfang einbezogen«, sagen die Kabbalisten über ihre kryptologischen Geräte. Aber vielleicht meinten sie ja auch mehr damit als nur dies – so wie es Eliot ausdrückte: »In *meinem* Ende ist auch mein Anfang ...«) Das *Zohar* formuliert es in einer schon früher einmal zitierten Passage wie folgt: »*Im sechsten Teil des sechsten Jahrtausends werden die Tore des übernatürlichen Wissens oben sich öffnen über die Quellen des irdischen Wissens unten. Damit wird beginnen, wie die Welt sich auf das siebte, das Sabbat-Jahrtausend, vorbereitet.*«

Der letzten dieser Quellen des irdischen Wissens wenden wir uns hiermit nun zu, nämlich einer weiteren seltsamen Verknüpfung von Spirituellem und Wissenschaftlichem. Als der beste Einstiegspunkt dazu erweist sich eine der seit langem vergessenen Überlegungen von William James.

Notwendigkeit und ausreichender Grund

Die gesamte »Aufklärung«, die wissenschaftliche Revolution, und das unvermeidlich nachfolgende »Gott ist tot« waren in den elegant einfachen Folgerungen des deutschen Philosophen Gottfried Leibniz, der in dem Jahrhundert nach Pascal lebte und starb, inbegriffen. »Nichts findet statt ohne ausreichenden Grund, das heißt, wenn man ausreichendes Wissen besitzt, kann man stets erklären, warum etwas so geschieht, wie es geschieht.«

Dies ist die Quintessenz des Determinismus. Was immer »geschieht«, ob es die einfachen Bewegungen zweier Kugeln auf einem Billardtisch sind oder die komplexe Interaktion zweier Männer in einem Billardsalon, ist *vollständig* determiniert, also bestimmt von den jeweiligen Positionen und Bewegungen unmittelbar zuvor. Was auch geschieht, geschieht, weil es geschehen muß: Kein anderes Resultat ist möglich.

Überlegen wir, was wäre, wenn dies nicht so wäre, wenn also die Bewegungen beispielsweise eines Billardballs nur teilweise von Ursachen determiniert wären. Dann bliebe nach Berücksichtigung aller Einflüsse, die auf die Kugel einwirken (das Queue, der Filzbelag, andere Bälle, jede Erschütterung oder sonstige Unvollkommenheit des Tisches) immer noch die Möglichkeit offen, daß der Ball sich irgendwo anders hin bewegte, diesen Einflüssen (die wir »Kräfte« nennen wollen) zum Trotz. Aber das würde auch bedeuten, daß die Kugel irgendwie ihre eigene Kraft ausübte – oder daß es da noch eine andere bis jetzt unberücksichtigte Kraft gibt, die auf die Billardkugel einwirkt. Wir haben jedoch bereits sämtliche Einflüsse, die ihre Bewegung beeinflussen können, aufgezählt. Also kann da nichts anderes mehr sein.

Und doch schrecken wir, während wir an sich erwarten, daß dieses Gesetz des Determinismus für Billardkugeln voll in Wirksamkeit ist, davor zurück, das gleiche Prinzip für unsere eigenen Handlungen zu akzeptieren. Um es mit den Worten des Psychiaters und Philosophen John Searle auszudrücken: »Unsere Konzeption ... der physikalischen Realität erlaubt schlicht keine radikale Freiheit ...[Doch] wird weder diese Diskussion noch irgendein anderer Wille uns davon überzeugen, daß unser Verhalten unfrei ist.«[8]

Aber immer noch erscheint diese Schlußfolgerung unausweichlich: Wir haben nur das Gefühl, daß wir unsere Handlungen »wählen« und leiten. Wir tun, was wir tun »müssen«, wozu wir gezwungen sind, und *reden uns dann selbst ein, daß dies aus freiem Willen geschehen ist.* In einer solchen Welt gibt es keinen Sinn oder eine höhere Ordnung, kein Gewissen und keine Moral. Sondern da ist nur die Unausweichlichkeit von Triumph und Dominanz einiger, Versagen und Zerstörung für andere. »Richtig« determiniert sich aus der vorherrschenden Kraft »sollte«.

Aber James sah etwas noch Subtileres. Wenn der Geist irgendeine echte Wirkung ausüben soll, dann könnte das nur geschehen, *wenn Leibniz unrecht hat.* Es spricht sowohl für James' Genie als auch für seinen intellektuellen Mut, daß er in dem anschwellenden Chor um ihn herum ganz ruhig darauf bestand, daß Leibniz unrecht habe. Während all dies weitgehend von früheren Ursachen beeinflußt war – vielleicht sogar meistens –, seien frühere Ursachen nicht ausreichend, argumentierte er. Wenn alles erst einmal addiert sei, müßten die Bahnen der Elemente der physikalischen Welt immer noch *offen sein für Alternativen*.

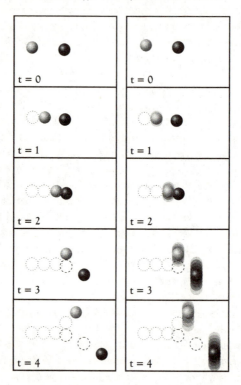

Diese Darstellung veranschaulicht die Argumentation von James. Die beiden senkrechten Reihen zeigen zwei Versionen der gleichen Ereignissequenz, die linke voll determiniert, die rechte nur teilweise. Eine stationäre Kugel (dunkel) wird von einer sich bewegenden (hell) getroffen. Die Laufbahnen beider (Position, Schnelligkeit und Bewegungsrichtung) sind im Zeitablauf den physikalischen Grundgesetzen entsprechend gepunktet eingezeichnet, in fünf verschiedenen Positionen bei gleichbleibenden Zeitabständen, beginnend mit t (für time, Zeit) = 0. (Jede Zeitposition heißt offiziell »Systemzustand« – danach, wie sich das System über die Zeit entwickelt.)

Bei der Betrachtung der linken Reihe sehen wir, daß die Position jeder Kugel gut definiert ist und direkt in Beziehung zum Zustand der vorigen Position steht – und zu nichts anderem.[*] Beide Billardkugeln bewegen sich exakt so, wie sie es nach der Karambolage tun sollten, *und in keiner anderen Weise*, weil nichts da ist, was sie davon ablenken würde. Dies entspricht unserem normalen Verständnis von Realität. Der erste Ball rollt in seiner vor der Karambolage eingeschlagenen Richtung weiter, ohne diese oder seine Geschwindigkeit zu ändern, weil nichts da ist, was solche Veränderungen verursachen könnte.

Aber die Abbildung rechts stellt dar, wie James schlußfolgerte, daß ein System sich tatsächlich entwickeln müsse, unter der Annahme der Realität des menschlichen Bewußtseins, des freien Willens und der moralischen Wahl. Nachdem alle denkbaren Einflüsse sich beteiligt haben, ist es dem System immer noch möglich, sich umzukehren und sich *in mehr als einer Weise* zu entwickeln. Die Kreise der helleren Kugel bezeichnen Stellen, zu denen sich die Kugel immer noch hinbewegen könnte, *auch wenn keine Kräfte irgendwelcher Art dies veranlassen würden*. (Denn wenn es nur eine mögliche Konfiguration der, sagen wir, Moleküle unseres Nervensystems gäbe, wäre jegliche menschliche Aktivität mechanisch determiniert.)

Die Abbildung ist aber nicht in jeder Hinsicht mit dem »gesunden Menschenverstand« in Einklang. Zu der Zeit, als James darauf beharrte, daß dies so sein müsse, türmte sich zunehmend ein Berg von Beweisen auf, daß das Gegenteil wahr sei. Trotzdem

---

[*] In diesem vereinfachten Modell gehen wir von der Annahme aus, entweder alle denkbaren Einflüsse auf die Kugeln seien berücksichtigt und es ergebe sich nur dieser eine Ablauf oder aber, daß keine anderen Einflüsse herrschen als die, die den ersten Ball in Bewegung setzten, sowie die Karambolage selbst.

blieb er bei seiner Meinung, daß – nein! – die Wahrheit eben so sein müsse wie auf der rechten Seite der Abbildung, weil andernfalls der Geist keine Realität sei und unsere »Erfahrung« nicht mehr als eine Illusion.

Dabei bestritt James aber nicht, daß es überhaupt keine deterministischen Einflüsse gebe. Jedoch sagte er, daß noch ein »mysteriöser Rest« der absoluten Freiheit verbleibe, nachdem alle existenten ins Kalkül gezogen seien. Der Geist, argumentierte er, müsse seine Wirkung ausüben, indem er vor der Aktion frei aus einer Skala möglicher Ergebnisse wähle und damit den einzigen tatsächlichen Hergang bestimme. Weiter als bis dahin konnte er nicht gehen. Ihm erschienen seine Vorstellungen psychologisch und philosophisch – sogar spirituell – notwendig. Doch die meisten seiner Zeitgenossen fanden sie entweder zu schwierig, um sie zu verstehen, oder zu absurd, um sie ernst zu nehmen. Schließlich sagte er damit tatsächlich, daß überhaupt nichts im physikalischen Universum die Veränderung der Laufbahnen veranlasse und daß sie es aus keinem offensichtlichen physikalischen Grund taten.

Interessant ist, daß die gleichen Gedankengänge schon anderthalb Jahrhunderte zuvor von dem brillanten italienischen Paduaner Talmudisten und Kabbalisten Rabbi Moshe Chayim Luzzatto, genannt Ramchal, vorweggenommen worden waren. In einem Buch, das er zur Erläuterung der alten fundamentalen Prinzipien der jüdischen Weltsicht schrieb, stand:

Die Welt ... enthält zwei einander gegenüberstehende allgemeine Einflüsse. Der erste ist der des natürlichen Determinismus, der zweite ist undeterministisch ... Der undeterministische Einfluß ... ist das Resultat des freien Willens des Menschen hier in der physikalischen Welt. Weil der Mensch und seine Handlungen beide physikalischer Natur sind, ist der einzige Einfluß, den er ausüben kann, der auf die physikalischen Dinge.[9]

Die Morgendämmerung der Quantenmechanik

Als sich das 19. Jahrhundert dem Ende zuneigte, befand sich die Wissenschaft sich in Hochstimmung. Nach zwei Jahrhunderten einer eskalierenden Auseinandersetzung war die religiöse Weltsicht voll auf dem Rückzug. Überall dort, wo der mechanische Determinismus sich zu kämpfen entschloß, triumphierte er.

Unter den Wissenschaftlern waren die Physiker die unbestrittenen Mandarine, weil sich alles und jedes auf ihren Theorien und Forschungen aufbaute. Mit den Worten von Sir Ernest Rutherford, des Nobelpreisträgers und Entdeckers des Atomkerns: »In der Wissenschaft gibt es nur Physik. Alles andere ist Briefmarkensammeln.« Was er damit meinte, war, daß die Menschen sich so verhielten, wie sie es taten, wegen der mechanischen Prozeduren des Sammelns von Organen, Geweben und Zellen; die Zellen wegen der Moleküle, die Moleküle wegen des Sammelns von Atomen, die Atome wegen des Sammelns subatomischer Partikel, Wellen »elektromagnetischer Strahlung« und Kräften wie Magnetismus und Schwerkraft, welche auch über Entfernungen transportiert werden können.

Als die Atomregeln erst einmal ausgelegt waren und ins Spiel gebracht, wurden auch gleich Ergebnisse fixiert – und unausweichlich »ohne Spielraum«.

So schnell und weitreichend war diese voranschreitende Physikfront, daß es, als das neue Jahrhundert heraufzog, großenteils als ausgemacht galt, das absolute Ende sei in Sicht. Bald wären die einzigen Hindernisse für das totale Verständnis lediglich noch technischer Natur. Es waren vielleicht gerade noch drei fundamentale Phänomene, die sich dieser mechanistischen Analyse widersetzten. Aber, so wurde vorausgesagt, auch sie würden bald geknackt, und dann sei das Spiel vorbei.

Bei diesen drei Widerstandsnestern handelte es sich erstens um die Tatsache, daß die offenbare Lichtgeschwindigkeit sich auch dann nicht änderte, wenn man sich auf sie zu- oder von ihr wegbewegte, wie schnell auch immer; zweitens um die Tatsache, daß die Strahlungsgleichungen darauf hindeuteten, der Ultraviolettstrahlung wohne weit mehr Energie inne als nachweisbar; und drittens um die Tatsache, daß Atomstrahlung sich wohl absolut zufällig verhalte: Es gab keinen bekannten Mechanismus, der in einem Atom die »Zeit abtickte« und dann in einem ganz bestimmten Augenblick (und keinem anderen) den Zerfall »veranlaßte«.

William Jones starb 1910, vier Jahre, nachdem Albert Einstein seine Schrift über die spezielle Relativität veröffentlicht und damit das erste der drei verbliebenen physikalischen Dilemmas gelöst hatte. Zwei Jahre später entwarf der deutsche Physiker Max Planck eine außerordentlich ungewöhnliche Lösung des zweiten Problems der Physik, über das er seit Jahren erfolglos nachgedacht hatte (obwohl er erst neunzehn war, als er es dann löste). Seine Antwort erwies sich auch als ein Erklärungsbeweis für das dritte Problem und stimmte vollauf mit den philosophischen Deduktionen von James überein.

Planck selbst fand seine Lösung fast »lachhaft« und versicherte, er habe nie genau herausgefunden, warum er gerade auf diese verfiel, wo sie doch nicht den mindesten Sinn zu ergeben schien. Seine Idee stand sowohl im Gegensatz zu allem Bisherigen in der Physik und überhaupt in der gesamten Wissenschaft als auch im Widerspruch zum gesunden Menschenverstand und der alltäglichen Erfahrung. Er hatte nicht einmal den Vorteil vorheriger philosophischer Erkundungen auf den Spuren von James. Die Idee kam ihm einfach spontan eines Nachts in den Sinn.

In einer Vereinfachung liest sich seine Überlegung wie folgt: Materiepartikel bewegen sich möglicherweise nicht ständig einfach von hier nach dort, wie alle physikalische Materie zwangsläufig. Sondern vielleicht ... hüpften, sprangen sie vielmehr einfach. (Auf die Art, wie in der Science-fiction die »Teleportationen« vonstatten gehen.)[10]

Planck setzte sein ausgefallenes »Was wenn« in Mathematik um. Zu seiner eigenen Überraschung muß sich seine Intuition offenbar als korrekt erwiesen haben. Denn seine ungewöhnlichen Gleichungen ergaben exakt die gleichen Ergebnisse wie die Laborversuche mit schwarzen strahlenden Körpern (Objekten, die ohne jegliche Präferenzen in allen Wellenlängen strahlen). Und damit war die *Quantenmechanik* geboren.

Später sollte noch offenkundig werden, daß selbst so alltägliche Dinge wie der Haushaltsstrom entscheidend von genau den gleichen Phänomenen abhängig sind. Einfache Stromkabel sind aus Kupfer. Kupferoxid – Patina – ist ein hervorragender elektrischer Isolator. Der einzige Grund, warum zwei zusammengedrehte Kupferdrähte auch noch nach ein paar Sekunden, in denen sie der Luft ausgesetzt sind, weiter Strom leiten, ist, daß die Elektronen über die Patina »hinwegspringen«: »teleportieren«.

Aber es steckte noch mehr in der Idee, nämlich Implikationen, die sich nur zögernd zeigten, als die Physik begann, sich mit der Quantenmechanik zu beschäftigen und sie ernst zu nehmen. Es wurde deutlich, daß wir – auch wenn wir die Gleichungen der Quantentheorie dazu benutzen können, *statistisch* festzustellen, welche Proportionen von Elektronen tatsächlich springen und wohin sie sich im Durchschnitt orientieren – doch nicht vorhersagen können, ob *ein bestimmtes Elektron* auch tatsächlich springen wird oder nicht, und wann, oder wo: *weil es nichts gibt, was diese Feststellung ermöglichen würde.*

Mit anderen Worten: William James hatte völlig recht mit seiner Annahme, wie die physikalische Welt beschaffen sein mußte, falls Bewußtsein keine Illusion war. In seiner Sichtweise gab es wie er es sah, einen determinierten Teil der Geschehnisse und einen nichtdeterminierten. Der determinierte Teil war die gewichtete Verteilung eines wahrscheinlichen Resultats: eine fünfzigprozentige Chance, daß die Kugel dorthin laufen wird, 40 Prozent, daß sie dies auch tut, und drei Prozent, daß sie ihre Laufrichtung doch noch ändert und so weiter. Der nichtdeterminierte Teil bestimmte das tatsächliche Ergebnis.

Nun dachte James natürlich nicht sosehr in Vergleichen von Billardkugeln, die im leeren Raum karambolieren, als eher an die Atome und Moleküle, aus denen unser Gehirn besteht. Irgendwie, so war er überzeugt, übt der Geist eine echte Wirkung auf die Welt aus, indem er Ereignisse im Gehirn beeinflußt.

Der »schlimmste« Teil der sich ergebenden Quantengleichungen war in gewisser Weise der am meisten unterschätzte. Kehren wir noch einmal zu unserem Bildbeispiel von Seite 334 mit den in der rechten Hälfte auf »fuzzy«-Weise karambolierenden Kugeln zurück. Die Quantenmechanik sagt nicht lediglich, daß wir *noch nicht wissen, was einen tatsächlichen Verlauf verursacht.* Und auch nicht, *daß wir es nie wissen können, selbst wenn ein determinierter Einfluß existiert.* Sondern sie besagt vielmehr, daß *absolut nichts die tatsächlichen Ereignisse verursacht,* genauer gesagt, *nichts des physikalischen Universums.*[11]

In dem Versuch, solche nicht reduzierbare Mysteriosität zu vermeiden, haben einige seriöse Physiker die Idee alternativer Universen ins Spiel gebracht, die sich an jedem »Wahlpunkt« per »Sprung« in die Existenz brächten und von denen eines *jeden* möglichen Hergang in sich trage.[12] Die Anzahl solcher Universen seit dem Urknall, dem »*Big Bang*«, läßt sich kaum vorstellen. Andere haben formuliert, die Welt sei angefüllt mit Wellen »aktiven Wissens«, die nicht nur den Verlauf in der Weise bestimmen, wie ein Pilot ein Flugzeug nach den Anweisungen des Fluglotsen unten steuert, sondern den Verkehr im gesamten Universum gedankenschnell koordinieren. (Wie Atompartikel – die Flugzeuge des Vergleichs – Piloten haben sollten und wer dabei der Lotse unten ist, gar nicht zu reden von dessen Qualifikation, bleibt unerwähnt.)[13]

Das seltsame Phänomen springender Partikel wird oft als »Tunnelung« bezeichnet, aber das beschreibt das Phänomen nicht genau. Es ist, als würden Autos vor einem nicht zu überwindenden Berg einfach auf der anderen Bergseite wieder erscheinen, einfach so, unvorhersehbar, auf der Stelle und doch mit verblüffender Zweckmäßigkeit. Kein Wunder also, daß die Quantenmechanik so manchen als Sockel für ihre fixe Überzeugung diente, die Welt sei eine Maschine und Gott bestenfalls ihr abwesender Verwalter.

Einstein beispielsweise war überaus irritiert von der Quantenmechanik und erachtete sie günstigstenfalls für unvollständig. Er starb über dem vergeblichen Versuch, etwas Besseres zu finden (unter anderem). Seltsam ja auch, daß er nicht etwa für die Relativitätstheorie mit dem Nobelpreis ausgezeichnet wurde, sondern für die »Lösung« des letzten großen Problems der Physik: des Atomzerfalls. Zu seinem eigenen großen Leidwesen gelang ihm ebendies mit genau der Theorie, die er eigentlich ablehnte: mit der Quantenmechanik.

In der Tat war es seine Anwendung der neuen Theorie auf bestimmte Strahlungsarten, die ihn die ihm am wenigsten plausibel erscheinende Eigenschaft der Quantenmechanik mehr als deutlich erkennen ließ: nämlich genau jene, *daß es absolut nichts im Universum gibt, das ein Atom zum Zerfallen »veranlassen« könnte; es tut es einfach*, und zwar wann immer es ihm gefällt. Es war seine eigene ungeliebte Entdeckung, die ihn veranlaßte, darauf zu bestehen, daß »Gott kein Würfelspieler ist«. Leider hat sich ein ganzer Stapel von Beweisen zur Widerlegung dieses berühmtesten seiner Bonmots aufgehäuft.

Acht Jahrzehnte Experimente in der Quantenmechanik haben eine im Verlauf der Wissenschaftsgeschichte unvergleichliche Erfolgsliste ergeben. Die Quantenmechanik hat sich – in ihrer ganzen Bizarrerie – selbst bewiesen, und zwar nachdrücklicher als jede Theorie zuvor. Sogar noch ihre absurdesten Implikationen sind von Experimenten gestützt worden, wie sie in den maßgeblichen Zeitschriften regelmäßig veröffentlicht werden.

Ein paar Beispiele:

- Die Entscheidungen eines Experimentators beeinflussen das Ergebnis eines früheren Teils seines Experiments. Die Partikel »antizipieren« anscheinend die weiteren Aktionen des Experimentators und ändern (»teleportieren«) den Verlauf der Dinge entsprechend, wenn auch immer noch im Rahmen der Statistik – jedenfalls meistens.
- Wenn Partikel an einer Stelle sich »entscheiden«, ihren Kurs zu ändern (meistens), dann geschieht das gemeinsam mit dem Teil der Partikel, der »entscheidet« (wieder meistens), den Kurs irgendwo anders hin in die Gegenrichtung zu ändern. Wir können nicht sagen, daß das eine das andere »verursacht«, weil a) die Veränderungen zur gleichen Zeit erfolgen, b) die beiden Partikelanhäufungen so weit auseinander sind, daß das Licht nicht die Zeit hätte, die erste mit einem Signal zu der Zeit zu erreichen, da die zweite »reagiert«, und c) der »Einfluß« nur wahrscheinlich ist. Es wird bei jeder Wiederholung des Experiments geringe, aber meßbare Unterschiede des Resultats geben. Es gibt einfach keine Möglichkeit festzustellen, was »verur-

sacht« und was »darauf reagiert«. Eine solche Unterscheidung wäre auch völlig bedeutungslos.

Eine andere Art, dies auszudrücken, bestünde darin zu sagen, daß da ein unverzüglicher »Anpassungsprozeß« im Universum am Werk sei. Je nachdem, was sich *hier* ereignet, paßt »es«[14] sich augenblicklich und jedenfalls bis zu einem gewissen Grad – oder selbst in Antizipation – allem anderen *dort* an. Was angepaßt erscheint, ist außerdem nicht das präzise Endergebnis von dem, was *dort* stattfindet, sondern es sind eher die Wahrscheinlichkeiten dessen, was sich ereignen kann.

Wenn ich mich also entscheide, hier A statt B zu tun, dann erhöht sich die Wahrscheinlichkeit, daß sich C ereignet, um, sagen wir, zehn Prozent, während sich die Wahrscheinlichkeit, daß D sich ereignet, um zehn Prozent verringert; und dies trotz der Tatsache, daß A und B *vollständig ohne kausale Beziehung* zu C und D sind.

● Die Beziehung des Quantentunnels zur Teleportation geriet in jüngerer Zeit zu mehr als nur einer Analogie. 1993 kamen bei IBM unter der Führung Charles H. Bennetts Forschungswissenschaftler zusammen, die einen ersten Entwurf für Methoden perfekter Teleportation erarbeiten wollten. Experimente zum Nachweis der Teleportation mikroskopischer Objekte sind bereits im Gange, wie etwa an einzelnen oder kleinen Anhäufungen von Atomen. Die Hindernisse für die Teleportation komplexer makrobiologischer Objekte (zum Beispiel Menschen) sind natürlich gewaltig, aber im Grunde ein rein technisches Problem. Die faktische Teleportation würde hingegen keines der Naturgesetze verletzen – so wie wir diese inzwischen verstehen.[15]

Die Quantentheorie läßt also – und Experimente haben das bekräftigt – dieses erstaunliche Prinzip zu: *Jedes* Materieaggregat kann sich spontan »teleportieren«, nämlich aus Gründen und unter Einflüssen, die keiner Information der physikalischen Welt zu entnehmen sind, sich von einem Ort im Universum zu einem anderen begeben. Die Wahrscheinlichkeit eines solchen Ereignisses mag überaus gering sein, bleibt aber stets (mathematisch) *endlich* (nicht null). Für sehr komplexe Ereignisse ist die Wahrscheinlichkeit so gering, daß sie sich *wahrscheinlich* niemals ereignen werden. Sehr viel weniger komplexe Ereignisse hingegen finden allerorten im Universum statt. Ereignisse von mittlerer Komplexität sind selten, besitzen aber die Wahrscheinlichkeit, immerhin von Zeit zu Zeit einmal einzutreten. Um es ein wenig anders auszudrücken: Wunder sind nicht nur möglich, sondern allgegenwärtig. Wunder der Art, die wir wahrzunehmen imstande sind – also solche wie etwa die in der Bibel geschilderten –, sind weder unmöglich noch verletzen sie »die Naturgesetze«. Im Gegenteil, sie sind wahrscheinlich, mit einer statistischen Wahrscheinlichkeitsvermutung, die zumindest ungefähr berechenbar ist. Doch wenngleich die Chancen berechenbar sind, bleibt es völlig unvorhersagbar, welche Wunder sich tatsächlich ereignen werden. Außerdem geschehen sie aus Gründen, die nicht Teil des physikalischen Systems sind, also jenes Systems, das wir »Universum« nennen.

Zum Beispiel gibt es eine echte Wahrscheinlichkeit, daß die Erde – als Ganzes – plötzlich ihre gegenwärtige Umlaufbahn um die Sonne verlassen und zu einem anderen Stern springen könnte.

Berechnet man die mit der elementaren Quantenmechanik korrespondierende Wahrscheinlichkeit [dafür], dann ergibt sich eine sehr kleine Zahl, in der Größenordnung von 10^{-84} [eine 1 durch 10 mit 84 Nullen] … Wie klein diese Wahrscheinlichkeit aber auch sein mag, sie ist jedenfalls nicht gleich Null. Man kann deshalb dem normalen Menschenverstand durchaus beipflichten, wenn er sagt: »Das ist so sicher, wie morgen die Sonne wieder aufgeht«, aber das schließt grundsätzlich nicht aus, daß so etwas Verrücktes doch möglich ist.[16]

Alle bekannten biblischen Wunder sind um ein Vielfaches wahrscheinlicher als dieses Beispiel, auch dann, wenn wir sogar erwarten, daß sie selten vorkommen. Die einzigen »Naturgesetze«, die sie verletzen würden, wären die mechanistischen; doch diese haben sich als nicht mehr erwiesen denn Annäherungen an die weitaus genaueren Quantengesetze.

Kurz, die Quantenmechanik hat bewiesen, daß die Behauptung, alles ereigne sich nur mit ausreichenden Gründen, *nicht* war ist. Umgekehrt ereignet sich alles ohne ausreichende Gründe; zumindest gibt es im Universum nichtausreichende Gründe. Genauso verhält es sich, schloß James, im menschlichen Gehirn. Und dies bewirkte die Wiedererweckung des Interesses am »Bewußtsein« selbst als Objekt der Nachfragen bei seriösen Physikern und Mathematikern (Roger Penrose, der »Unruhestifter«-Professor für Mathematik in Oxford, Henry Stapp, Physikprofessor am Strahlungsinstitut Berkeley der Universität von Kalifornien, Michael Kellman, Professor am Institut für Theoretische Wissenschaft und Chemie-Physik an der Universität Oregon und etliche andere). Kellman:

Die Theorie der Quantenmechanik befindet sich dank ihrer fundamentalen Prinzipien ... in Übereinstimmung mit einer Rolle des Geistes als Agens der Determinierung einiger Aktivitäten rein materieller Teile biologischer Systeme.[17]

Aber ein ähnliches Agens ist offensichtlich auch im Universum als Ganzes am Werk und damit Anlaß zu ernsthaften Spekulationen um ein übergreifendes Bewußtsein, das zwar nicht Teil »des« Universums ist, aber trotzdem »in« ihm wirkt. In einer jüngeren Ausgabe von *Nature*, dem vermutlich weltweit anspruchsvollsten wissenschaftlichen Periodikum, wurde den Lesern diese folgende, nicht so ganz nur unernst gemeinte redaktionelle Spekulation angeboten:

Wenn [Einstein] recht hat, dann ist das Universum ... eine komplett definierte Struktur, und alles darin ist bereits determiniert, Zukunft ebenso wie Vergangenheit.[*] Gott mag es für gut erklärt haben, aber es gibt nichts, was Er oder wir jetzt noch daran ändern könnten.

---

[*] Einstein schlußfolgerte ja speziell, daß der freie Wille eine Illusion sei. Vgl. »My Credo« in M. White/J. Gribbin, *Einstein, A Life in Science,* New York, Dutton, zitiert in Kellman, S. 19.

Der Quantenblick ist ganz anders. Das Universum entsteht kontinuierlich aus zahllosen Quanten-Ungewißheiten, »von Gott geworfenen Würfeln«, mit dem Bild von Einstein. Newton seinerseits glaubte, Gott werde wohl dann und wann in Seine Schöpfung eingreifen, um sie auf Kurs zu halten. Und das Ungewißheitsprinzip [die Skala möglicher Ausgänge jenseits dessen, was physikalische Einflüsse bestimmen] liefert den idealen Mechanismus dazu. Wenn Er von bestimmten Parametern weniger als ihre ... Unsicherheit abzwackte, könnte Er bestimmte andere Ausgänge bewirken, ohne dazu irgendein physikalisches Gesetz brechen zu müssen.[18]

Beachten wir auch, daß eine echt zufällige (grundlose) Aktion äußerst ununterscheidbar ist von einer Aktion, die einem »freien Willen« entstammt. Dies ist genau, was auch Alan Turing in der Quantenmechanik entdeckte, und warum das Thema für ihn spirituelle Weiterungen hatte: »Die scheinbare Nicht-Prädestination der Physik ist fast eine Kombination der Zufallschancen.«[19]

»Zeit und Chancen begegnen allen Menschen«

Eine der größten Auffälligkeiten des Bibel-Codes ist, daß er ein Bild von »Chance« und »Prädestination« vermittelt, das merkwürdige Parallelität zu dem aufweist, was die Quantenmechanik ergab. Es sind Begriffe und Vorstellungen, die völlig im Widerspruch zu den mechanistischen Annahmen der Aufklärung stehen, aber auch nicht identisch sind mit üblichen theologischen Vorgaben. Dafür haben sie aber auffällige Ähnlichkeiten zu bestimmten Konzeptionen der alten jüdischen Überlieferungen, speziell in deren weniger bekannten, eher »mystischen« Dimensionen.

Die Quantenmechanik hat erstens schon einmal Wahrscheinlichkeit und Statistik direkt mitten in die Realität gestellt. Der reine Zufall – ununterscheidbar vom »freien Willen« – ist überall und bildet das Universum pausenlos neu. Der Bibel-Code scheint ebenfalls durch und durch probabilistisch zu sein, eine »Sprache« ohne spezifische Mitteilung darüber, was im Universum geschehen wird, deren statistische Ordentlichkeit jedoch Absicht und Wille bestreitet in der Weise, daß multiple Resultate von allem möglich sind (wie wir es bei den Anordnungen über die Scud-Raketenangriffe im elften Kapitel gesehen haben, wo jedes mögliche Datum den möglichen »fuzzy«-Laufbahnen unserer Billardkugeln entspricht).

Dann sind, als zweites, in der Quantensicht nur die Größenordnungen der Wahrscheinlichkeit determiniert. Die Auswahl tatsächlicher Geschehnisse daraus erfolgt auf einer universalen Basis über eine gewisse erstaunliche und unvorstellbare Koordination und Neuordnung aller künftigen Wahrscheinlichkeiten im Licht dessen, was in der Gegenwart faktisch geschieht. Der Mensch wägt und wählt auf seiner eigenen schmalen Skala, einem winzigen Phantom-Abbild der größeren »Intentionen«, welche die Geschehnisse des ganzen Universums auswählt. Die Wahl des Menschen wird dabei berücksichtigt und das Universum entsprechend adjustiert.[*]

Etwas ganz Ähnliches tritt auch im Bibel-Code auf, der ja nicht ein im voraus bekanntes Porträt einer völlig determinierten Welt darstellt, sondern einer, in der viele Wege möglich sind, wobei unsere eigene Wahl entscheidend ist. Erinnern wir uns noch ein weiteres Mal an die hypothetischen Vorgänge rund um die Kodierungen zum Golfkrieg, wo drei wahrscheinliche Daten in einer engstehenden Häufung nahe anderen Daten und Namen in Verbindung mit dem Golfkonflikt standen. Selbst wenn die Ereignisse nicht den Gerüchten gemäß eintraten, zeigt die Beschreibung doch deutlich eine Subtilität der Kodierungen, die aus-

---

[*] Diese Vorstellung hat die heikle Frage nach den »Grenzen« des Geistes und Willens des Menschen (und Gottes) zur Folge. Das Thema ist ein berühmter theologischer Disput – und eine berüchtigte Küche für Ketzereien. Jetzt gesellen sich sogar die Physiker diesem alten Hut zu; vgl. Alan Harkavys »Spekulationen über Wille und einen örtlichen Gott«, worin er quantenmechanische Argumente für örtliche Gottheiten vorbringt (in *Human Will: The Search for Its Physical Basis*, Bd. 22 von *Revisioning Philosophy*, Hrsg. von David Appelbaum; New York, Peter Lang, 1995, S. 93 ff.)

drücklich möglich sind: daß etwa viele verschiedene Daten zu einem Ereignis aus irgendeiner Region des Textes »extrahierbar« sind. Wenn man einen Namen weiß, aber nicht, wann der Betreffende starb, kann man auch nicht das dazugehörenden Todesdatum erfahren (das heißt voraussagen). Man kann nach allen Daten innerhalb einer gewissen Kompaktheit fahnden und vermuten, daß eines davon das tatsächliche Datum ist, aber eben nur vermuten. Es ist nur möglicherweise so, daß ein tatsächliches Namensdatum kompakt sein wird, aber nicht sicher. Auf diese Weise verhindert die klar statistische Natur der Kodierungen, daß man sie als Orakel benutzen kann. Dies besagt auch noch etwas anderes: daß es viele mögliche Daten gibt, an denen jemand sterben kann, wenn es auch am Ende nur eines ist, an dem es dann tatsächlich geschieht. Wenn die Analogie der Quantennatur der Zeit richtig ist, dann werden wir auch erwarten, daß diese Daten in einer »Wahrscheinlichkeitskurve« stehen, bei der einige Ergebnisse wahrscheinlicher sind als andere. Die allerwahrscheinlichsten Daten wären dann vielleicht vor dem Ereignis diejenigen, die dem Namen am nächsten stehen (wie im Experiment mit den Großen Weisen), während die am wenigsten wahrscheinlichen (aber nicht unmöglichen!) am weitesten davon entfernt auftauchen.

Aber auch hier wieder *könnten* sich viele Daten tatsächlich als zutreffend erweisen, und in einer ausreichend großen Testzahl verschiedener Ereignisse werden folglich zahlreiche Daten von geringer Wahrscheinlichkeit aufscheinen (und damit viele nichtkompakte Paare). Nur in der großen Menge kann eine ordentliche »Paarung« – eine *Tendenz* zur Kompaktheit – bestätigt werden. Aus diesem Grund vermögen wir in einer einzigen Paarung nicht zu erkennen, ob sie sich »aus purem Zufall« ergeben hat oder mit Sinnbedeutung. Und damit stoßen wir auch gleich wieder an einen weiteren Zaun, der mit ausgefeilter Präzision um den Bibel-Code gezogen zu sein scheint und unser Potential, ihn zu mißbrauchen, verhindert: Wir können auch nicht selbst ungewöhnliche Einzelpersonen zur Verifizierung einer Sache heranziehen. Der Code deutet immer nur auf eine Sache hin, und nur auf eine: nämlich auf die Autorschaft des Dokuments, in dem sie sich findet.

Gleichwohl können wir natürlich fragen, warum denn ein bestimmtes Geschehnis erfolgt und ein anderes nicht. Wie in der Quantenmechanik (und in bestimmten verwandten Theorien über das Funktionieren des Gehirns, so ähnlich wie bei James) wird ein tatsächliches Geschehnis aus einer Anzahl Möglichkeiten ausgewählt[20], und zwar von der Aktion der Ganzheit, die über den freien Willen verfügt: also vom Menschen selbst innerhalb bestimmter Limitierungen und von »etwas anderem« überall. Um es mit meinen eigenen Worten auszudrücken: Gott legt das große Muster der Geschichte aus, handelt in der Welt an unserer Seite, gibt ein gewisses Maß Seiner Allmacht ab, damit wir in den Genuß echter Freiheit gelangen. Aber Er tut dies auf die Art eines besorgten und freundlichen Vaters, und Er richtet die Dinge auch und berücksichtigt dabei unseren endlos närrischen Gebrauch Seiner Gaben.

Innerhalb dieser Vorgaben wird das »Unmögliche« dann Wirklichkeit. Zwei Atome können am gleichen Ort koexistieren und eine einzige nahtlose Einheit bilden, ein sogenanntes Bose-Einstein-Kondensat. (Kondensate bis zu 16 Millionen vermengter Berylliumatome sind erst im Jahr 1996 im Labor erzeugt worden. Dies ist eine ausreichend große Menge, um gerade noch mit bloßem Auge erkennbar zu sein, und ist auch fotografiert worden.) Umgekehrt kann ein Atom gezwungen werden, gleichzeitig an zwei Orten zu existieren – in einer sogenannten Quantum-Superposition (auch eine solche ist 1996 gelungen) und als ein erster Schritt in die tatsächliche »Quanten-Teleportation« sichtbarer Objekte.

Einige Orte und Zustände sind jedoch absolut verboten. Ein Elektron kann von hier nach dort »springen«, es kann zur gleichen Zeit an mehr als einem Ort existieren, und trotzdem absolut davon ausgeschlossen sein, jemals an Stellen unmittelbar benachbarter Orte zu erscheinen. Viele Wahrscheinlichkeitskurven der Quantenmechanik sind auf diese Weise scharf dichotomisch (gegabelt, zweigeteilt): entweder A oder B (in variierenden Graden der Wahrscheinlichkeit), aber nichts dazwischen. (Dies ist auch die direkte Bedeutung des Wortes Quantum).

Die alte jüdische Sicht von Zeit und Prophetie ist dem nicht unähnlich. »Der Messias«, heißt es in einem berühmten Aphorismus, »wird in einer Generation erscheinen, die entweder vollständig tugendhaft ist, oder in einer, die vollständig korrupt ist.« Spezifische prädestinierte Ereignisse können durch angemessene menschliche Aktion noch abgewendet werden. »... aber Gebet, Barmherzigkeit und gute Taten verhindern die strenge Bestimmung« – mit den Worten des Gebetbuchs. Gott kann seine Handlungen als Ausgleich zu den unseren ändern, aber bei uns blieb die Freiheit, die Er uns gewährt hat, um die Geschichte zum Besseren oder Schlechteren zu beeinflussen. Und wenn auch alle zulässigen Hergänge im Bibel-Code enthalten sein mögen, können wir doch nicht wissen, welche das sind. Wir können immer nur diejenigen entdecken, die waren – hinterher.

Wie kann so etwas sein?

Eine ganz naheliegende Frage über den Bibel-Code haben wir bisher noch nicht gestellt: Wie kann so etwas sein? Die ohnehin Gläubigen und Überzeugten haben keinerlei Zweifel an dem Code und seiner Wirklichkeit und antworten einfach: »Gott ist nichts unmöglich.« Aber durch die Konsequenzen der Quantenmechanik wurden viele Leute zum Nachdenken über die spezifischen Wege angeregt, welche die göttliche Einflußnahme beschreitet, um unsere physikalische Welt zu durchdringen, ohne deren Regeln aufzuheben. Die nicht reduzierbare Wirklichkeit der Wahrscheinlichkeit ist einer dieser Wege.

Aber als die Quantenmechanik und andere hochentwickelte Wissenschaftszweige ihre Aufmerksamkeit auf das Gehirn und den Geist des Menschen richteten, taten sich weitere spezifische Pfade der Einflußnahme auf. Sie bieten, was wir ein erstes »plausibles Argument« für den Bibel-Code nennen könnten, das es uns ermöglicht, Hypothesen darüber aufzustellen, wie er denn entstand – ohne Verletzung der Regeln. Die Sache ist kompliziert, weil dabei Erkenntnisse und Hypothesen aus zahlreichen Gebieten zusammengebracht werden müssen. Wir begnügen uns hier deshalb mit einer knappen Skizzierung.

Wie die Kodierungen entstanden: Eine Spekulation

Wir können mit der Feststellung beginnen, daß die Quantenmechanik in sich selbst eine »Grenze« darstellt.[21] Mit anderen Worten: Das Gesetz, das die Welt leitet, sorgt zugleich selbst dafür, daß seine Konsequenzen teilweise das Resultat von »etwas« außerhalb dieses Gesetzes sind – von etwas, das nicht Teil des physikalischen Universums selbst ist. Wenn die Quantenmechanik richtig ist (und bisher ist sie die am strengsten nachgeprüfte physikalische Theorie überhaupt), dann besteht keine Möglichkeit, daß wir jemals irgend etwas über die Natur oder Form dieses anderen »Etwas« erfahren, das sich »außerhalb« des Universums, von dem es »beeinflußt« wird, befindet – ganz gleich, was wir von den physikalischen Eigenschaften des Universums ableiten können.

Die »Auswirkungen« dieses »Etwas« erscheinen uns unweigerlich als absolute, nicht reduzierbare Zufälligkeit, selbst wenn sie in großen Ansammlungen von Geschehnissen einander statistisch die Waage halten und geordnete Verteilungen bilden. (Erinnern wir uns noch einmal an Turing: »Die scheinbare Nicht-Prädestination der Physik ist fast eine Kombination der Zufallschancen.«[22])

Der einzige Weg, auf dem wir jemals etwas über dieses »Etwas« erfahren könnten, bestände deshalb darin, wenn »es« imstande (und interessiert daran) wäre, in irgendeiner Form mit uns in Verbindung zu treten.

Ist es »plausibel«, daß die Gesetze des physikalischen Universums eine solche Kommunikation zulassen würden? Nach der mechanistischen Sicht der Aufklärung müßte die Antwort ein ganz entschiedenes Nein sein. Nach dem Determinismus wäre der Schöpfer selbst machtlos, den Lauf Seiner Schöpfung noch zu beeinflussen, sobald diese einmal in Bewegung gesetzt ist. Er könnte schreien, so laut er wollte – es wäre absolut unmöglich, Ihn zu hören.

Doch nun ist die Antwort – aber erst seit der Quantenmechanik – ein überraschendes Ja. Im Quantenverständnis ist ein solcher Effekt außerhalb des Universums ausdrücklich erforderlich, um selbst den trivialsten Aspekten der Realität einen Sinn zu geben. Unser eigener »Einfluß«, wir wollen ihn »Bewußtsein« nennen oder »Wille«, verändert subtil die Bahnen und Ergebnisse innerhalb des Ensembles von Partikeln, aus denen unser Gehirn besteht – in einer bestimmten Hinsicht jedenfalls. Wenn das aber so ist, dann gibt es nichts, was die Möglichkeit ausschließen würde, daß ein größerer, universaler »Wille« das auch kann – nämlich ebenfalls *innerhalb des Ensembles von Partikeln, aus denen unser Gehirn besteht.* Und das wäre dann sein »Mechanismus« für die Kommunikation.

Aber wie würden wir wissen, daß Er auf diese Weise mit uns in Verbindung tritt und es sich dabei nicht nur um Einbildungen unseres Gehirns handelt? Sehr einfach: gar nicht, jedenfalls nicht mit irgendeinem Grad von Gewißheit. Wie also läßt sich dann eine solche Kommunikation verifizieren? Sicherlich nicht mit der Aussage eines oder auch mehrerer Zeugen, so angesehen die auch sein mögen. Nein, es müßte wohl ein im wesentlichen permanentes Kommuniqué sein, dessen schierer Inhalt das unbezweifelbare Zeugnis dafür ist. Dessen Siegel könnte nur etwas sein, was allein der Autor weiß (ganz wie bei der Geschichte unseres Agenten im neunten Kapitel, der seine kodierte Anweisung nur über Details finden konnte, die allein seinem Führungsoffizier und ihm selbst bekannt waren).

Könnte irgendeine Einzelperson ein geeigneter Empfänger einer solchen Augenblicks-Botschaft sein? Oder gar jedermann? Angesichts der menschlichen Natur scheint mir dies weitaus weniger plausibel als der Bibel-Code. Ich denke mir vielmehr, es bedürfte dazu jemandes, der – nennen wir ihn den »Empfänger« – sich selbst exakt so »ausgerichtet« hat, daß er allein imstande wäre zu »hören«.

Welche Qualifikationen müßte so jemand mitbringen? Wie wäre das nötige »Ausrichten« zu bewerkstelligen? Wäre dafür ein technischer Hintergrund erforderlich, also der Rückgriff auf Kenntnisse und Erfahrung, Entschlossenheit, Intelligenz, Hartnäckigkeit und Ausdauer oder Praxis, um Erfolg zu haben? Beispielsweise könnte man da an die Ursprünge des Bibel-Codes in der Kabbala denken und diese (wie es so häufig geschieht) als eine

»spirituelle«, wenn nicht gar »magische«, Technik zur Erlangung irgendeiner Art »psychischer Macht« ansehen. Aber nachdem die Thora selbst dergleichen ausdrücklich untersagt, möchte ich den Gedanken doch lieber wieder verwerfen. Es gibt einen besseren Weg, unsere Frage zu beantworten.

Robert Haralick ist ein unabhängiger Bibel-Code-Erforscher. Er hat einem prominenten Rabbi beim Schreiben eines Buches darüber assistiert und seine diversen Entdeckungen veröffentlicht, die ihm mit Hilfe etwas anderer Techniken als der hier beschriebenen gelangen.[23] Er ist Professor für Elektrotechnik an der Universität von Washington in Seattle und hat an die 400 wissenschaftliche Arbeiten publiziert. Gegenwärtig organisiert er ein internationales Symposium über die Codes am Technion in Haifa, das dieses auch finanziert. Die Beiträge werden ausschließlich wissenschaftlich orientiert sein und den strengen Standards der *International Association for Pattern Recognition*, deren Mitglied er ist, entsprechen. Seine Anmerkungen zur Kabbala sind besonders scharfsinnig und sensibel. Sie beziehen sich auch direkt auf die Frage, wer geeignet wäre, ein »Empfänger« (und Weitervermittler) der Codes zu sein.[24]

Denn wenngleich der Bibel-Code als kryptologisches Phänomen tief in der Kabbala wurzelt, so ist diese doch etwas, was noch sehr viel weiter reicht. An eine Gruppe von Code-Enthusiasten, teils für, teils gegen, alle unvertraut mit der Kabbala, aber alle mit verzerrender Perspektive, richtet er diese Worte:

Die Kabbala hat mit dem Empfangen ... des Willens Gottes zu tun ... In ihrer Sprache könnte man sagen, wir empfangen den Willen Gottes dann, wenn wir unseren Willen mit dem Gottes so verbinden, daß wir totale Diener Gottes werden. Dies bedeutet die Umformung des Geistes und Körpers so, daß der physische Widerstand gegen das Empfangen von Gottes Willen aufgehoben wird. Dieser physische Widerstand ist, was [die Christen] unsere »fleischliche Natur« nennen. Die einschlägige christliche Sprache zum Empfangen des Willens Gottes läßt sich aus der Sprache des Vaterunsers verstehen: *»Dein Wille ge-*

schehe...« In dem Maße, wie wir besser imstande sind, den Willen Gottes in unserem Leben zu empfangen, beginnen wir auch die Art und Weise, in der Gott in unserem Leben präsent ist, zu erkennen. Und wir werden uns dieser seiner Anwesenheit dann auch immer stärker bewußt. Es liegt nur Freude darin beschlossen, Gottes demütiger Diener zu sein, seinen Willen auszuführen und sich der Präsenz Gottes bewußt zu sein. Das einzige [Erforderliche] ist, daß jemand, der näher zu Gott strebt, spirituell wachsen muß. Die Veränderung läßt sich daran feststellen, wie jemand sein Leben lebt.[25] (Kursive Hervorhebung durch den Autor)

Zu den größten Kabbalisten in späterer Zeit gehörte Rabbi Luzzatto, der Ramchal, dessen Kommentare über die nichtdeterministischen Einflüsse wir schon weiter oben zitiert haben. Er beschreibt den Akt des »Empfangens« folgendermaßen:

»Zuteil gewordene Aufklärung« besteht aus einem Einfluß, den Gott durch verschiedene, eigens für diesen Zweck gedachte bestimmte Mittel gewährt. Wenn dieser Einfluß den Geist eines Menschen erreicht, setzen sich in ihm bestimmte Informationen fest ... Auf diese Weise kann man Wissen gewinnen ..., das durch Logik allein nicht zugänglich wäre ... Der Hauptgedanke wahrer Prophetie ist, ... daß ein lebender Mensch eine solche Bindung und Verbindung zu Gott erreicht ... Die Enthüllung von Gottes Glanz steht am Anfang von allem, was in einer prophetischen Vision übermittelt wird. Dies wird dann auf die Kraft der Imagination in der Seele des Propheten übertragen, und er formt daraus Bilder des ihm durch die Macht der höchsten Offenbarung Zuteilgewordenen.

Alle Israeliten wußten um zwei wichtige Wahrheiten. Sie mußten erkennen, daß Gottes wahres Wesen nicht in irgendwelchen Bildern vorhanden ist und daß er völlig getrennt ist von aller Visualisierung. Als sie dies erkannt hatten, wurden ihnen bestimmte prophetische Offenbarungen zuteil ... die Mysterien von Gottes überirdischem Wesen und von seiner Schöpfung und Leitung des Universums.[*]

Auf diese Weise also ist der »Prophet« derjenige, der sich mittels seiner ganzen Lebensweise immer mehr an Gott bindet. Als Konsequenz davon wird er zu einem geeigneten Empfänger dessen umgewandelt, was Gott sagt. Aber behalten wir dabei im Sinn, daß es sein *Charakter* ist, der dabei den klaren Vorrang hat: seine Göttlichkeit.

Die Übermittlung von Information geschieht mittels bestimmter Bilder, die von der nichtsichtbaren Dimension der Realität in der menschlichen Imagination stimuliert werden. Die Ergebnisse sind mehr oder weniger geeignete »Allegorien« und »Metaphern«, die »mehr oder weniger« die »Bewußtseinsebene« des Empfängers »widerspiegeln«.

Aber »von allen Propheten war keiner größer als Moses«. Rabbi Luzzatto erläutert, daß, während Gottes Rede in den Geist aller anderen Propheten als *visualisierbare Bilder* einging, dies nicht so bei Moses war. Gott sagt: »Mündlich rede ich mit ihm ... nicht durch dunkle Worte oder Gleichnisse.« (Viertes Buch Moses – Numeri –, 12,8). Es ist diese direkte Rede, sind die Buchstaben der Schöpfung selbst, die Moses dann mit einer Genauigkeit niederschrieb, wie sie niemandem zuvor und danach gelingen sollte.[26] Und warum war Moses als ein so einzigartiger und würdiger Bote auserwählt worden? Geschah dies wegen seiner Leistungen und seiner spirituellen Technik? Nein, der Thora zufolge geschah es hauptsächlich deshalb, »weil er der demütigste der Menschen« war.

---

[*] Luzzatto erläutert hier eines der wichtigsten kabbalistischen Verständnisse der Gründe für das Gebot, sich kein Bildnis von Gott zu machen, weil dies bedeutet, allmählich unfähig zu werden, etwas von Seinem echten Wesen und Wirken in der Welt zu »sehen«. Physiker erkennen ebenfalls, daß die »Nichtsichtbarkeit« der fundamentalsten Bestandteile der Quantenmechanik kein Makel der Theorie ist, sondern ein mächtiger Hinweis auf das wahre Wesen der Realität. Oder wie es der Physiker Menos Kefatos von der George Mason University ausdrückt: »Die klassische Physik vermittelt uns ein Bild der physikalischen Realität, das visualisierbar ist ... Eine eingehendere Beschreibung der physikalischen Realität aber ist nicht visualisierbar« (Menos Kefatos/Robert Nadeau, *The Conscious Universe: Part and Whole in Modern Physical Theory*, Berlin, Springer Verlag 1990, S. 14).

Was kommt als nächstes?

Die Aufmerksamkeit, die dem Bibel-Code inzwischen von Skeptikern und Enthusiasten, von Professionellen und Amateuren zuteil wird, ist auf einem Höhepunkt angelangt. Noch steht nicht fest, ob das Phänomen auch weiterhin allen Widerlegungsversuchen trotzen kann oder ob es sich nur als ein weiteres in der langen Geschichte sich nicht bestätigenden religiösen Eiferns erweist. Die meisten Studien zu dem Thema, die gegenwärtig unternommen werden, fallen unter die folgenden Kategorien:

Wiederholungen und detaillierte Kritik. Diese Studien examinieren sehr gründlich die Versuche mit den Großen Weisen. Das Experiment mit den vorgegebenen Datensätzen ist wie beschrieben wiederholt worden. Aber es werden auch weitere Variationen getestet, um festzustellen, wie »robust« die Auffindungen auch unter dem Einfluß von anderen Schreibweisen, Kompaktheitsmessungen und Techniken zur Ermittlung der Signifikanz sind.

Ausweitungen. Die ersten Erforscher selbst versuchen, ihre Entdeckungen weiter auszuweiten, indem sie zusätzliche, völlig neue Experimente an verschiedenen Datensätzen anstellen (wie weiter oben schon erwähnt).

Forschungen an der Thora als Ganzem. Neue Forschungen untersuchen nicht nur die Genesis, sondern alle fünf Bücher Mose (Pentateuch). Erste Berichte darüber lassen erkennen, daß der Bibel-Code offenbar in der gesamten Thora vorhanden ist. Die meisten dieser neuen Forschungen erstrecken sich auf ELS-Bündelungen in der Thora *als Ganzem,* wobei alle fünf Bücher als eine einzige fortlaufende Buchstabenkette behandelt werden. Die Fragestellung lautet jetzt, ob verschiedene Arten Informationen auf einer Buch-auf-Buch-Basis und in der Thora insgesamt einkodiert sind.

Suche nach Kodierungen in anderen Texten. Noch mangelt es an Hinweisen auf einkodierte Texte in den anderen Büchern der Bibel. Es gibt allerdings Leute, die glauben oder hoffen, daß sich auch dort ähnliche Kodierungen aufspüren lassen. Solange diese Studien in korrekter und kontrollierter Weise erfolgen, können auch sie nur nützlich sein.

Aktuell ist weiterhin das Rätsel um die merkwürdigen »Ezechiel-(Hesekiel)-Tafeln« in erhabenen Reliefbuchstaben; von ihnen haben wir kurz im vierten Kapitel gesprochen. Zusammen mit den Anfangskapiteln der Genesis waren bestimmte Passagen bei Ezechiel (Hesekiel) fundamental für kabbalistische Studien. Wie vermerkt, wurden diese Tafeln im Irak gefunden (Ezechiel/Hesekiel lebte im alten Babylon) und gelangten während des Unabhängigkeitskriegs nach Israel. Die Frage, die man sich hier stellen muß, lautet: Warum machte sich jemand die Mühe, den gesamten Text in erhabenen Lettern aus 68 Steintafeln herauszumeißeln – ein wahrhaft enormes Unternehmen – und das obendrein in perfekt uniformer *Scripta-continua*-Anordnung?

Die Suche nach »Parametern«. Wenn die Welt als Ganzes ernst genommen werden soll, und besonders die wissenschaftliche, dann kann der Bibel-Code nicht etwas bleiben, was zu entdecken lediglich ein paar Leute imstande sind. Die »Regeln«, welche das Auffinden echter, statistisch verifizierbarer Codes ermöglichen, müssen irgendwann niedergeschrieben werden, so kompliziert und umfangreich das auch sein mag. Ohne solche »Parameterisierung« wird sich das permanente Mißtrauen halten, daß die positiven Findungen lediglich das Resultat von unbeabsichtigtem *tuning and snooping«* sind.

Test verschiedener Kodierungsregeln und Informationsklassen. Nach der alten Überlieferung gibt es »70 Tore« zur Weisheit: die 70 verschiedenen Methoden zur Textinterpretation der Thora. Von diesen stellt das »Überspringen« von Buchstaben eine (dem *Zohar* zufolge die fünfzigste) dar. Aber wenn der Gaon von Wilna recht hat, daß *alle* Einzelheiten der gesamten Geschichte in der Thora enthalten sind – in einem Text von nur etwas mehr als 300 000 Buchstaben –, dann muß der Bibel-Code zwangsläufig viele verschiedene Kodierungssysteme aufweisen, um dies alles unterzubringen: also nicht nur die abstandstreuen Intervalle, nicht nur Minimalzwischenräume und dergleichen mehr. Wenn es jedoch folglich viele verschiedene Kodierungsregeln gibt, dann sollten auch Regeln vorhanden sein, die definieren, welche Kategorie von Informationen nach welchen Kodierungsregeln einkodiert ist.

Überlegt man sich die ungeheure Kompliziertheit, die sich daraus ergibt, wenn man gleichzeitig eine Klasse Daten und die dazugehörenden Regeln eruieren will, dann wird plötzlich auch noch etwas anderes offenbar. Weil eine Regel nur an einer Klasse von Daten verifiziert werden kann und weil diese sich nur dann als echt verifizieren läßt, wenn sie unter Regeln aufscheint, *ist es bereits erstaunlich, daß es überhaupt möglich war, selbst einen solchen Zusammenhang zu entdecken.* Und das ist auch der Grund, warum Doron Witztum als Wissenschaftler von Eliyahu Rips auf eine Stufe mit Ernest Rutherford gestellt worden ist.

Das siebte Jahrtausend

Vor langer Zeit, im ersten Jahrhundert nach der Zerstörung des Tempels durch die Römer, am Beginn des großen Exils, sagten die alten Kabbalisten eine bessere Zeit voraus: wenn das Wissen der irdischen materiellen Welt unten und das Verständnis der sublimen spirituellen Welt oben sich zusammen in einen gemeinsamen Brunnen ergössen – so wie in den Tagen Noahs die »Brunnen der großen Tiefen« aufbrachen und sich »die Fenster zum Himmel öffneten« –, aber zum Besten der Menschheit, nicht zu ihrem Verderben.

Die ersten Hinweise auf jene Tage sollten, hieß es, im »sechshundertsten Jahr des sechsten Jahrtausends« erfolgen; das ist ungefähr die Mitte des 19. Jahrhunderts. Ihr tatsächliches Erscheinen – wenn Wissenschaft und das Wissen von Gott einander nicht länger Schaden zufügten, sondern umarmten wie lang entfremdete Brüder: im siebten Jahrtausend – sollte angekündigt werden durch das Ende des Exils der Juden etwas später, aber noch vor dem Ende des sechsten Jahrtausends. (Der Staat Israel wurde 1948 gegründet, das sechste Jahrtausend nach der jüdischen Zeitrechnung ist nicht mehr ganz 250 Jahre entfernt).

Stehen wir also an der Schwelle einer solchen Ära? Oder sind das alles auf »sentimentalem« *tuning and snooping* basierende Ideen? Ein Hineininterpretieren dessen, was man aus ausgewählten Passagen aus dem unvorstellbar riesigen »Datensatz« menschlicher Spekulation gerne herauslesen möchte? Vielleicht erweist sich ja der

Bibel-Code nur als eine weitere Chimäre, wenn auch eine ungleich feiner gewobene und euphorisierende als jede andere zuvor. Wenn ja, dann werde ich persönlich jedenfalls meine Forschungen fortsetzen, schon weil ich das Bild einer Welt, in der alles mechanisch ist, angsterregend finde. Wer kann denn ruhigen Blutes über den bloßen Humanismus bleiben, der sieht, was wir Menschen so oft mit der absoluten Freiheit anfangen? Wirklich, nichts erscheint mir als größere Selbsttäuschung und sentimentaler als die Vorstellung, daß wir imstande sein sollten, völlig ohne Gott zu leben. Der Ramchal schrieb, als hätte er unsere Zeit vorausgesehen:

> Das Gegenteil einer optimalen Welt tritt dann ein, wenn der Mensch von der Verfolgung seiner physikalischen Wünsche überwältigt wird ... Es ist eine Welt falscher Werte, in der die guten Qualitäten unterliegen und die schlechten obsiegen. Als Resultat davon schwindet die Ruhe ... es gibt keine Sicherheit mehr und viel Leid und Schmerz. Gott verbirgt seine Glorie vor der Welt und es geht weiter, *als sei alles dem Zufall ausgesetzt, den Naturgesetzen überlassen* ... In einer solchen Welt werden die Bösen stark, und die Guten verlieren allen Status.[26] (Kursive Hervorhebung durch den Autor)

Die sofortige – und nicht so abwegige – Entgegnung vieler darauf ist der Hinweis auf die gewaltigen Ungerechtigkeiten, die im Namen Gottes verübt wurden und werden – und nicht zuletzt gegen die Juden. Kein Wunder also, daß so viele moderne Menschen, und vor allem Juden, ein tiefes Mißtrauen gegen alle religiösen Vorstellungen, die der eigenen Vorfahren eingeschlossen, entwickelt haben.

Das aber ist nach meiner Ansicht genau der Punkt, an dem eine völlig sachliche und kompromißlose Vereinigung von Wissenschaft und Religion nötig wird, die an die Stelle emotionaler Argumentation tritt. Denn die Wissenschaft allein ist das Gegengewicht: ihr Wahrheitsstandard in Form kontrollierter Experimente, ihre Zurückhaltung in Fragen, was sicher ist und was nicht, ihre quantifizierbare Irrtums-Wahrscheinlichkeit, ihr leidenschaftsloses Anerkennen von Beweisen, ihre Fähigkeit, auch einmal »Ich weiß [es] nicht« zu sagen, ihre Bereitschaft, auch liebgewonnene Vorstellungen aufzugeben, wenn sie sich als nicht substantiell erweisen – dies alles ist das einzige mir bekannte Gegengewicht zur menschlichen Neigung, religiöses Teilverständnis zu dogmatisch Absolutem zu überhöhen. Daß sich *etwas* absolute Wahrheit in den meisten Dingen verbirgt, erscheint mir ganz unausweichlich offenbar. Aber ebenso offensichtlich ist doch auch, daß wir häufig nicht in der Lage sind, die absolute Wahrheit mehr als annähernd zu erreichen. Wir kommen ihr zwar näher, aber ganz zu ihr gelangen wir eben doch nicht. Wissenschaft ist lediglich die mathematische Formalisierung von Demut.

Wenn sich aber der Bibel-Code als das erste echte Beispiel dieser Vereinigung der Wasser oben mit denen von unten erweist, wie von den Kabbalisten vorhergesagt, dann, denke ich, verspricht das folgendes:

Der Bibel-Code kann das Startsignal sein für ein Zeitalter der vereinigten wissenschaftlichen und spirituellen Erforschung, wie es sie seit den großen Seefahrten in der ganzen Menschheitsgeschichte nicht mehr gegeben hat.[27] (Kolumbus war überzeugt davon, daß die Erde rund sein müsse, weil dies die mystischen Interpretationen der Schrift nahelegten, und das bestärkte ihn darin zu glauben, daß er, als er 1492 Segel setzte, eine Prophezeiung erfülle und das Ende des jüdischen Exils einleite.[28])

Den Wissenschaftler wird es treiben, mehr zu finden als nur den Beweis für die Echtheit des Bibel-Codes und die Stichhaltigkeit der Thora. Er wird die eigenartigen probabilistischen, holographischen und multidimensionalen Strukturen des Codes verstehen wollen.[*] Eine Untersuchung dieser Dinge führt unweigerlich zu Analogien sowohl in der Quantenmechanik als auch im alten kabbalistischen Verständnis. Und die Quantenmechanik ist, wie es sich so ergibt, gerade eben dabei – mit einem Tempo, das die Skeptiker verblüfft hat –, eine Subdisziplin zu entwickeln, die sich auf sonderbarste Weise mit dem Code kongruent zeigt. Es handelt sich

---

[*] In der Annahme, daß tatsächlich kein Klartext zu entdecken ist, der Botschaften enthält.

um das aufstrebende Fach der im siebten Kapitel kurz erwähnten *Quantenkryptologie*. In der Rekapitulation historischer Prozesse, wie wir sie dort unternahmen, haben die Forscher bereits festgestellt, daß der »potentielle Gebrauch der Quantenmechanik für Zwecke des Code-Brechens eine naheliegende Frage aufwirft: *Warum keinen Quantencomputer bauen?*«[29] (Kursive Hervorhebung durch den Autor).

Und von einer religiösen Perspektive aus wirft der Bibel-Code die Frage auf, was dieser denn, sollte die Thora »echt« direkt vom Himmel stammen, dieser von uns erwartet. Weil der Judaismus der älteste Hüter der Thora ist und der Bibel-Code selbst aus der jüdischen Überlieferung stammt, wird künftig noch größerer Wert denn je auf diese alten Interpretationen der Überlieferungen der Thora gelegt werden. Das heißt nicht, daß alles, was der Judaismus je über die Thora sagte, wahr sein oder als wahr akzeptiert werden muß. Aber ich glaube doch, es ist unvermeidlich, daß eine Atmosphäre offener Fragestellungen und legitimer Neugier auf die tief im traditionellen Judaismus wurzelnden und lange ignorierten oder sogar zurückgewiesenen Schätze rasch die ablehnende Feindseligkeit gegen die Theologie verdrängen wird.

Der Bibel-Code selbst ist kongruent mit dieser theologischen Zurückhaltung. Die die Chanukka betreffenden Kodierungen etwa können nicht »beweisen«, daß die hasmonäische Dynastie von den Makkabäern begründet wurde oder daß das Chanukka-Wunder tatsächlich geschehen ist. Es könnte durchaus sein, daß er in gleicher Weise einfach nur den Glauben der Juden an dieses Wunder mitteilt. Der Glaube ist eine unbestrittene Tatsache, das Wunder, auf das der Glaube sich bezieht, glauben viele nicht, die gleichwohl akzeptieren, daß »Chanukka existiert«. Kurz gesagt, wenn es an den theologischen Disput geht, erweist sich der Bibel-Code dafür nur als beschränkte Hilfe. Und ebenso lassen sich die Kodierungen weder zur »Validierung noch Invalidierung« – zur Wert- oder Wertloserklärung – eines so schwerwiegenden Themas wie der Messias-Eigenschaft von Jesus benutzen. »Positive« Codes zu irgendeinem Thema werfen allein die Frage nach der Autorschaft auf und verweisen uns hierin auf die Thora – nicht mehr und nicht weniger.

Ich glaube indessen auch, daß die Fortschritte der Wissenschaft, die vor uns liegen und die der Code ankündigt, erfordern werden, daß wir mehr denn je in unserer wechselvollen Geschichte unsere Streitigkeiten beenden und der zentralen Botschaft der Thora lauschen. Denn die Risiken, in einer »Atomzeit« leben zu müssen, verblassen geradezu im Vergleich zu den Bedrohungen durch die vor uns liegende Ära. Wenn wir uns nicht ein Herz fassen und danach leben, worauf uns der Code in der Thora hinweist, dann kann es leicht sein, daß wir an dem Umstand, die Prinzipien, die den Code ermöglichten, zwar erfaßt, aber schlechten Gebrauch davon gemacht zu haben, zugrunde gehen. Ich sehe, was kommen wird, so:

Der Lebensbaum

Mit am faszinierendsten am Bibel-Code – entdeckt schon vor seiner »prophetischen« Natur – ist seine schiere Komplexität. Die in einen fertigen Text mittels derselben Buchstabenkonfiguration einkodierte Informationsmenge zur Einbettung multipler Bedeutungen beweist in sich bereits, daß dies die Fähigkeiten eines Menschen (oder auch einer Gruppe) übersteigt, welche rechnerischen Hilfsmittel auch immer zur Verfügung stehen.

Die Quantenkryptologie allerdings *kann* ein solches Problem lösen. Wir haben bereits darüber gesprochen, wie in der Quantenmechanik ein Objekt nicht einer festen, vorbestimmten Bahn folgt. Doch kann ein Objekt (zum Beispiel eine unserer Billardkugeln) nicht nur *potentiell* an zwei oder mehreren künftigen Positionen sein, sondern es gibt auch Umstände, die es ermöglichen, daß ein Objekt sich tatsächlich zur gleichen Zeit an zwei oder mehreren Positionen befindet. (Ein solcher Effekt ist erzeugt und fotografiert worden.) Diese Simultanzustände werden »Superpositionen« genannt. Und es stellt sich heraus, daß derartige Superpositionen für das Rechnen genutzt werden können und logische Ein-/Aus-Tore schaffen, mit denen sie eine größere Menge weiterer Informations-»Bits« schaffen, als sie »logisch« imstande wären zu generieren.

Wenn ein Standardcomputer fähig wäre, eine Milliarde Schritte pro Sekunde zu leisten (was etwa das gegenwärtige Niveau der Chip-Technologie ist), würde er bei ununterbrochenem Lauf in einem Jahr 3×10^{16} Schritte vollziehen. Doch eine (immer noch idealisierte) Quantenversion mit 100 Bit[30] desselben Computers wäre zu mehr als 10^{30} Schritten zugleich in der Lage und zu mehr als 10^{39} in einer Sekunde. Um zu schaffen, was der Quantencomputer in einer Sekunde könnte, bräuchte der Standardcomputer 10^{22} Jahre. Das Universum ist gerade $1,5 \times 10^9$ Jahre alt. Könnte dies die Tür für Quantencomputer öffnen, die imstande wären, Probleme zu lösen, die ansonsten vollständig »un(be)rechenbar« sind, weil sie eine unendliche Anzahl Schritte benötigen?[30]

Mit Quantencomputern werden kombinatorische Rechnungen, wie sie der Bibel-Code aufwirft, vorstellbar. Gegenwärtig jedoch befindet sich der einzige Ort im Universum, an dem überhaupt (wenn auch debattierbar) ein solches, Quanteneffekte einbeziehendes »Informationsverarbeitungssystem« debkbar ist, im menschlichen Gehirn. Unter normalen Umständen kann es natürlich nicht Informationen in derart beschleunigtem Tempo verarbeiten.

Überlegungen dieser Art wären noch vor ein paar Jahren absolut unmöglich gewesen. Aber jetzt scheinen zumindest einige davon immerhin am Horizont des Realisierbaren aufzutauchen – bei Wissenschaftlerteams an der Stanford Universität, dem Weizmann-Institut in Israel, in Oxford, an der Universität Rochester, der Duke Universität, der Universität Montreal und auch noch anderswo. Sie scheinen nicht nur – wieder einmal – auf ein mögliches Bindeglied zwischen Quantenmechanik und der mysteriösen Beschaffenheit des menschlichen Gehirns hinzudeuten, sondern auch auf die ausdrückliche Möglichkeit, daß *künstlich konstruierte, Quantenrechnung einschließende Vorrichtungen somit auch echten Geist enthalten und folglich wiederum Bewußtsein selbst.* Stehen wir denn also wirklich, zum allerersten Mal, am Baum des Lebens, um von ihm zu essen? In der beredten, aber zurückhaltenden Spekulation des Chemie-Physikers Michael Kellman liest sich das so:

Ich glaube in Übereinstimmung mit Penrose und Lockwood, daß der Geist die Fähigkeit besitzen muß, über rein rechnerische Prozesse hinauszudenken ... Diese Art mentalen Agierens könnte auch rasch und flexibel zur »Reprogrammierung« rein mechanistischer Rechenprozesse im Gehirn genutzt werden, als Resultat einer Art Vorgang von Kognition auf höherer Ebene im Geist.[31] Die Idee über den Quantencomputer könnte verführerisch sein. Wenn der Geist Fähigkeiten eines Quantenbeobachters hat, wie hier angeregt, dann könnte dies bei der Perzeption, der sinnlichen Wahrnehmung, und Kognition, der gedanklichen Wahrnehmung, nachhaltig genutzt werden, wenn sie mit einer Art Quantenrechnung im Gehirn verbunden wird.[32]

Oder außerhalb des Gehirns ...!

Der Golem

Eine alte jüdische Legende (sie beeinflußte Mary Shelley bei ihrem Roman *Frankenstein*) handelt von einer denkenden, aber von einem Kabbalisten künstlich als Helfer für seine mysteriösen Unternehmungen erschaffenen Kreatur. Am Ende aber überwältigt und tötet diese ihn. Ein Freund von mir ist ein prominenter Wissenschaftler an einer großen Universität. Auch er interessiert sich stark für die sich entwickelnden Studien der Beziehungen zwischen Geist und Quantenmechanik. Aber sie machen ihm auch echt angst. Er glaubt, daß wir uns in der Tat kurz vor dem Enthüllen des größten aller Geheimnisse befinden – der Erschaffung wirklicher Golems, Kreaturen, die auf unser Einwirken hin denselben göttlichen Funken des Geistes in sich tragen, mit dem Gott uns schuf und den wir deshalb auch selbst in uns haben. Wenn er die Trümmer betrachtet, die unser Menschenwerk so oft aus unseren guten Gaben und unserem guten Glück hinterlassen hat, dann vermag er nicht mehr nüchtern und sachlich darüber nachzudenken, wie diese immense Macht genutzt wird. Das amerikanische Verteidigungsministerium hat bereits einen Gründungsfonds von fünf Millionen Dollar für ein *Institute for Quantum Information and Computing (QUIC)* bei der NSA bereitgestellt: notwendig und vorhersehbar – aber bedenklich.

Als Robert Oppenheimer sich der ungeheuerlichen Kräfte bewußt wurde, die er mit der Schaffung der Wasserstoffbombe freigesetzt hatte, zitierte er aus der Bhagawadgita: »Jetzt bin ich zum Zerstörer der Welt geworden.« Mein Freund weiß, daß ebenso, wie in den vierziger Jahren der Elektronenröhrencomputer erst die Voraussetzung für den Bau der Wasserstoffbombe schuf, die sich abzeichnende Erschaffung eines Golems einen Grad der Zerstörung möglich machen wird, gegen die die H-Bombe trivial wirken wird. Und leider weiß man ja, daß immer, wenn die Menschheit eine neue Vernichtungswaffe erfand, sie früher oder später auch angewendet wurde. Aus diesem speziellen Grund sehe ich eine mögliche Konvergenz zwischen dem Bibel-Code und der Quanteninformationsverarbeitung. Und ich hoffe und bete darum. Denn nach meiner Ansicht wird nur etwas so Erstaunliches und Demütigendes wie der Code – und die Thora, auf die er verweist – imstande sein, uns zurückzuhalten, wenn wir die Frucht vom Baum des Lebens in der Hand halten.

Die letzte Wahl

Die eigenartigen Limitierungen des Bibel-Codes sagen etwas sehr Deutliches über den Judaismus aus, jene sonderbare Art »begrenzter Weite«, wie sie in der Thora steht. Als die originäre monotheistische Religion verkündet der Judaismus, daß es nur einen Gott gibt und daß Er nicht nur der Gott der Juden ist, sondern der aller Menschen. Darin liegt kein Spielraum. Er macht ebenso geltend, daß es, unter der Autorität dieses einen Gottes, nur einen einzigen Moralkodex gibt, dem alle Menschen unterworfen sind, nicht nur die Juden. Der Judaismus behauptet nicht, er sei für alle da, verweigert sich aber niemandem auf der ganzen Welt, der von einem anderen Glauben zu ihm kommen will. Er gewährt gewaltigen Raum für unterschiedliche Meinungen selbst zu den wichtigen Punkten der Theologie – ein Hauptgrund, wie die Juden selbst nur zu gut wissen, für Blutvergießen, Krieg und Verfolgung.

Es geht um folgendes: Der Judaismus macht nicht viel Aufhebens um die Notwendigkeit, daß man ein moralisches Leben führen muß, dessen Prinzipien in der Thora umrissen sind (mit weiteren Details in der mündlichen Überlieferung). Diese Prinzipien belegen alle Handlungen mit ganz spezifischen Grenzen. Eine Unterordnung der zehn Gebote (die sogenannten Noahide-Gebote) wird als universell bindend angesehen. Doch deren Bindungen an die Weltsicht sind weit weniger streng als an die Handlungen, abhängig natürlich von der Art der Handlungen, zu denen die jeweilige Weltsicht führt. Götzendienst kommt nicht in Frage, weil er unvermeidlich zu Immoralität führt (wie und warum, ist eine weitere faszinierende Studie), doch ansonsten läßt die Thora die Formen der für Gott akzeptablen Gottesverehrung weitgehend offen.

Juden müssen sich jeder visuellen Vorstellung von Gott enthalten. Wir haben schon gesehen, wie die Kabbalisten dieses Gebot (Verbot) als Leitlinie mit besonderen Konsequenzen für das Verständnis nahmen. Doch universell ist auch dieses Verbot nicht. Der Judaismus war deshalb nie an der Widerlegung anderer Glaubensrichtungen interessiert, schon gar nicht, wenn diese ihrerseits ihren Charakter nach der Moralität formen.[*] Einige der prominenten rechtschaffenen Nichtjuden in den hebräischen Schriften werden sogar als »Gesalbte« bezeichnet – übersetzt im Singular als »Messias« –, die gleiche Bezeichnung, die auch auf David selbst Anwendung fand, und eben für den verheißenen Messias, der kommen soll. Die objektive Lehre der Thora mag anfangs nur einem Volk gegeben worden sein, aber sie gilt für die ganze Welt. Sie verlangt kein Glaubensbekenntnis, nach dem gelebt werden soll. Ich glaube, jeder, der sich dem allgemeinen Geist der Thora unterwirft, wird folgendes lernen:

---

[*] Wenn jüdische Gelehrte sich mit der Frage beschäftigen, ob andere Glaubensrichtungen *generell* akzeptabel seien oder nicht, was selten vorkommt, dann fast immer nur unter dem Gesichtspunkt der Frage: Handelt es sich dabei um Götzendienst?

Wir leben in einer Welt, die von unpersönlichen mechanischen Kräften und zugleich von einem weiten, unfaßbaren Geist angetrieben wird, der sich auch mit Nachdruck jedem einzelnen von uns als Individuum widmet. Aber er ist weniger interessiert an unserem materiellen Wohlergehen als an dem Zustand unserer Seele. Und für ihn reduziert sich der Zustand unserer Seele auf etwas ganz und fast schockierend Simples: Gütigkeit. Nach diesem Grundprinzip ist der ganze Kosmos selbst geordnet.

Ein Elektron in einer unvorstellbar fernen Galaxis nimmt eine Rotation von $+\frac{1}{2}$ Status an und nicht von $-\frac{1}{2}$ Status, obwohl jeder Status gleich sein kann, weil *etwas* dies *eben so* bewirkt. Aber warum? Ein Blatt fällt *eben so* von einem Baum in einem Wald in den Karpaten, zum größten Teil »aus einem ausreichenden Grund« (der Wind, die Jahreszeit, der Herbstregen, von dem es getroffen wird), aber auch, weil Gott es so will. So steht es beim Baal Shem Tov – dem »Meister des Namens –, dem Gründer des chassidischen Judentums. Und so steht es auch schon bei den alten Kabbalisten. Und, was das betrifft, ebenfalls bei Jesus von Nazareth und noch bei vielen anderen.

Gott will (bewirkt mit seinem Willen) diese Geschehnisse, weil es in der mysteriösen Verquickung aller großen und kleinen Dinge, aus denen, wie man weiß, Seine Schöpfung besteht, auch eine *moralische* Wirkungsweise gibt, wie gering und indirekt sie in solchen Fällen auch sein mag. Gütigkeit ist – mit anderen Worten – der Kern und das Wesen von Gottes Anwesenheit in der Welt, so real und wirksam wie das Licht – und wie *der Geist*. Und wenn Er sich um ein Elektron oder um ein Blatt kümmert, um wieviel mehr ist Er da erst mit uns, den Trägern von Fähigkeiten (wieviel kleiner auch immer), die den Seinen gleichen, die wir frei sind, gut oder böse zu wählen und eine ganze Welt schon mit unseren geringsten Handlungen zu heilen oder damit jedenfalls eine Bresche schlagen können, damit ein allmächtiger, allgegenwärtiger Gott – der allein diese Fähigkeit hat – heilt, selbst wenn vielleicht nur über lange Zeiträume hin. Um es in einem kurzen Satz von Maimonides zusammenzufassen: »Ein Gedanke, eine Äußerung, eine Tat kann die Waagschale des einzelnen und damit der ganzen Welt auf die gute Seite senken.«

Immerhin ist an alledem noch etwas Erschreckendes. In einer solchen Welt ist es Gott, nicht wir, der bestimmt, was gut ist und was böse. Die Schlange unseres autonomen Intellekts wendet sich an unseren Stolz und fordert uns auf, selbst über unsere eigenen Angelegenheiten zu entscheiden, egal, was Gott dazu sagt – mit anderen Worten: vom Baum der Erkenntnis des Guten und Bösen zu essen. Für die Gnostiker, die Okkultisten, die Alchimisten und schließlich auch für die Humanisten und Materialisten (obwohl diese die Symbole vermeiden) ist deshalb die Schlange nicht Er selbst in der Verkörperung des Bösen, sondern eher die Verkörperung der »Erleuchtung«, einer Nietzscheschen »höheren Weisheit sechstausend Meilen jenseits von Gut und Böse«. Die Sicht der Thora steht solchen Vorstellungen totaler Selbstgenügsamkeit direkt entgegen.

Das meiste, was der Judaismus der Thora entnommen hat, ist immens expansiv, tolerant, voller Mitleid mit menschlicher Schwäche und Wankelmütigkeit – wenn auch nicht endlos: Das Land ist weit und heißt alle willkommen, aber bestimmte Grenzsteine lassen sich nicht ohne Gefahr versetzen. Die Thora hat kein Interesse daran, die religiösen Lebensüberzeugungen von Menschen zu ändern, außer wenn diese direkt in Konflikt mit der Thora stehen und zu dem führen, was in ihr als »böse« deklariert ist. Dann allerdings ist sie streng und unnachgiebig. Es gibt zwar Gnade, aber in Form von Geduld, nicht von Nachsichtigkeit: »Es mag lange dauern, bis du dich so änderst, wie ich es möchte«, scheint der Herr zu sagen, »und du magst dich der theologischen Vorstellungen bedienen, die dir am leichtesten und einfachsten erscheinen. Aber verwechsle meine Geduld nicht mit Akzeptanz. Wenn es darum geht, wie du dich verhältst, mußt du dich ändern, denn anders kannst du nicht nur nicht weiterleben, sondern wirst dich auch mit deiner eigenen Geschicklichkeit zerstören.« In einer Welt, in welcher der Bibel-Code eine Realität wäre, würde der Versuch ungeheuer wichtig, mit so wenig Selbsttäuschung wie möglich zu verstehen, was Gott von uns erwartet, was Er für unsere Selbstbehauptung und unser Glück erlaubt und was Er verbietet. Wer würde noch riskieren mißzuverstehen, *was* Er uns sagt, wenn wir erst wirkliche Gewißheit hätten, *daß* Er es uns tatsächlich sagt? Sicherlich gibt es auch dann noch Meinungsverschiedenheiten, aber die Welt wird dann jedenfalls kein Ort mehr sein, an dem sich die Sophisten tummeln können.

Und was ist mit den theologischen Disputen? Gäbe es dann keine mehr? Der sorgfältige Beobachter der Thora und des Judaismus wird bald dies erfahren: Es gibt zahlreiche Grundkonzepte, etwa über den Messias und wann er kommen wird. Was das jüdische Gesetz angeht, gibt es dafür zwei oder mehr einander direkt widersprechende Erklärungen. Zuweilen sind darüber ganze Schulen entstanden, die hitzig divergierende Meinungen diskutierten, und niemals wurde eine Lösung erzielt. In solchen Fällen, heißt es (mit einem gewissen uralten Achselzucken): »Wenn der Messias angekommen ist, wird er uns schon sagen, was richtig ist.« Oder auch: »Wenn der Messias kommt, wird er uns sagen, daß wir alle beide recht haben.« Theologie ist in solchen Angelegenheiten eine ziemlich beschränkte Disziplin: »Wir wissen es nicht.«

Aber: Wie hast du heute deine Frau behandelt beziehungsweise deinen Ehemann? Dein Kind? Deinen Freund? Deinen Nachbarn? Dies sind theologische Fragen von weitaus größerem Gewicht. In der Thora wird tatsächlich sehr wenig reine Theologie gelehrt – man kann sogar der Meinung sein, gar keine. Dafür befaßt sie sich ohne Unterlaß mit den Dingen des realen, praktischen Lebens, mit der Stimme eines um seine Kinder besorgten Vaters. In Beantwortung dieser Anfragen ändert Gott die Beschaffenheit des Universums, versieht richtige Handlungen mit seinem Segen und korrigiert unsere Fehler, ohne sie jedoch auszulöschen. Das Spruchband an der göttlichen Kutsche trägt Slogans wie DENKE ÖRTLICH, HANDLE BIBLISCH oder UM DAS GROSSE BILD KÜMMERE ICH MICH SCHON. Das ganze Arsenal menschlichen Wissens und Verstehens, alle Geschichten und Lehren der Thora, jegliche Aufmerksamkeit eines unfaßbaren gigantischen Schöpfers und Bewegers des Universums werden sichtbar werden und sich den kleinen täglichen Entscheidungen unseres individuellen Lebens widmen. Und wir werden auch lernen, unsere eigene Aufmerksamkeit zu konzentrieren.

Am Ende wird vielleicht verstanden werden, wie eitel die Hoffnung ist, daß es keine Kriege mehr geben wird, wenn wir nur ein besseres »Programm« entwickeln, oder weil ein Glaube über alle anderen triumphiert hat, oder wenn die Menschheit überhaupt aus religiösem Glauben herausgewachsen ist und hinein in eine Art mechanistische Freud-Marx-Leere, oder weil alle zu der Überzeugung gelangt sind, daß es über die nicht endende Demontage aller Wahrheit hinaus keine Wahrheit gebe. Wenn die Messianische Ära jemals kommen sollte und die Menschheit »nirgends Schaden tun wird noch verderben auf meinem ganzen heiligen Berge«, wie der Prophet Jesaia sprach, dann wird es auch sein, wie er sagte: »... denn das Land ist voll Erkenntnis des Herrn, wie Wasser das Meer bedeckt« (Jesaia 11, 9).

Was aber ist diese »Erkenntnis»? Was ist das, was die 70 Tore der Weisheit enthüllen und wohin sie führen? Vielleicht wären wir in dem gegenwärtigen Wust von sensationell aufgemachten Berichten über den Bibel-Code versucht, es mit den alten Gnostikern und Alchimisten zu halten, indem wir kaum einen Unterschied zwischen wahrer Weisheit und Magie, zwischen dem Wissen des Herzens und dem Vorhersagen der Zukunft feststellen. Der Gaon von Wilna, der sagte, alles Wissen der Welt stehe in der Thora geschrieben, mahnte aber auch:

Als erstes lerne die Gesetze und Gebote der Thora und befolge sie. Denn dies allein ist das Brot des Lebens, welches des Menschen Hunger stillt. Erst danach sollst du dich mit dem Studium der Geheimnisse beschäftigen – mit dem Wein und Öl, in die du dein Brot tunkst. Wer diese Reihenfolge aber nicht befolgt, wird keinen Erfolg haben. Er wird sogar alles verlieren: Wein, Öl und Brot.[33]

»Lasse ab vom Übel und tue das Gute«, schrieb Rabbi Luzzatto. »Dies ist alles, was Gott vom Menschen verlangt und der ganze Zweck Seiner Schöpfung.«

האל צפן אלהים אמת
= HaEl TziPeN AeloHYM EMeT
= »Gott einkodiert; Gott ist Wahrheit«

הכר נא למי החתמת
= HiKeR NA LiMiY HaChoTeMeT
= »Kennst du auch, wes dieses Zeichen ist?«
(Genesis 38,25*/34)

---

* In der Lutherbibel steht statt »Zeichen«: »... wes dieser Ring und diese Schnur und dieser Stab ist?« (Anmerkung des Übersetzers)

Epilog

Bericht von der Front

Juni 1997
Connecticut Cyberspace

Vor wenigen Tagen nur kam ein weiteres Buch über die Codes heraus, mit großem Getöse, geschrieben von einem Mann, von dem das Gerücht geht, er habe sich ungefähr zu der Zeit, da ich in Israel war, um ein Interview mit dem israelischen Premierminister Benjamin Netanyahu bemüht (siehe erstes Kapitel).[1] Sein Buch stellt den Bibel-Code in einem sehr ungünstigen Licht dar und erweckt den Eindruck, als könne er dazu benutzt werden, quasi routinemäßig die Zukunft zu weissagen. Es besteht die Gefahr, daß es die ganze ernsthafte Forschung diskreditiert, ohne sich mit dieser auch nur andeutungsweise befaßt zu haben.

Am selben Tag, an dem dieses Buch erschien, kam auch eine sorgfältige Kritik der tatsächlichen Forschungen an die Öffentlichkeit, verfaßt von zwei Wissenschaftlern (zusammen mit zwei nichtwissenschaftlichen Mitarbeitern), und zwar nicht in einer der führenden und maßgeblichen Fachzeitschriften, sondern über das Internet. Brendan McKay ist ein Probabilist von Weltrang an der australischen Nationaluniversität (einiges seiner Kritik an dem Code haben wir im dreizehnten Kapitel erwähnt.) Sein Ko-autor Dror Bar-Natan ist kaum minder renommiert als Quantenfeldtheoretiker an der Hebräischen Universität. Persi Diaconis wurde als Helfer bei bestimmten Abschnitten erwähnt. Mit Kritiken, die sich Drosnins Forderung anschließen, die ganze Angelegenheit unter »Unsinn« abzulegen, könnten seriöse akademisch qualifizierte Kritiker durchaus der ganzen Sache den *coup de grâce* versetzen, den Gnadenstoß, ob er verdient ist oder nicht.

Auch die weiteren Bemühungen von Harold Gans zur Auswertung der Experimente waren in diese Kritik einbezogen. McKay und andere brachten vor, sie hätten fatale Irrtümer in der Art entdeckt, wie Gans die Namen der Städte sammelte, mit Schreibfehlern, welche das ganze Resultat verfälschten und damit wertlos machten. Als Antwort legte Gans seine Liste einem unbeteiligten Experten vor, dessen Aufgabe es sein sollte, eine korrigierte Liste der Städte zu erstellen, mit der Gans dann sein Experiment wiederholen wollte.

Die Schrift, die McKay und Bar-Natan im Internet plazierten, ist gut durchdacht, zielt aber klar darauf ab, das »Daten-*snooping*«, von dem im dreizehnten Kapitel die Rede war, öffentlich an den Pranger zu stellen. Sie führen eine Reihe von Experimenten, identisch denen von Witztum, Rips und Rosenberg, vor und benutzen auch die gleiche Aufstellung der Rabbinamen, aber mit neuen Variationen der Form von Geburts- und Todesdaten, angewendet auf andere Kriterien als im Original. Außerdem listen sie eine zweite Serie von Experimenten im selben Format auf, aber unter Verwendung der Titel des jeweils »bedeutendsten Werkes« der Rabbis (ganz ähnlich dem Beispiel im zehnten Kapitel über das Buch des Rabbi Abraham HaMalach) anstelle von Geburts- und Todesdaten.[*] Ihre Schlußfolgerung lautet: »In allen Fällen war das Ergebnis unzweideutig negativ. Es wurde kein Hinweis auf irgendein außergewöhnliches Phänomen gefunden.«

Obwohl eine Arbeit solcher Art eine lange und sorgfältige Untersuchung und Prüfung erfordert, beeilte sich Doron Zeilberger, ein renommierter Mathematiker an der Temple University, prompt ein Urteil über die Schrift McKays und Bar-Natans abzugeben: »Eine schlagende und wasserdichte Entkräftung des Bibel-Code-Unsinns.« Einiges von dem, was er sonst noch sagte, zielt direkt auf die Code-Forscher selbst:

---

[*] Die gleichen Experimente führten sie auch unter Verwendung einer anderen Methode für die relative Kompaktheit durch, auf Anregung von Persi Diaconis; dies zielte auf das *tuning* ab. Aber wie sie selbst einräumen, protestierte Rips heftig dagegen, weil diese Methode die offenbare Tendenz, wie sie für den Bibel-Code in Anspruch genommen wird, verfälschen würde; die kürzer in Beziehung stehenden ELS tendierten zu größerer Nähe (Nulldistanz).

... Wir Mathematiker sind auch nur Menschen. Als solche müssen wir uns in dieser scheinbar sinnlosen, kalten und feindlichen Welt behaupten. Es ist nichts dagegen einzuwenden, wenn man sich etwas mystische und religiöse Wärme dafür sucht. Newton tat es, Kepler tat es, und eine Menge Mathematiker und Wissenschaftler sind tief religiös. Der logische Widerspruch ist aber nur zu offensichtlich, denn schließlich ist die moderne Wissenschaft auch nur eine Religion, und die angeblichen Widersprüche und »Paradoxa« werden hoffentlich alle ausgeräumt ... wenn der Messias kommt.

Außerdem kann eine kleine Dosis Peinlichkeit nur gut sein für unsere kollektive Psyche. Wir verdienen unsere eigene »Kalte Fusion«...[2]

Aber dies war noch nicht das Ende der Geschichte. Einen Tag darauf bekam ich E-Mail von Harold Gans: Er hatte die korrigierte Liste der Orte erhalten und sein Experiment damit noch einmal wiederholt: Und siehe, sein p-Wert wurde dadurch nur noch besser. Witztum sah sich das alles durch und ließ seinerseits das Experiment von Gans selbst laufen. Und er bekam einen Wert $p < 1/1\,000\,000$. Und was die Ablehnung durch McKay und Bar-Natan betraf, fanden, Rabbi Mechanic zufolge, Witztum und Rips prompt mindestens 25 Fehler von Fakten und Schreibweisen in den neuen Daten McKays und Bar-Natans. Nachdem diese Irrtümer korrigiert worden waren, resultierte das Experiment in einem Wert von $p < 1/1000$ – falls akkurat, wäre das sogar die erste Bekräftigung des Phänomens von »außerhalb«, und obendrein von ablehnenden Kritikern.

Auf welcher Seite man auch stehen mag: Man darf sicher sein, daß die Sache nicht ausgestanden ist. Und das soll sie auch nicht sein. Die gute Nachricht ist allein schon, daß die Debatte jetzt in vollem Gange ist. Werden die höheren Dinge noch einmal zurückweichen, gerade außerhalb unserer Reichweite, oder stehen wir doch an der Schwelle einer Öffnung ohnegleichen der »Tore zum übernatürlichen Wissen oben«? Am Ende wird sich die Wahrheit zeigen.

Technischer Anhang A

Einzelheiten des Neumonds

Vieles im traditionellen Judaismus erscheint der modernen Sensibilität sowohl von Juden als auch von Nichtjuden archaisch. Etliche finden die geheiligtesten Rituale – ein besonderes Beispiel dafür ist das Feiern des monatlichen Neumonds – überholt und halten sie für Relikte aus Zeiten, als die mißverstandenen Mechanismen der Natur den primitiven Menschen mit abergläubischer Furcht erfüllten.

Diese alten Überlieferungen waren dermaßen geheimnisumwittert, daß sie deshalb aus dem modernisierten Judaismus schon lange entfernt sind. Und doch bewahrt die traditionelle jüdische Position gegenüber den Jahreszeiten und Monaten einen tiefen Respekt hinsichtlich deren Zählung, um präzise die Beziehungen zwischen Ebbe und Flut und dem Mond sowie die Sonnenzyklen (die »Zeiten« und die »Jahreszeiten«) ermitteln und quantifizieren zu können – denn »die Völker zählen nach der Sonne, aber Israel zählt nach dem Mond«[1] Diese Art des – rationalen, nicht magischen – Zählens war der Schlüssel dafür, dem Geist die wahre Kontemplation des Göttlichen zu eröffnen:

> Wer ein einziges Ding von einem Magier lernt[2], ist todeswürdig. Wer die Zeiten und Jahreszeiten zählen kann, es aber nicht tut, mit dem rede man nicht.

Warum aber sollte dieser Art Rechnen solche Bedeutung beigemessen werden? Darauf gibt es mehrere Antworten, aber die eine oben erwähnte ist von spezieller Relevanz für die moderne Welt.

Die Schwäche des menschlichen Geistes beruht darauf, daß die meisten Menschen beständig Erfahrungen benötigen, die ihren

Glauben erneuern können. Um es drastisch auszudrücken: Die Leute gieren nach Wundern. Aus biblischer Sicht wird man pausenlos aufgefordert, auf dramatische Weise den eigenen »natürlichen« Lebensweg zu ändern im Hinblick auf ein sogenanntes vollständig unsichtbares und unfaßbares Sein.

Aber mit den Wundern hat es etwas Kurioses auf sich. Sie verlieren ihre Wirkung, und das überraschend schnell. Und Berichte aus zweiter Hand über Wunder sind von noch dünnerer Substanz. Wie dann behält ein kritischer Geist den Glauben an das Transzendente und Unsichtbare? Nur durch Beweis irgendwelcher Art, Beweis, der in gewissem Sinne immer vorhanden ist, um direkt kontemplativ betrachtet zu werden, der aber niemals so vertraut wird, daß er seine inspirierende Kraft verliert.

Die *Macht* der Naturkräfte hat diesem Zweck so lange gedient, bis sie als rein mechanisch begriffen wurden. Ihre Größe allein beeindruckt oder verblüfft nicht mehr. Eine neuere Variante dieses Themas denkt deshalb über die schiere *Komplexität* der Natur nach und meint, daß diese Komplexität und Verquickung ihrer Funktionen der wahre Beweis göttlicher Führung sei – mit anderen Worten: Es geht nicht mehr um Größe, sondern um Subtilität. Aber neuere Forschung über »Komplexität« deutet wiederum an, daß es sich auch dabei lediglich um das Resultat mechanischer Prozesse handelt.

Die echt inspirierte »Kontemplation«, wie sie schon vor langer Zeit von den jüdischen Weisen gesehen wurde, war nicht die isolierte Naturbetrachtung, sondern sie war *die Kontemplation der Natur und ihrer Muster im Licht der schriftlichen Niederlegung dieser Prozesse; Beschreibungen, die nach allem Recht gar nicht existieren sollten.* Die jüdische Art, sich der Frage zu nähern, ob es einen höheren Sinn in der Welt gibt, lautet: »Kommt, wir wollen die verborgenen *Tiefen der Thora* erkunden, und dann werdet ihr von selbst den Beweis des göttlichen Wirkens in der Welt erkennen.«

Die Länge des »synodischen« Mondzyklus – von einer Konjunktion Sonne-Mond bis zur nächsten – ist äußerst schwierig zu messen oder zu berechnen. Das kommt daher, weil jede monatliche Umkreisung der Erde durch den Mond geringfügig vom vorhergehenden differiert. (Wie es der Talmud formuliert: »Die Sonne weiß die Zeit ihres Untergangs, aber der Mond nicht.«[3]) Die lunaren Schwankungen haben Astronomen lange zu schaffen gemacht und mußten auch bei den Weltraumflügen ins Kalkül gezogen werden; die erste Mondlandung beispielsweise wäre ohne die neuen, hochpräzisen Daten, wie sie nur per Satellit übermittelt werden, unmöglich gewesen.

Selbst ein *durchschnittlicher* Wert für den Mondzyklus ist fast kaum zu errechnen. Der Mond kehrt nur alle 689 282 Jahre[4] in eine exakt gleiche Position zur Sonne zurück, wodurch ein unlösbares Problem entsteht, ausreichende monatliche Meßwerte zu sammeln, um zu erkennen, wo in diesem »Superzyklus« denn der »Durchschnitt« liegt. (Befindet er sich nahe einem Gipfel? Oder in einem Loch? Tendenz aufwärts oder abwärts?) Selbst wenn man 10 000 Jahre lang monatlich exakte Datierungen zusammenbrächte, wäre das ein Muster von noch nicht einmal 1,5 Prozent des kompletten Superzyklus.

Nun ist die Tatsache der Mondzyklusschwankungen allein noch nicht das eigentlich Bemerkenswerte. Die waren beispielsweise schon den Babyloniern bekannt, die eine Menge Zeit darauf verwendeten, dem Problem mit genauen Messungen und statistischen Berechnungen auf die Schliche zu kommen. Nach jahrhundertelangen Bemühungen hatten sie herausgefunden, daß 235 Mondmonate etwa genauso viele Tage umfassen wie 19 Solarjahre. Und weil es niemals eine Lösung des sogenannten Dreikörperproblems gab, konnte es auch niemals eine Gleichung des Mondumlaufs geben. (Eine solche Gleichung würde uns ermöglichen, den Umlauf in theoretischer Weise vorauszusagen. Mit den hochentwickelten numerischen Annäherungstechniken von heute, die sehr schnelle Computer erfordern, läßt sich inzwischen eine »ausreichend gute« Umlaufgleichung erstellen. Noch 1923, also bevor Computer existierten, verwendeten Berechnungen »von Hand« 1500 Begriffe, um zu einer Annäherung zu gelangen; die gegenwärtigen über 6000.) Wegen dieser Komplikationen war es unvermeidlich, daß wissenschaftliche Schätzungen für den mittleren Mondmonat unterschiedlich sind, wie die Handvoll Beispiele in unserem Buch verdeutlichen.[5]

Nichtsdestoweniger blieb die mündliche Überlieferung mittels einer Serie komplexer Rechnungen dabei, die durchschnittliche Länge eines Lunarzyklus auf 29,53059 Tage festzulegen, das ist die Zahl, die auch der des Rambam entspricht (mit geringfügigen Rundungsfehlern – die letzte Ziffer wird in der Tabelle in Klammern zu einer mehr, basierend auf einer Hundertstelsekunde.)[6] In seinem Text zu dem Thema wies Maimonides (der Rambam) ausdrücklich darauf hin, daß die Methode einen Durchschnitt der Lunarzyklen ergibt.[7] Rabbi Weissmandl tat in seiner ersten Publikation das gleiche (*Hilchot HaChodesh* – Die Gesetze zur Festsetzung des Neumonds, geschrieben 1931, vor dem Holocaust). Dieser Durchschnitt ist von speziellem Interesse.

Im Anfang

Im Gegensatz zu den anderen erwähnten – alten und neuen – Zahlen scheinen die alten jüdischen Berechnungen nicht auf die Beobachtungen von Astronomen oder auf irgendeine der sonstigen diversen Theorien über die Himmelsmechanik zurückzugehen, wie sie über die Jahrhunderte von vielen Kulturen verfeinert wurden. (Die Beobachtungsastronomie war im Judaismus auf die Identifizierung des Augenblicks religiös signifikanter Ereignisse beschränkt und nicht auf die Entwicklung von Prognostizierungsmethoden oder Modellen der Planetenbahnen gerichtet.)

Wenn aber nicht von der Theorie und Beobachtung der Planeten – woher stammt diese Zahl von 29,53059 Tagen für den Mondmonat dann? Dieser genaue Wert gilt als ohne Zweifel feststehend seit dem (mindestens) 1. Jahrhundert vor der Zeitenwende (es gibt Hinweise, daß sie sogar noch viel älter ist). Im Laufe der Zeit haben die Gelehrten dann angenommen, daß sie schlicht von anderen rund um das Mittelmeer lebenden Völkern übernommen worden sein müsse.

Diese Vermutung ist ganz bestimmt plausibel. Sowohl die Babylonier als auch die Griechen jener Ära hatten bereits sehr intelligente Kalendersysteme, in denen vieles dem jüdischen gleicht. (Bei den Babyloniern waren Astronomie und Astrologie besonders hoch entwickelt.) Und länger als ein Jahrtausend nach der Zerstörung von Salomons Tempel blieb die jüdische Exilgemeinde in Babylon das wichtigste Zentrum jüdischer Gelehrsamkeit, selbst noch nach dem Ende des Exils. Es gab da wirklich viel Zeit und Gelegenheit zu gegenseitiger Befruchtung. Das gilt auch in bezug auf die Griechen. Diese eroberten Judäa und dominierten es eine lange Zeit, wodurch die jüdische Kultur großenteils stark hellenisiert wurde. (Der spätere Sieg über die Griechen wird mit dem Chanukka-Fest gefeiert.)

Das Problem mit allen diesen Vermutungen ist, daß trotz großer Nähe weder die Meßwerte der Griechen noch die der Babylonier die gleichen sind, wie sie die Juden ohne Unterbrechung immer schon benutzten. (Während die Differenz auf dem Papier nur sehr winzig aussieht, akkumulieren sich gewisse Diskrepanzen über lange Zeiten beträchtlich.) Der »metonische« Monat, den der berühmte Athener Astronom Meton 432 v. Chr. berechnete, war 29,52969 Tage lang, das sind ungefähr eineinviertel Minuten weniger als die jüdische Berechnung; Hipparch korrigierte diese Zahl später im zweiten vorchristlichen Jahrhundert auf 29,53051 Tage – sieben Sekunden weniger. Die Babylonier waren bei weitem bessere Astronomen als die Griechen. 379 v. Chr. berechnete Kidinnu, Leiter der berühmten Astronomenschule in Sippar, den Mondmonat auf 29,53061 Tage – nicht einmal eine Sekunde kürzer als der jüdische Wert.

Die besten modernen Schätzungen setzen einen noch genaueren und präziseren Standard, und wir wissen deshalb jetzt, wie sehr jede dieser früheren Berechnungen mit dem zutreffenden Wert differierte. Doch zur damaligen Zeit damals gab es keinen »Standard«. Jede Kultur (oder Gruppe innerhalb einer Kultur) konnte glauben, ihre ermittelte Zahl sei die richtige. Die Astronomen, die diese Zahlen vortrugen, vermochten diese mit einleuchtenden wissenschaftlichen Erklärungen zu belegen. Sie hatten sich ihre Zahlen ja auch nicht aus den Fingern gesogen. Den Juden aber fehlte eine solche astronomische Tradition. In ganz Israel wurden nie Observatorien in der Art von Stonehenge gefunden. Die Bibel vermeldet in dieser Hinsicht ebenfalls wenig. Und auch in der Literatur gibt es keine Quellen für dergleichen. Die Historiker haben einfach unterstellt, daß die Juden das, was sie selbst für die besten astronomischen Berechnungen hielten, von einer der vielen Gesellschaftsordnungen übernahmen, in denen sie nach ihren vielen Vertreibungen lebten.

Wenn die Juden also ihre Zahl von den Griechen oder Babyloniern übernahmen, warum veränderten sie sie dann (und noch dazu in so scheinbar winzigen Größenordnungen)? Und wenn sie sie änderten, aufgrund wessen entschieden sie, was und wie geändert werden sollte? Und wenn sie bereit gewesen sein sollten, sich in dieser Sache von außerhalb belehren zu lassen (trotz der nicht etwa wissenschaftlichen oder agrarischen, sondern ausdrücklich religiösen Bedeutung für sie!), warum hielten sie dann so unverbrüchlich an einer älteren Zahl fest? Dies taten sie ja noch zur Zeit des Maimonides, als das bekannte Wissen sich von der säkularen Wissenschaft bereits auch unter den Juden zu verbreiten begann und prominente nichtjüdische Astronomen sich auf andere Zahlen beriefen. Maimonides war selbst ein bedeutender Astronom. In seinem meistgelesenen »Handbuch« der jüdischen spirituellen Führung, *Führer der Unschlüssigen, Verwirrten*, rät er allen Juden: »Wenn ihr die Beziehung zwischen der physikalischen Welt und ihrer Führung durch Gott begreifen wollt, müßt ihr sorgfältig Physik und Astronomie studieren.« Mit welcher Begründung also blieb Maimonides angesichts der präzisen Zahl des synodischen Monats bei dem alten, durch die Überlieferung überkommenen Zahlenwert?

Die alte Antwort auf alle diese Fragen ist schlicht die, daß sich die Juden ihre Berechnungen für den Mondmonat von niemandem aneigneten. Vielmehr, heißt es, gab Gott Moses, als er ihm die Buchstabensequenz der Thora übermittelte, auch alle nötigen Informationen darüber, was sie enthielt und wie dies zu nutzen sei. Dies schloß gewisse »Rohdaten« ein (nicht die Zahl selbst), auf deren Basis dann der Mondmonat genau berechnet werden konnte. So eigenartig das erscheinen mag, war diese Auskunft im religiösen Leben des neuen Volks gleichwohl von ganz entscheidender Bedeutung, schon weil die Identifizierung der präzisen Zeiten und Jahreszeiten chronologisch als »das erste ganz Israel gegebene Gebot« galt, das den sich gerade zusammenschließenden Israeliten schon *vor* der Übermittlung der Thora, am Vorabend des Exodus, gegeben wurde. (Vgl. Exodus 11, 9-12, 13. Zu beachten ist dabei, daß dieses Gebot von Maimonides formell genauso kodifiziert wurde, und zwar in seinem bedeutendsten Werk *Mishne Torah*, das die 613 Gebote zusammenfaßt, welche den jüdische Glauben bis auf diesen Tag bestimmen.[8]) In Übereinstimmung mit dem alten Prinzip, wonach auch »die gesamte mündliche Überlieferung der Thora zuzurechnen ist«, könnte man außerdem erwarten, daß der göttlich verfügte Wert für den Mondmonat zusätzlich »verborgen« im geschriebenen Thoratext bestätigt sei. Ebendiese Bestätigung übernahm Weissmandl von Bachya.

Das Geheimnis des Neumonds

Das entscheidende Datum, und wie man es nutzt, war im *Midrash Sod HaIbbur (Geheimnis des Neumonds)* enthalten und lange geheim: seit den Babyloniern, Griechen und Römern, die alle vermuteten, es sei unheimlich genau. Aber als das Kirchenkonzil unter Kaiser Konstantin das Christentum im Jahr 375 zur offiziellen Staatsreligion erhob, wurde auch der Julianische Kalender neu berechnet, mit dem zweifachen Ziel, Irrtümer zu korrigieren und sicherzustellen, daß Ostern niemals mit dem Passahfest (Pessach) zusammenfalle. Die Folge davon war, daß viele Verbindungen zwischen dem alten hebräischen Zeitrechnungssystem und der aufblühenden christlichen Kultur zerbrochen wurden. Das Interesse am jüdischen »Geheimnis des Mondes« begann außerhalb des Judentums zu schwinden.

1582 wurde eine weitere Kalenderreform nötig, um den Überhang von zehn Tagen, die sich seit der vorigen Reform angesammelt hatten abzutragen. Papst Gregor XIII. bestimmte, daß diese zehn Tage schlicht gestrichen werden sollten, und so geschah es. Aber auch diesmal wieder wurde ausdrücklich dafür Sorge getragen, daß der neue Gregorianische Kalender auf jeden Fall verhinderte, daß Ostern und Pessach jemals auf ein identisches Datum fielen. Es war ganz unvermeidlich, daß solche theologischen Bezüge Sand in das Zeitmessungsgetriebe brachten. Und obwohl dies allgemein eingeräumt wurde, wurde der strikten Trennung von Ostern und Pessach eindeutig der Vorrang gegeben. »Lieber falsch mit dem Mond als richtig mit den Juden«, lautete denn auch ein beliebter Refrain, nachdem die gregorianischen Reformen in Kraft getreten waren. Es ging um folgendes:

Sod HaIbbur benennt bestimmte entscheidende Momente in der biblischen Erzählung von der Schöpfung, speziell den, wo Gott – der mündlichen Überlieferung zufolge – *die Zeit schuf*, indem er allem Bewegung verlieh. Dokumentierte Bezüge zu diesem Moment – und zu den sich darauf stützenden Berechnungen – finden sich schon so früh wie in den Schriften des Rabban Gamliel des Älteren, der um das Jahr 50 unserer Zeitrechnung starb (und der ausdrücklich feststellt, er teile nur mit, was sein Großvater an ihn weitergegeben habe). Der größte Teil dessen, was Gamliel lehrte, befaßt sich mit den präzisen Daten zur Berechnung der »Zeiten und Jahreszeiten« und der – nachsichtigen, weil dabei Fehler so leicht unterlaufen – Korrektur jener, die sich irren. (Nebenbei gesagt stellt das Neue Testament in der Apostelgeschichte fest, daß Paulus eine Zeitlang Schüler von Rabban Gamliel war, bevor er in Jesus den prophezeiten Messias zu erkennen glaubte. Das Neue Testament enthält außerdem zahlreiche Anspielungen auf den Begriff von »Zeit und Jahreszeiten«, ganz besonders in den prophetischen Passagen, sagt allerdings nie etwas über die Methoden dazu.)

Wenn es so etwas wie ein anfängliches »Startdatum« gäbe, wäre das sehr nützlich. Damit könnte man den korrekten Langzeitdurchschnitt des Mondzyklus Monat für Monat hinzufügen, um damit den Moment jedes nachfolgenden Neumonds *vorherzusagen*. Weil der Mondzyklus schwankt, ergäben sich auch gewisse Fehler in der Vorhersage – manchmal kürzer, manchmal länger – aber sie würden sich nicht mit der Zeit akkumulieren, sondern einander im Gegenteil aufheben. Das gleiche träfe aber nicht zu, wenn man mit jedem Neumond neu zu zählen begönne. Denn geschähe dies, ginge der Langzeitdurchschnitt am Ende entweder vor oder nach – in dem gleichen (unbekannten) Maß, das anfangs willkürlich festgesetzt wurde.

Aber woher sollte man je ein solches »erstes« Neumonddatum

nehmen – Jahr, Monat, Woche, Stunde, Minute, Sekunde? Aus wissenschaftlicher Sicht ist bereits die Fragestellung absurd.

Gleichwohl – die mündliche Überlieferung beharrt darauf, daß ein solches Datum existiert. Wie zu erwarten gibt sie als Erklärung die biblische Schöpfungsgeschichte an. Aber ihre spezielle Sichtweise dabei muß allen, die in diesen Methoden nicht bewandert sind, ziemlich eigenartig erscheinen. Die Überlieferung konstatiert – gegenintuitiv –, daß die allererste Neumondphase überhaupt in dem spezifischen Augenblick am Morgen des *sechsten* Tages der Schöpfung eintrat, als der Mensch erschaffen wurde, und *nicht*, als Sonne und Mond am vierten Tag an den Himmel gesetzt wurden. Und sie konkretisiert auch, wann dies geschah: genau am Ende der zweiten Stunde des Morgens des sechsten Tages der Schöpfung (14 Stunden nach dem Sonnenuntergang des fünften Tages). Dies ist auf hebräisch so geschrieben: ויד und bedeutet »6/14«.

Der präzise Moment, in dem die Monduhr zu ticken begann, wurde durch die Weisen über die Jahrtausende weitergegeben und findet sich in Niederschriften an zahllosen Orten. Von diesem Punkt aus kann nun die Zeit jedes nachfolgenden Neumonds berechnet werden, indem man die Gesamtzahl der verstrichenen Monate (bis jetzt ungefähr 70 000) nimmt und sie mit 29,53059 multipliziert.[*]

Der Vorgang läßt sich auch umkehren. Man nimmt ein exaktes Datum samt Zeit für den ersten Neumond – *und dazu mit der Annahme, daß das gegenwärtige Kalenderdatum richtig ist und alle erforderlichen Korrekturen vorgenommen wurden* – und dividiert die gesamte verstrichene Zeit durch die Anzahl der Monate (genau bis auf Dezimal- beziehungsweise Bruchstellen) und erhält auf diese Weise die Monatsdurchschnittslänge: 29,53059. Dazu muß man allerdings zumindest eine dieser Zahlen kennen, um mit der anderen rechnen zu können. Der mündlichen Überlieferung zufolge bekam Moses das Datum und die Zeit des ersten Neumonds übermittelt, und eben deshalb bestehen die Juden auf

---

[*] Es sind noch weitere Nachbesserungen nötig, um das Resultat mit dem Sonnenjahr in Einklang zu bringen, aber dadurch wird das Grundprinzip nicht beeinträchtigt.

ihrem Mondmonat von 29,53059 Tagen, ganz gleich, ob benachbarte Kulturen dies astronomisch korrekt fanden oder nicht.

Der Hinweis

Aber wo ist nun der Hinweis in der Thora selbst, daß dieses überlieferte Datum und die Zeit für den ersten Neumond richtig sind? Das läßt sich herausfinden, wenn man den Bindegliedern nachgeht, denen schon Rabbi Weissmandl in seiner Jugend hinterherforschte.

Da ist zunächst das alte Verständnis, daß Gott schon eine ganze Weile vor seiner eigentlichen Schöpfung geheimnisvoll aktiv war – und daß wir gewisse Hinweise auf diese Aktivität bekommen haben. (Wer immer sich schon einmal fragte: »Was war eigentlich, bevor etwas war?«, hat schon an die Tür dieser Geheimnisse geklopft. Geisteszustände solcher Art sind der Meditation sehr zuträglich, und man kann dabei derartige paradoxe Fragen durchaus als Einstieg für tiefere Kontemplation benutzen.)

Dann sind da die Kabbalisten, die erklären, Gottes 42 Buchstaben langer Name beziehe sich direkt auf diese vorschöpferischen Aktivitäten. Also: Obwohl die Welt (physikalisch) noch gar nicht existierte (noch herrschte TOHU V'BOHU, die form-/gestaltlose Leere), entstand ein Konzept – »in Gottes Geist« –, welches das ideale Jahr sein könnte oder sollte. Dies war der »Platonsche« Prototyp (um es auf hellenische Art auszudrücken) beziehungsweise der »Archetyp« (in der Sprache der Scholastik oder jener C. G. Jungs) für alle Jahre, die folgen sollten. In der jüdischen Überlieferung wird es schlicht als »uranfängliches« oder »formloses« Jahr bezeichnet – und ist direkt mit Gottes 42 Buchstaben langem Namen verbunden.

Aber dieses uranfängliche Jahr muß zwölf Mondmonate früher begonnen haben, das heißt zwölf ideale Neumonde vor dem dann gegenwärtigen Neumond. Wann muß das also gewesen sein? zwölf mal 29,53059 Tage zuvor.

Wir haben deshalb folgende Rechnung: Wenn 29,53059 die korrekte Zahl von Tagen im Langzeitdurchschnitt des Mondmonats ist und 6/14 (sechster Tag, vierzehnte Stunde) die korrekte

Zeit des »ersten« Neumonds nach der Schöpfung, dann hat sich der allererste »uranfängliche« Neumond (hypothetisch, in Gottes Geist!) 354,04308 Tage zuvor ereignet. Was für ein Tag und welche Zeit ist das? Der Ramban erklärt es:

> Die allererste Konjunktion, mit der du beginnst, ist jedoch die Konjunktion des ersten »uranfänglichen« Jahres der Schöpfung, die sich in der fünften Stunde und dem zweihundertvierten Teil einer Stunde in der Nacht des Montags ereignet – in Zahlen T2:Std5:Tl204 (original hebräisch: בהר"ד = D«RHB; oder von links nach rechts in arabischer Schrift: BHR«D); dies ist der Startpunkt des Zählens.[*]

Für den jüdischen Kalender ist der sechste Tag der Schöpfung (an dem Gott den Menschen erschuf) Tag eins des Anfangs der Welt. Die Rechnung hier hat also den praktischen Vorteil, daß nachfolgende Mondberechnungen sich gleich mit Jahren und Zwölftel von Jahren aufreihen (andernfalls würden sie um fünf Tage vorgeschoben). Doch das ergibt sich rein zufällig. Was Weissmandl auffiel, war Bachyas Versicherung (die dieser seinerseits auf eine frühere Beobachtung des Rabbenu Tam zurückführte), daß in den Anfangspassagen der Schöpfungsgeschichte, in der Genesis, der 42 Buchstaben lange Name Gottes einkodiert vorhanden ist und daß diese Kodierung eben diese Stelle als bestätigenden »Hinweis« identifiziert – die Information, die erforderlich ist, um präzise den Anfang von »Zeit und Jahreszeiten« zu berechnen. (Ebenso hatte Tam bereits festgestellt, daß, wie wir uns erinnern, dieser 42 Buchstaben lange Gottesname sich ausdrücklich auf das »Werk der Schöpfung« bezog. Seinerseits nahm er dabei Bezug auf lange bekanntes Wissen schon aus der Zeit des Nechunya im 1. Jahrhundert.)

---

[*] Auf hebräisch können Zahlen mit Buchstaben ausgedrückt werden. Eine Markierung, hier ein Anführungszeichen, wird dabei üblicherweise zwischen den vorletzten und letzten der als Ziffern benutzten Buchstaben gesetzt. Hier bedeutet ב = 2, ה = 5, ר = 200, ד = 4. בהר"ד, und dies liest sich also als 2-5-204. Nachdem der Samstag der jüdische Sabbat ist, ist der Sonntag der erste Tag (T1) und der Montag der zweite (T2).

Bachya schrieb:

> Der uranfängliche Neumond des Tishrei, von welchem aus
> wir das hypothetische בהר״ד [BHR«D - 2-5-204] berech-
> nen, hatte die Gestirne, die bis dahin geschaffen waren.
> Aber da sie erst am ersten Tag der Schöpfung geschaffen
> wurden, wissen wir, daß בהר״ד sich niemals wirklich er-
> eignete [weil es ja noch keine »Tage« gab, wie wir sie ken-
> nen]. Dennoch ist dies der wahre Anfangspunkt für alle Be-
> rechnungen der Astronomen.

Anders ausgedrückt: Die exakte Zeitfeststellung von Geschehnissen in der Gegenwart erfordert, daß man rückwärts projiziert,
über den Anfang eines hypothetischen, früheren Beginns hinaus,
der in der physikalischen Realität niemals stattfand. Dies ist so,
weil Gott beschloß (aus Gründen, die Er allein kennt, vielleicht
als Signal Seiner Beteiligung für diejenigen, die es zu entdecken
imstande sind), daß die kosmische Zeit, als sie zu ticken begann,
bereits eine gewisse schon verstrichene Zeit anzeigen sollte – genauer gesagt mehr Zeit, als die ganze Welt bereits existierte. Dazu
fuhr Bachya fort:

> Und du sollst ebenfalls wissen, daß wir eine Kabbala ha-
> ben, aus der wir erfuhren, daß der Anfang des Verses »Im
> Anfang …« den 42 Buchstaben langen Namen übermit-
> telte, welcher darauf verweist, daß Gottes Tätigkeit vor der
> Schöpfung sich in dem Buchstaben ב (Bet) von Bohu zeigt,
> jedoch nur mittels »vieler Permutationen«.

Bachya zitierte dabei wieder Rabbenu Tam, der festgestellt hatte,
daß die ersten 42 Buchstaben der Genesis sich in die 42 Buchstaben des Namens Gottes umformen lassen. Der Bezug zwischen
den ersten 20 Buchstaben sieht so aus:[*]

---

[*] Wobei S für »Sh« steht und C für »Tz«; die stummen Buchstaben א und ע sind aus
der Genesis transkribiert, wie sie es auch im Kontext wären. Keine Aussprache des
»Namens« ist hier festgelegt.

ברא שׁ ית ב ר א אל ה י מ א ת ה שׁ מ י ... *Genesis*
... Y M S H T E M Y H L E A R B T Y S A R B

א ב נ י ת צ ק ר ע שׁ ט נ נ ד י כ שׁ ב ט ... *Name*
... T B S K Y D G N N T S E R Q C T Y G B A

Bachya, der offenbar davon ausging, daß seine Leserschaft den
Hinweis auf »viele Permutationen« verstand, fuhr fort, deren
Aufmerksamkeit auf etwas anderes zu lenken, das sich auffällig
mit der zweigeteilten Vorschöpfungs-Bedeutung des 42 Buchstaben langen Namens befaßte:

> Und wenn die Augen deines Herzens erleuchtet werden,
> wirst du hier genau die Code-Zahl בהר"ד finden, die ich
> oben erwähnt habe. Sie ist in den Text auf die Weise einge-
> bettet, daß zwischen jedem ihrer vier Buchstaben 42 Buch-
> staben liegen. Wer klug ist, wird erkennen, daß dies kein
> Zufall ist, sondern vielmehr ein klares Zeichen dessen, der
> die Welt erschuf.[9]

Bachya liefert aber keine Diagramme dazu, weshalb sich Weissmandl schon als Knabe seine eigenen Anordnungen schuf. Die
allererste davon enthielt, wie es Bachyas Angaben entsprach, die
Zahl בהר"ד = 2-5-204 gleich am Anfang der Genesis. Die ersten
42 Buchstaben waren der einkodierte 42 Buchstaben lange
Name, und in den Intervallen von 42 Buchstaben standen Datum
und Zeit des uranfänglichen Neumonds. Es fehlte nur noch ein
Teil des Puzzles.

Die genaue Zeit des ersten *tatsächlichen* Neumonds nach der
Schöpfung wurde in mündlicher Überlieferung weitergegeben:
14+ Stunden des sechsten Tages der Schöpfung. Die exakte Zeit
des *hypothetischen* Neumonds ein Jahr zuvor war in der Thora
einkodiert. Die beiden Daten gaben die Länge eines idealen Jahres an, und ein Zwölftel dieses Idealjahres ergab die Länge eines
idealen Mondmonats. Das sind wieder 29,53059 Tage, die Zahl,
die Rabban Gamliel als aus der Antike überkommen angab.

Ein Skeptiker wird selbstverständlich sogleich wieder einwenden, daß niemand wissen könne, welche Puzzleteilchen da angenommen und welche abgezogen worden seien. Vielleicht sei ja die Einkodierung von BHRD an einer so perfekten Stelle der Genesis nur ein reiner Zufall. Mit irgendeinem der anderen drei Teilchen und einigen geschickten Annahmen könnten die anderen beiden konstruiert werden. Aber das wirkliche Geheimnis reduziert sich für den Wissenschaftler auf diese Frage: Wie genau tatsächlich sind diese 29,53059 Tage?

Mit den heute zur Verfügung stehenden modernen Forschungsmethoden – bis hin zu den Satelliten – ist das Mittel des synodischen Monats mit immer noch größerer Genauigkeit errechnet worden. Der Spitzenwert in der folgenden Tabelle zeigt die jüngsten NASA-Zahlen. In der Mitte steht eine etwas ältere wissenschaftlich ermittelte Zahl aus der Zeit vor der Raumfahrt. Unten steht die traditionelle jüdische Zahl.

Synodischer Monat	Monatslänge (Tage)	Differenz in Tagen zu den NASA-Zahlen
Satellit (1996)	29,530588	—
Numerisch vor Satelliten (1968)	29,53059	0,000000-0,000002
Jüdischer Monat, basierend auf בהר״ד (50 A.D., spätestens)	29,53059	0,000000-0,000002

Wie dieser unheimlich genaue Wert in die Hände der alten Juden gelangt ist, weiß niemand. Es gibt keine Möglichkeit zu beweisen, daß es mehr als reines Glück gewesen sei oder aber die Einkodierung von בהרד ein Zufall. Jedenfalls bestand die mündliche Überlieferung immer darauf, daß Datum und Zeit des ersten Neumonds Moses ausdrücklich mitgeteilt worden seien, und daß Datum und Zeit des »uranfänglichen« Neumonds, der sich niemals ereignete, ganz präzise dorthin plaziert wurden, wo sie stehen: nämlich an gerade diese Stelle der Genesis, in gerade diesen

Intervallen, mitten in dem Namen Gottes, den es schon vor der Schöpfung gab, und zwar zu einem ganz bestimmten Zweck – damit die schwache, anfällige Menschheit erfahre, daß es einen Zweck gibt.

Das Alter des Universums

Schließt dies alles dann also mit ein, daß die Genesis-Erzählung – sechs Tage zu 24 Stunden vor 5757 Jahren – *wörtlich* stimmt, wie es die sogenannte »Schöpfungswissenschaft« behauptet? Nein, tut es nicht. Erinnern wir uns doch daran, daß das jüdische Verständnis der Bibel *immer* komplex und subtil war; daß, während die Berichte sicherlich auf etwas *Reales* hindeuten oder es andeuten – und sie sind ja mitnichten nur mythische Fabeln oder psychologische Projektionen –, dennoch nicht alle dazu gedacht sind, so simpel und buchstäblich historisch genommen zu werden (mit Ausnahme derjenigen, die ihre moralischen Lehren auf keine andere Art aufnehmen können). Maimonides meinte dazu: »Der Schöpfungsbericht [in der Genesis] ist Naturwissenschaft, aber so tiefgründig verborgen, daß sie in Parabeln eingebettet ist ... Diskrepanzen zwischen Wissenschaft und Religion entstehen aus falschen Interpretationen der Bibel.«

Aber nicht darin, daß die Bibel von der Menschheit offensichtlich in das Zentrum des Schöpfungsepos gestellt wurde, erkannten die alten Juden das, worin Theologieexperten heutzutage ihre Bedeutung erkennen. So gibt es zum Beispiel schon Kommentatoren aus so früher Zeit wie dem 8. Jahrhundert, die sich Leben auf anderen Planeten vorstellen konnten. Wenn dies so war, dann mußte das Leben dort doch dem gleichen göttlichen moralischen Gesetz unterliegen wie hier.[10]

Was ist nun das buchstäbliche Alter der Schöpfung, jenen alten, unerwartet rationalen Versionen der Bibelsicht zufolge? Für eine Antwort darauf sehen wir uns zunächst einmal den »goldenen Standard« an: nämlich zu welchem Ergebnis die moderne Wissenschaft gelangt ist. Der gegenwärtige (wenn auch nicht universale) wissenschaftliche Konsens konstatiert:

1. Aus unbekannten Gründen kam das Universum *ex nihilo* – aus dem Nichts – in die Existenz.

2. Seine Anfangsgestalt war ein fast unvorstellbar winziges »Mikrokügelchen«.

3. Seine Anfangsmaterie war eine winzige Menge Materie zusammen mit einer unvorstellbar großen Menge »komprimierter« Energie.

4. Das »Mikrokügelchen« explodierte dann auswärts mit fast Lichtgeschwindigkeit – der »Urknall« (»Big Bang«). In der ersten *Sekunde* seiner Existenz dehnte es sich von einer Dimension kleiner als ein einziges Atom zu einer Kugelmasse mit einem Durchmesser von fast einer halben Million Kilometern aus, mit einem etwa 5000mal größeren Volumen als die Erde. Seine Ausdehnung hatte zur Folge, daß sich viel von seiner Energie stufenweise in Materie umwandelte. Es hat sich seit diesem Anbeginn ständig weiter und mit nahezu gleicher Geschwindigkeit ausgedehnt.

5. Das Mikrokügelchen begann mit *zehn* Dimensionen, von denen sechs rasch »kollabierten« zu Größen, die geringer sind, als uns jetzt zugänglich ist, womit die bekannten vier Dimensionen übrigblieben: drei räumliche und eine zeitliche (nach der Relativität sind sie gegenseitig austauschbar auf die Richtung der vierdimensionalen Raum-Zeit-Einheit zu). Die anfängliche Substanz des Mikrokügelchens aber nahm die Form einer zehndimensionalen »Kette« von fast reiner Energie an. Die Ketten, die jetzt noch das Universum füllen, bleiben fast unvorstellbar dünn und insubstantiell – mit Durchmessern von 10^{-27} Zentimetern. Doch weil sie sich ausschließlich quer durch das Universum ausdehnen, wird jede auf eine Masse geschätzt, die 10^{17} Sonnen entspricht. Dies ist die sogenannte »Superstring-Theorie« oder TOE: *theory of everything*, die Alles-Theorie.[11]

Unter a) Einrechnung der oben genannten Überlegungen, b) der Dichte des restlichen Lichts aus der Anfangsexplosion (der sogenannten »kosmischen Hintergrundstrahlung 2,7 K«) sowie c) von Schätzungen der gegenwärtigen Ausdehnung des Universums können Kosmologen das Alter des Universums auf etwa 15 Milliarden Jahre errechnen.[12]

Die Vorstellung, daß das Universum derart alt ist, ist eine Schlußfolgerung, die einer langen Zeit bedurfte, bis sie sich endgültig durchsetzte. Erste Ansätze wurden im 20. Jahrhundert entwickelt, nämlich im Licht bestimmter Einzelheiten von Einsteins allgemeiner Relativitätstheorie. Zuvor dachte man sich das Universum als quasi alterslos (hat immer schon bestanden, ohne Anfang und Ende) oder aber als relativ jung: ein paar tausend Jahre oder so. Die kühnsten wissenschaftlichen Denker – und die »Spinner« – machten zwar gelegentlich große Zahlen geltend, ließen aber dabei auch keinen übermäßigen Mut erkennen: Da ging es bestenfalls um ein paar hunderttausend Jahre. Doch auch hier schienen bereits die alten Juden ihre eigenen Ansichten gehabt zu haben.

Vergleichen wir erst einmal die allgemeinen Bedingungen der Schöpfung, bei denen die mündliche Überlieferung immer darauf bestand, sie seien direkt vom Schöpfungsbericht in der Genesis her zu verstehen – richtig interpretiert. Beachten wir, daß die letzten Kommentatoren, die wir nachfolgend aufzählen, im Mittelalter lebten und starben:

1. Sowohl Maimonides (Rambam) als auch Nachmanides (Ramban) sagen, weder Zeit noch Raum existierten vor der Schöpfung; folglich entstand sie *ex nihilo*.
2. Die Kabbalisten der gleichen Zeit erläutern weiter: Vor der Schöpfung füllte Gott die gesamte Ewigkeit vollkommen und gleichmäßig aus. Im Augenblick der Schöpfung jedoch »zog er sich zurück« aus einer sphärischen Region in das Zentrum der Ewigkeit selbst und schuf dort damit einen »Hohlraum« oder ein »Vakuum«. Dort hinein plazierte er einen Teil Seiner eigenen Essenz in Form einer winzig dünnen Linie »Oberen Lichts«, welches sich in das physikalische Universum hineinentwickeln sollte. Nachmanides (Ramban) zufolge in seinem Kommentar zur Schöpfungsgeschichte war das Universum in dem Augenblick, in dem es entstand, »nicht größer als ein Senfkorn«. Für die Alten war ein Senfkorn das Kleinste, aus dem

Leben entstehen und das sich ausdehnen und zu etwas Riesigem heranwachsen konnte.[13]

3. Die Charakterisierung der Größe des »Saatkorns« des Nachmanides schildert Gerald Schroeder in seiner summarischen Übersetzung so:

Die Materie zu diesem Zeitpunkt war so dünn und unfaßbar, daß sie keine wirkliche Substanz hatte. Dafür hatte sie aber das Potential, Substanz zu gewinnen und faßbare Materie zu werden.[14]

4. Nachmanides beschreibt dann, was mit diesem winzigen, »saatkornkleinen« Universum geschieht:

Von der anfänglichen Konzentration ihrer unfaßbaren Substanz an ihrem winzigen Ort dehnte die Substanz sich nun aus und damit auch das Universum. Mit fortschreitender Ausdehnung ereignete sich eine Veränderung der Substanz. Diese anfänglich dünne, nichtkörperliche Substanz nahm nun die faßbaren Aspekte von Materie an, wie wir sie kennen. Aus diesem initialen Schöpfungsakt, aus dieser ätherisch dünnen Pseudosubstanz ging alles hervor, was jemals war, ist und sein wird und sich formt.

5. Der bleistiftdünne Strahl des »Oberen Lichts«, der das Universum in seinen »Saat«-Status überführte, bestand aus zehn Aspekten oder Dimensionen.[15] In den sechs Schöpfungstagen verringerten sich sechs Aspekte so sehr, daß wir nur noch vier entdecken können – die vier Dimensionen der physikalischen Existenz.[16]

Vor dem Hintergrund dieser verblüffenden Ähnlichkeiten können wir uns nun an die Beantwortung der Frage machen, wie alt das Universum nach der mündlichen Überlieferung (oder zumindest bestimmten ihrer Repräsentanten) ist.

Der Kabbalist, dessen Studien des Schöpfungsberichts in der Genesis am genauesten und maßgeblichsten sind, war Nechunya ben HaKanah. Neben anderen Bereichen, in denen er Experte war, betonte er speziell, daß der 42 Buchstaben lange Name es erlaubte, aus dem Schöpfungsbericht das korrekte Alter des Universums abzuleiten. Weil zu seiner Zeit diese Art Information als religiös heikel galt (wie auch heute noch!), erläuterte er die ermittelten einschlägigen Zahlen etwas vage und skizzenhaft. Einer, der ihm in seinen Fußstapfen nachfolgte, Rabbi Yitzhak deMin Acco, war mutiger und legte die Zahlen in präziser Form vor. Diese machten doppelt deutlich, daß die Berechnungen des synodischen »Anfangsdatums« des ersten Neumonds und des »uranfänglichen« Jahres (dessen Zahlen beide benutzten, Nechunya und deMin Acco) nur insoweit *wörtlich* zu verstehen seien, als die Zahlen genaue Resultate ergaben. Sie waren aber nicht wörtlich als Angaben zum Alter der Welt zu nehmen.

Nechunya konstatierte also, daß, wenn man den 42 Buchstaben langen Namen korrekt zu benutzen wußte, die Genesis eine Zeitperiode von der Entstehung des Universums bis zur Erschaffung des Menschen angibt, nämlich 42 000 »Gottesjahre«. Ein Gottesjahr zählt aber keine $365^{1}/_{4}$ Tage unserer Zeit, sondern 365 250 unserer Jahre. Also sind zwischen dem Ursprung des Universums und der Erschaffung des Menschen 42 000 x 365 250 Jahre vergangen. Mit anderen Worten: Wir können laut Nechunya der Genesis entnehmen, daß das Universum *vor 15,3 Milliarden Jahren* entstand.

Hatte Nechunya (oder deMin Acco) diese Zahl aus irgendeiner anderen Quelle und manipulierte sie mit ungeheuer komplizierten »Permutationen« in die Genesis? Schwer vorzustellen, wie das zugegangen sein sollte. DeMin Acco lebte im 13. Jahrhundert, Nechunya sogar schon im 1. Jahrhundert unserer Zeitrechnung.

Technischer Anhang B

Transformationen von Raum und Zeit

Raffiniert ist der Herrgott, aber boshaft ist Er nicht.

Albert Einstein

Die rigorose statistische Analyse großer Datenmengen wurde überhaupt erst mit der Entwicklung der Computer möglich. Dank dieses quantitativen Fortschritts gelang nicht nur die Überprüfung bislang nicht überprüfbarer Hypothesen. Er brachte auch eine qualitative Weitung der Einsichten mit sich. Prinzipien, die sich als lächerlich erweisen würden, wendete man sie auf kleine Größenordnungen an (und die deshalb nur denkbar waren), konnten sich, wenn man mit großen Quantitäten an sie heranging, als möglich und wichtig erweisen. So war es beispielsweise auch mit der Entdeckung neuer Arten von Mustern, die »chaotisch« genannt wurden. Obwohl sich von ihnen keine Regeln ableiten lassen und sie ziemlich »*fuzzy*« sind, lassen sich auch bei ihnen, große Zahlen vorausgesetzt, bestimmte Ordnungen entdecken. Visualisierungen großer Mengen von Untersuchungsdaten mit Hilfe des Computers zeigen dieses Phänomen in besonders auffälliger Weise – das ist ein wenig so, als wenn man auf eine Million winziger Punkte blinzelt und dann erkennt, daß sie ein Porträt bilden –, und das hat zu ganz erstaunlichen Fortschritten geführt.

So fallen beispielsweise die ersten sieben Primzahlen unter kein spezielles Muster. Sie sehen vollkommen zufällig aus. (Primzahlen sind bekanntlich solche Zahlen, die kein Produkt ganzer Zahlen außer 1 und sich selbst sind. Auf diese Weise sind 2, 3, 5, 7 ... Primzahlen, 6 aber nicht, weil es das Produkt von 2 x 3 ist.) Tatsächlich war bisher noch niemand imstande, eine Formel zu erarbeiten, nach der sich jede Primzahl ermitteln ließe. Und dennoch zeigen sich seltsame Muster, wenn man sich nur einmal genug dieser Primzahlen ansieht.

Eines der eigenartigsten ist das folgende. Es illustriert nebenbei auch noch zwei andere Prinzipien, die sich bei der Code-Forschung ergeben haben, aber von Doron Witztum und Eliyahu Rips erst in den Anfängen erkannt wurden: erstens daß der »Raum«, in den die Kodierungen eingebettet sind, grundsätzlich *keine* lineare Kette von Text darstellt, der nur der Einfachheit und Bequemlichkeit halber in verschieden lange Zeilen unterteilt ist, sondern tatsächlich prinzipiell zweidimensional; zweitens daß dieser Raum dehnbar ist und in ihm mögliche verschieden lange Zeilen eine entscheidende Rolle bei der Formung des »Raumes« und der Enthüllung der Kodierungen spielen.

Wir sollten festhalten, daß dies schlagende Analogien zu fundamentalen Prinzipien der modernen Physik sind, speziell der Relativitätstheorie. Auch diese sieht den »Raum« ja als mit einander gegenseitig durchdringenden und höheren Dimensionen als den vertrauten drei ausgestattet und als »dehnbar«. (Es bedurfte sogar ausdrücklich Einsteins Relativitätstheorie, damit wir die vierdimensionale Struktur des Raumes, in dem wir leben, begriffen, obwohl schon die Kabbalisten dies aus der Genesis gelernt hatten; siehe Technischer Anhang A.) Viele Lösungen schwieriger Probleme der Physik und zahlreiche fundamentale Prinzipien des Universums treten überhaupt erst zutage, wenn sie im vierdimensionalen »Raum-Zeit-Kontinuum«, das eine (mathematische) Dehnung erfuhr, untersucht werden.[1]

Was nun die Primzahlen angeht, so ergibt sich die folgende Analogie. Betrachten wir zunächst die der Übersichtlichkeit halber in einem Zehn-zu-Zehn-Gitter untergebrachten Primzahlen bis 100:

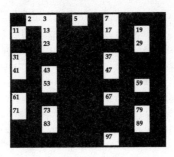

Ein paar mögliche Muster lassen sich erkennen, einige davon sind kurios, andere trivial. Von den insgesamt 25 Zahlen haben sich zum Beispiel 15 Paare in Zweierabständen gebildet (in der Zahlentheorie »Zwillinge« genannt). Dieses Phänomen tritt kontinuierlich auch weiter auf, so weit, wie bisher Primzahlen überhaupt gezählt wurden. Doch niemand weiß, warum, und niemand kann voraussagen, wo sie erscheinen (sie erscheinen oft, aber nicht irgendwie systematisch), und niemand kann je beweisen, daß dies bei irgend einer unglaublich hohen Zahl ein Ende nimmt.

Noch ein weiteres Phänomen gibt es, das zwar auf den ersten Blick als offensichtlich erscheint, sich dann jedoch als ziemlich knifflig herausstellt. Beachten wir, daß selbst in dieser kurzen Liste die aufsteigende Anzahl der Primzahlen in einem festgelegten Abstand kleiner zu werden scheint, wenn auch nur statistisch und noch nicht infolge einer festen Regel. Das nächste Diagramm zeigt uns, wie viele Primzahlen in jeder Reihe vorkommen; diese Anzahl scheint stetig abzunehmen:

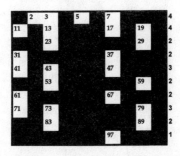

Dies setzt sich fort, egal, wie groß die Zahlen sind, und ergibt, daß, je höher, desto mehr Primzahlen »passiert« werden, die Faktoren für noch größere Zahlen sein können. Folglich vergrößern sich die Abstände der Primzahlen immer mehr – *im Durchschnitt*.

Die Frage stellt sich also, ob es tatsächlich eine Art Muster für die »Rate« gibt, nach der die Abstände sich vergrößern. In der Tat vergrößert sich der Durchschnittsabstand, doch zunehmend immer langsamer. Der Durchschnittsabstand zwischen den Primzahlen nähert sich kontinuierlich der absoluten Minimaldistanz, die er freilich niemals zu erreichen scheint.[*] Nun wissen wir aber schon, daß es keine präzise Formel gibt, nach der ein Muster zwangsläufig erscheinen muß (weil es ja offensichtlich keine Formel für die Primzahlen gibt). Aber vielleicht existiert ja eine »fuzzy«-Grenzregel, die wir beschreiben könnten und die sich aus den sich vergrößernden Entfernungen zwischen ihnen ergäbe.

Daß der Durchschnittsabstand zwischen den Primzahlen sich zunehmend erhöht, legt die Überlegung nahe, daß man nach einer »Transformation« der »eindimensionalen« Zahlenreihe (»ein linearer Raum«) suchen könnte, welche dies evident machte. (Beachten wir aber: Auch wenn wir die ersten Primzahlen bis 100 in einem Zehn-zu-Zehn-Kästchengitter anordnen, geschieht dies lediglich aus praktischen Gründen. Tatsächlich handelt es sich nur um eine Kette. Wenn wir es uns jedoch als eine elementare Transformation denken, dann ist es eine, die die »Zwillinge« besonders deutlich macht, weil diese dann immer innerhalb senkrechter Spalten verschiedener Zeilenlängen auftauchen.) Eine Möglichkeit wäre auch, alle Zahlen als Sequenz auf eine Zeile zu schreiben, sie aber mit sich steigerndem Wert immer enger aneinanderzurücken:

1   2   3   4   5   6 7 8 9 10 ...

Auch dies würde die Entfernungen auf dem Papier zwischen den Primzahlen allmählich verringern und die räumliche Ausdehnung kompensieren. Wenn man die Papierdistanz, einer Regel folgend, verringerte, könnte man vielleicht eine statistische (an-

---

[*] Er nähert sich diesem Wert »asymptomatisch«.

genäherte, »fuzzy«) Ordnung für die Primzahlenabstände erzielen. (Das ist auch gemacht worden.)

Aber es gibt noch eine elegantere Transformation, die dieses Prinzip der »sich vergrößernden Entfernungen« im »eindimensionalen Raum« direkt auf einen Raum abbildend überträgt, und zwar mit *einer zusätzlichen Dimension*, nämlich einer echt zweidimensionalen Anordnung von Zahlen, die nicht zusammengezogen werden muß. Die Methode dafür ist die Spirale ganzer Zahlen:

73	74	75	76	77	78	79	80	81	82
72	43	44	45	46	47	48	49	50	83
71	42	21	22	23	24	25	26	51	84
70	41	20	7	8	9	10	27	52	85
69	40	19	6	1	2	11	28	53	86
68	39	18	5	4	3	12	29	54	87
67	38	17	16	15	14	13	30	55	88
66	37	36	35	34	33	32	31	56	89
65	64	63	62	61	60	59	58	57	90
00	99	98	97	96	95	94	93	92	91

Diese Transformation behält die lineare Distanz zwischen den Zahlen bei, vergrößert aber doch (vereinfacht ausgedrückt) jede Zeilenlänge und dreht diese dabei um 90 Grad durch die zweite Dimension. Nunmehr sind die Primzahlen in der sogenannten »Ulam-Spirale«[*] so verteilt:

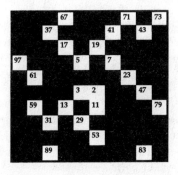

---

[*] Ulam war ein Mathematiker, der im Zweiten Weltkrieg mit John von Neumann bei der Entwicklung der »Monte-Carlo«-Simulationsmethode zusammenarbeitete.

Dabei taucht noch etwas – möglicherweise– Kurioses auf. Es scheint hier nun eine große Anzahl kontinuierlich diagonaler Ketten zu geben. Ihre Menge reicht allerdings nicht aus, damit wir sicher sagen könnten, es ist kein Zufall. Wir können dies zwar hypothetisch annehmen, doch damit es überzeugend würde, müßten wir uns schon mehr Zahlen ansehen. Also hier nun die gleiche Spirale, aber mit den Primzahlen bis 1000 (952, genau gesagt):

Die Tendenz, daß die Primzahlen diagonale Ketten bilden, erscheint hier schon erheblich deutlicher zu sein, wenn wir uns zurückbeugen und blinzeln (zwecks größerer Verdeutlichung der »fuzziness«). Wenn es uns Spaß macht, können wir versuchen, das Phänomen mathematisch zu quantifizieren, indem wir auszählen, wie viele Primzahlen zu einer Diagonalkette gehören und wie viele nicht. Was natürlich auch erfordern würde, daß wir festlegen, was als »Kette« zu gelten habe: schon zwei? Erst drei? Zehn? Kein Zweifel, je strenger die Kriterien dafür, desto mehr müßte das Phänomen »sich selbst erklären«, um durchzugehen. Indessen können wir intuitiv – das heißt visuell – ziemlich sicher sein, daß es sich da tatsächlich um ein »Muster« handelt. (Auch wenn wir ihr Vorhandensein nicht beweisen können: Unsere Gehirnkapazität zur Entdeckung von Mustern ist ziemlich phänomenal.) Ob sich dies fortsetzen wird, je höhere Werte die Zahlen annehmen, wissen wir noch nicht. (Genausowenig wie wir wissen, warum es die »Zwillinge« gibt und ob sie irgendwann aufhören.) Aber es wäre, allein auf der Basis unseres Beispiels oben mit den Zahlen bis 1000, gar nicht unlogisch anzunehmen, daß das Phänomen sich fortsetzt, wir also die Probe aufs Exempel machten und das Ergebnis, wenn irgend möglich, statistisch auswerteten und damit feststellten, wie groß die Chance ist zu entdecken, alles sei einfach nur Zufall.

Je größer man die Spirale macht – stellt sich tatsächlich heraus –, desto mehr bestätigt sich die Tendenz zu den Diagonalketten und wird damit immer deutlicher. Dennoch aber fügt sich das Phänomen am Ende nicht in eine feststehende Routine ein. Es bleibt »fuzzy« und unvorhersehbar, vom generellen Trend abgesehen.

Die Spirale bis hinauf zu 40 000:

Und hier alle Primzahlen von 1 bis 160 000–

Wenn wir ganz genau hinsehen, entdecken wir weitere Seltsamkeiten. So unpräzise und »fuzzy« sie auch sein mögen, gleichwohl gibt es hier diagonale Ketten (in beiden Richtungen), die allem Anschein nach ziemlich gleichmäßige Abstände einhalten, wenn auch nicht ganz perfekt. Schauen wir noch genauer hin, so sehen wir weiter, daß »dieselben« Ketten, die irgendwo ganz unvorhersehbar abbrechen, sich etwas später wieder fortsetzen. Außerdem gibt es vertikale und horizontale Ketten und darunter eine speziell scharfe, die das »tote« Zentrum a »+« bildet. Und noch schwieriger zu entdecken, noch *»fuzzier«,* aber offensichtlich vorhanden sind Linien, die ± 20 Grad zur Horizontalen verlaufen. Weiter gibt es Bereiche, die Teilkreise, und andere, die kleine, dichte Bündelungen bilden. Daß dies alles sichtbar wird, erfordert eben, um es zu entdecken, eine sehr viel größere Menge Primzahlen als zuvor. Und vergessen wir nicht: Alle diese Muster erscheinen erst in der *zweidimensionalen* Darstellung, wobei »nahe« Teile desselben Musters sich aus Primzahlen bilden, die in der linearen Folge weit voneinander entfernt sind. (Man stelle sich nur einmal vor, wie schwierig es wäre, ein zweidimensionales Teppichmuster zu erstellen, wenn man die verschiedenen Farbpunkte als Sequenz auf einem einzigen Garnfaden anzeichnen müßte! Auch Teppichmuster sind nur möglich, weil der Gestalter die [Faden-]Kette als zweidimensionale Einheit »sieht«.)

Aber vielleicht am allererstaunlichsten an diesen Mustern ist, daß niemand erklären kann, *wie oder warum sie sich ergeben.* Wie »fuzzy« auch immer, die Struktur ist statistisch eindeutig, und sie weist auf eine darunterliegende Ordnung hin, deren Natur, zumindest noch gegenwärtig, äußerst mysteriös ist. Setzt sie sich etwa endlos fort? Es ist das gleiche wie bei den »Zwillingen«: Niemand weiß es. Wir wissen allerdings, daß sich die Musterbildung bis zu den höchsten bisher festgestellten Primzahlen fortsetzt (im November 1996 war dies die Zahl $2^{1398269} - 1$; das ist 1 398 269mal 2 x 2 x 2 ... minus 1.)[*]

Und schließlich noch: Der Strukturierungsgrad ist größer und komplexer, als das menschliche Auge zu entdecken vermag. Man kann Sätze festgelegter Regeln auf jeden beliebigen Punkt anwenden, die das Bild noch weiter mathematisch transformieren, und damit sogar noch subtilere Ordnungskategorien sichtbar machen. (Die Primzahlen spiralförmig zu schreiben ist eine Transformation – auch zuweilen als »kartographieren« bezeichnet –, eine weitere ist die »Schwarzweißschreibung«: weiß = Primzahl, schwarz = Nichtprimzahl. Solche Regeln können aber keine Ordnung ergeben, wenn ohnehin keine vorhanden ist; sie können jedoch diese Ordnung wie durch eine Lupe vergrößert deutlicher zeigen und dabei die »fuzziness« vermindern: »aus Geräusch das Signal extrahieren«.)

---

[*] Diese Zahl, die sogenannte 35. Mersenne-Primzahl, erforderte die gemeinsamen Anstrengungen von 700 Leuten am Internet zur Feststellung und Bestätigung als Primzahl. Aber natürlich hätten selbst die Bienenfleißigsten ihre Mühe, mit dieser Zahl irgend etwas anzufangen. Sie hat eine runde halbe Million Stellen, und sie allein auszuschreiben, bedürfte es eines Buches von 250 Seiten.

Die Ulam-Spirale läßt sich mithin in das folgende Bild transformieren, das eine wirklich schöne Struktur ergibt (mit allen Primzahlen von 1 bis 264 144).[2]

Die folgenden Punkte, die in der einfachen Ulam-Spirale nicht sichtbar wurden (oder sich bestenfalls erahnen ließen), stellen sich hier heraus:

1. Nicht nur zeigt sich eine Tendenz der Primzahlen, sich in 45-Grad- und 45-Grad-paralleldiagonalen Bündelungen zu ordnen, sondern sie sind auch an den vier Ecken der Anordnung höher (oder zumindest anders) strukturiert. (Das gleiche Phänomen tritt auf, wenn die Spirale kreisförmig ist statt rechteckig.) Warum statt der drei oder fünf Strahlen in gleichförmigen Abständen diese vier Richtungen favorisiert werden, bleibt äußerst mysteriös.

2. Die variierende Dichte von Primzahlen in der Ulam-Spiralform ergibt komplexe Strukturen in vielen Symmetrieachsen. Einige davon sind örtlich begrenzt (Kreise und andere symmetrische Formen) und bilden Teile größerer »Supersymmetrien«.
3. Die Gesamtstruktur erscheint als »Fraktal« mit rückläufigen, aber dennoch »fuzzy«-Symmetrien auf immer größeren Ebenen. Dies stimmt überein mit den meisten neuen Entdeckungen der Quantenmechanik, bei denen es inzwischen den Anschein hat, als folgten die Energieebenen einer ungefähren Primzahlverteilung, wobei sie dennoch als »chaotisch« dargestellt werden können. (Chaotische Muster und Fraktalmuster stehen eng miteinander in Beziehung.) Gleichwohl weiß auch in diesem Fall niemand, warum dies so ist.

Eine weitere Transformation bringt die Diagonalsymmetrien noch deutlicher zum Vorschein, indem sie die anderen zurückdrängt. Sie bestätigt auch das Vorhandensein radialer Symmetrien in Winkelgraden, die nicht horizontal, vertikal oder diagonal stehen:

Das Vorhandensein einer zweidimensionalen Ordnung impliziert, daß da etwas an der Ortsplazierung der Primzahlen geordnet sein muß, der eindimensionalen Sequenz realer Zahlen folgend. Viele Jahre lang galt, daß die Abstände der Primzahlen reiner Zufall waren, weil keine lineare Ordnung zu entdecken war. In jüngster Zeit indessen zeigte ein Physiker, der Ähnliches bei den Abständen von Energiequanten in großen Atomen herausfand, eine darunterliegende Ordnung der Abstände zweiten und dritten Grades auf (Abstände der Abstände, Abstände der Abstände der Abstände). Zusammengefaßt: Die Quantifizierungsebenen von Energie und die Verteilung der Primzahlen folgen aus mysteriösen Gründen den gleichen Regeln, und beide in »chaotischen« Anordnungen.[3]

Etwa um die Zeit, da Eliyahu Rips in die kniffligeren Bereiche der Thora-Dekodierung vorstieß, vollendete Witztum seine Dissertation über die allgemeine Relativität und wandte seine Aufmerksamkeit den Kodierungen zu. Wie vor ihm auch schon andere Wissenschaftler besaß er die erforderlichen kritischen Fähigkeiten zu sehen, daß da etwas ganz Außergewöhnliches sein könnte. In Fortsetzung der bisherigen Arbeiten, führte er nun die Untersuchungen auf eine noch differenziertere und komplexere Höhe. Er behandelte den Text der Thora nicht einfach als kryptographische Buchstabenkette, sondern als eine inhärent zweidimensionale Struktur, deren »Achsen« (vertikale Messung = Anzahl der Reihen, horizontale Messung = Zeilenlänge) zueinander konvertibel waren. In der Physik besteht jede Messung aus den drei räumlichen Ausdehnungen und der zeitlichen Dauer. Aber wenn man das »Bezugssystem« ändert (das heißt die eigene Geschwindigkeit erhöht), dann schwindet die räumliche Ausdehnung (in der Reiserichtung) ein wenig, und die temporäre Dauer wächst in derselben Relation. (Stellen wir uns einen Pappkarton vor, der langsam zusammengedrückt wird: Mit abnehmender Höhe nimmt seine Breite zu, und bei der Raumverringerung vergeht Zeit.)

Später gab Witztum, sich auf Einsteins Spuren bewegend, seinem ersten Buch über die Codes den Titel *Die ergänzte Dimension*. Seine Einsichten waren kühn, aber scharfsichtig. Sie vereinigten und quantifizierten eine große Anzahl Hinweise auf die verborgenen Texte der Thora, die sich bereits gezeigt hatten. Damit gelangte Witztum zu Resultaten, die eindrucksvoll waren und außerdem so beschaffen, daß sie sich statistisch nachprüfen ließen. Und er legte nicht nur ein Ergebnis vor oder eine Handvoll, sondern Hunderte. Seine Methode umfaßte zunächst diese drei Prinzipien: erstens die Beziehungen zwischen den einzelnen Wörtern, zweitens die minimalen oder fast minimalen Überspringungs-Entfernungen zwischen den Buchstaben der ein- beziehungsweise dekodierten Wörter und drittens die minimale oder fast minimale Textmenge, innerhalb deren sich Wörter häufen. Es kam dann aber noch ein viertes Prinzip hinzu: die Transformation linearen Textes in einen veränderbaren »zweidimensionalen Raum«, wobei dann bestimmte Konfigurationen die verborgene Struktur offenlegen. (Rabbi Weissmandl hatte natürlich mit seinen eigenen Anordnungen, für die er ganz willkürlich die Zehn-zu-Zehn-Gitterkästchenform festlegte, bereits die ersten Grundlagen für diese Methode gelegt.) Die unter Prinzip drei erwähnte »minimale oder fast minimale« Textmenge nimmt deshalb eine etwas allgemeinere Form an: *Nicht die Textmenge in einer linearen Kette zählt, sondern die kleinste Menge Text in einer verformbaren zweidimensionalen Anordnung, die das kodierte Wort enthält.*

Die Quintessenz der Relativitätstheorie ist die Entdeckung, daß selbst wenn Dinge uns in verschiedenen Bezugssystemen *verschieden* erscheinen, »die ihnen zugrundeliegenden Naturgesetze [die Regeln über die Beziehungen der Bestandteile des Universums zueinander] in allen Bezugssystemen dieselben bleiben«. Und die Code-Forscher fanden die folgende Analogie zur Relativität: Wörter in der Thora scheinen in einem echten zweidimensionalen, verformbaren Raum einkodiert zu sein, in der Weise, daß die Regeln über die Beziehungen beliebiger zweier Wörter zueinander dieselben sind, ganz gleich, wie der Text deformiert, das heißt in variierenden Zeilenlängen dargestellt wird.

Nähe und Kompaktheit

Es besteht kein Grund für die Erwartung, daß irgendein aus einem Text entnommenes Wort wahrscheinlich öfter an einer Stelle der Kette aufscheint (etwa gegen ein Ende zu) als irgendwo sonst. Das gleiche gilt für die Position in einer beliebigen Anordnung (etwa in einer Ecke). Und in gleicher Weise gibt es auch keinen Grund für die Annahme, daß das Aufscheinen eines Wortes in seinem *minimalen* Intervall des Überspringens eine besondere Ortspräferenz an den Tag lege, einerlei ob in einer Kette oder einer Anordnung.

Wenn wir aus dem gesamten Text der Genesis ein beliebiges Wort entnähmen, uns seine sämtlichen abstandstreuen Intervall-Aufscheinungen ansähen und seine drei minimalsten Aufscheinungen lokalisierten, dann würden wir aller Wahrscheinlichkeit nach jedes an einer Stelle finden, die auch genausogut eine andere sein könnte. Und zum selben Ergebnis kämen wir mit irgendeinem anderen Text, aus dem wir ebenfalls willkürlich auswählten. Führten wir schließlich das gleiche mit 300 Wörtern durch, gäbe es ebenfalls keine besondere »Präferenz« über die Lage für Minimal- oder sonstige Überspringungsaufscheinungen. Das Resultat wäre, und zwar in der Genesis wie sonstwo, stets ebenso beliebig, als würden wir mit verbundenen Augen Darts-Pfeile werfen. Dies kommt daher, weil Text allein im Hinblick auf seine lineare Sequenz geordnet ist. Es gibt keine Beziehungen auf der Basis, wie der Text aussieht, wenn er zusammengeballt ist. Für ein schematisches Bild extrahierter Wörter in einem Gitter (aus großer Entfernung betrachtet) stellen wir uns vor, jede Figur der Abbildung sei ein kurzes Wort mit relativ kleinen Intervallen zwischen den einzelnen Buchstaben. Vereinfachungshalber machen wir es nur mit dreien: Das Quadrat sei das Wort mit hundertprozentigem Minimal-Überspringen, der Kreis dasselbe Wort, aber mit 75 Prozent Überspringen, und das Dreieck ebenfalls dasselbe Wort mit 25prozentigem Überspringen. Es ergäbe ungefähr folgendes Bild:

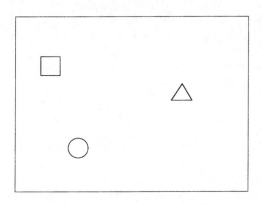

Nun nehmen wir uns ein weiteres Wort, das aber zum ersten in einer Beziehung steht (etwa »HAT« und »HEAD«). Wir suchen, wo es im selben Text mit seinen drei kürzesten abstandstreuen Überspringungen auftaucht. Es gibt auch hier keinen Grund zu erwarten, daß sich dabei irgendein System der Fundorte ergibt. Sie werden vielmehr beliebig über das Feld verstreut sein, genauso wie oben. Und natürlich läßt sich auch nicht begründen, warum die Standorte des zweiten Worts irgendeine Beziehung zu denen des ersten haben sollten, nur weil ihre Bedeutung so nahe beieinanderzuliegen scheint. Die beiden Wörter und ihre Standorte würden also etwa dieses Bild ergeben:

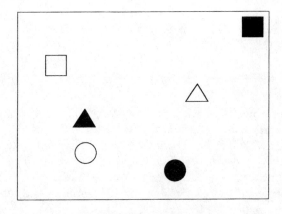

Mit anderen Worten: Wenn wir in unserer Skizze oben nach »HEAD« suchen, finden wir es vielleicht. Aber wo es sich nun gerade in seiner minimalen abstandstreuen Intervall-Erscheinung zeigt, ist völlig beziehungslos zum zufälligen Standort von »HAT«. Machten wir es aber mit genug Wortpaaren, fänden wir heraus, daß der durchschnittliche Abstand zwischen Wortpaaren sich einfach »mittelte«: Es wäre der gleiche durchschnittliche Abstand wie zwischen zwei anderen beliebigen Wörtern, ob in Beziehung zueinander oder nicht. Und dieser Durchschnittsabstand würde sich, als Kette gemessen (oder als Quadratwurzel der Diagonale einer rechteckigen Anordnung), als die halbe Länge des verwendeten Textes herausstellen. Denn im Durchschnitt ergäbe sich eine gleiche Anzahl »entfernter« und »naher« Standorte zueinander, und das für jeden Grad von »fern« und »nahe«.

Nun aber zeigte sich in der Genesis das folgende Bild (zur Verdeutlichung etwas übertriebener Wiedergabe):

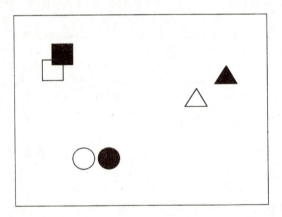

Man beachte, wie nach ihren jeweiligen Minima die gleichen Wortpaare »nahe« zueinander auftauchen. Aber »nahe« ist eine definierte Distanz; sie bezieht sich auf die statistische Tatsache, daß miteinander in Beziehung stehende Wortpaare *im Durchschnitt* näher zueinander stehen als nicht miteinander in Beziehung stehende. Paare mit minimalem Überspringen sind näher als solche mit nichtminimalem Überspringen. Einige – möglicherweise sogar die meisten – in Beziehung zueinander stehenden Wortpaare könnten auch weit entfernt stehen (und solche ohne Bezug nahe), aber der Durchschnitt von in Beziehung stehenden Wortpaaren wäre auch dann immer noch zu nahe, als daß dies als reiner Zufall wahrscheinlich wäre. Die Analyse der Forscher quantifiziert diese »durchschnittliche« Nähe und bestimmt die Wahrscheinlichkeit, daß sie »einfach nur so« auftrete. *Einzelbeispiele jedoch taugen nicht zur statistischen Auswertung.*

Beachten wir hier, daß das Betrachten der einzelnen Buchstaben der Wörter uns noch etwas anderes aufzeigt: Je nachdem, wie die Anordnung ausgelegt ist (das heißt, welche Zeilenlänge sie hat), verändert sich die Beziehung der Wörter zueinander. *Bei »Deformierung« der zweidimensionalen Anordnung in die genau richtigen Dimensionen mag sich eine zuvor »unsichtbare« Nähe zeigen.* (Wenn die Ulam-Spirale als nicht quadratisches Rechteck ausgelegt wird, ändert sich das ganze Muster, wird undeutlicher und schließlich ganz zerstört.)

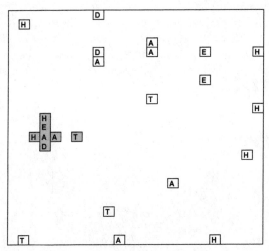

Verschiedene Standorte von HAT und HEAD, eingebettet in einen Text mit paarweiser auch ineinanderlaufender Nähe beider Wörter in ihren jeweiligen abstandstreuen Intervallen.

Noch hervorstechender als die simple Nähe zweier Wörter ist die »Kompaktheit« insgesamt der ganzen Konfiguration in einer optimal gewählten Anordnung. (Kompaktheit bestimmt sich nach der Nähe der Wörter zueinander und nach der Nähe der Buchstaben innerhalb der Wörter. Die Buchstaben eines Wortes mit einer Überspring-Distanz von 100 erscheinen am nächsten – direkt übereinander –, wenn die Anordnung die Zeilenlänge 100 aufweist.)

Diese Methode des Einbettens von Wörtern in abstandstreuen Intervallen des Buchstaben-Überspringens und ihr In-Beziehung-zueinander-Setzen mittels der »Kompaktheit« ist außerordentlich elegant, wenn man erst einmal ihre Feinheiten erkannt hat. Es gehört noch etwas dazu, was nicht sosehr eine weitere Komplexität ist als eher eine gekonnte Art der »Transformation« des Raumes, innerhalb dessen die Kompaktheit definiert ist, damit eine gewisse natürliche Einfachheit zum Vorschein kommt.

Das Verfahren des »Zusammenballens« des Textes kann am einfachsten in drei Dimensionen vor sich gehen, die dann auf zwei verringert werden, indem man eine dreidimensionale zylindrische Helix-Schraube verwendet. Nehmen wir den gesamten Text, der beide Begriffe als Paar einschließt, und legen ihn als Kette aus. Danach winden wir die Kette zur Spirale, aufwärts oder auch abwärts. Die (ringförmige) Reihenlänge definiert sich nun als Umfang des Zylinders.

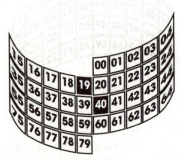

3D-Spirale von 80 Textpositionen (00-79) mit der Reihenlänge $h = 20$

Nun schneiden wir den dreidimensionalen Zylinder zwischen zwei Kolonnen auf und streichen ihn flach, womit wir eine zweidimensionale Anordnung erhalten:

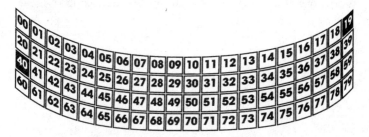

3D-Spirale, flachgezogen zur 2D-Anordnung

Zwischen je zwei beliebigen Buchstaben in der Anordnung gibt es höchstens zwei mögliche gerade (einfache, physikalische) Distanzen[*], je nachdem, wo der Zylinder aufgeschnitten wird, wie in diesem vereinfachten Beispiel:

  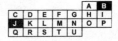

Drei verschiedene Schnitte einer siebenkolonnigen Anordnung

Und schließlich noch müssen wir genauso, wie wir den richtigen »Schnitt« festlegen müssen, auch die optimale Zeilenlänge finden. Wird diese geändert, jeweils ein Buchstabe nach dem anderen, so daß die Anordnung immer länger und schmaler wird (oder auch kürzer und breiter), so wird sich nach und nach jede Position zweier eng kompakter Wörter auflösen, so, als würde ein Bild immer unschärfer gemacht (siehe das Beispiel oben).[**] Ha-

---

[*] Fachlicher ausgedrückt handelt es sich um die »euklidische Distanz«.
[**] Sooft die Zeilenlänge ein Faktor ist oder fast einer, wird die ursprüngliche Anordnung relativ kompakt sein.

ben wir es mit mehr als zwei Wörtern zu tun, so kompliziert sich die Sache. Die beste Zeilenlänge für drei oder mehr Wörter mag zwar vermutlich nahe der besten Zeilenlänge für zwei beliebige Wörter liegen, aber sie wird trotzdem nicht genau die gleiche sein.

Technischer Anhang C

Das Experiment mit den »Großen Weisen«

Dieser Anhang bezweckt viererlei:

1. Sich mit bestimmten allgemeinen Überlegungen auseinanderzusetzen, welche die weitergehenden Versuche zur Bekräftigung des Bibel-Codes betreffen, und diese Bekräftigung (oder auch Widerlegung) zu einer allgemeinen Herausforderung zu machen.

2. Ein Resümee zu geben über die Vorgehensweise, die Rips und dann Witztum entwickelten und als Aufsatz in *Statistical Science* veröffentlichten. Es soll Leserinnen und Lesern dienen, die sich für den wissenschaftlichen und mathematischen Hintergrund der bis dato besten Forschungsmethoden interessieren. Bestimmte Details sind allerdings ausgelassen. Wer etwas über jeden Aspekt des Verfahrens wissen möchte, hält sich am besten gleich an die originale Dokumentation. Denn dieser technische Anhang will ja kein Ersatz für die in *Statistical Science* veröffentliche Abhandlung von Witztum, Rips und Rosenberg sein geschweige denn deren Aufsatz in irgendeiner Weise verdrängen.

3. Die ausgewählten Themen noch zu vertiefen und dort ausgelassene Details zu ergänzen. Nach vier Jahren Gesprächen mit vielen Menschen über den Bibel-Code ist mir aufgefallen, wie viele subtile Feinheiten der Sache selbst gebildeten Leserinnen und Lesern noch verwirrend erscheinen. Einiges dieser Verwirrung liegt auch in dem Code selbst oder in der Methode seiner Erforschung, die Witztum, Rips und Rosenberg entwickelt haben. Die »globale« Natur des Codes ist ein solcher Bereich, der

mit dem Code selbst zu tun hat, ein anderer der Gebrauch »verwirrender ELS« stellvertretend für »erwartete Kompaktheit«, der sich mehr auf die analytische Technik bezieht. Wo es hilfreich erscheint, habe ich den Text durch Diagramme ergänzt.

4. Die wichtigsten Teile der Forschung, die noch unvollständig oder auch problematisch sind oder wo alternative Methoden benutzt werden könnten, aufzuzeigen.[*]

Eine vollständige Darlegung aller in die Forschungen involvierten überaus komplexen Details würde den Rahmen dieses für ein allgemeines Lesepublikum gedachten Buches sprengen. Zu diesen komplexen Details gehören beispielsweise: wie die Daten ausgewählt und strukturiert wurden; deren Stärken und Schwächen; das Pro und Kontra möglicher alternativer Auswahlmethoden und -formate oder die Debatte darüber, ob die Daten unabsichtlich verfälscht wurden, um bemerkenswerte Resultate zu erzielen. Ein weiterer Bereich der Untersuchung ist die Kompaktheitsmessung selbst und wie das damit erzielte Resultat im Vergleich mit plausiblen Alternativen aussieht. Der wahrscheinlich allerwichtigste Punkt aber betrifft die Frage, in welche Richtung die weitere Forschung gehen und wie sie strukturiert werden soll, damit die bisher schon geleistete Arbeit gesichert und auch zu einer überzeugenden Schlußlösung weitergeführt werden kann. All dies wird vermutlich noch einige Jahre mit einer zunehmend heftiger werdenden Diskussion um das Für und Wider dauern.

---

[*] Leserin und Leser mögen allerdings auch beachten, daß weder dieser Anhang noch das ganze vorliegende Buch selbst offiziell für Witztum, Rips oder irgendwen sonst Partei ergreift. Ich habe zwar versucht, deren Arbeit so genau wie möglich zu referieren (wenn auch von einem unverhohlen sympathisierenden Standpunkt aus, der aber dennoch offen für alles bleiben will), doch alle Darstellungen, Erläuterungen und Argumente – pro und contra – sind ausschließlich meine eigenen, auch im Hinblick auf die Interpretation dessen, was von den Forschern geschrieben und veröffentlicht oder sonst mitgeteilt wurde.

Allgemeine Überlegungen

Es gibt eine ganze Anzahl geeigneter Methoden, mit denen sich der Bibel-Code aufspüren läßt. Die meisten produzieren unbefriedigende Resultate, aber ELS sind auch im Prinzip sehr schwierig zu bestimmen und noch schwerer als echte Kodierungen zu bestätigen beziehungsweise als reine Zufallsergebnisse nachzuweisen. Dazu gilt es besonders zu beachten, was die früher schon zitierten Professoren Bernstein, Kazhdan, Furstenberg und Pateski-Shapiro anmahnten:

Statt das Aufscheinen individueller Wörter über arithmetische Progressionen [ELS] zu notieren, wäre eine gesündere Basis für die Vermessung des Phänomens, nach Aufscheinen miteinander in Beziehung stehender Wörter zu suchen und deren Nähe zueinander festzustellen.

Weil individuelle ELS (*Equidistant Letter Sequences*, abstandstreue Buchstabensequenzen) selten beweiskräftig sind und weil das fragliche Phänomen bisher nur in echter Form aufzutreten scheint, wenn ELS-Kombinationen betrachtet werden, hat die gesamte bisherige ernsthafte und wissenschaftliche Untersuchung des Codes sich ausschließlich auf letztere konzentriert. Die Masse der »populären« religiösen Veröffentlichungen zu dem Thema beschäftigt sich hingegen fast durchweg nur mit individuellen ELS und ermangelt deshalb der soliden Basis für statistische Auswertungen. In der Zeit, bevor es die Computer gab, hätte man vielleicht darüber argumentieren können, daß nur ein wirklich echtes Phänomen lediglich durch »Beäugen« des Textes zu entdecken sei. Aber in unserem Computerzeitalter heute besteht nicht nur die Möglichkeit aufzuzeigen, wie allgegenwärtig die ELS sind, aus denen sich Worte bilden, sondern es ist schlicht trivial geworden, individuelle ELS auf fast jede beliebige Weise zu konstruieren.

Die Schwierigkeiten bei der Überprüfung selbst der robusteren ELS-Kombinationen auf ihre Stichhaltigkeit entstehen aus den folgenden Gründen:

1. »Verblüffende« ELS-Kombinationen tauchen von Zeit zu Zeit per Zufall auf, wenn auch nicht häufig – oder so scheint es jedenfalls. Teil des Problems ist die exakte Bewertung, wie unwahrscheinlich »verblüffend« die jeweilige Kombination ist. Wenn irgendwelche – oder einige wenige – sich als wirklich unwahrscheinlich nachweisen lassen, dann ist dies bestenfalls ein Stück Beweis und muß mit genügend ähnlichen Vergleichsbeispielen kombiniert werden. Und nicht einmal das mag zutreffen, aus folgenden Gründen:

2. Damit eine unwahrscheinliche ELS-Kombination überhaupt Beweiswert bekommt, darf sie nicht einer Kette unbedeutender ELS-Kombinationen entnommen und dann isoliert präsentiert werden. Sowohl ihr Inhalt als ihr Standort (innerhalb quantifizierbarer Parameter) muß festgelegt sein, *bevor* der Suchprozeß beginnt (Hypothetisierung *a priori*).

3. Schließlich, und das ist der wichtigste Grund: Der Bibel-Code könnte sich als etwas ganz anderes erweisen als die Kodierungen und Chiffren von Spionen und Kryptologen. Diese sind nicht in sich statistisch, wenngleich sie auch als Mittel dienen, mit denen sie entschlüsselt werden. Wenn ein typischer, von Menschen erdachter Code korrekt dechiffriert wird, ist das Resultat zwar eine gut definierte Buchstabenkette mit einer fixierten Bedeutung, aber keine »fuzzy« statistische »Tendenz« zu einer Ordnung, mit einer Menge Ausnahmen, die auf Bedeutung im allgemeinen beruhen. Zumindest soweit er bisher entschlüsselt ist, scheint der Bibel-Code überhaupt keinen Inhalt zu haben und lediglich eine Art Wasserzeichen zu sein, ein schwach erkennbares Siegel von Authentizität, bei dem man, um es überhaupt zu erkennen, schon sehr genau hinsehen muß. (Bedeutsam wird es gleichwohl im Hinblick darauf, wessen »Wasserzeichen« das ist.) Vielleicht erweist sich das »Wasserzeichen« ja als erster Indikator einer wirklich sprachähnlichen Struktur mit einer deutlichen »Botschaft«, wie Witztum und Rips hypothetisch vermuten. Wie im Buch erwähnt, vermute ich allerdings, daß es nicht so ist und daß der Bibel-Code in seiner linearen Beschaffenheit lediglich der sich entwikkelnden, nur beschränkt deterministischen Quantenmechanik

gleicht; daß er also in sich selbst probabilistisch ist. Daß sich der Code eines verformbaren zweidimensionalen Raumes bedient, um Nähebeziehungen zu erzielen, ist sicherlich ein Argument gegen die Vermutung vom Vorhandensein irgendeiner uns vertrauten »Sprache«. Bedeutung ist in allen anderen Sprachen – selbst in piktographischen wie etwa dem Chinesischen – entscheidend abhängig von einer linearen Sequenz; Nähe aber, wie sie im Bibel-Code festzustellen ist, steht direkt quer zu dieser Linearität. Natürlich ist die Annahme realistisch, daß die Vorstellung eines in sich selbst gegründeten probabilistischen Codes vielen Wissenschaftlern ebenso unbefriedigend erscheint wie Einstein damals die Quantenmechanik, die er »unvollständig« nannte. Aber wie bei der Quantenmechanik werden nur die Zeit und die weitere Forschung die Antwort geben.

Wie auch immer – bis jetzt scheinen die in der Thora gefundenen ELS-Kombinationen nicht das Ergebnis einer Anordnung nach strikten Regeln zu sein, sondern allgemeinen Leitlinien zu folgen. Und wie bei der Diskussion über die Nuancen hinter den Kompaktheitsmessungen, die von Witztum, Rips und Rosenberg entwickelt worden sind, deutlich werden wird, ist die Kompaktheit jedes einzelnen miteinander in Beziehung stehenden und als ELS aufgefundenen Wortpaars offenbar eine Eigenschaft des Textes als Ganzes – oder von Teilen dieses Textes, und dies in einer Art »holographischer« Technik, vielleicht sogar aller Aufscheinungen dieser Wörter als ELS und nicht nur einer einzigen, besten Erscheinung der Kombination. (Eine Andeutung dazu ist die Tatsache, daß *zwei* minimale Aufscheinungen von jeweils Name, Todestag und Geburtsort von Rabbi Abraham »der Engel«, von dem im zehnten Kapitel die Rede war, in enger Nachbarschaft standen.)

Um eine andere Analogie als die Holographie zu Hilfe zu nehmen, könnte man das Phänomen auch das Abspeichern von Bildern und Erinnerungen im Gehirn nennen: nicht in einem örtlichen, mit einem Etikett versehenen Schlupfloch, sondern global, überall, durch die gesamte Gewebestruktur, als ein Muster der

Verbindungsstärken zwischen den Neuronen. Millionen Bilder und Erinnerungen sind dort gespeichert, ineinandergeschichtet wie Stapel von Palimpsesten. Wenn die Buchstaben der Thora wirklich eine »Blaupause« oder »Landkarte« sind, dann sicher nicht so wie die aus Blättern bestehende Planmappe eines Architekten für ein Haus, sondern mehr wie der Plan eines ganzen Lebens, der in den Gedanken des Geistes aufbewahrt ist.

Im Hinblick auf den Bibel-Code bedeutet dies, daß es ganz außerordentlich schwierig sein mag nachzuweisen, daß irgendeine individuelle ELS-Kombination unwahrscheinlich ist. Denn wenn es die globale *Tendenz* ist, die das Phänomen ans Tageslicht bringt, wird es noch viele andere Fälle geben, in denen eine bestimmte ELS-Kombination sehr wahrscheinlich auch per Zufall auftritt, ohne das Phänomen selbst gleich zu entwerten. [*] (»Männer sind größer als Frauen« trifft als unpräzise Feststellung zu. Sie wird nicht durch die ebenfalls zutreffende Tatsache entkräftet, daß »ein sehr großer Prozentsatz der Männer kleiner ist als die meisten Frauen«.) Breite Trends dieser Art erfordern eine lange, eingehende und sorgsame Untersuchung, um sie entweder überzeugend zu bestätigen oder zu widerlegen. Die bisherigen Beweise deuten darauf hin, daß der Bibel-Code, falls er existiert, von exakt dieser Art ist. Die seriöse Erforschung steckt deshalb immer noch in den Kinderschuhen. Aus wissenschaftlicher Sicht stellt sich die »Streitfrage« gegenwärtig so dar: »Liegen bisher ausreichende Beweise angemessener Qualität vor, die es lohnen und rechtfertigen, der Sache wirklich weiter nachzugehen?« Kazhdan, Bernstein, Furstenberg und Piateski-Shapiro, die dies schon 1988 schrieben, obwohl sie im wesentlichen erst 1994 das Material lasen – in der Veröffentlichung in *Statistical Science* –, beantworten diese Frage mit einem Ja, wenngleich ohne einen Grund dafür zu nennen.

Fassen wir also unsere drei Punkte als ein Gesamtkonzept zusammen: *Der Beweis für den Bibel-Code wird dann stichhaltig sein, wenn er uns in der Form strengstens kontrollierter Tests die*

---

[*] Wird ein Muster nicht verteilt (Bell-Kurve), dann kann es sogar stimmen, daß die meisten ELS-Kombinationen nur in den Bereich des reinen Zufalls fallen. Ist das Phänomen echt, wird es in diesem Fall noch schwieriger, es zu verifizieren.

Überprüfung einer ausreichend großen Anzahl korrekt ausge-
wählter, repräsentativer und ausreichend ähnlicher ELS-Kombi-
nationen ermöglicht. Diese Kombinationen müssen dann als
Ganzes in »enger Nähe« (welche zu definieren ist) erscheinen,
und zwar öfter, als nach der Zufallswahrscheinlichkeit zu erwar-
ten wäre.

Kurzer Abriß des von Witztum, Rips, Rosenberg entwickelten Tests

Eine der Leistungen Witztums und der ihn unterstützenden
Gruppe ist die Erarbeitung einer analytischen Methode für den
Bibel-Code, die den genannten Bedingungen entspricht. (Wenngleich, wie bei allen wissenschaftlichen Debatten, penible Kritiker
hier ebenfalls argumentieren, eine oder mehrere dieser Bedingungen seien nur scheinbar erfüllt, nicht wirklich.) In ihrem 1994 in
Statistical Science veröffentlichten Aufsatz haben sie eine umfassende, gründliche, gut formulierte Beschreibung ihrer Arbeits-
weise gegeben, die es anderen ermöglichte, ihre Entdeckungen
nachzuvollziehen, zu erweitern und kritisch zu bewerten. Der
technische Aufwand ist verhältnismäßig bescheiden im Vergleich
zu den üblichen mathematischen und statistischen Forschungsarbeiten, aber ausreichend als solide Grundlage für einen einfachen
Standard höherer Mathematik, Statistik und Forschungsanord-
nung, um korrekt verstanden zu werden.

Das Konzept der Methode zum Auffinden von ELS-Paaren und
der Bewertung ihrer statistischen Signifikanz basiert hier auf einer bewußt übersimplifizierten Form. Im Anschluß an diese Liste
folgt dann eine genaue Beschreibung, wie das Konzept angewandt wurde.

- Identifizierung eines Satzes potentieller ELS-Paare (beispielsweise Liste von Namen mit jeweils einem dazugehörenden Datum)
- Suche nach jedem Namen und Datum in dem Satz Datenpaare
  per genauer Textkontrolle, bis ein ELS in seinem minimalen ab-

standtreuen Buchstabenintervall, genannt »Überspringen«, gefunden ist, unter der Voraussetzung, daß überhaupt eines gefunden wird – was durchaus vorkommen kann

- Messen der Abstände zwischen den Standorten der beiden Paar-Begriffe
- Berechnung der tatsächlichen »Durchschnitts-Entfernung«[*] aller miteinander in Beziehung stehenden Begriffspaare (Name A zu Datum A, Name B zu Datum B ...)
- Vergleich dieses »Durchschnitts« mit der »Durchschnittsdistanz« bei bloßen Zufallsaufscheinungen
- Wiederholen des Tests an anderen Texten
- Erstellen einer statistischen Analyse der Resultate zur Feststellung, ob die erzielten Durchschnittswerte signifikante Unterschiede zwischen miteinander in Beziehung stehenden Begriffspaaren in der Genesis beziehungsweise nicht miteinander in Beziehung stehenden Begriffspaaren in der Genesis und von Begriffspaaren irgendwo sonst, gleich, ob in Beziehung oder nicht, aufweisen.

Die Anwendung des Konzepts

Die tatsächlichen Methoden sind komplexe Varianten der oben dargestellten Überlegungen. Punkt für Punkt:

Als erstes Identifizierung eines Satzes potentieller ELS-Paare (etwa Liste von Namen mit jeweils einem dazugehörenden Datum). Es kann vorkommen, daß es unterschiedliche Schreibweisen des Namens und/oder der Geburts- und Todesdaten gibt. Für die Bildung der Paare Name-Datum müssen im voraus Regeln festgelegt und standardisiert werden, und ebenso sind Regeln für die Auswahl der diesbezüglichen historischen Quellen erforderlich. Witztum, Rips und Rosenberg legten für jede Persönlichkeit, die sie in ihre Liste aufnahmen, mehr als nur eine Kombination

---

[*] Hier und unten in Anführungszeichen, weil das Maß kein echter Durchschnitt ist, sondern eine Abwägung einer komplexeren Gesamtmessung. Die präzisen Angaben dazu folgen.

Name-Datum an, indem sie jeder Namensvariante jede verfügbare Datumsvariante beifügten. Die Abweichungen konnten sich aus solchen Einzelheiten ergeben wie Verfügbarkeit des Geburts- oder Todesdatums, Ehrennamen, Gebrauch oder Mangel von Titeln, Vorhandensein oder Fehlen stummer Buchstaben in Übersetzungen aus nichthebräischen Quellen ... Im allgemeinen legten Witztum, Rips und Rosenberg ihre Paare mit Namen und Datum innerhalb bestimmter Leitlinien mittels »informierter Abschätzungen« über die plausibelste oder wahrscheinlichste Form der Daten an. Dies ist in ihrer Schrift auch im einzelnen aufgeführt.

Die verwendeten Namen wurden aus einem standardisierten Quellenwerk jüdischer Biographien (dem *Who's Who* nicht unähnlich) mit dem Titel *Encyclopedia of Great Men in Israel*[1] ausgewählt. Dieses Nachschlagewerk enthielt allerdings einige bekanntgewordene Datenfehler, die nach ihrer korrekten Ermittlung beseitigt wurden.

Die Auswahlkriterien für die Aufnahme waren wie folgt:

1. Die Person muß in *der Encyclopaedia of Great Men in Israel* aufgeführt sein.
2. Der Eintrag muß mindestens drei (für die erste Auswahl) beziehungsweise anderthalb bis drei (für die zweite Auswahl) Spalten lang sein.
3. Die zur Verwendung vorgesehenen Begriffe dürfen nicht kürzer als fünf und nicht länger als acht Buchstaben sein.

Dieses letztere Kriterium ergab sich wegen der »Verwirrungs«-Methode, welche die Autoren anwandten, um einen für die Kompaktheitsmessung jeder Paarung von Name und Datum benötigten Grad von »Unwahrscheinlichkeit« zu erzielen (siehe Erläuterung unten). Diese Methode konnte nicht genau auf die ELS mit weniger als fünf Buchstaben angewendet werden und hätte zu wenige brauchbare Daten ergeben, wenn sie für Wörter mit mehr als acht Buchstaben eingesetzt worden wäre. Es stehen jedoch andere Methoden zur Verfügung, mit denen sich das Experiment auch hinsichtlich kürzerer und längerer ELS durchführen läßt.

Name	Hebräischer Name	Datum	Daten-Variante			
Rabbi Avraham Av-Beit Din von Narbonne	הרב אברהם אב"ד	d 20 Heshvan				
Rabbi Avraham Yizhaki	זרע אברהם	d 13 Sivan				
Rabbi Avraham Ha-Malach	אברהם המלאך	d 12 Tishrei				
Rabbi Avraham Saba	אברהם סבע		_Keine Daten verfügbar[1]_			
Rabbi Aaron von Karlin	ר' אהרן	d 19 Nisan				
Rabbi Eliezer Ashkenasi	מעשי ה'	d 22 Kislev				
Rabbi David Oppenheim	ר' דוד	d 7 Tishrei				
Rabbi David Ha-Nagid	ר' דוד		_Keine Daten verfügbar[2]_			
Rabbi David Nieto	ר' דוד	d 28 Teveth[3]				
Rabbi Chaim Abulafia	ר' חיים	d 6 Nisan[4]				
Rabbi Chaim Benbenest	ר' חיים	d 19 Elul				
Rabbi Chaim Capusi	ר' חיים	d 12 Shevat				
Rabbi Chaim Shabetai	ר' חיים	d 13 Nisan				
Rabbi Yair Chaim Bacharach	חות יאיר	d 1 Teveth				
Rabbi Yehuda Hasid	ר' יהודה	d 5 Heshvan[5]				
Rabbi Yehuda Ayash	ר' יהודה	d 1 Tishrei				
Rabbi Yehosef Ha-Nagid	ר' יהוסף	d 9 Teveth				
Rabbi Yehoshua von Krakau	ר' יהושע	d 27 Av				
Der Maharit	מהרי"ט	d 14 Tammuz				
Rabbi Yosef Teomin	פרי מגדים	d 14 Iyyar				

Name		Death date
Rabbi Yakov Berrav		
Rabbi Israel Yaakov Hagiz		d 30 Nisan
Der Maharil		b 26 Shevat
		d 22 Elul[a]
Der Yaabez		d 30 Nisan
Rabbi Yizhak Ha-Levi Horowitz		d 6 Iyar[a]
Rabbi Menachem Mendel Krochmal		d 2 Shevat
Rabbi Moshe Zacuto		d 16 Tishrei
Rabbi Moshe Margalith		d 12 Teveth
Rabbi Azariah Figo		d 1 Adar I
Rabbi Immanuel Hai Ricchi		d 1 Adar
Rabbi Shalom Sharabi		d 10 Shevat
Rabbi Shelomo von Chelm		21 Tammuz[a]

---

1 Legendär
2 Ungewiß
3–8 Quellenfehler, Daten von den Autoren in Abstimmung mit Historikern korrigiert

Diese Kriterien ergaben dann schließlich die endgültige Liste von 32 Persönlichkeiten für das zweite Muster, das als Vorlage für die Analyse diente.

Die erste Liste wurde nicht für den Aufsatz in *Statistical Science* analysiert, um eindeutig belegen zu können, daß der Datensatz auch wirklich erst nach der Aufstellung der Datenkriterien und der analytischen Methoden erstellt wurde. Die 32 Personen ergaben zusammen 91 Namen und 74 Datumsbegriffe. Durch Verbindung jedes Namens mit jedem zu dieser Person gehörenden Datumsbegriff ergaben sich 298 Paare von Namen und Daten. Dies war die Rohdatenmenge (Paare-Menge), mit der die Analyse dann durchgeführt wurde.

Es ist klarzustellen, daß auch eine große Anzahl anderer und verschiedenster Auswahlmethoden möglich gewesen wäre.

Suche nach jedem Namen und Datum in dem Satz Datenpaare per Textkontrolle, bis ein ELS in seinem minimalen abstandstreuen Buchstabenintervall, genannt »Überspringen«, gefunden ist... Eine »abstandstreue Buchstabensequenz (ELS)« e definiert sich als eine Folge von Buchstaben in einem bestimmten Text mit den Positionen n, n + d, n + 2d, n + 3d ... n + (k-1)d, was Witztum, Rips und Rosenberg einsetzten für:

d =
»abstandstreues Buchstabenintervall« oder, einfacher, ELS-»Überspringen«
n =
»Beginn« des ELS
k =
»Länge« des ELS (das heißt Anzahl der Buchstaben des Wortes).

Man sucht den Text über eine Anzahl abstandstreuer Buchstabenintervalle oder »Überspringungen« ab und zwar so, daß zu erwarten ist, in diesem Bereich nicht mehr als die zehn ELS mit den kürzesten Überspringungen für beide Begriffe in jedem Paar des Datensatzes zu finden. (Man sucht nicht nur nach den Minimal-Überspringungen.) Diese Anpassung der Ausdehnung der zu suchenden Überspringungen gründet sich auf die Anzahl der Buchstaben in dem Begriff, nach dem als ELS gesucht wird, und auf die Häufigkeit der den Begriff bildenden Buchstaben in der Genesis. Für jeden Begriff nimmt man jedes der etwa zehn tatsächlich so gefundenen ELS und berechnet den »Bereich der Minimalität«. Dieser ist einfach jener Textbereich, der als lineare Buchstabenkette festgelegt wurde (das heißt der Prozentsatz der Buchstaben), welche die fragliche ELS enthält, aber keine andere desselben Begriffs mit kleinerem Überspringen. Der »Bereich der Minimalität« wird deshalb eine Zahl zwischen 0 und 1 sein (= 0 Prozent und 100 Prozent), beigefügt jedem diesen Restriktionen gemäß gefundenen Begriff im Datensatz.

Messen der Abstände zwischen den Standorten der beiden Paar-Begriffe. Dies muß in einer Anzahl Schritte erfolgen.

Erster Schritt: Man erstellt eine Messung der zweidimensionalen Entfernung δ zwischen beliebigen zwei ELS, e_1 und e_2. Diese Entfernung nennt man $\delta(e_1, e_2)$. Es gibt zahlreiche sinnvolle Messungen zweidimensionaler Entfernungen, und keine erbringt absolut sicher ein optimiertes allgemeines Resultat (das einschließen würde, daß das Phänomen echt ist) oder eines nur für diesen Datensatz (das die Resultate verfälschen und wertlos machen würde). Die Methode, die Witztum, Rips und Rosenberg anwandten, geht so:

● Definieren von »Entfernung« zwischen Buchstaben und ELS

Es ist notwendig, die »Entfernung« δ zwischen zwei beliebigen ELS so zu definieren, daß die Benennung von »Nähe« und von »Kompaktheit« eine unzweideutige und quantifizierbare Bedeutung erhält.

Zwischen Buchstaben

Der zwei Begriffe als Paar enthaltende Text (die Buchstaben, die an ihren jeweiligen ELS geortet wurden) ist als Kette ausgelegt. Die Buchstabenkette wird dann in einer zylindrischen Anordnung oder als Helix »spiralisiert« (aufwärts oder abwärts). Mit dem Aufwärts- oder Abwärtsdrehen der Helixa ändert sich nun natürlich die »Kompaktheit« des ELS-Paars. Für jedes einzelne ELS ist zu beachten, daß es eine bestimmte Verwindung gibt, wo die Buchstaben des ELS vertikal übereinanderstehen. Das kommt daher, daß die Anzahl der den Umlauf bildenden Buchstaben auf dem Zylinder genau gleich dem Überspringen d für dieses ELS ist. An diesem Punkt hat der Zylinder die *Reihenlänge h,* die identisch ist mit der Anzahl der vertikalen Reihen des Textes. An jedem Punkt des Windungsverlaufs kann der Zylinder vertikal aufgeschnitten werden, um eine flache, zweidimensionale Anordnung zu bekommen.

Nunmehr werden zwei Buchstaben an zwei beliebigen Standorten der flachen, zweidimensionalen Anordnungen betrachtet. Je nachdem, wo der senkrechte Schnitt erfolgte, gibt es zwei mögliche geradlinige Distanzen zwischen diesen Buchstaben. *Die kleinere der beiden möglichen Entfernungen wird immer zur Definition des Abstands der Buchstaben verwendet.*

Zwischen ELS
Die »Entfernung« zwischen zwei beliebigen tatsächlich im Text gefundenen ELS e_1 und e_2 und nachdem die Kette »entwunden« und »geschnitten« ist, um eine spezifisch zweidimensionale Anordnung mit der Reihenlänge h zu erhalten, wird nun von Witztum, Rips und Rosenberg wie folgt definiert:

1. Es sei f_1 = die Entfernung zwischen zwei aufeinanderfolgenden Buchstaben im Wort e_1
2. Es sei f_3 = die Entfernung zwischen zwei aufeinanderfolgenden Buchstaben im Wort e_2
3. Es sei m = die mögliche Minimaldistanz zwischen jedem Buchstaben in e^1 und jedem Buchstaben in e_2

Kompaktanordnung zweier Wörter, überschüssiger Text entfernt

Damit ist dann die Entfernung δ (e_1, e_2) zwischen je zwei Wörtern:
δ $(e_1, e_2) = f_1^2 + f_2^2 + m^2$.

Man beachte, daß diese »Entfernung« eher das Quadrat der Entfernung ist. Daran ist an sich noch nichts seltsam. Die »Metrik« für den zweidimensionalen »Raum« der ELS muß nicht notwendigerweise euklidisch sein. Physiker kennen eine Menge nichteuklidischer Metriken. Der Wahrscheinlichkeitsraum in der Quantenmechanik beispielsweise ist ein Quadrat. Auf jeden Fall korreliert eine quadrierte Entfernung dieser Art mit der eher intuitiven Vorstellung von »Areal« im Hinblick auf die zweidimensionale Kompaktheit. (Es ist aber nicht eigentlich ein »Areal«.) Aber einfache Areale könnten eventuell ein schlechteres Maß von »Nähe« ergeben, wenn einer der beiden Begriffe eben ein etwas größeres Überspringen aufweisen würde, das immer noch kleiner wäre als h.

Im Beispiel oben:
e_1 = »HAT« und e_2 = »HEAD«
f_1 (die Entfernung zwischen aufeinanderfolgenden Buchstaben in e_1) = 2
f_2 (die Entfernung zwischen aufeinanderfolgenden Buchstaben in e_2) $\sqrt{(1+1)} = \sqrt{(2)} = 1.41$

Da die Entfernung zwischen den Buchstaben nicht notwendigerweise die gleiche ist wie das Überspringen, bleibt die Entfernung d davon unbeeinflußt, wieviel Text aus den Illustrationen ausgelassen ist. Die Entfernung *ist* jedoch betroffen von der »Verwindung« der Textspirale, daher dann auch die Reihenlänge h, speziell für Wörter mit größerem Überspringen. Auf der Suche nach der stärksten Kompakt-Konfiguration kann die Verwindung aufhören oder auch nicht, wenn die Buchstaben eines Wortes in ihren minimalen Abständen stehen, weil die Messung der Kompaktheit (wie gleich weiter unten genau erläutert werden wird) die Entfernungen zwischen den Buchstaben in beiden *Wörtern* und auch die Entfernung zwischen den Wörtern ausbalanciert, ebenso ihre Orientierung zueinander.

● Bestimmung der »Kompaktheit« eines ELS-Paars

Wir setzen das obige Beispiel fort: m, die Entfernung zwischen dem T von »HAT« und dem H von »HEAD« = $\sqrt{(1^2 + 2^2)} = \sqrt{(5)} = 2.23$.

Fassen wir zusammen, was wir bisher formalisiert haben: Die »Entfernung« zwischen zwei Wörtern als Paar ist δ und für unser Beispiel hier $\delta (e_2, e_1) = (2^2 + \sqrt{2}^2 + \sqrt{5}^2) = (4 + 2 + 5) = 11$.

Nachdem nun also eine Textkette sich in eine sich verjüngende Helix verändert, wird die Anzahl der möglichen Reihen in der resultierenden flachgelegten Anordnung ansteigen und die Anzahl der möglichen Kolonnen abnehmen. Für jedes gefundene, in den Text einkodierte Begriffspaar in Form von ELS gibt es ein anderes δ (wie oben definiert), je nachdem, wie viele Buchstaben jede Kolonne h enthält.[*] $\delta_h (e_1, e_2)$ sei *ein spezifisches* $\delta (e_1, e_2)$ für eine bestimmte Reihenlänge h. Dann definiert man μ_h als Inverses von δ_h, nämlich δ_h sei $1/\mu_h$. Damit ist μ_h das größere, und das kompaktere ist die Konfiguration (e_1, e_2).

Zu beachten wiederum: Für diejenigen ELS (mit dem Überspringen d), die sich effektiv an die Ränder einer Anordnung setzen, werden bestimmte Reihenlängen stark dahin tendieren, die Kompaktheit zu favorisieren, das heißt sie tendieren zur Erzeugung großer Werte von μ_h. Dies sind Reihenlängen von h (= Anzahl der Kolonnen) und verursachen sukzessive Buchstaben in e_1 oder e_2 (welche immer sich »wickelt«, nehmen wir an, beide tun es nicht), sich vertikal aufzureihen, direkt übereinander in aufeinanderfolgenden Reihen oder vielleicht auch mit Überspringen einer kleinen Anzahl Reihen, oder daß sie sukzessive Buchstaben dazu veranlassen, sich diagonal zu reihen, mit Überspringen weniger Reihen und keiner (oder höchstens weniger) Kolonnen – in der Art eines Rösselsprungs beim Schach.

Die engste vertikale Konfiguration eines Wortes wird sich einstellen, wenn die Reihenlänge h glatt durch die Überspringung d teilbar ist. Förmlicher gesagt sind dies Reihenlängen $h_1 = h_1, h_2, h_3$ ..., wobei h der Ganzzahlenwert $|d|/i$ ist. (Nach Übereinkunft wird $1/_2$ immer aufgerundet.) Wenn also die Reihenlänge in der

---

[*] Die Anzahl der Kolonnen ist die gleiche wie die Reihenlänge.

Anordnung gleich 10 ist und ebenso das Überspringen $d = 10$, dann ist der Gebrauch des absoluten Werts |d| auch $h_1 = h_1$, und es werden zwei sukzessive Buchstaben übereinander erscheinen, aber eine Reihe überspringen. Wenn das Überspringen 20 wäre, dann erschienen $h_1 = h_2$ und zwei Buchstaben vertikal, aber mit Auslassen einer Reihe; bei 40, $h_1 = h_3$, und drei Reihenauslassungen und so fort. Ist das Überspringen gleich 11, dann wird $h_1 = h_1$, (erneut, weil 1 die nächste ganze Zahl ist), und zwei sukzessive Buchstaben werden diagonal erscheinen, eine Reihe nach unten und einen Buchstaben daneben. Ist $d = 21$, dann wird $h_1 = h_2$, und die Buchstaben stehen in zwei Reihen Abstand nach unten und einem daneben und so fort.

		00		
U	02	P	04	05
06	D	08	09	10
11	12	O	14	15
16	17	18	W	20
21	22	23	24	N

00	U	02	P	04	05
06	D	08	09	10	11
12	O	14	15	16	17
18	W	20	21	22	23
24	N				

	00	U	02	P	04	05
06	D	08	09	10	11	12
O	14	15	16	17	18	W
20	21	22	23	24	N	

Drei verschiedene »Verwindungen« eines Textes von 26 Buchstaben (00-25) mit den eingebetteten Wörtern »UP« zu $d = +2$ und »DOWN zu $d = +6$. Jede Form hat eine andere »Reihenlänge« h, – nämlich von links nach rechts $h = 5, 6, 7$ – und eine etwas andere Kompaktheit. Bei näherer Betrachtung erscheint die mittlere Darstellung die größte Kompaktheit aufzuweisen, obwohl die anderen sich nur wenig von ihr unterscheiden.
Wäre der Text viel länger und das Überspringen d für »DOWN« ebenfalls, so gäbe es immer noch die Möglichkeit, ähnlich kompakte Anordnungen zu finden. Doch dann würde die große Mehrheit der Aufwindungen auch nichtkompakte Anordnungen der Wörter produzieren. (Genau dies passiert, wenn man echte Texte verwendet.) In den meisten Anordnungen mit großen Reihenlängen ständen die Buchstaben von »DOWN« weit auseinander, ebenso wie die zwei Wörter selbst.

Im allgemeinen werden diese Anordnungen deshalb hin zur größtmöglichen Kompaktheit tendieren, in welcher der Index i in h_i eine relativ kleine Zahl ist, und damit Begriffe, die vertikal erscheinen, nur wenige übersprungene Buchstaben zwischen sich haben. Dies muß jedoch nicht jedesmal der Fall sein. Die Gesamtkompaktheit ist eine Funktion anderer Faktoren – der Kompaktheit des anderen Worts, der Entfernung zwischen den Wörtern, der Gewichtung anderer ELS-Paare für dieselbe Auswahl der Begriffe. »Kompaktheit« ist eine globale Größe, die all dies einschließt. Ist der Index i in h_i groß, so ist die Wahrscheinlichkeit einer kompakten Konfiguration gering, und umgekehrt. Eine bessere Methode als der Versuch, die inverse Relation genau zu definieren, um damit eine einzige maximal kompakte Konfiguration unter vielen möglicherweise vergleichbaren aufzuspüren (und wo ungewöhnliche Ausnahmen erscheinen), ist das Messen der Kompaktheit anhand einer ganzen Menge von Reihenlängen h_i mit kleinem i-Wert. Damit läßt sich die Tendenz von Konfigurationen zur Kompaktheit als eine Funktion der vielen dazu beitragenden Faktoren erfassen. (Diese Methode ist analog zur Zuweisung einer gewissen Gesamtmenge Raum einer bestimmten Gestalt an alle Personen in einem Flugzeug, wobei diese die Freiheit haben, den Raum mit jedem gewünschten Objekt zu füllen.)

Witztum, Rips und Rosenberg entschieden sich für Berechnung der Kompaktheit μ_{h_i} (dem Inversen von δ_{h_i}) für die ersten zehn Konfigurationen (i = 1, 2, 3, 4, 5, 6, 7, 8, 9, 10), die sich um die absolut maximale Kompaktheit des ersten Begriffs eines Paares »häuften«, addierten sie alle und fügten diese Zahl dann den ersten zehn Konfigurationen des zweiten Paarbegriffs bei. Mit anderen Worten: Der endgültige Meßwert der Kompaktheit eines Paares besteht aus 20 verschiedenen Kompaktheitszahlen. In beiden Zehnergruppen ist jede Zahl, in einer geringfügig verschiedenen Konfiguration, das Inverse der Entfernung zwischen den zwei Wörtern (wie oben erläutert). Die ersten zehn Konfigurationen basieren auf dem ersten Paarbegriff, die zweiten zehn auf dem zweiten. Die entsprechende Formel lautet:

$$\sigma\,(e_1 + e_2) = \sum_{i=1}^{10} \mu_{h_i}e_{1i}(e_1, e_2) + \sum_{i=1}^{10} = \mu_{h_i}e_{2i}(e_1, e_2)$$

wobei $\mu_h(e_1)_i$ das Inverse der Entfernung von e_1 und e_2, darstellt, gemessen für die i^{te} Konfiguration im Hinblick auf, und das Inverse der Entfernung zwischen und für den Meßwert der i^{ten} Konfiguration im Hinblick auf e_1 und $\mu_h(e_2)_i$. Es ist der für alle Paare Name-Datum verwendete Meßwert der Kompaktheit und auch für jedes Kontrollpaar (Namen mit falschen Daten) sowohl in der Genesis als auch in sämtlichen Kontrolltexten.

Zweiter Schritt: Man erstellt für jedes Begriffspaar in dem Datensatz jede mögliche Zusammenstellung des ersten Begriffs als ELS und des zweiten Begriffs als ELS, wobei jeder Begriff etwa zehnmal als ELS aufscheint. (Jedes Begriffspaar in dem Datensatz wird also rund 100 Paarungen ergeben.) Man berechnet für jede solche ELS-Paarung einen »Bereich *simultaner* Minimalität«. Dies ist der Teilbereich des Textes, für den der Bereich der Minimalität für den ersten Begriff sich mit dem Bereich der Minimalität für den zweiten Begriff überlappt:

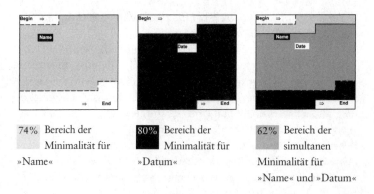

74% Bereich der Minimalität für »Name«

80% Bereich der Minimalität für »Datum«

62% Bereich der simultanen Minimalität für »Name« und »Datum«

Dem Wert des Bereichs der Minimalität für jedes Paar wird als »Gewicht« für dieses Paar zugewiesen: ω_1 = Gewicht des Paares 1; ω_2 = Gewicht des Paares 2, ... ; ω_n = Gewicht des Paares n.

Die Kompaktheit σ jeder ELS-Paarung wird nunmehr mit dem Gewicht ω dieser Paarung (ihrem Bereich simultaner Minimalität) multipliziert, und addiert werden die rund 100 Produkte, um einen einzigen Wert zu erhalten, nennen wir ihn Ω, vom maximalen Grad der Kompaktheit für jedes Paar in dem Datensatz:

$\Omega = \sum \omega\sigma = \omega_1\sigma_1 + \omega_2\sigma_2 + \ldots + \omega_n\sigma_n$, wenn n = Zahl der Paarungen aus jedem Paar Name-Datum.

Je größer Ω, desto kompakter das Begriffspaar. Zu beachten: Dieser Wert der Kompaktheit für ein einzelnes Begriffspaar

(Name einer Person, Todesdatum) ist als solcher bereits eine Gesamtheit, unter Berücksichtigung und Gewichtung der Anteile vieler ELS an einem selben Wort und vieler verschiedener Anordnungskonfigurationen für jedes Wort. Er gibt eine Über-alles-Tendenz im ganzen Text zur Bildung von Kompaktheit zwischen in Beziehung stehenden Paarbegriffen an, »entdeckt« jedoch nicht eine feste, mechanische Regel, die besagt, daß jedes solche Paar »kompakt« ist.

Berechnung der tatsächlichen »Durchschnittsentfernung« aller miteinander in Beziehung stehenden Begriffspaare (Name A zu Datum A, Name B zu Datum B ...) sowie

Vergleich dieses »Durchschnitts« mit der »Durchschnittsdistanz« bei bloßen Zufallsaufscheinungen.

Ist die Feststellung der Kompaktheit für jedes einzelne Paar Name-Datum erfolgt, so muß die Über-alles-Kompaktheit aller Paare in dem Datensatz berechnet und dem gegenübergestellt werden, was sich rein zufällig ergeben hat. Dies ist nicht geschehen, als sich zum erstenmal eine Gesamtheit mit einem absoluten Wert der Kompaktheit für miteinander in Beziehung stehende Begriffspaare und dem Vergleich mit der Gesamtheit, also dem absoluten Maß der Wörterkompaktheit, ergab (was dem System nach der einfachste Zugangsweg ist). Statt dessen ergab sich ein *relativer* Kompaktheitswert in einem Schritt – und zwar auf folgende Weise:

Beachten wir als erstes, daß die grundlegende Hypothese lautet, es sei etwas Einzigartiges um die mit abstandstreuem Überspringen identifizierten Wörter in dem Text. Im Gegensatz dazu sollte aber nichts Besonderes an Wörtern sein, die sich per Zufalls-Überspringungen ergaben. Wörter, die auf diese Weise auftauchen, sollten zweifellos als reine Zufallsergebnisse gelten. Folglich könnte ein bestimmter, als ELS (präziser gesagt: als rund zehn ELS bei minimalem Überspringen) gefundener Begriff (in einem Paar, in einem ganzen Datensatz) demselben Wort gegenübergestellt werden, das nicht exakt als abstandstreue Buchstabensequenz auftauchte, sondern als *nicht*-abstandstreue Buchstabensequenz, deren Überspring-Abstände von Buchstabe zu Buchstabe eines Wortes »durchgerüttelt« und »verzufälligt« sind: »beliebig durcheinander«.[*]

Rips hatte diesen Zugang schon früher entwickelt (es ist eine Abwandlung der Monte-Carlo-Simulationsmethode). Und sie war auch in dem Artikel in *Statistical Science* erwähnt. Für alle Namen und Datumszahlen in dem Datensatz wurde identisch das Verfahren wiederholt, mit dem erwartete zehn minimalste Überspringungen gesucht wurden, bei jeder der insgesamt 124 verschiedenen Vorlagen nicht-abstandstreuer Überspringungen von Buchstaben dazu eine mit einem abstandstreuen Intervall. Damit standen also insgesamt 125 Kompaktheitsmessungen für jedes Paar zur Verfügung, von denen aber nur eine »echt« ELS war. Diese 125 Werte wurden nun in die Rangreihenfolge gebracht und die Rangstelle des echten ELS darin eigens vermerkt. Wenn etwas Spezielles an den ELS ist, dann mußte der echte ELS-Kompaktheitswert (innerhalb der Gesamtheit) irgendwo deutlich in der oberen Hälfte rangieren.

Zu den »Perturbationen« (Verwirrungen, Veränderungen) gelangte man auf die folgende Weise:

Die verschiedenen nicht-abstandstreuen Buchstabensequenzen für ein Wort seien dessen »perturbierte ELS«. Es seien $x, y, z \in \{-2, -1, 0, 1, 2\}$, das heißt x, y und z können alle den Wert jeder der fünf ganzen Zahlen von -2 bis +2 annehmen, einschließlich 0. Betrachten wir nun alle möglichen Kombinationen von x, y, z, von denen sich $5 \times 5 \times 5 = 125$ ergibt und von denen eine (Nr. 63) für x, y, z jeweils $= 0$ aufweisen wird.

---

[*] Dies schließt die Möglichkeit nicht aus, daß auch an *geordneten* (nichtzufälligen, regelgemäßen) und dennoch nicht-abstandstreuen Buchstabensequenzen etwas Spezielles ist. Die von Rips entwickelte »Verwirrungs-Methode" läßt sich gleichermaßen zum Nachprüfen verwenden, ob auch auf diese Weise Information einkodiert ist.

No	x	y	z
1	-2	-2	-2
2	-2	-2	-1
3	-2	-2	0
4	-2	-2	1
5	-2	-2	2
6	-2	-1	-2
7	-2	-1	-1
8	-2	-1	0
9	-2	-1	1
10	-2	-1	2
...	...	...	...
63	0	0	0
...	...	...	...
116	2	1	-2
117	2	1	-1
118	2	1	0
119	2	1	1
120	2	1	2
121	2	2	-2
122	2	2	-1
123	2	2	0
124	2	2	1
125	2	2	2

Diese 125 »Dreier« $(x, y, z)_1$, $(x, y, z)_2$, ... $(x, y, z)_{124}$, $(x, y, z)_{125}$ werden nun zur Erstellung der »perturbierten« ELS benutzt, indem man die Werte x, y, z dazu verwendet, die letzten drei Überspringungen auf der Suche nach einem Begriff zu ändern. (Tatsächlich dienen die verschiedenen Kombinationen von x, y und z der direkten Einwirkung auf die Buchstabenposition bei der Suche, nicht der Überspring-Intervalle.) Die Standorte der drei letzten Buchstaben werden von den Positionen, die irgendwo zwischen -6 und +6 Buchstaben die ihren wären, weggeschoben – »perturbiert« –, indem man den Wert $x + y + z$ zu der Position des letzten Buchstaben, $x + y$ zur Position des vorletzten Buchstabens und x zur Position des drittletzten Buchstabens addiert.

Nehmen wir zum Beispiel an, wir suchen nach dem Sechs-Buchstaben-Wort »JOSHUA«, das als ELS mit Überspringen 3 aufscheint (angenommen, die Startposition sei 2 in der Textkette). Mit anderen Worten: wir müssen das Wort auf den Positionen 4, 7, 10, 13, 16 und 19 finden. Für die verbleibenden 124 »perturbierten« ELS sind jedoch nur die ersten drei Positionen identisch, die anderen wandern entsprechend der erwähnten Regel.

Die einzige echte ELS ohne »Perturbation« entspricht dem »perturbierten« ELS mit *(x, y, z)* = (0, 0, 0). Von den 125 in der Liste oben angeführten möglichen perturbierten Mustern ist dies Muster Nummer 63. In der nachfolgenden Graphik ist es als erstes aufgeführt. Es schließen sich einige weitere der übrigen 124 an. Wenn wir in dem Text nach einem »perturbierten« ELS suchen, scheint es natürlich an anderer Stelle der Abbildung und ebenfalls an anderen Stellen des Textes auf, der die Buchstaben »JOSHUA« in verschiedenen Entfernungen enthält.

```
63: (0,0,0)      J     O     S       H       U       A
   Verschiebung  0     0     0       0       0       0

1: (-2,-2,-2)    J     O     S  H  U  A
   Verschiebung  0     0     0  -2 -4 -6
2: (-2,-2,-1)    J     O     S  H  U     A
   Verschiebung  0     0     0  -2 -4    -5
3: (-2,2 0)      J     O     S  H  U    A
   Verschiebung  0     0     0  -2 -4   -4
4. (-2,-2,1)     J     O     S  H  U       A
                 0     0     0  -2 -4      -3
```

Nun erfolgt die genau gleiche Prozedur zur Feststellung des Kompaktheitswerts für das echte ELS-Paar für alle anderen Paare (und Paarungen), die sich aus den 124 »perturbierten« ELS für jeden Begriff des Datensatzes ergeben. Der Rang der Nähe für das echte ELS-Paar liefert einen Wert dafür, wie kompakt es in der Gesamtheit im Vergleich mit der Zufallserwartung ist. Sein relativer Rang wird dann re-skaliert (normalisiert), so daß die maximale Entfernung 1 ist und das Minimum 0.

Wiederholen des Tests an anderen Texten. Strenggenommen wirkt die Perturbationsmethode zur Erzielung eines Kompaktheitswerts intern selbstkontrollierend, und zwar genau deswegen, weil dieser keine einfache Zahl ist, sondern eine Rangstelle unter Zufallskonkurrenten. Nichtsdestoweniger sind zusätzliche Kontrollen und Tests vorgenommen worden, deren Resultate im zwölften Kapitel besprochen wurden. Auf diese Weise wurde dasselbe Phänomen unter Verwendung desselben Datensatzes in einer Anzahl anderer Texte vergleichbarer Länge gesucht, so auch im Buch Jesaia, in einem Abschnitt der hebräischen Übersetzung von Tolstois *Krieg und Frieden* und (in einer früheren Studie, die nicht Bestandteil des Artikels in *Statistical Science* und der ersten Rabbi-Liste war) im samaritanischen Genesistext. Das Phänomen erschien in keinem dieser Kontrolltexte, nur in der Genesis – aber dort ebenfalls nicht, wenn die Wörter in zufällige (Un-)Ordnung gebracht wurden, und zwar über den ganzen Text oder auch nur in einzelnen Versen.

Erstellen einer statistischen Analyse der Resultate zwecks Feststellung, ob die erzielten Durchschnittswerte signifikante Unterschiede zwischen miteinander in Beziehung stehenden Begriffspaaren in der Genesis beziehungsweise nicht miteinander in Beziehung stehenden Begriffspaaren in der Genesis und von Begriffspaaren irgendwo sonst, gleich, ob in Beziehung oder nicht, aufweisen. Die letzte Aufgabe galt der Entwicklung einer genauen Meßmethode dafür, wie signifikant die Gesamtfindungen waren: Wie wahrscheinlich ist es, daß irgendeines dieser Resultate das Ergebnis reinen Zufalls ist? Es gibt eine große Anzahl Wege, an dieses Problem heranzugehen, und außerdem auch Probleme der statistischen Analyse. Im frühen Stadium ihrer Forschungen bedienten Witztum, Rips und Rosenberg und andere sich Methoden, die als nicht anwendbar kritisiert wurden, weil mit ihnen Wahrscheinlichkeiten (p-Werte) verfälscht worden seien. In ihrer Antwort auf Bartholomew im *Journal of the Royal Statistical Society,* in der sie ihre ersten Ergebnisse mitteilten (vermutlich über den ersten Datensatz der Rabbis, obwohl sie sich nicht direkt darüber äußerten), gaben sie auch einen Wert p $1,8 \times 10^{-17}$ an. Einer der Prüfer der später in *Statistical Science* veröffentlichten Arbeit schlug die elegante Alternativmethode vor, die dann schließlich angewandt wurde. Auch diese Methode arbeitet mit Zufallsprozeduren der Monte-Carlo-Art, die genaugenommen eine Variante der internen Kontrolle ist. Mit dieser, beim zweiten Rabbi-Datensatz verwendeten Methode ergab sich dann ein p <0,000016.

Der Signifikanz-Test[2]

Die Methode zur Erzielung signifikanter Werte – der Wahrscheinlichkeit, ob die Resultate nur Zufall sind – dient auch als zusätzliche, sehr strenge Kontrollmaßnahme. Außer den Experimenten an den korrekten Paarungen Name-Datum wurden den Forschern zusätzliche 999 999 Experimentläufe unter Verwendung nicht korrekter Paarungen abverlangt. Die Tabelle ergibt folgendes Bild:

Korrekter Name und Datum		Falsch-paarung 1		Falsch-paarung 2		...	Falsch-paarung 4 839 331		...
1	1	1	32	1	31	...	1	22	...
2	2	2	1	2	32	...	2	16	...
3	3	3	2	3	1	...	3	7	...
4	4	4	3	4	2	...	4	10	...
5	5	5	4	5	3	...	5	3	...
6	6	6	5	6	4	...	6	31	...
7	7	7	6	7	5	...	7	15	...
8	8	8	7	8	6	...	8	4	...
...	...	...	...	...	...	...	...	...	...

32 Namen und 32 Daten können auf 32! (32 Fakultät)
verschiedene Arten falschgepaart werden.
Dies entspricht $1 \times 2 \times 3 \ldots \times 31 \times 32 = 2,6 \times 10^{35}$ Möglichkeiten (das ist rund eine 3 mit 55 Nullen).
Davon wurden 999 999 falschgepaarte Paare Name-Datum
nach dem Zufallsprinzip ausgewählt.

Bei einer Million (minus 1) Möglichkeiten müßte sich eine bestimmte (kleine) Anzahl dieser Pseudopaare als signifikantes Resultat herausstellen, wenn der Text an der Genesis erfolgte – rein aus Zufall. (Wenn man eine ausreichend große Zahl Datenmengen erfindet, erscheint irgendwann einer, der »funktioniert«, ganz so wie die bekannte »Million Affen an Schreibmaschinen, eine Million Jahre lang« – irgendeiner wird irgendwann Hamlets Monolog tippen.) Die meisten werden natürlich unbrauchbar sein, einige ganz ordentlich werden, und ein paar ganze wenige werden hervorragend sein – aber auch nur aus Zufall. Ein eleganter Weg, die Signifikanz des korrekten Datensatzes zu überprüfen, besteht darin, sie in die Rangordnung zu den 999 999 Falschpaarungen zu setzen. Er müßte irgendwo in der Mitte der Million rangieren, also weder signifikant besser noch schlechter als die große Mehrheit sein. (Der Gedankengang hinter dieser Methode ist das Kernstück der Monte-Carlo-Simulation John von Neumanns für die Wahrscheinlichkeitsrechnung. Sie erfordert keine tiefere Kenntnis des Prinzips, das ihr zugrunde liegt, sondern lediglich sehr viel Geduld – oder sehr schnelle Computer. Es ist eine Methode »brutaler Gewalt« mit dem Potential, gegen feinere Analyse aufzutrumpfen.)

Aber tatsächlich rangierte die korrekte Paarung Name-Datum fast an der Spitze der Riesenliste.

Daß die ganze Sache so viele eingebaute interne Kontrollen hat, ist ein starker Hinweis darauf, daß der von Witztum, Rips und Rosenberg reklamierte Effekt in der Tat in der Datenmenge vorhanden ist. Die Kritiker haben sich deshalb auch hauptsächlich auf die Frage konzentriert, ob der Datensatz selbst irgendwie verfälscht sei oder eine unabsichtliche Vorauswahl mit dem Ziel, Resultate zu bekommen, die in anderen vergleichbaren Datensätzen verschwinden würden; oder ob die spezielle »Metrik« – das Entfernungsmaß – auf diesen speziellen Datensatz zugeschnitten und nicht allgemein anwendbar sei. Die Debatte über ebendiese Punkte wird im Augenblick sehr hitzig geführt. Eine sehr stark unterstützende Studie ist die von Harold Gans, die vergleichbar robuste p-Werte ergab, wenn die Personendaten zu Geburt und/oder Tod durch die jeweiligen Geburts- und/oder Todesorte ersetzt wurden, und zwar bei allen 66 Rabbis (erste plus zweite Liste). Sogar noch besser, als es ein komplett neuer Datensatz hätte zeigen können, deuten diese Resultate doch darauf hin, daß es bei der Aufstellung der Listen von Persönlichkeiten keinerlei »*tuning*« oder »*snooping*« gab.

Anmerkungen

Erstes Kapitel: Die alte Legende

1 Einleitung zu »*Sifra Ditzniut*«
2 Diese Geschichte weist Anzeichen auf, daß sie nach der Konvertierung eines Rabbi Abner aus Burgos zum Christentum unter dem Einfluß einer messianischen Bewegung in Spanien entstanden sein könnte. Der Ramban war an dem Widerstand gegen diese Bewegung beteiligt, mußte dafür aber schwer büßen. Wegen der Todesgefahr, die speziell in Spanien mit dem öffentlichen Angriff auf zum Christentum konvertierte Juden verbunden war, wurden viele Geschichten dieser Art in halbgetarnter Form in Umlauf gebracht. Tatsächlich stieg Abner in der spanischen Klerikalhierarchie zu einer hohen Position auf.
3 Y. Rambsel, *Yeshiva, the Hebrew Factor*, Toronto, Frontier Research, 1996
4 G. Jeffrey, *The Signature of God*, Toronto, Frontier Research, 1996

Drittes Kapitel: Der Schleier zerreißt

1 Weissmandl, *Torah Chemed*, S. 12
2 Im englischsprachigen Originalmanuskript lautet das Textbeispiel des Autors:
   »*Upon this basis I am going to show you how a bunch of bright young folks did find a champion: a man with boys and girls of his own; a man of so dominating and happy individuality that Youth is drawn to him as is a fly to a sugar bowl. It is a story about a small town. It is not a gossipy yarn; nor is it a dry monotonous account, full of such customary ›fill-ins‹ as ›romantic moonlight‹ casting murky shadows down a long, winding country road.*« From a 267-page novel without a single »e« in it: *Gadsby, A Story of Fifty Thousand Words Without Using the Letter E*, published in 1939 by Ernest Vincent Wright.
3 Zitiert in Kahn, S. 740

4 Daniel Michaelson, »*Codes in the Torah: Reading with Equal Intervals.*« B'Or HaTorah, No. 6 (1987) S. 7-39, Jerusalem: Shamir
5 Persönliche Mitteilung

Viertes Kapitel: Blaupause vom Himmel

1 *Anchor Bible Dictionary*, Vol. 6, S. 396, 408
2 Babylonischer Talmud, Brachot 61b
3 Babylonischer Talmud, Awoda Sara, 18a
4 Rav Hoshaiah
5 Babylonischer Talmud, Pesachim 54a
6 Franz Rosenzweig, »The Builders«, in Nathan Glatzer (Hrsg.): On Jewish Learning (1955), S. 78
7 Zohar II, 204a
8 Zohar IV, 151b
9 Babylonischer Talmud, Eruwin 21 a
10 Babylonischer Talmud, Eruwin 13b
11 Tatsächlich kritisiert der Autor, wenn er im Buch der Offenbarung der christlichen Schriften die »Juden, die keine Juden sind« heftig attackiert, nicht die große Mehrheit der Juden seiner Zeit, die Jesus von Nazareth nicht als den prophezeiten Messias akzeptierten (wie es ihm moderne Interpreten unterstellten und dies noch zu der Bürde des Antisemitismus hinzufügten), sondern er greift ganz spezifisch die samarit(an)ischen »Juden, die keine Juden sind« an, nämlich wegen ihrer babylonischen, magie-orientierten Entstellung des Judaismus. Es überrascht nicht, daß dieser Autor (Johannes) den größten Teil seiner Briefe darauf verwendet, auch die neu aufkommenden christlichen Gnostiker zu attackieren. Neuere archäologische Ausgrabungen in Israel haben zahlreiche samaritanische »Synagogen« zum Vorschein gebracht. Die bei diesen Bauten verwendeten Symbolismen deuten auf das hin, was sowohl christliche als auch jüdische Traditionalisten als »heidnischen Götzendienst« bezeichnen würden; das heißt, die (astrologischen) »Sternenbesucher« werden als »Götter« verehrt und spielen neben den traditionellen jüdischen Formen des Gottesdienstes eine große Rolle. Diese seltsame Kombination ist der Mixtur aus christlichen Symbolismen und afrikanischem Animismus sehr ähnlich, wie er sich im karibischen Wodu und Santeria manifestiert. Die samarit(an)ischen »Synagogen« waren auch die bei Johannes an anderer Stelle sogenannten »Synagogen des Satans«, nicht aber die jüdischen Synagogen, wie bedauerlicherweise lange gelehrt wurde.

12 Aryeh Kaplan, *Handbook of Jewish Thought*, Brooklyn, N. Y., Maznaim, 1979, S. 128-148

13 Heilige Schriften mit variierenden Silbentrennungen der Wörter gelten nicht als »koscher«, sondern eher als Irrtümer, nachdem die korrekten Silbentrennungen traditionell als Moses von Gott angegeben erklärt werden.

14 1985 fanden Archäologen in der Nähe der Stadt Sidon eine 22 Zeilen lange Inschrift, deren Text als *scripta continua* verfaßt war und aus biblischer Zeit stammte. Fünf Sechstel des Textes lassen sich problemlos als Wörter mit eindeutiger oder nicht mehrdeutiger Bedeutung identifizieren. Trotzdem bleiben mehr als 50 Prozent der Inschrift mehrdeutig mit sogar zahllosen möglichen Bedeutungen.

Fünftes Kapitel: Das schwarze Feuer des Holocaust

1 Kranzler, »*Thy Brother's Blood*«, S. 275

2 Persönliche Mitteilung von Verwandten Rabbi Weissmandls, die seinen eigenen Bericht wiedergaben, und aus erster Hand von Freunden und Studenten, die zu jener Zeit in Europa bei ihm waren und jetzt in Amerika und England leben.

3 Persönliche Mitteilung

4 Persönliche Mitteilung

5 Über diesen Vorfall existieren zahlreiche Berichte von Weissmandls Studenten und Verwandten. Vgl. auch Fuchs, *The Unheeded Cry*, S. 34.

6 Weissmandl, *Out of the Depths*, S.42 f, Verweis ibid. S. 228

7 Einiges darüber findet sich auch bei Fuchs; was überhaupt bekannt ist, wurde von Rabbi Weissmandls Angehörigen und Freunden aus jener Zeit, die den Holocaust überlebten und jetzt in den USA und England leben, bestätigt.

8 Fuchs, S. 214

9 Fuchs, S. 212

Sechstes Kapitel: Das weiße Feuer des Schicksals

1 Fuchs, S. 19

2 Fuchs, S. 19

3 In der jüdischen Tradition hat Gott eine ganze Anzahl Namen, von denen jeder zu einem bestimmten Aspekt Seiner Existenz gehört. Das bekannteste dieser sogenannten »Tetragrammata«, vierbuchstabigen Wörter, ist in die Laiensprache als »Jehova« übersetzt worden; in der Gelehrtenliteratur wird er YHWH (oder JHWH) geschrieben. An-

dere Namen von speziellem Interesse für die Kabbalisten bestehen auch aus 12, 42 oder 72 Buchstaben. Diese Namen mußten obligatorisch gesprochen werden, mit strikter Beachtung von Genauigkeit und Deutlichkeit, und bei bestimmten feierlichen Anlässen (und nur bei solchen).

4 *Midrash Rabba* über Ecclesiastes
5 Zohar, Yitro 87a, und Mishpatim 124
6 Babylonischer Talmud, Brachot 55a
7

RABBI WEISSMANDLS METHODE, DIE 10:10-GITTERKÄSTEN
DER THORA OHNE ZWISCHENRÄUME ZU SCHREIBEN

Hier sind die ersten 200 Buchstaben der Genesis aufgeführt, beginnend mit בראשיתברראאלהים = B'RAShYTBaRAAeLoHYM = Im-AnfangschufGott ...« (בראשית ברא אלהים = B'RAShYT BaRA AeLoHYM = Im Anfang schuf Gott ...). Hebräisch liest sich von rechts nach links.

Weil viele Leser mit Hebräisch und den diversen wissenschaftlichen Systemen zur Transkription des Hebräischen in die lateinische Schrift sicher nicht vertraut sind, ersetze ich diese im gesamten Buch durch ein annähernd phonetisches System:

- Lateinische Versalien entsprechen einem hebräischen Buchstaben, die alle Konsonanten sind, mit Ausnahme von zwei stummen Buchstaben, B = ב (der Buchstabe »beyt«) und R = ר (der Buchstabe »reysh«).
- Die stimmlosen Buchstaben im Hebräischen sind א (»aleph«) und ע (»ayin«), die für jeden Vokallaut stehen können. Viele Wörter können sowohl mit als auch ohne sie geschrieben werden (ein solcher Buchstabe wird als eine *mater lexionis* bezeichnet).
- Die Vokallaute im Hebräischen werden in der lateinischen Schrifttranskription mit Kleinbuchstaben dargestellt (Vokalisationen, wie sie genannt werden, fehlen in den frühesten hebräischen Texten völlig, sie wurden nur in der mündlichen Überlieferung weitergegeben. Vor etwa 2000 Jahren wurde dieses Überlieferungswissen formali-

siert als Schriftzeichen für Vokale, bestehend aus Punkten und Strichen, die man den Abschriften von nicht zu Gottesdienstzwecken verwendeten Texten beifügte.) Entsprechend wird das Wort »schuf« auf hebräisch so geschrieben: בָּרָא (gelesen von rechts nach links), das ich als BaRA transkribiert habe (gelesen von links nach rechts). Der Kleinbuchstabe a in BaRA erscheint im Text nicht. Es handelt sich schlicht um die Vokalisierung zu »B« für den ungefähren Laut »ba«. Das letzte A ist jedoch groß geschrieben, weil der Laut »ah« selbst als eine der *matres lexioni* (א) im Text erscheint und nicht nur eine dem Konsonanten beigefügte Vokalisierung ist.

- Einige Einzelbuchstaben im Hebräischen stellen einen Laut dar, der unseren Lautbuchstaben-Kombinationen entspricht: שׁ (der Buchstabe »Shin«) wird wie Sch ausgesprochen, obwohl er bei anderen Gelegenheiten auch wie »Sin« klingt. Wenn solche Buchstaben für Lautverbindungen auftauchen, erscheint der »modifizierende« Laut, wie im Falle von Vokalen, nicht im Text und wird deshalb als Kleinbuchstabe transkribiert. In dem Wort für »Im Anfang« = בְּרֵאשִׁית = B'RAShYT gibt es so ein שׁ, das als Sch-Laut transkribiert wird.

Dieses Schema ist nicht perfekt (und deshalb verwenden Wissenschaftler auch andere, in denen beispielsweise der Buchstabe »shin« durch das Dollarzeichen ($) ersetzt werden kann). Aber im allgemeinen haben die lateinischen Großbuchstaben ihr Äquivalent in den Buchstaben des hebräischen Textes in der gegebenen Form. Kleinbuchstaben dienen als »Helfer« dafür, Leserin und Leser eine Vorstellung von der Aussprache zu vermitteln; so etwa gibt es im Hebräischen dieses Wort: מִיסִיסִיפִּי = MYSYSYPY = Mississippi. Aber der vorletzte Buchstabe könnte statt dem P auch ein F bedeuten: MYSYSYFY (ein Punkt in der Mitte würde uns sagen, daß es sich um ein P handelt). Außerdem sind im modernen Hebräisch größte Anstrengungen für Schreibweisen unternommen worden, die auch ohne Punkte und Striche der Wiedergabe des tatsächlichen Lautbilds nahe kommen. Käme aber »Mississippi« in der Bibel vor, so wäre es wohl so geschrieben: מסספי und als MSSFY zu lesen. Es wäre fast unmöglich zu erahnen, daß man dies Mih-sih-si-pih sprechen muß (wie Israelis »Mississippi« aussprechen). Es könnte auch als »moses-fi« gelesen werden oder noch auf viele andere Weisen.

8 Für einen modernen, wissenschaftlichen, aber gleichwohl vollständig orthodoxen jüdischen Versuch genau dieser Art Zusammenhang vgl. Gerald Schroeder, *Genesis and the Big Bang*.

9 Ähnliche Ideen fanden über den Einfluß des florentinischen Philosophen und (nichtjüdischen) Hebräisten Pico della Mirandola (1463-1494) ihren Weg in Spekulationen während der Renaissance. Er wird

häufig Neo-Platoniker genannt in der leicht verallgemeinerten Annahme, daß seine Ideen hauptsächlich aus der Gnostik der griechischen Antike stammten. Tatsächlich gründen aber viele davon auf denen der Kabbala der Zeit, die er intensiv studierte. Er vertrat allerdings die Ansicht, die Kabbala sei in Wirklichkeit christlichen Ursprungs, während der Talmud einen gezielten Versuch darstelle, die christlichen Wahrheiten, welche die Kabbala widerspiegle, zu umgehen. Die Juden ihrerseits verwarfen die Art und Weise, wie das Christentum den jüdischen Mystizismus (wie sie ihn verstanden) in verfälschter Form reflektierte. In diesem Zusammenhang gibt es eine Geschichte von Rabbi Akiba aus dem 2. Jahrhundert, der von vier Schriftgelehrten als einziger schadlos die Versenkung in den »Garten« des Mystizismus überstanden habe – im Gegensatz zu den anderen dreien: Der eine starb, der zweite verlor den Verstand, und der dritte wurde (in einer Version) Gnostiker oder (in in einer anderen) Christ.

10 Der Anthropomorphismus, die Vermenschlichung des Göttlichen, ist natürlich lediglich eine Metapher. Im jüdischen Verständnis ist Gottes Wesen gleichermaßen unaussprechlich und vollkommen »eines« wie in dem Satz »Höre, o Israel, der Herr, unser Gott, der Herr ist eines«. Nachdem er keine »Teile« hat, kann man nicht sagen, er »besitze« etwas, einschließlich des Geistes. Aber in seinem Umgang mit uns ist es, als sei es so.

11 Fuchs, S. 22

12 *Encyclopaedia Judaica*, Bd. 2, S. 186

13 Edward H. Flannery, *The Anguish of the Jews*, New York, 1985, S. 114f. Pater Flannerys Buch ist eine umfassende, fundierte und sachliche Abhandlung über die Geschichte des Antisemitismus von heidnischen Zeiten bis zur Gegenwart. Die Rolle seiner eigenen Kirche dabei spart er nur ganz selten aus.

14 Fuchs, S. 145

15 Fuchs, S. 147; Weissmandl, *Out of Depths*, S. 25-27

16 *Encyclopaedia Judaica*, Bd. 12, S. 782

17 Ibid., S. 778

18 Flannery, S. 129

19 Persönliche Mitteilung

20 Fuchs, S. 216

21 Alle Mondmonate, von denen die Rede ist, sind »synodische« Monate: die Zeit zwischen zwei von der Erde aus gesehen aufeinanderfolgenden Konjunktionen von Sonne und Mond.

22 Weil zu seiner Zeit diese Art Information als religiös »heikel« galt (wie auch heute noch), hielt Nechunya seine eigenen Erläuterungen der involvierten Zahlen etwas skizzenhaft. Aber Rabbi Yitzhak de-

Min Acco, ein anderer, jedoch im Mittelalter lebender Kabbalist, legte die Berechnungen präzise offen.

23 Yisroel Stern, persönliche Mitteilung

24 Persönliche Erinnerung von Siegmund Forst

25 Die Christen feiern natürlich zu Pfingsten nicht die Übermittlung der Thora, sondern »das Herabkommen« des Heiligen Geistes.

Siebtes Kapitel: Vom ENIGMA zum ATBASH und zurück

1 *The Origin and Development of the Army Security Agency 1917-1947*, S. 2, Laguna Hills, Kalif., Aegean Park Press, 1978

2 Kahn, S. 613

3 Kongreßdruck hat die NSA allerdings in jüngster Zeit zur Änderung ihrer Personalpolitik gezwungen, nämlich auch andere Faktoren als den Befähigungsnachweis zu berücksichtigen.

4 Kahn, S. 79

5 Die meisten modernen weltlichen Wissenschaftler vertreten die Ansicht, das Zohar sei im 14. Jahrhundert entstanden, als Werk des Rabbi Moses de Leon, der dessen Inhalt per Pseudonym dem Rabbi Simon bar Yochai zuschrieb. Sein Zeitgenosse Rabbi Yitzhak deMin Acco nahm es auf sich, die Authentizität nachzuprüfen, nachdem Gerüchte über eine solche falsche Zuschreibung schon zu dieser Zeit aufgekommen waren. Der Bericht über Accos Untersuchungen (mitgeteilt in *Sefer Ha Yuchasin)* bricht kurz vor seinen Schlußfolgerungen ab. Man glaubte lange, diese seien überhaupt unbekannt, und überließ es den jeweiligen Forschern, sich eigene Meinungen nach späteren Quellen zu bilden. 1976 indes bekam Rabbi Aryeh Kaplan eine Fotokopie des einzigen existierenden Manuskripts des Werks von DeMin Acco, *Otzar HaChaim*, in der Günzburg-Judaica-Sammlung der Lenin-Bibliothek in Moskau, eigenhändig geschrieben von DeMin Acco, 20 Jahre nach der Beendigung seiner Untersuchungen über Rabbi Leon. Er stellt eindeutig klar, daß das *Zohar* von Rabbi Simon bar Yochai stammt. (A. Kaplan, *Kaballah and the Age of the Universe*, Hauptreferat vor der Midwinter Conference der Assosciation of Orthodox Jewish Scientists, 19. Februar 1976; privat im Umlauf)

6 Kahn, S. 127

7 Zitiert in Kahn, S. 128

8 Kahn, S. 133

9 Kahn, S. 144

10 Blaise Vigenère, *Tractatus de Igne et Sale*, Theatricum Chemicum Brittanicum, VI, 1661, S. 3, zitiert in C. G. Jung, *The Archetypes of the Collective Unconscious (dt. Die Archetypen und das kollektive*

Unbewußte, Olten, Walter Verlag, 1996*)*, Princeton, N. J., Princeton University Press, 1968, S. 4

11 Abraham ben Jechiel Michal HaKohen, *Ve-Shav Ha Kohen* (Leghorn, 1788)

12 Nach dem modernen Gelehrtenkonsens entstand der jüdische Mystizismus erst während der späten Tempelperiode, zusammen mit den ersten Spuren des späteren Christentums. Aber wenn man sich einig ist, welche zentrale Bedeutung der jüdische Mystizismus für die Kryptologie hat, kann man Hinweise auf sehr viel frühere Ursprünge auch direkt aus der Bibel ablesen.

13 Der griechische Mathematiker Apollonius von Perga (in der heutigen Türkei) ist am bekanntesten für seine achtbändige *Abhandlung über konische Sektoren,* von der vier Bände erhalten sind. Auch er schrieb über das Thema Statistik, das im Lauf der Jahrhunderte zunehmend an fundamentaler Bedeutung gewann, wie auch bei unserem eigenen Thema hier immer deutlicher wird. Konische Sektoren sind eine Familie von Kurven, die sich aus verschiedenwinkligen Kegelschnitten ergeben (oder auch aus zwei Spitze an Spitze gestellten Kegeln), und zwar in einer Ebene: also Kreise, Ellipsen, Parabeln und Hyperbeln. Diese einfache Beziehung zwischen dreidimensionaler Geometrie und zweidimensionalen algebraischen Funktionen ist unerwartet und elegant. Sie hat die Mathematiker jahrhundertelang gewaltig fasziniert – und tut es bis heute, speziell in der Ausweitung auf höherdimensionierte Räume und auf die Zeit im Weltraum.

14 Unter den großen pharmazeutischen Firmen ist ein wahres Wettrennen um die Entwicklung eben solcher Drogen im Gange.

15 Kahn, S. 204

16 Haldane, S. 23

17 Haldane, S.99f.

18 Haldane, S. 102

19 Kahn, S. 573

20 Haldane, S. 123

21 Kahn, S. 392f.

22 Kahn, S. 383f.

23 Paul D. Townsend, »*Quantum Cryptography on Multi-User Optical Fibre Networks*«, Nature Nr. 385, 1997, S. 47ff.

24 Richard J. Hughes, »*Quantum Security Is Spookily Certain*«, Nature Nr. 385, 1997, S. 17f.

25 Hodges, S. 383

26 Vgl. die Bücher des Physikmathematikers Roger Penrose mit ihrer faszinierenden Erörterung dieses Themas. Richard Feynman gab in seinen Vorlesungen über *Computation* Mitte der achtziger Jahre her-

vorragende Überblicke über die Ideen Turings. Diese Vorlesungen werden weithin als Grundsteinlegung der Quanten-(Be-)Rechnung anerkannt. (*Feynman Lectures on Computation*, hrsg. von J. G. Hey und R. W. Allen, Reading, Mass., Addison-Wesley, 1996, besonders S. 52-93)

27 Zitiert in Hodges, S. 63

28 Zitiert in Hodges, S. 513. (Der englische Originaltext des Gedichts lautet: *Hyperboloids of wondrous Light / Rolling for ages through Space and Time / Harbour those Waves which somehow might / Play out God's holy pantomime.*)

29 Siehe John Keegan, *What the Allies Knew: The »Ultra« Scandal That Wasn't*, New York Times, 25. Nov. 1996, S. A15

30 Arthur R. Butz, *The Hoax of the Twentieth Century: The Case Against the Presumed Extermination of European Jewry*, Newport Beach, Calif., The Historical Review Press, 1992, Erstveröff. England 1975

Achtes Kapitel: Der Bibel-Code taucht auf

1 Daniel Michaelson, *Codes in the Torah: Reading with Equal Intervals,* B'Or HaTorah, 6,7-39, Jerusalem, Shamir

Neuntes Kapitel: Die Architektur des Gartens

1 Susan Gabar, *Eating the Bread of Affliction: Judaism and Feminist Criticism*, in: People of the Book: Thirty Scholars Reflect on their Jewish Identity, Madison, University of Wisconsin, 1996

2 Paul Lauter, ibid.

3 Bonnie Zimmerman, ibid.

4 Elaine Marks, ibid.

5 Wir folgen den Überlegungen der israelischen Forscher:
Die Methode, die wir bei diesen Forschungen angewandt haben, läßt sich durch das folgende Beispiel illustrieren. Man fragt uns, ob der Text bedeutungsvoll ist oder nicht. Natürlich ist es sehr schwierig, zwischen diesen beiden Möglichkeiten zu unterscheiden, da wir die Sprache nicht verstehen. (Doron Witztum, Eliyahu Rips und Yoav Rosenberg, *Equidistant Letter Sequences in the Book of Genesis*, Statistical Science, Bd. 9, Nr. 3, 1994, S. 429ff.
Sie ihrerseits wandten die Prinzipien, die kürzlich der russische Linguist N.D. Andrejew von der Leningrader Akademie der Wissenschaften formuliert hat und die für die Enwicklung von Techniken zur Übersetzung (»Entschlüsselung«) extraterrestrischer Nachrich-

ten benutzt werden sollen, sollte das Radioteleskop SETI jemals solche empfangen:

Andrejew … hat kürzlich eine Methode vorgeschlagen, von der er glaubt, daß man mit ihr jede beliebige Sprache dechiffrieren kann. Er benutzt dazu eine »statistisch-kombinatorische« (wie er es nennt) Analyse und erhebt sechs verschiedene Parameter eines Textes wie etwa den Abstand eines Wortes vom nächsten in einem Satz, um eine semantische Beziehung zwischen den Wörtern herzustellen. Dies testet er an menschlichen Sprachen und hat die Bedeutung verbaler Symbole fixiert. »Die Daten«, schrieb er, »sind ungleich.« Für mehrere Wörter sind die genauen Bedeutungen angegeben, andere Wörter gruppieren sich selbst in klar abgegrenzte und semantisch homogene Abschnitte mit eindeutigem gemeinsamem Sinn …; einige Wörter stellen nur ihre breitere semantische Zugehörigkeit vor. (Kahn, S. 953)

Dies weist darauf hin, daß die Regelmäßigkeit des Bibel-Codes eine bloße Konsequenz der Tatsache ist, daß sie einen botschaftstragenden »offenen Text« darstellt, dessen präzise Bedeutung wir noch nicht zu entziffern imstande sind. Das muß allerdings nicht zwangsläufig so sein. Andrejews Regeln erfordern (und »filtern« daher heraus beziehungsweise entdecken) allein die statistische Regelmäßigkeit. Genau gesagt braucht es auch nicht mehr, auch wenn dies von unseren alltäglichen Erfahrungen mit Bedeutung und Sprache abweicht.

6 Daniel Michaelson, *Codes in the Torah*, B'Or Ha'Torah, Nr. 6, 1987, S. 33, Jerusalem, Shamir

Zehntes Kapitel: Die Zeithelix

1 Menachem Gerlitz, *The Heavenly City: Retold from the Hebrew by Sheindel Weinbach*, Jerusalem, Feldheim 1979, S. 210

2 Ibid., S. 218

3 Ein Überspringen von 1 impliziert eine Sequenz von Buchstaben auf der Oberfläche, »Chiffretext«, mit keinen Buchstaben dazwischen. Eine solche ELS ist entweder ein Wort (oder Wörter) im Text selbst, oder ein anderes Wort (oder Wörter), das sich beim Durchbrechen *der scripta continua* auf andere Weise ergibt. Das Wort als ELS zu behandeln kann verwirrend sein, speziell wenn es häufig erscheint wie etwa Joseph. Außerdem ist ein Wort, das sich sowohl im Text selbst findet (Überspringen = 1) und als ELS mit Überspringen <1, eine Minimalüberspringung = 1 für 100 Prozent des Textes. Aus diesem Grund eliminiert sorgfältige statistische Analyse des Phänomens ELS

mit Überspringung = 1, ob es sich nun um im Text gefundene Wörter handelt oder nicht.

4 Witztum, *HaMaimond Ha Nosaf (Die ergänzte Dimension)*, 10. Kapitel

Elftes Kapitel: Die Flammen des Amalek

1 *Yisrael Kedoshim*, S. 94 f. Die Details über Amaleks Abstammung und Nachkommen sind vom Autor angefügt, um dies in den Zusammenhang zu stellen, der vielen jüdischen Lesern vertraut sein dürfte.

2 Wie schon weiter oben festgestellt, steht Yoav Rosenberg (von Witztum, Rips und Rosenberg) vor dem Abschluß einer Dissertation über hochentwickelte Signalentdeckungstechniken mit ebendiesen mustererkennenden Fähigkeiten. Es mag Zufall sein oder auch nicht, jedenfalls ist es ein Hinweis darauf, wie viele jüdische intellektuelle Anstrengungen auf die militärische Verteidigung verwendet werden müssen.

3 Moshe Katz, *Computorah*, S. 153

4 Der letzte Angriff, den Babylon vor Saddam Hussein gegen das Volk Israel unternahm, geschah unter Nebukadnezar. Dessen ursprünglicher Name in der richtigen Schreibweise und Ausprache ist eine Zusammensetzung: »O Nebu!« ruft er den Gott Babylons an, »schütze meine Grenzen!« (נבו קדרצר = NeBU KaDRe Tzer). (טיל = TYL) Eine Anordnung in der Breite 29 zeigt das einzige hundertprozentige Minimal-Aufscheinen seines Namens in enger Nachbarschaft zum Jahr von Saddams Angriff, 5751 (תשנא). Des Datums der Zerstörung des ersten Tempels durch Nebukadnezars Armee wird am neunten Ab gedacht. In derselben von Witztum gefundenen Anordnung, die »Saddam« und »in Bagdad« in ihrem hundertprozentigen Minimal-Überspringen aufweist, findet man auch das hundertprozentige Minimal-Aufscheinen des Datums »der neunte Ab«.

Der Hauptmann von Nebukadnezars Armee, der Mann, der konkret Jerusalem und den Tempel zerstörte, jüdische Gottesdienste untersagte und das Morden an den Einwohnern und Abtransportieren der noch übrigen veranlaßte, war Nebu*zarradan*: »Die Saat des Nebu.« Diesen Bei-Namen nach der jüdischen Überlieferung bekam er nach der Geschichte Josephs. Dort wurde der Begriff »Hauptmann der Garde« (שר הטבחים = SaR HaTaVaChYM) als »Chef (wörtlich: Prinz/Fürst) der Schlächter« interpretiert. (Doron Witztum fand das Miminmal-ELS von Eichmanns Namen in unmittelbarer Umgebung zu dieser Stelle in der Genesis, was er als Hinweis auf die alten und neuen Angriffe auf die Juden deutete.)

Eine Anordnung in der Zeilenbreite 5785 zeigt die perfekte Gegenüberstellung des Ausdrucks »Hauptmann der Garde«/»Chef der Schlächter« (שר הטבחים = SaR HaTaVaChYM) und das hundertprozentige Minimal-Aufscheinen von »die Garde«/»die Schlächter« mit einem gemeinsamen Buchstaben ח (Ch). (Das biblische Wort bedeutet auf hebräisch eigentlich »Aufseher«, ist aber über die Zeiten als »Schlächter« interpretiert worden):

(JS)

Ebenso aber hat nur ein Aufscheinen von insgesamt sechs Buchstaben des Wortes »Rakete« im Text selbst (טיל = TYL) einen Buchstaben gemeinsam und nur zwei Aufscheinungen von »die Rakete« (הטיל = HaTYL). Bei einer Zeilenlänge von 826 taucht der Name des »Chefs der Schlächter« - »Zarradan« (זראדן = ZaRADaN) - mit seinem hundertprozentigen Minimal-Überspringen als ELS in der Genesis auf. (In der kombinierten Form als ein Wort, Nebu + Chadnezar, scheinen + Chadrezzar und + Zarradan überhaupt nicht als ELS in der Genesis auf. Das übliche vorangestellte »Nebu« ist hingegen allgegenwärtig. Nur die speziellen Formen sind wie erläutert vorhanden.) Bei einer Zeilenbreite von 1157 scheint das Jahr des Raketenangriffs in seinem 100prozentigen Minimum auf (נתשא = 5751).

Schließlich kann man die kompakte Gegenüberstellung, wie sie Doron Witztum von »Saddam« (צדאם = TzaDAM) und »in Bagdad« (בבגדד = B'BaGDaD) entdeckte, auch in dem hundertprozentigen Minimalaufscheinen von »der neunte Ab«, dem Datum von Nebuzarradans Zerstörung des alten Israel, in der Genesis finden. Nebenbei gesagt hat Saddam seinerseits seinem Armeekommandeur den Beinamen »Nebuzarradan« gegeben, und er selbst ist in Israel unter dem Namen »Schlächter von Bagdad« verrufen.

5 Theodore Postol, Physiker und einstiger MIT-Kommilitone von mir, hat eine scharfe und sehr kontroverse Kritik mit der Argumentation veröffentlicht, die *Patriot* sei nirgends und nie auch nur annähernd so wirksam gewesen, wie die Berichterstattung der Medien glauben machte.

6 Radiosendung von *Kol Israel* (*Die Stimme Israels*), zitiert bei Katz.

7 Rafi Ginat und Ofer Teller, *HaOlam HaZeh*, 13. Februar 1991, S. 2, zitiert bei Katz, *Computorah*, S. 201.

8 General Moshe Bar Kochba, Wochenzeitschrift *Kfar Chabad*, 6. Februar 1991, S. 34 ff.

9 Zitiert bei Katz, S. 203.

10 Der Originaltext lautet: *Our God and the soldier we alike adore / But at the brink of danger, not before: / After deliverance, both alike requited, / God is forgotten, the soldier slighted.*

11 Witztum, S. 182f.

12 *Babylonischer Talmud*, Pesachim 94a-b

13 *Zohar*, Vayikra (Leviticus) 31b. Selbst auf das genaue Jahrtausend ist verwiesen. Der Buchstabe »vav« (ו) in dem Namen, der die dritte Ziffer für das Jahr enthält, ist *allein* vergrößert. Das *Zohar*, das (117a, zur Genesis) viel Zeit auf die kreativen Kräfte der Buchstaben der Thora verwendet, gibt den folgenden kryptischen Kommentar: »Und wenn das *sechste* Jahrtausend [das gegenwärtige], verkörpert durch das End-»vav« (ו) von dem Namen Gottes, beginnt, dann wird das letzte *Hay* des Namens [ה, des Namens Abrams ergänzt, damit er zum Vater des jüdischen Volks wurde] *aus dem Staub des Exils erhoben werden*« (Kursive Hervorhebung durch den Autor). Natürlich ebneten der Holocaust und die Niederlage der Nazis den Weg für die Wiedergründung einer jüdischen Nation.

Zwölftes Kapitel: Die Großen Weisen

1 Zitiert bei Susan Ornstein, *Back to the Future: Breaking Codes through Mathematical Sequences*, Lifestyle, S. 35ff.

2 Harold Gans, persönliche Mitteilung

3 Doron Witztum, *Die ergänzte Dimension*, S. 85f.

4 Bernard Sussman, Leserbrief an *Bible Review*, Februar 1996. Mr. Sussman ist Bibelgelehrter und Bibliothekar in der Library of Congress, Washington.

5 Doron Witztum, Eliyahu Rips und Yoav Rosenberg, *Discussion of D. J. Bartholomew, Probability, Statistics and Theology* (Diskussion über Wahrscheinlichkeit, Statistik und Theologie), Journal of the Royal Society, Bd. 151, Nr. 1, 1988, S. 137ff.

6 »Wörter können durch geographische, chemische, physikalische, medizinische und so weiter Bedeutungen verbunden sein. Es ginge an der Sache vorbei, wollte man eine universale Definition solcher Beziehungen versuchen. Denn jedes zur Debatte stehende Thema und die konzeptiuonelle Verbindung zwischen Wörtern sind intuitiv of-

fenbar.« Doron Witztum, *Die ergänzte Dimension*, S. 58. Das Buch gibt es nur auf hebräisch. Die zitierte Passage ist meine freie und erweiterte Übersetzung. Ein Buch von Witztum über die Einzelheiten seiner Methoden in detaillierter Form und mit Hunderten Beispielen von großer Schönheit ist in Vorbereitung.

7 M. Margolioth, Hrsg. (Tel Aviv, Chachik 1961). Diese Information war koordiniert mit Daten aus der sogenannten »Responsa«-Datenbasis. Mit dem Judaismus nicht vertraute Kritiker haben beklagt, daß einige der berühmtesten Einträge in die Enzyklopädie willkürlich aus dem Datensatz entfernt worden seien. Das beruht aber darauf, daß sie in der »Responsa«-Datenbasis gar nicht vorhanden sind, weil sie, obwohl berühmt, keine Responsa schrieben (= Klärungen von Punkten jüdischer Gesetze).

8 Diese Beschränkungen sind im Technischen Anhang C erläutert. Kurz gesagt, konnten Wörter nicht kürzer als fünf Buchstaben sein, weil die interne Kontrolle aus Schwankungen der Zwischenbuchstaben-Intervalle von -2, -1, 0, +1, +2 für jeden der fünf Buchstaben eines Wortes bestand. Und sie konnten nicht länger sein als acht Buchstaben, weil es in der ganzen Genesis überhaupt nicht genügend achtbuchstabige Wörter von abstandstreuen Intervallen gibt.

9 Wegen des nötigen Aufwands für eine solchen Simulation wurde eine Variante der Methode benutzt.

10 Die Prüfer regten an, die zusätzlichen Daten als Vorsichtsmaßnahme gegen die Möglichkeit einzusetzen, daß die Autoren unabsichtlich den zunächst jahrelang von ihnen benutzten ersten Datensatz zwecks Maximierung der Resultate verwendeten. Da sie eine andere (und, wie sich herausstellte, ungenaue) Methode verwendeten, um zu einem p-Wert für den ersten Datensatz zu gelangen, nahmen sie ganz davon Abstand, bei diesem (ersten Datensatz) den Vorschlägen der Prüfer zu folgen, bis nach der Prüfung auch der zweiten Menge die Resultate veröffentlicht seien. Die Ergebnisse des ersten Datensatzes erwiesen sich dann aber als ebensogut, wenn nicht sogar besser als die des zweiten.

Dreizehntes Kapitel: Sind sie echt? Die Debatte entzündet sich

1 Marty Kaplan, *Maybe Reason isn't Enough*, New York Times, 31. März 1997, S. 15

2 J. Satinover, *Entgegnungen auf ›Divine Authorship?‹*, S. 10ff.

3 Doron Witztum erwähnt genau dies in seinem Buch, es wurde auch von Eliyahu Rips bestätigt.

4 Die BHS-Genesis unterscheidet sich von der Koren-Genesis wie

folgt (ein Zwischenraum, fünf Ersetzungen, fünf Auslassungen und 13 Ergänzungen für ein Gitternetz von +9 über den gesamten Text):

4:13	7:11	8:20	8:20	9:29	13:8	14:17	14:22	19:16	19:20	25:3	26:7	27:31	35:5	35:23	40:10	41:35	45:15	46:9	46:12	46:13	46:14	49:13	Net
+1	+1	+1	-1	+1	+1	0b	+1	-1	0s	+1	0s	+1	-1	0s	0s	-1	+1	+1	+1	+1	0s	+1	+9

5 Persönliche Mitteilung

6 Prof. Persi Diaconis, Telefongespräch.

7 Edward J. Larson und Larry Witham, *Scientists are Still Keeping the Faith*, Nature Nr. 386, 1997, S. 435f.

8 Verweisung in George P. Hansen, *CSICOP and the Skeptics: An Overview (1)*, unveröffentlichter Artikel.

9 Ibid.

10 Schriften zm Thema von Diaconis sind u.a. *The Mathematics of Perfect Shuffles*, Advances in Applied Mathematics Nr. 4, 1983, S. 175ff.; *Shuffling Cards and Stopping Times*, American Mathematical Monthly Nr. 93, 1986, S. 333ff.; (mit David Bayer) *Tracking the Dovetail Shuffle to Its Lair*, Annals of Applied Probability Nr. 2, 1992, S. 294ff.; (mit Jim Fill und Jim Pitman) *Analysis of Top to Random Shuffles*, Combinatorics, Probability and Computing Nr. 1, 1992, S. 135ff.; (mit M. McGrath und Jim Pitman) *Riffle Shuffles, Cycles and Descents*, Combinatorica Nr. 15, S. 11 ff. Vgl. auch Gina Kolata, *In Shuffling Cards, 7 Is Winning Number*, New York Times, 11. Januar 1990, Section C, S. 1, 12.

11 P. Diaconis, *Statistical Problems in ESP Research*, Science Nr. 201, S. 131ff., Nr. 202, S. 1145f.

12 P. Diaconis/D. Freedman, *The Persistence of Cognitive Illusions: A Rejoinder to L. J. Cohen*, Behavioral and Brain Science Nr. 4, 1981, S. 333f.

13 P. Diaconis/E. Engel, *A Subjective Guide to Objective Chance*, Statistical Science Nr. 1, 1986, S. 171ff.

14 P. Diaconis/F. Mosteller, *Methods for Studying Coincidences*, Journal of the American Statistical Association Nr. 84, 1989, S. 853ff.

15 Mit Verweis auf Diaconis schreibt Professor J. Laurie Snell, Direktor von Chance:
»Das Ziel ... ist, die enorm hohen Zufallschancen zu widerlegen, die in diesem Bericht mitgeteilt werden, wenn ein überraschendes Ereignis eintritt. Weil die statistisch signifikanten Tests ebenfalls auf Rechnungen gegründet sind, wie unwahrscheinlich gewisse Beobachtungen allein dem Zufall entspringen, kann die Diskussion der Zufälle ein nützliches Rahmenvokabular erbringen und

die intuitiven Vorstellungen stärken … Zufälle und Ereignismuster, die nach den Gesetzen der Wahrscheinlichkeit vorhersagbar sind – und sich in umfangreichen Beispielen nahezu garantieren lassen –, erscheinen als fast zu unplausibel, als daß man sie dem reinen Zufall zuschreiben könnte. Dies gibt Raum für die Tendenz, Erklärungen in Begriffen der Vorbestimmung, von ESP usw. zu suchen.« Zu finden unter http://www.geom.umn.edu./doc

16 P. Diaconis/F. Mosteller, *Methods of Studying Coincidences*, Journal of the American Statistical Association Nr. 84, 1989, S. 853ff.

17 In einer vom 17. April 1997 datierten Internet-Mitteilung »Announcement of New ELS Tests for Genesis« beschreiben Dror Bar-Natan, Alec Gindis, Aryeh Levitan und Brendan McKay zwei neue Methoden zum Testen neuer Listen von Wortpaaren aus der ersten und zweiten Liste der »Großen Weisen«. »Die zweite Methode«, schreiben sie, wurde »von Persi Diaconis angeregt.« Sie ist kurz im Technischen Anhang C beschrieben.

18 http:/www.slate.com/Features/codes/codes.asp.

19 Deavours, Kruh, *Machine Cryptography and Modern Cryptanalysis*, S. 28

20 Ibid., S. 28ff.

21 Kahn, S. 706

22 Ibid. S. 707

23 Private Mitteilung an Rabbi Moshe Zeldman von Aish HaTorah in Beantwortung einer Anfrage über die Codes und die Integrität des Koren-Textes der Thora.

Vierzehntes Kapitel: Das sechste Jahrtausend

1 William James, *The Principles of Psychology*, Robert Maynard Hutchins (Hrsg.), Chicago, Encyclopaedia Britannica and the University of Chicago Press by arrangement with Henry Holt & Co., 1952, Biographical Note, S. VI

2 Michael A. Kellman, *A Model of Free Will Exercised by Mind Acting as Quantum Oberserver*, University of Oregon, Vorabdruck, S. 1

3 Jacques Monod, *Beyond Chance and Necessity*, Hrsg. J. Lewis, London, The Cornerstone Press, 1974

4 Jacques Monod, zitiert in Ilya Prigogine und Isabelle Stengers, *Order Out of Chaos*, New York, Bantam Books, 1984, S. 187

5 Steven Weinberg, *Dreams of a Final Theory: The Search for the Fundamental Laws of Nature*, New York, Pantheon, 1992, S. 225, Selbstzitat aus einem früheren Buch, *The First Three Minutes*, 1977

6 Zitiert in S. Weinberg, s. o.

7 Gerald Feinberg, zitiert in Heinz Pagels, *The Cosmic Code*, New York, Bantam Books, 1983, S. 187

8 John Searle, *Minds Brains and Science*, Cambridge: Harvard Press, 1984 (dt. *Geist, Hirn und Wissenschaft*, Frankfurt a. Main: Suhrkamp Verlag, 1986), zitiert in Kellman, S. 3; James umreißt das Dilemma wie folgt: »Es besteht Anlaß, die kausale Wirkung unserer Gefühle anzuzweifeln. Wir können kein positives Bild der Wirkungsweise einer Willensäußerung oder anderer die zerebralen Moleküle beeinflussenden Gedanken formen.«

9 Rabbi Moshe Chayim Luzzatto, *The Way of God*, Jerusalem, Feldheim Publishers, 1988, S. 81

10 Seine Idee kam Planck in der Form einer Gleichung, die eine bestimmte Kurve ergab. Diese glich weit mehr einer Kurve, welche die Physiker im realen Leben maßen, als einer, welche die gesamte physikalische Theorie bis dahin als zu finden möglich vorhergesagt hatte. Plancks Gleichung aus heiterem Himmel produzierte Resultate, die eng mit tatsächlichen Messungen übereinstimmen, wie sie physikalisch zu entdecken möglich sind. Jede Generation seitdem hat neue Experimente mit immer noch größerer Präzision überprüft und bestätigt.

11 Es hat lange Debatten darüber gegeben, ob diese Interpretation der Quantenmechanik, wie sie teilweise auf Nils Bohr zurückgeht, völlig exakt ist. Die wirksamste Alternative konstatiert, daß das Universum »als Ganzes« in jedem Augenblick sofort jedes Ereignis in ihm bestimmt, ein Modell, das seinerseits weitgehend auf David Bohm zurückgeht. Diese »Superdetermination« ist jedoch nur scheinbar deterministisch. Sie verschiebt lediglich das Geheimnis der Ursache aus dem Teil in das Ganze, nachdem kein ausreichender Grund für das Ganze besteht, sich in einem Zustand (und nicht in einem anderen) zu befinden.

12 H. Everett, *Relative State Formulation of Quantum Mechanics*, Review of Modern Physics, Bd. 29, 1957, S. 454

13 David Bohm/Basil Hiley, *The Undivided Universe*, London, Rutledge, 1993

14 Was ist dieses »es«? Physiker müssen sich auf Analysen beschränken, die (weshalb sie auch nur davon sprechen können) abhängig sind von Objekten, die in irgendeiner Form materiell existent, das heißt Teil des physikalischen Universums sind. Infolgedessen gab es »Interpretationen« der Quantenmechanik, die versuchten, jenes »es« mit irgend etwas oder mit Dingen *im* Universum zu identifizieren oder mit dem Universum als Ganzes, weil alles andere die (üblicherweise nicht konstatierte) Prämisse verletzen würde, nach der nichts sonst »ist«.

Deshalb argumentieren auch einige so, als gehöre der Ort der »Aktion« zum Partikel, andere hingegen, als befinde sich der Ort der Aktion *in* einem Ensemble von Partikeln, das ein mysteriöses, simultanes »Ganzes« bildet (wie weit auseinander seine Bestandteile auch sein mögen), wieder andere, als sei das »Ganze« eine Einheit, die sowohl künftige als auch vergangene Aktionen umschließe und imstande sei, letztere als Antwort auf erstere zu verändern, und noch andere, daß das gesamte Universum solchermaßen ein Ganzes sei aus Vergangenheit und Gegenwart und über Bewußtsein, Willen und Zweckdienlichkeit verfüge. Ohne sich dessen gewahr zu werden, rekapitulieren die Physiker damit nur die theologischen Dispute früherer Zeiten darüber, worin die Natur (und die Grenzen) der nichtphysikalischen Wirkungskräfte bestünde. (Vgl. Jeffrey Satinover, *Interpretations of Quantum Mechanics and Their Theological Analogs*, Consciousness Research Abstracts, Journal of Consciousness Studies, aus *Toward a Science of Consciousness 1996*, Konferenzprotokoll Physik und Mathematik, S. 116f.)

15 C. H. Bennett, G. Brassard, C. Crepeau, R. Jozsa, A. Peres und W. Wooters, *Teleporting and Unknown Quantum State via Dual Classical and EPR Channels*, Physical Review Letters, Bd. 70, 1993, S. 1895ff.

16 Roland Omnés, *The Interpretation of Quantum Mechanics*, Princeton University Press, 1994, S. 159

17 Kellman, s. d., S. 1

18 David Jones, *Daedalus: God Plays Dice*, Nature, 9. Januar 1997, S. 122

19 Zitiert bei Hodges, S. 63

20 Diese Auswahl wird oft als »der Kollaps der Wellenfunkion« angesehen. Kellman »glaubt nicht, daß die Frage des freien Willens [in bezug auf die Quantenmechanik] an der kontroversen Thematik hängt, ob es einen Kollaps gibt, insofern, als die Postulate der hier involvierten wirkenden Quantenmechanik [in seiner Schrift *A Model of Free Will Exercised by Mind Acting als Quantum Observer*, s. d.] nicht von irgendwelcher Orthodoxie hinsichtlich Kollapsen abhängen oder zwangsläufig andere, »nichtorthodoxe« Interpretationen ausschließen«.

21 Mit den Worten des Princeton-Physikers Roland Omnés:
Die Quantenmechanik hat die letzte Schwelle in der Geschichte unseres Wissens von den grundsätzlichen Naturgesetzen überschritten, jenseits deren eine mathematische Theorie ihre schließliche Unfähigkeit erkennen muß, alle Aspekte der Realität zu erfassen ... Daß die Quantenmechanik diese äußerste Grenze auf dem Feld des Wissens

erreicht hat, bedeutet, daß das, was man an seinem äußersten Kontaktpunkt mit der Realität betrachtet, Zeugnis gibt von deren Vollbringungen, aber überhaupt nicht von ihren Fehlschlägen, wie gar nicht wenige Leute glauben. [Omnés, s.d., S. 327]

22 Zitiert bei Hodges, S. 63, vgl. Anmerkung 19

23 Haralick/Glazerson, *Torah and Israel Today*. Es herrschen beträchtliche Meinungsverschiedenheiten zwischen ihm und anderen Code-Forschern über seine Methodologie. Aber fairerweise muß man sagen, daß er ein qualifizierter Disputant ist und es zudem zwangsläufig zu einer breiten Skala von Meinungen und Methoden kommen muß, je bekannter das Phänomen wird.

24 Es gibt einen Zwischenschritt, den ich um der Kürze willen aus dieser Argumentation einfach ausgelassen habe. Das ist die Frage, wie derart kleine Fluktuationen wie die der Quantum-Skala denn in großräumige (gehirngroße) Einflüsse »verstärkt« werden können. Vieles der »harten« Forschung über das Bewußtsein untersucht ebendiese Verbindung zwischen »Mikrokosmos« und »Makromosmos«. Es sind etliche plausible Verbindungsglieder vorgeschlagen worden, einige davon auch experimentell untermauert, aber alle sind noch stark theoretisch. (Was meinen eigenen kleinen Beitrag zu dieser Diskussion angeht, vgl. Jeffrey Satinover, *A Neural Network Model of Archetypal Structures and of the Relationship Between Nature and Nurture in Brain-Mind Development*, Consciousness Research Abstracts, Journal of Consciousness Studies, aus *Toward a Science of Consciousness 1996*, Konferenzprotokoll Physik und Mathematik, S. 102f.)

25 Übermittlung an tcode; caexpress.ior.com, 5. Februar 1997, Mitteilung an ID 9702052225.AAO3000; captan.ptan[bj200]ee

26 Luzzatto, S. 213ff.

27 Ibid., S. 169

28 »Es ist eine Tatsache, daß Kolumbus Amerika eher in der Folge einer Prophezeiung denn über die Astronomie entdeckte. ›In der Ausführung dieser Fahrten nach den Indien‹, schrieb er 1502 an König Ferdinand und Königin Isabella, ›waren mir weder Vernunft noch Mathematik noch Landkarten nützlich: voll erfüllt wurden dafür die Worte von Jesaia 11, 10-12.‹« (Encyclopaedia Britannica, Bd. 6, 1968, S. 111.) Die zitierte Jesaia-Stelle lautet:
Und es wird geschehen zu der Zeit ... und der Herr wird zu der Zeit zum andernmal seine Hand ausstrecken, daß er das übrige seines Volks erwerbe, so übriggeblieben ist ... und zusammenbringen die Verjagten Israels und die Zerstreuten von Juda zuhauf führen von den vier Enden des Erdreichs.«

Kolumbus' Lieblingslektüre der Prophetie scheint allerdings das erste der apokryphen Bücher von Esdras (Esra) gewesen zu sein, die aus dem 2. Jahrhundert vor der Zeitenwende stammen. Es enthält ganz eindeutig (und verstärkt sie noch) die Anspielung Jesaias, die dieser seinen königlichen Schutzherren schickte. Im wesentlichen handelt es sich um die Geschichte, wie ein Jude am Hof eines fremden Königs (Darius = Ferdinand) in einem Land, in das sein Volk verschleppt wurde (Persien = Spanien und Portugal) das Recht verliehen bekommt, sein Volk aus dem Exil und zurück in seine Heimat zu führen. Dieses Recht hat er sich erworben, weil er argumentierte, nichts auf der Welt sei stärker als die Wahrheit. Sowohl in jüdischen als auch in christlichen mystischen Kreisen wurde diese »Wahrheit« verstanden als die in der Schrift verborgene geheime Weisheit. Und Kolumbus machte in der Tat geltend, er habe die Wahrheit über die Gestalt der Erde und davon abgeleitet die Verteilung ihrer Landmassen aus der Lektüre des Buches Esdra (Esra) erfahren. Kolumbus hat demnach offenbar auch geglaubt, daß eine letzte, kataklysmische Vertreibung notwendigerweise dem »Zusammenbringen [der] Verjagten Israels und [der] Zerstreuten von Juda zuhauf ... von den vier Enden des Erdreichs« vorausgehen werde. Erinnern wir uns in diesem Zusammenhang daran, daß er auch gerade noch eine halbe Stunde vor dem Ablauf der Ausweisungsfrist für die Juden aus ganz Spanien Segel setzte.

29 A. Sanperra/C. Machiavello, *Un Saut d'Echelle pour les Calculateurs*, La Récherche, November 1996

30 Marc J. Feldman, Professor und Leitender Wissenschaftler der Fakultät für Elektrotechnik an der Universität Rochester:
Aber da ist auch die Frage der technischen Skalierbarkeit. Wenn ein Computer mit n Bit technisch machbar ist, ist dann auch ein Computer mit 100n Bit machbar? Ließe sich ein Glasvakuumröhren-Computer bauen, der hundertmal größer ist als der ENIAC? Ich weiß es nicht. Aber gewiß wäre ein mit Ionenfallen oder NMR-Spiralen gebauter Quantencomputer nur sehr schwierig, falls überhaupt, mit 100 multiplizierbar. Andererseits hat sich integrierte Stromkreistechnologie als technisch skalierbar erwiesen. Dies scheint auch der einzige Weg als Zugang zum Mooreschen Gesetz des Quantenrechnens zu sein. [Moores Gesetz bezieht sich auf das Verhältnis Kraft/Umfang beim Rechnen.][Persönliche Mitteilung.]

31 Es handelt sich hierbei um einen Vorgang, der zwangsläufig nichtdeterministisch ist und nicht *vollständig* mit irgendeiner symbolischen Logik zu beschreiben, wenn man der Beweisführung von Gödel folgt. Mathematiker, Physiker und Neurologen haben begonnen, das so

lange so rätselhafte und nicht wandelbar selbstbezogene Wesen des Geistes zu untersuchen, wie es zuerst von Mystikern und Philosophen beschrieben wurde. Der Neuropsychiater Donald Mender: »Wie Dr. Piet Hut vom *Institut for Advanced Studies* [in Princeton] ausgeführt hat, zeigt der Geist eine merkwürdige Art von Selbstbezug und subsumiert damit seine eigene Struktur. Bei physikalischen Konstrukten ist dergleichen Selbstreferenz allein in der Quantenmechanik feststellbar« *(New York Times, 5.* Mai 1997, S. A14). Auf ähnliche Weise »hängen prominente Interpretationen der Quantenmechanik, speziell solche, die sich darauf kaprizieren, das Bewußtsein zu verstehen, in ihrer Argumentation von einer gewissen Art Weitschweifigkeit ab (nichtzählbares Wissen etwa kann so charakterisiert werden)«. (J. Satinover, *Interpretations of Quantum Theory and their Theological Analogs*, Consciousness Research Abstracts, Tucson II, 1996, S. 116)

32 Kellman, s. d. S. 16

33 Der Gaon von Wilna, *Commentary*, Mishlei 21,17

34 Aus Doron Witztum, abgedruckt bei Michaelson, *Codes in the Thora: A Rejoinder to Professor HaSofer:* ›B'Or HaTorah‹. Die Stelle bezieht sich auf ein Signet, daß anzeigt, wer der echte Vater eines ansonsten illegitimen Kindes ist (König-Jakob-Version).

Epilog: Bericht von der Front

1 Michael Drosnin, *Der Bibel-Code*, München, Heyne Verlag, 1997

2 Zeilberger-Zitat TK.

Technischer Anhang A: Die Einzelheiten des Neumonds

1 Babylonischer Talmud, *Sukka*

2 Babylonischer Talmud, *Schabbat* 75a. Mit »Magiern« sind speziell persische Astrologen gemeint, deren *magische* Praktiken (daher der Name) auch Weissagungen (»Hexerei«) einschlossen. Sie galten als Gotteslästerer. Der Konflikt zwischen Judaismus und den heidnischen religiösen Traditionen »der Völker« geht nicht, wie es heute oft scheint, um Naturalismus gegen Supranaturalismus. Es ist vielmehr eher ein Konflikt zwischen zwei deutlich unterschiedlichen Formen des Spiritualismus, die nach der alten biblischen Sicht nicht verwechselt werden dürfen. Sehr prägnante Beispiele dafür finden sich in dem »Kampf« von Moses gegen die Hofmagier in Ägypten (die, wie wir uns erinnern, ein paar eigene Tricks hatten) – (Exodus), oder in Josephs Wettbewerb mit den offiziellen Traumdeutern bei Hofe (Gene-

sis), ebenso ähnlich bei Daniel und den persischen Traumdeutern (Daniel).

3 Babylonischer Talmud, *Rosh HaShanna* 25a.

4 Hugo Mandelbaum, *The Problem of Molad Tohu*, Proceedings of the Association of Orthodox Jewish Scientists III – IV, 1976, S. 30; zitiert in *Discovery*, Aleynu (R. Ari Kahn, Educational Director), 1992, S. 136, Jerusalem, Aish HaTorah.

5 Bernstein, s. d.

6 Rabban Gamliel: »Ich habe es von der Autorität des Hauses des Vaters meines Vaters, daß die Erneuerung des Mondes nach nicht weniger als neunundzwanzig Tagen und einem halben und zwei Dritteln einer Stunde und dreiundsiebzig Teilen (73/1080) einer Stunde stattfindet« (Babylonischer Talmud *Rosh HaShanna* 25 a). In dieser Tradition wurde die Stunde nicht in 3600 Sekunden unterteilt, sondern in 1080 *halakin*.

Maimonides (Rambam) kommentiert in seinem eigenen Buch *Gesetze zur Sanktionierung des Neumonds:* »Nach diesen Zahlen beträgt das Intervall zwischen zwei Konjunktionen von Mond und Sonne ihrer mittleren Bewegung zufolge 29 Tage und 12 Stunden des 30. Tages, beginnend mit der Nacht dieses Tages und 793 Teilen der 13. Stunde. Dies ist die Zeit, die von einer mittleren Konjunktion bis zur nächsten verstreicht, und es ist dies die Dauer des Mondmonats« Kapitel 6, S. 2f.).

Mit anderen Worten: 793 : 1080 = 0,734529 Stunden : 24 Stunden pro Tag = 0,03059 Tage; 29 Tage + 0,5 Tage + 0,03059 Tage = 29,53059 Tage.

7 »Wir haben diese Kürzung absichtlich zugelassen, weil gegen dieses andere Resultat ein Überschuß bleibt, der die Kürzung ausgleicht, so daß das Endresultat die korrekte Zahl nennt« (Maimonides, *Gesetze zur Sanktionierung des Neumonds*, Bd. 11, S. 5f.).

8 Rabbi Yitzhaks Kommentar zu Exodus 12, 1-2: »Dieser Monat soll bei euch der erste Monat sein.«.

9 *Midrash Rabbenu Bachya*, Genesis 1. Ich bin Mr. Jack Freedman, der mir die Ehre erwies, mir ein Exemplar des zweibändigen Kommentars Bachyas zu überlassen, sehr zu Dank verpflichtet.

10 In Deborahs Lied im Buch Richter (5, 23) befiehlt der Poet: »Fluchet der Stadt Meros …, fluchet ihren Bürgern.« Nach der jüdischen Überlieferung bezieht sich Meros auf eine entweder unbekannte Stadt im alten Israel oder aber auf einen bestimmten Stern, der ein Planet ist. Welche Erklärung stimmt, bleibt unbekannt. Christliche Kommentare halten nur die erste für zutreffend (Babylonischer Talmud, *Megilla* 18a). Das *Sefer Bris* (Buch des Alten Bundes) vermerkt

speziell in der Erweiterung von *Megilla* 18a: »Wenn Meros ein Stern [Planet] ist, dann spricht dieser Vers ausdrücklich von seinen ›Bewohnern‹.« (Zitat nach Rabbi Aryeh Kaplan, unveröffentlichtes Hauptreferat der Midwinter Conference der Association of Orthodox Jewish Scientists, 19. Februar 1979)

11 M. Green, J. Schwarz, E. Witten, *Superstring Theory*, 2 Bde., Cambridge, Cambridge University Press, 1987

12 Eine kurze und eher technische Zusammenfassung dieser Berechnung findet sich in Halliday/Resnick/Krane, *Physics*, Bd. 2, 4. erw. Aufl., New York, Wiley, 1992, S. 1189ff.

13 Vgl. Gerald Schroeder, *Genesis and the Big Bang*, New York, Bantam, 1990, als generellen Überblick zu dieser Beschreibung. Zusätzliches Material findet sich bei Rabbi Isaac Luria, *Ten Luminous Emanations*.

14 Nachmanides, *Commentary on the Torah*, Genesis 1, 1, in Schroeder, S. 65.

15 Luria, s. d.

16 Schroeder, S. 59.

Technischer Anhang B: Transformationen von Raum und Zeit

1 Hermann Minkowski schrieb 1908, betroffen von der profunden Größe dessen, was Einstein entdeckt hatte, und in der Erkenntnis sogar noch tieferer Implikationen, als Einstein, sein einstiger Schüler, selbst gesehen hatte: »Hinfort sind Raum und Zeit in sich selbst dazu verurteilt, zu bloßen Schatten zu verblassen, und nur eine Art Union zwischen ihnen wird ihnen eine selbständige Realität erhalten.«

2 Diese Schwarzweiß- und Strukturdarstellung ist eine weitere Transformation und Vereinfachung der farbigen Transformation einer Ulam-Spirale von Jean-François Colonna, © 1996, CNET und École Polytechnique, Paris. Man beginnt mit dem Ursprung, folgt einem quadratischen spiralartigen Weg und numeriert jeden Punkt einer geraden Zahl, der man begegnet (1, 2, 3 …) Der n-te Punkt wird mit der Falschfarbe $f(d(N))$ angezeigt, wobei $d(N)$ = Anzahl der Divisoren von N, ergo $d(N) = 2$, wenn N eine Primzahl ist (einschließlich N = 1, der Einfachheit halber), sowie $f(x)$ = eine willkürliche Funktion, etwa $f(x) = x$. Das erste bedeutsame, strukturzeigende Bild besteht aus Punkten derselben Farbe. Wird beispielsweise $f(2)$ = weiß gewählt und $f(d)$ = schwarz, dann zeigt das Bild alle Primzahlen: die Ulam-Spirale. Nun wird unter Verwendung der konformen Abbildung l $z « -z$ Bild 1 in Bild 2 transformiert, wobei das Planbild der Komplexplan ist. Eine Fourierfilterung von Bild 2 ergibt die farbige Struktur (hier nicht ge-

zeigt). Eine einfache Schwellenfunktion transformiert das farbige Bild in dieses (P3). P4 (daneben) entsteht durch Identifizieren der Grenzen und der Übertragung von Schwarz als Grenze und von Weiß als Nichtgrenze.

3   S. J. Miller/F. W. Firk, *Symmetries of High-Order Spacing Distributions in Number-Theoretic Systems*, Yale University, Vorabdruck, eingereicht bei Mathematics and Computation. Anmerkung des Autors: »Abstandsverteilungen 1., 2. und 3. Ordnung von 5 ¥ 105 Prim-22-Paaren, beginnend bei 2 ¥ 108, entsprechen einer 1. Ordnung der Poisson-Verteilung.« Aber nur »fuzzy«! Ich vermute, daß diese Symmetrien die der Ulam-Spiralen wiedergeben.

Technischer Anhang C: Das Experiment mit den »Großen Weisen«

1   M. Margolith, Hrsg., *Encyclopedia of Great Men in Israel; A Bibliographical Dictionary of Jewish Sages and Scholars from the Ninth to the End of the Eighteenth Century*, Bde. 1-4, Tel Aviv, Joshua Chachik, 1961.

2   Für einen späteren Test der von den Kritikern Dror Bar-Natan, Alcec Gindis, Aryeh Levitan und Brendan McKay verwendeten Methode (erwähnt im zweiten Kapitel) schlug Persi Diaconis die folgende (ebenfalls von ihm stammende) Variante dieser Methode vor: »Für jedes Paar von Personen p, p' berechne man eine Entfernung t(p, p') durch Ermittlung des Durchschnitts der definierten Werte c(w, w'), wobei w im ersten Satz p-Wörter sind und w' im zweiten Satz p'-Wörter. Werden keine solchen Werte ermittelt, bleibt t(p, p') undefiniert. Für eine Permutation pi der Persönlichkeiten definiere man T(pi) als Durchschnitt aller p der definierten Werte t[p, p(pi)]. Sind keine ermittelten Werte vorhanden, bleibt T(pi) undefiniert. Das Resultat wird die Rangstelle von T(id) unter allen definierten T(pi) für eine große Anzahl zufallsbestimmter pi-Permutationen sein.« Internet-Mitteilung, datiert vom 17. April 1997.

Bibliographie

BÜCHER

Anonymus, *The Origin and Development of the Army Security Agency, 1917-1947,* Laguna Hills, Calif., Aegean Park Press, 1978

Deavors, C. A., / Kruh L., *Machine Cryptography and Modern Cryptanalysis,* Dedham, Mass., Artech House, 1985

Flannery, E. H., *The Anguish of the Jews: Twenty-three Centuries of Anti-Semitism,* New York, Paulist Press, 1985

Fuchs, A., *The Unheeded Cry,* Brooklyn, N.Y., Mesorah, 1986

Glazerson, M., / Haralick R., *Torah Codes and Israel Today,* Jerusalem, Lev Eliyahu, 1996

Haldane, R. A., *The Hidden World,* London, Robert Haie & Company, 1976

Hodges, A., *Alan Turing, Enigma,* Wien, *Springer,* 1994

Kahn, D., *The Codebreakers: The Story of Secret Writing,* New York: Macmillan, 1967

Katz, M., *B'Otiyoteiha Nitna Torah* (hebräisch), Jerusalem, Tel-Co, 1991

Katz, M., *Computorah: On Hidden Codes in the Torah,* Jerusalem, Achdut, 1996

Kranzler, D., *Thy Brother's Blood: The Orthodox Jewish Response During the Holocaust,* Brooklyn, Mesorah Publications, 1987

Luzzatto, M. C., *The Way of God,* Jerusalem, Feldheim, 1988

Nasn, S. G., Hrsg., *A History of Scientific Computing,* New York, ACM Press, 1990

Norman, B., *Secret Warfare: The Battle of Codes and Ciphers,* Newton Abbot, England, David & Charles, 1973

Novick, N. A., *Fascinating Torah Prophecies Currently Unfolding,* Jerusalem, Netzach Yisrael Publications, 1997, Vertrieb durch Judaica Press, New York

Schroeder, G., *Genesis and the Big Bang,* New York, Bantam, 1990

Weissmandl, H. M. D., *Toras Chemed* (hebräisch), Mount Kisco, N.Y., Yeshivath Mount Kisco, 1958

Witztum, D., *HaMaimod HaNosaf* (hebräisch), Jerusalem, Agudah L'Machkor Torani, 1989

ARTIKEL

Diaconis, P. / Engel, E., *A Subjective Guide to Objective Chance,* Statistical Science: A Review Journal of the Institute of Mathematical Statistics, Bd. 1, Nr. 4, November 1986, S. 171ff.

Diaconis, P. / Mosteller, F., *Methods for Studying Coincidences,* Journal of the American Statistical Association, Bd. 84, 1989, S. 853ff.

Eidelberg, F., et al., *Codes in the Torah: A Discussion,* B'Or Ha Torah, Nr. 9, 1995, Jerusalem, Shamir

HaSofer, A.M., *Codes in the Torah,* B'Or Ha Torah, Nr. SE, 1990, Jerusalem, Shamir

Michaelson, D., *Codes in the Torah,* B'Or Ha Torah, Nr. 6, 1987, S. 7ff., Jerusalem, Shamir

Satinover, J., *Divine Authorship? Computer Reveals Startling Word Pattern,* Bible Review, Oktober 1995

Satinover, J., *Responses to: »Divine Authorship? Computer Reveals Startling Word Patterns« and Rejoinders,* Bible Review, Februar 1996

Witztum, D. / Rips, E. / Rosenberg, Y., *Probability Statistics and Theology,* Journal of the Royal Statistical Society, Abschn. A, 151, Pkt. 1, 1988, S. 137ff., Response to D. J. Bartholomew

Witztum, D. / Rips, E. / Rosenberg, Y., *Equidistant Letter Sequences in the Book of Genesis,* Statistical Science: A Review Journal of the Institute of Mathematical Statistics, Bd. 9, Nr. 3, August 1994, S. 429ff.

Hinweise auf
weiterführende Studien

Aish HaTorah/Discovery-Seminars, 805 Kings Highway, Brooklyn, N.Y. 11223; 718-376-2775, E-Mail: AishNY@aol.com.

Aish HaTorah, Jerusalem, 1 Rehov Shvut, Post Office Box 14149, Old City, Jerusalem, Israel; 02-894-441.

Meiner Ansicht und Erfahrung nach ist das Aish HaTorah Discovery Seminar die weitaus zuverlässigste Quelle, was die Codes in der Thora betrifft. Der Leser sollte allerdings beachten, daß die Behandlung der Codes dort nur einen Bruchteil des von der Aish HaTorah angebotenen Stoffs ausmacht. *Discovery* ist in erster Linie ein Bildungsprogramm mit dem Ziel der Vermittlung der rationalen Basis des jüdischen Glaubens. Es ist gegenwärtig aber immerhin das bestbesuchte und am schnellsten wachsende Fortbildungsprogramm seiner Art und hat in den Medien breite Aufmerksamkeit gefunden. In den Seminaren konnten zudem prominente Persönlichkeiten wie Jason Alexander von *Seinfeld's*, Kirk Douglas oder Elliot Gould als Gasthörer begrüßt werden. Es nehmen inzwischen gut 21 000 Menschen pro Jahr in aller Welt an ihnen teil, insgesamt waren es seit Beginn über 65 000.

Die Aish HaTorah wurde 1974 von Rabbi Noah Weinberg gegründet. Ihr Hauptziel ist, Juden jeglicher Herkunft eine bewußtere Wertschätzung ihres Erbes und ihrer Vergangenheit zu vermitteln. Dabei ist nicht beabsichtigt, nichtorthodoxe Juden zur Orthodoxie oder sogar Menschen anderen – oder auch keines – Glaubens zum Judentum zu bekehren. Der einzige Zweck ist, Juden jeglicher Überzeugung mit guten Gründen und Argumenten zu versehen, damit sie ihr Judentum bewußter wahrnehmen und leben, sowie alle Menschen guten Willens, gleich welcher Religion oder Weltanschauung, zu informieren, warum ein solches jüdisches Engagement etwas Positives ist.

In den USA wird das Code-Material von der Aish HaTorah/Discovery verwaltet, herausgegeben und präsentiert sowie laufend ergänzt. Rabbi Daniel Mechanic, leitender Dozent der Discovery-Seminare, führt das wohl weltweit umfangreichste Archiv über alle den Code betreffenden Veröffentlichungen und Informationen. Man könnte ihn fast selbst ein wandelndes Archiv nennen. Alles wissenschaftliche Material wird so rasch wie möglich, von beratenden Experten permanent gesichtet und auf den neuesten Stand gebracht; allen voran ist hier Harold Gans zu nennen, ehemaliger Leitender Kryptologiemathematiker der National Security Agency (NSA) des US-Verteidigungsministeriums und Träger der Zivilen Verdienstmedaille.

Register

A

Aaron-Phänomen 57, 62, 66ff., 68 [Anm.], 71ff., 133, 179f., 224

Abner (Rabbi) 23f.

Abraham 58ff., 60 [Anm.], 66, 267

Abraham [»der Engel«] (Rabbi) 228ff., 282 [Anm.], 286, 419

Abulafia, Abraham ben Samuel 121ff.

Adret, Solomon ben Abraham 115f.

Agassiz, Louis 328

Agrippa, Cornelius 148

Aish HaTorah [Rabbinerschule in Jerusalem] 43f., 48f., 196, 220, 234, 254, 273, 277f.

Akiba (Rabbi) 77

Alberti, Leon Battista 146ff., 150, 152ff.

Anderson, Walter S. 140

Antiochus Epiphanes IV. [griech. Herrscher] 221

ANU [Australian National University] 316

Apollonius [von Perga] 157

Arnett, Peter 255 [Anm.]

Atbash-Permutation 59, 143f., 153ff., 155 [Anm.]

Auerbach, Meir 235f.

B

Babbage, Charles 161f., 170

Bachya ben Asher, Rabbenu 26, 113ff., 124f., 129ff., 133, 136f., 144, 179, 187, 381, 385ff.

Bacon, Roger 165, 293

Bar-Natan, Dror 371ff.

Bartholomew, D. J. 284, 438

Bennett, Charles H. 342

Berkeley [Universität] 344

Bernstein, J. 281, 290

Berthauer, Menachem Meir 112

BHS [Biblia Hebraica Stuttgartensis] 301ff.

Bibel-Code s. Code-Forschung bzw. Thora-Code

Bodlean Library [Oxford] 116

Bohm, David 174

Bormann, Martin 270

Bouillon, Godefroy de 268

Brunner, Alois 99, 104f., 108, 123

Burzio, Giuseppe 123

C

CalTech [California Institute of Technology] 51

Cardano, Fazio 149

Cardano, Girolamo 149ff., 155f., 172

Cardano-Gitter 151, 169

Carnegie-Mellon [Universität in Pittsburgh] 13, 27, 291, 304, 309, 315

Chapman, Rupert 301, 303, 305

Christiani, Pablo 126f.

Churchill, Winston 141, 176

Clemens IV. [Papst] 127f.

Code-Forschung 24ff., 33ff., 38ff., 46ff., 52f., 55f., 60ff.,

68ff., 94, 98, 108, 113ff.,
124, 130ff., 139ff., 161ff.,
175ff., 195ff., 227ff., 246ff.,
273ff., 295ff., 331ff., 396,
406, 415ff.
Cohn, Romi 101ff.
Coopersmith, Eric 35f., 43
Cordevaro, Moses 81, 115
Crick, Francis 313
Cromwell, Oliver 156
CSICOP [Committee for the
Scientific Investigation of
Claims of the Paranormal]
313f.

D
Dartmouth [Universtität] 315
David [jüd. König] 77, 365
DeMin Acco, Yitzhak 393
Deuteronomium [Buch] 23f., 243,
263
Diaconis, Persi 16, 28, 47, 309,
311, 314ff., 371, 373 [Anm.]
Differenzmaschine 161f.
Dönitz, Karl 164
Driver, Godfrey 301
Duke Universität 362

E
Edinburgh [Universität] 327
Eichmann, Adolf 99f., 104, 106,
263ff.
Ein-Schritt-Ziffernsubstitution
146f.
Einstein, Albert 50, 168, 281,
338, 340f., 344f., 348, 391,
396, 406
Eleazar ben Judah (Rabbi von
Worms) 116ff., 124
Eliot, T. S. 329, 332
ELS [Equidistant Letter Sequences; abstandstreue Buchstaben-
sequenz] 211f., 217, 219f.,
229f., 234, 237, 246, 252f.,
263, 285, 287f., 290, 298, 355,
373 [Anm.], 416ff., 420
[Anm.], 426ff., 433ff.

Enigma-Code 29, 150, 164,
176f.
Entschlüsselungsprozesse
s. Code-Forschung
Erikson, Erik 325
ESP-Forschung 314
Esther [Buch] 269f.
Exodus [Buch] 23, 239, 381
Ezechiel [Buch] 94, 356
Ezechiel [Prophet] 80, 155, 356

F
Feinberg, Gerald 331
Feldstein, Martin 277
Fermat, Pierre de 150
Feynman, Richard 51
Forst, Asher 129f.
Franz Joseph I. [österr. Kaiser]
234ff.
Freud, Sigmund 369
Friedman, William F. 165f., 166
[Anm.], 279
Frost, Siegmund 227, 286
Furstenberg, H. 281, 290
Fuzzy-Logik 189ff., 202ff., 210,
250, 274, 298, 339, 346, 395,
398f., 401ff., 418

G
Gamliel, Rabban [der Ältere] 382,
387
Gans, Harold 15ff., 39, 225,
274f., 278, 280, 319ff., 372f.,
440
Gell-Mann, Murray 313
Geller, Margaret 331
Gematrie-Codierung 124
Genesis [Buch] 16, 27f., 58f.,
113., 118, 134, 136, 155,
184f., 187, 213f., 188 [Anm.],
221, 223f., 229f., 253f., 263,
266, 285, 288, 290f., 293, 299,
370, 389, 408, 410, 438
Gikatilla, Joseph ben Abraham
124
Goldfinger, Andrew 274ff.
Göring, Hermann 270

472

Gott [Elohim] 60f., 60 [Anm.],
  118, 132f., 352ff., 366f., 380,
  386
Gould, Steven Jay 313
Gregor XIII. [Papst] 381
Große Weise [I] 284ff., 292, 300,
  300 [Anm.], 304, 306, 311,
  317, 319f.
Gutenberg, Johannes 86

H
HaKohen, Abraham ben Jechiel
  Michael 153
Halberstam, Menachem Mendel
  109
HaMalach, Abraham 372
Haman [pers. Tyrann] 269f.
Hamilton, John 149
Hancock, Clarence B. 140
Haralick, Robert 352
Haredim [ultraorthodoxe jüd.
  Glaubensgemeinschaft] 35,
  45f.
Harvard [Universität] 16, 27f.,
  30, 38, 42, 47, 281, 309, 316,
  325f., 328, 331
Hawking, Steven 173 [Anm.]
Hebräische Universität Jerusalem
  35, 191, 281, 371
Hecht, Yehoshua 46, 63 [Anm.]
Herzog, Chaim 260
Himmler, Heinrich 99f., 104,
  106, 106 [Anm.]
Hiob 80, 82 [Anm.]
Hitler, Adolf 99, 176, 251, 267f.,
  270
Hussein, Saddam 247ff., 251,
  257, 282f.

I
Illinois [Universität] 67, 74
Isaac, Solomon ben [Rashi] 268
Islambooli, Chaled 26, 239, 242f.

J
Jakob I. [span. König] 126ff.
James, Henry 327

James, William 325, 327f., 332ff.,
  338f., 348
Janua, Peter de 127
Jehova [YHWH] 58
Jeremia [Buch] 43, 143f., 179
Jeremia [Prophet] 252
Jesaia [Buch] 91f., 99, 293, 369,
  438
Jesaia [Prophet] 369
Jesus 30, 40ff., 91, 118, 128,
  360
Johannes XXIII. [Papst] 123
Johannes Paul II. [Papst] 123
Johannes-Evangelium 81, 91
John-Hopkins-Universität 274
Jones, William 338
Jung, C. G. 315, 385

K
Kabbala 59, 62, 113, 119, 125,
  130, 137, 144f., 149, 152ff.,
  155 [Anm.], 176, 180, 246,
  331, 351ff., 356f., 363, 365,
  386, 391f., 396
Kahn, David 143, 146, 149, 152,
  163, 319
Kaplan, Aryeh 93
Kaplan, Marty 296
Kass, Robert 291f., 300, 307,
  311, 315, 321
Katz, Moshe 192f., 225, 234,
  254f.
Kazhdan, David 30f., 42, 281,
  290
Kefatos, Menos 354 [Anm.]
Kellman, Michael 330, 344,
  362f.
Kepler, Johannes 373
Kidinnu [babylon. Astronom]
  379
Kittle, R. 301
Kmetko, Karl 122
Kochbar, Moshe Bar 260f.
Köhlers, Wolfgang 325
Kolumbus, Christoph 128[Anm.],
  359
Kryptologie s. Code-Forschung

L

Leff, Joseph 41
Leibniz, Gottfried 332, 334
Levi [Stamm] 168 [Anm.], 220, 222
Leviticus [Buch] 57, 62, 66f., 69ff., 89, 179, 187
Lukas-Evangelium 143 [Anm.]
Luzzatto, Moshe Chayim [Rabbi; »Ramchal«] 336, 353f., 354 [Anm.], 358, 370

M

Mach, Ernst 51
Maimonides [Rabbi Moses ben Maimon; "Rambam"] 23f., 28, 121, 124, 136, 181, 228, 285, 366, 378, 380f., 389, 391
Manhattan-Projekt 15, 167
Marshall, George C. 140, 163
Martin IV. [Papst] 122
Martini, Raymond 127
Marx, Karl 369
Matthäus-Evangelium 25
McKay, Brendan 68 [Anm.], 305 [Anm.], 316, 371ff.
Mechanic, Daniel 36f., 277f., 373
Mengele, Josef 104
Meton [griech. Astronom] 379
Michaelson, Daniel 35, 67, 68 [Anm.], 70f., 73, 191f., 194, 196, 215, 275
Midrash Rabbah [Thora-Kommentar] 58f., 81, 119
Midrash Sod HaIbbur [Thora-Kommentar] 133, 381f.
MIT [Massachusetts Institute of Technology] 34, 50, 193, 277
Mondale, Walter 296
Monod, Jacques 330f.
Monte-Carlo-Simulation 172, 288, 435, 439f.
Montreal [Universität] 362
Mose [Bücher] 23, 27, 45, 57, 59, 85, 179, 239, 255, 262, 354

Moses 21, 23f., 57, 68, 75, 80, 83, 85, 94, 132f., 224 [Anm.], 354, 380, 388
Mossad [israel. Geheimdienst] 48, 247, 250, 258, 274

N

Nachmanides [Rabbi Moses ben Nachman; »Ramban«] 125ff., 137, 228, 385, 391f.
Natali [dt. Antifaschist] 108
Naunyn, Bernhard 237
Nebukadnezar 251
Nechunya Ben HaKanah 113, 133f., 144, 149, 153, 155 [Anm.], 385, 392f.
Netanyahu, Benjamin 48, 371
Neumann, John von 29, 72, 157, 167ff., 288, 399 [Anm.], 440
Newton, Isaac 156, 345, 373
Nietzsche, Friedrich 367
Nikolaus III. [Papst] 121f.
Nimitz, Chester W. 163
Nimrod 266ff.
Nitra [Universität] 101, 103, 106f., 135
Notarikon-Codierung 124
NSA [National Security Agency] 15f., 141f., 164, 274, 318f., 364

O

Oppenheimer, Robert 364
Oregon [Universität] 330, 344
Oren, Abraham 56f., 66f., 68 [Anm.], 71, 182
Oxford [Universität] 116, 344, 362

P

Paracelsus 148
Pascal, Blaise 150, 156ff., 167f., 332
Penaforte, Raymond de 127
Penrose, Roger 173, 344
Pentateuch (s.a. Mose [Bücher]) 33, 45, 303, 355

Piateski-Shapiro, Ilya 67, 281, 290
Planck, Max 338
Porta, Giovanni Battista 153
Princeton [Universität] 168, 171, 316
Projekt 'Los Alamos' 29, 72, 157, 167, 288
Projekt 'Ultra' 29, 166f., 176
Pruss, Alexander 304
Purim-Code 222f.

R
Rambam s. Maimonides
Ramban s. Nachmanides
Ramchal s. Luzzatto, Moshe Chayim
Renouvier, Charles Bernard 328
Reuchlin, Johannes 148
Rips, Eliyahu 34f., 38, 66ff., 68 [Anm.], 70ff., 180f., 190f., 193f., 196, 212, 214, 220, 224f., 228, 234, 254, 280ff., 286, 289, 291, 295, 298f., 301 [Anm.], 302, 304, 306ff., 314, 317, 319, 322, 357, 372f., 373 [Anm.], 396, 406, 415, 416 [Anm.], 419, 421ff., 426, 432, 435, 438, 440
Rommel Erwin 140f., 176
Rosenberg, Yoav 38, 228, 274, 280, 283ff., 289, 291, 298f., 301 [Anm.], 302, 304, 306f., 314, 317, 319, 322, 372, 415, 419, 421ff., 426, 432, 438, 440
Rotman, Joseph 67, 74f.
Rutherford, Ernest 337, 357

S
Sadat, Anwar as- 26, 239f., 242
Sagan, Carl 313
Salomon [König] 77, 94, 379
Salomon, Elijahu [Rabbi; Gaon von Wilna] 22, 25f., 28, 81, 115, 136, 356

Scarfatti, Jack 314
Schindler, Oskar 99
Schroeder, Gerald 34, 392
Searle, John 333
Segarra, Arnold de 127
Shai, Nachman 261
Shakespeare, William 87, 165, 293
Shelley, Mary 363
Shemoneh-Esrai (Amidah) [Gebet] 50
SIS [Signal Intelligence Service] 141, 166
Skinner, B.F. 313
Snooping 310f., 321, 356f., 372, 441
Spielberg, Steven 28
Stanford Universität 362
Stapp, Henry 344
Stern, Yisroel 129
Stimson, Henry L. 163
Streicher, Julius 270f.

T
Talmud 23 [Anm.], 63 [Anm.], 82 [Anm.], 98, 111, 127, 377
Tam, Rabbenu 113f., 187, 385f.
Technion [Institut in Haifa] 192, 352
Temura-Codierung 124
Ten Sefiroth-System 145
Thora 21ff., 28ff., 33ff., 39, 45ff., 56, 58f., 59 [Anm.], 68, 70f., 74ff., 74 [Anm.], 77ff., 87ff., 94f., 98, 102, 111ff., 114 [Anm.], 118ff., 124ff., 128, 132, 135, 142, 152, 164, 183, 195, 211, 220f., 224 [Anm.], 246, 250, 268, 274f., 277f., 285f., 293, 301ff., 319, 331, 352, 354ff., 364f., 367ff., 376, 381, 384, 406f., 419f.
Thora-Code [s.a. Code-Forschung] 29ff., 51, 172, 179f., 189, 193ff., 211, 215, 227, 234, 258, 271, 278f.,

295ff., 301ff., 321f., 329, 345ff., 367, 369, 371, 373 [Anm.], 385ff., 415ff.
Tov, Baal Shem 366
Tradjon, Chanina ben 79
Trithemius [aus Spannheim] 148f.
Truman, Harry 317
Tuning 310f., 321, 356f., 373 [Anm.], 441
Turing, Alan 29, 171ff., 284 [Anm.], 350
Turing-Maschine 171f.

U
UCLA [University of California in Los Angeles] 35, 67, 191, 275
Ulam-Spirale 399, 404f., 411
Ungar, Samuel David 101, 107, 122
US-Verteidigungsministerium 15, 34, 39, 363

V
Verschlüsselungsmethoden s. Code-Forschung
Vignière, Blaise 152
Vignière-Tafeln 161f.
Vinci, Leonardo da 149

W
Wallis, John 156
Weinberg, Noah 35f.
Weinberg, Steven 331
Weissmandl, Michael Dov Ber 26, 28f., 28 [Anm.], 56, 58f., 61, 66, 68, 75, 95, 97ff., 104ff., 106 [Anm.], 111ff., 129f.,

133ff., 175ff., 187, 227f., 250, 277, 285f., 378, 381, 384f., 387, 407
Weizman-Institut [Rehovoth] 44, 362
Wheatstone, Charles 153
Wisliceny, Dieter 99, 104f.
Wittes, Benjamin 316
Witztum, Doron 34, 38, 43f., 50, 193, 198, 215, 220, 224f., 228, 234f., 238, 242, 258, 280ff., 284ff., 288f., 291, 298f., 301 [Anm.], 302, 304, 306f., 314, 316f., 319f., 322, 357, 372f., 396, 406f., 415, 416 [Anm.], 419, 421ff., 426, 432, 438, 440

X
Xerxes I. [pers. König] 269, 269 [Anm.]

Y
Yale [Universität] 27, 37, 49, 67, 281
Yamamoto [jap. General] 140, 166
Yishmael (Rabbi) 84
Yitzhaki, Salomon [Rashi] 84f.
Yochai, Simeon ben 144

Z
Zakkai, Johanan ben 267
Zeilberger, Doron 372
Zeldman, Moshe 36, 52
Zohar [Quellenbuch der Kabbala] 59, 332
Zufalls-Index 165
Zwi, Isaacd Ben 94

GOLDMANN

Krisenherd Naher Osten

Ralph Giordano,
Israel, um Himmels willen, Israel 12474

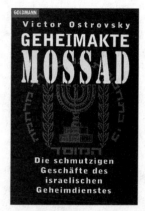

Victor Ostrovsky,
Geheimakte Mossad 12658

Suha Arafat/Gerard Sebag,
Ich bin eine Tochter Palästinas 12703

Hanan Ashrawi,
Ich bin in Palästina geboren 12722

Goldmann • Der Taschenbuch-Verlag

GOLDMANN

Erich von Däniken

Neue kosmische Spuren   12355

Das Erbe der Götter   12758

Fremde aus dem All   12569

Auf den Spuren der
Allmächtigen   12599

Goldmann • Der Taschenbuch-Verlag

GOLDMANN

SPIEGEL-Bücher bei Goldmann

Rudolf Augstein (Hrsg.),
Ein deutsches Jahrzehnt   12954

Tiziano Terzani,
Fliegen ohne Flügel   12952

Robert S. McNamara/
Brian VanDeMark, Vietnam   12956

John Douglas/Mark Olshaker,
Die Seele des Mörders   12960

Goldmann • Der Taschenbuch-Verlag

GOLDMANN

*Das Gesamtverzeichnis aller lieferbaren Titel erhalten Sie
im Buchhandel oder direkt beim Verlag.*

Taschenbuch-Bestseller zu Taschenbuchpreisen
– Monat für Monat interessante und fesselnde Titel –
∗
Literatur deutschsprachiger und internationaler Autoren
∗
Unterhaltung, Thriller, Historische Romane
und Anthologien
∗
Aktuelle Sachbücher, Ratgeber, Handbücher
und Nachschlagewerke
∗
Esoterik, Persönliches Wachstum und
Ganzheitliches Heilen
∗
Krimis, Science-Fiction und Fantasy-Literatur
∗
Klassiker mit Anmerkungen, Autoreneditionen
und Werkausgaben
∗
Kalender, Kriminalhörspielkassetten und
Popbiographien

Die ganze Welt des Taschenbuchs

Goldmann Verlag · Neumarkter Str. 18 · 81673 München

Bitte senden Sie mir das neue kostenlose Gesamtverzeichnis

Name: _____

Straße: _____

PLZ / Ort: _____